21世纪高职高专
国际贸易专业核心课程系列教材
高等职业教育
“十三五”规划精品系列教材

国际贸易法律法规（第2版）

International Trade Laws and Regulations

主编 刘一展
副主编 杨子江 严 佳

中国人民大学出版社
·北京·

前 言
PREFACE

本教材紧扣高职高专国际经贸类专业人才培养目标，立足国际贸易法课程建设和教学改革的需要，并结合非法律专业学生的知识结构和学习特点，按照国际贸易相关岗位职业能力的要求编写。本教材注重挖掘法律教材的专业特色，不囿于传统国际贸易法的理论框架，采取舍繁就简、适度“浓缩”的写法，结构合理，层次清晰。以合同签订、履行和纠纷处理的基本过程为主线，紧密结合业务操作环节展开，尽量避免阐述复杂的法理，将重心放在国际贸易活动的运作规律和基本法律规则上，尽可能避免与国际经贸类专业其他课程内容的重叠，同时兼顾职业资格证书考试的要求，突出实用性，以培养学生的基本法律素质。

在体例安排和内容设置上，本教材力求理论与实践相结合，规则与案例相结合，尽量采用启发、引导、讨论和模拟等方法并采用图表、注释等形式进行说明，做到通俗易懂，帮助学生对所学知识进行分析、比较和理解，从而将国际贸易法相关知识、技能与素质相融合。本次修订是在原有版本的基础上，顺应国际贸易领域的新业态、新模式和新发展，根据国内外相关贸易法律、条约、实践的变化进行修改和调整的，力求及时反映国际贸易法律法规和惯例的最新变化与发展，以保证教学内容的时效性，从而充分体现国际贸易法律环境演变的新特点。

在课时设计上，预计约为每周 3 学时，每学期按照 18 周计算，共约 54 学时。建议采用本教材的教师根据授课对象的现有专业、原有知识结构和原有理论基础，因材施教，就本教材的内容有选择、有重点地讲授。如果课程安排每周少于 3 学时，则可根据实际需要，由教师在授课内容上自行取舍，适当删减。

本教材由刘一展担任主编，由杨子江、严佳（中国国际贸易促进委员会浙江分会法律事务部部长）担任副主编。具体编写分工是：刘一展编写第一、二、六、七、八、十章，杨子江编写第三、五章，严佳编写第四、九章。本教材最后由刘一展统稿。

在编写过程中，我们参考和借鉴了大量的文献资料，并得到了中国人民大学出版社编辑团队的热心帮助，在此一并深表谢意。

由于编者水平有限，书中难免存在疏漏和不足之处，敬请广大读者批评指正，以求进一步完善和提高。

刘一展

2018年4月

目 录
CONTENTS

第一章

绪论

学习目标

【知识目标】

- 掌握国际贸易法的概念
- 掌握国际贸易法的渊源
- 熟悉跨境电子商务立法
- 熟悉国际贸易法的主体

【能力目标】

- 能初步分析国际贸易法律关系
- 能判断和分析国际条约、国际贸易惯例和国内法的关系

重点难点

【重点】

- 国际贸易法的渊源
- 跨境电子商务立法
- 国际贸易法的主体

【难点】

- 国际贸易惯例的性质和效力
- 跨国公司的基本特征

导入案例

小言需要了解哪些法律?

杭州素有“丝绸之府”之称。心灵手巧的杭州姑娘小言开了一家店，专营自家厂生产的丝绸服装和饰品。她经营的服饰经常令来杭州旅游的外国游客爱不释手，于是她产生了把店里的丝绸服饰卖到欧洲的小小野心。

讨论：小言即将进行的买卖与目前的经营有什么不同？要实现这个梦想，她需要了解哪些法律法规？

第一节　国际贸易法的概念和渊源

一、国际贸易法的概念

国际贸易法（International Trade Law），是调整各国之间货物、技术和服务的交换关系以及与这种关系有关的其他关系的法律规范的总称。

国际贸易法作为一门法律学科，具有“法”的共性，它是一个以权利和义务为内容的行为规范体系。国际贸易法的“国际”一词意为跨越国界。这种国际性既包括国际贸易主体的国际性，也包括贸易行为的国际性。一般说来，贸易关系存在下列情形的，视为具有国际因素：

（1）当事人的营业地分处不同的国家或地区；

（2）当事人具有不同的国籍；

（3）贸易活动发生在当事人一方或几方所在国以外的国家或地区；

（4）贸易关系的对象位于当事人一方或几方所在国以外的国家或地区。

值得注意的是，国际贸易法与国际商法既有联系又有区别。国际贸易法律体系需从三方面对国际贸易进行调整，包括国际贸易关系主体、国际贸易的交易关系及国家管理国际贸易过程中产生的各种关系。从性质上看，国际贸易法律规范既包括商法的任意性“私法”规范，又包括强制性“公法”规范；既包括国内法规范（如货物买卖法和外贸管理法），又包括国际法规范（包括国际公约和国际贸易惯例），前者如《联合国国际货物销售合同公约》，后者如国际商会的《国际贸易术语解释通则》。本书不囿于国际贸易法和国际商法的传统学科体系，而是从课程设置和教学需要出发进行编排。本书涵盖的主要内容包括国际商事合同法、国际货物买卖法、国际商事代理法、国际货物运输与保险法、知识产权法、产品责任法、国际商事争议的解决、世界贸易组织多边贸易体制和中国对外贸易管理制度。

二、国际贸易法的渊源

国际贸易法的渊源是指国际贸易法产生的依据及其表现形式，主要包括国际条约、国际贸易惯例和各国国内有关贸易的立法。

（一）国际条约

1. 国际条约的概念

各国缔结的有关国际经济活动的国际条约历来被普遍认为是国际商法的重要渊源。根据1969年《维也纳条约法公约》（Vienna Convention on the Law of Treaties）第2条第1款（甲）规定：称“条约”者，谓国家间所缔结而以国际法为准之国际书面协定，不论其载于一项单独文书或两项以上相互有关之文书内，亦不论其特定名称如何。

2. 国际条约的种类

国际条约包括双边条约和多边条约（国际公约）。国际公约有两种具体表现形式：一种是实体法规则的国际公约，另一种是冲突法规则的国际公约。实体法是指在国际条约中直接规定当事人的权利义务关系，不需要借助其他法律规定来确定当事人的权利义务关系的规范，如1980年《联合国国际货物销售合同公约》。冲突法是指在有关的国内法或国际条约中规定何种情况适用何种法律来确定涉外民事法律中当事人的权利和义务，而不直接指出当事人的权利义务关系的规范，如1973年《产品责任法律适用公约》。

3. 主要的国际条约

国际贸易领域主要的国际条约如表1-1所示。

表1-1　国际贸易领域主要的国际条约

<table>
<tr><th>调整对象</th><th colspan="2">公约名称</th><th>国际组织</th><th>签订日期</th></tr>
<tr><td rowspan="5">国际货物买卖</td><td colspan="2">《国际货物买卖统一法公约》</td><td rowspan="2">国际统一私法协会</td><td>1964-7-1</td></tr>
<tr><td colspan="2">《国际货物买卖合同成立统一法公约》</td><td>1964-4-25</td></tr>
<tr><td colspan="2">《国际货物销售时效期限公约》</td><td rowspan="3">联合国国际贸易法委员会</td><td>1974-6-12</td></tr>
<tr><td colspan="2">《联合国国际货物销售合同公约》</td><td>1980-4-11</td></tr>
<tr><td colspan="2">《联合国国际合同使用电子通信公约》</td><td>2005-11-23</td></tr>
<tr><td>代理</td><td colspan="2">《国际货物销售代理公约》</td><td>国际统一私法协会</td><td>1983-2-17</td></tr>
<tr><td rowspan="3">国际海上货物运输</td><td colspan="2">《统一提单的若干法律规则的国际公约》（《海牙规则》）</td><td>—</td><td>1924-8-25</td></tr>
<tr><td colspan="2">《修改统一提单的若干法律规则的国际公约的议定书》（《维斯比规则》）</td><td>—</td><td>1968-2-23</td></tr>
<tr><td colspan="2">《联合国海上货物运输公约》（《汉堡规则》）</td><td>联合国</td><td>1978-3-31</td></tr>
<tr><td>国际航空货物运输</td><td colspan="2">《统一国际航空运输某些规则的公约》（《蒙特利尔公约》）</td><td>国际民用航空组织</td><td>1999-5-28</td></tr>
<tr><td>国际多式联运</td><td colspan="2">《联合国国际货物多式联运公约》</td><td>联合国</td><td>1980-5-24</td></tr>
<tr><td rowspan="5">国际票据关系</td><td>《统一汇票本票法公约》</td><td rowspan="4">统称《日内瓦公约》</td><td rowspan="4">国际联盟（后被联合国取代）</td><td>1930-6-7</td></tr>
<tr><td>《关于解决汇票及本票的若干法律冲突的公约》</td><td>1930-6-7</td></tr>
<tr><td>《统一支票法公约》</td><td>1931-3-19</td></tr>
<tr><td>《关于解决支票的若干法律冲突的公约》</td><td>1931-3-19</td></tr>
<tr><td colspan="2">《联合国国际汇票和国际本票公约》</td><td>联合国</td><td>1988-12-9</td></tr>
<tr><td rowspan="3">知识产权保护</td><td colspan="2">《保护工业产权巴黎公约》（《巴黎公约》）</td><td rowspan="3">世界知识产权组织（修订）</td><td>1883-3-20</td></tr>
<tr><td colspan="2">《保护文学艺术作品伯尔尼公约》（《伯尔尼公约》）</td><td>1886-9-9</td></tr>
<tr><td colspan="2">《商标国际注册马德里协定》（《马德里协定》）</td><td>1891-4-14</td></tr>
<tr><td>产品责任</td><td colspan="2">《产品责任法律适用公约》（《海牙公约》）</td><td>海牙国际私法会议</td><td>1973-10-2</td></tr>
<tr><td>国际商事仲裁</td><td colspan="2">《承认及执行外国仲裁裁决公约》（《纽约公约》）</td><td>联合国</td><td>1958-6-10</td></tr>
</table>

4. 国际条约的效力

缔约自由是现代国际法的基本原则。一个国家有权自主决定是否缔结或加入某一条约，不受任何其他国家或国际组织的强制。但一旦通过合法程序接受了条约，该国就必须严格遵守，即凡有效之条约对各当事国有拘束力，必须由各当事国善意履行。这是由“约定必须遵守”的古老的国际法原则得出的结论。

（二）国际贸易惯例

1. 国际贸易惯例的概念

国际贸易惯例是指在国际贸易的长期实践中逐步形成的一些国际通用的习惯做法和规则。对国际贸易惯例，《联合国国际货物销售合同公约》第 9 条第 2 款指出：在国际贸易上，已为有关特定贸易所涉同类合同的当事人所广泛知道并为他们所经常遵守。

理解国际贸易惯例，应当区分“惯例”“习惯”和“一般做法”这几个概念。国际贸易惯例来源于商人的交易习惯，但是从习惯上升为惯例需要一个漫长的实践过程。而交易习惯又来源于一般做法。因此，国际贸易惯例的发展是一个循序渐进的过程。

2. 国际贸易惯例的形式

国际贸易惯例在形成之初往往是以不成文的约定俗成的形式出现的，不同国家和地区对同一惯例在解释和适用上可能不一致，这给国际贸易活动的开展带来诸多不便。为此，一些国际组织或团体相继将国际贸易惯例编撰成文，使国际贸易惯例实现成文化、统一化和系统化，在国际贸易活动中发挥着越来越重要的作用。国际贸易惯例的主要表现形式有示范法、统一惯例、统一规则、标准合同等。

3. 国际贸易惯例的构成条件

一般认为，国际贸易惯例应具备以下三个条件：其一，具有确定的内容，即具体包含了确定国际贸易主体的权利和义务的规则；其二，已成为国际贸易活动中长期反复使用的习惯；其三，是被普遍承认并具有拘束力的通例。

4. 主要的国际贸易惯例

目前，经济贸易活动中主要的国际贸易惯例有：1932 年《华沙-牛津规则》、1941 年《美国对外贸易定义修正本》、《国际贸易术语解释通则®2020》（Incoterms®2020）、《托收统一规则》（URC522）、《国际备用证惯例》（ISP98）、《跟单信用证统一惯例》（UCP600）和《见索即付保函统一规则》（URDG758）等。

5. 国际贸易惯例的效力

国际贸易惯例一旦明示或默示地适用于贸易活动中的某一主体，对他们就产生了相当于法律的效力。但是，国际贸易惯例不是法律，不具有普遍的约束力，它与法律、合同条款既有区别又有联系。

（1）可以从两方面理解国际贸易惯例与法律的关系。首先，国际贸易惯例不是法律，它的产生和发展不是国家意志发生作用的结果，而是人们在长期的贸易实践中逐步形成的。其次，国际贸易惯例的法律效力依赖于法律的规定。国际贸易惯例虽然不能直接产生法律效力，但在一定条件下通过法律的确认可以产生法律效力。

案例透视

嘉兴佳华进出口有限公司与日本ITOCHU公司买卖合同争议案

2017年6月25日，嘉兴佳华进出口有限公司与日本ITOCHU公司签订了10 000件的男士羽绒衣出口合同。合同约定：货物单价为每件38.45美元，价格条件为FOB上海，目的港为大阪，装运期为2017年9月10日。嘉兴公司负责联系船舶，日本公司开立以嘉兴公司为受益人的不可撤销信用证。合同签订后，由于船期紧张，嘉兴公司联系不到船舶，就致函要求日本公司派船，其理由是根据Incoterms®2010，作为买方的日本公司应当履行联系船舶、订立运输合同的义务。

依照Incoterms®2010的有关规定，FOB术语项下，联系船舶、订立运输合同是买方的义务。但是作为国际贸易惯例，Incoterms®2010的有关规定可以被当事人通过明确约定而加以修改，即当事人另行明确约定的效力高于Incoterms®2010的效力。可见，国际贸易惯例具有一定的任意性，当事人可以选择，也可以不选择，并且当事人可以通过约定的方式变更国际贸易惯例的内容。

（2）国际贸易惯例与合同条款之间具有十分密切的关系。一般认为，除非在合同中明确排除适用某一贸易惯例，国际贸易惯例可以明示或默示地约束合同当事人。例如，《联合国国际货物销售合同公约》第9条规定：双方当事人业已同意的任何惯例和他们之间确立的任何习惯做法，对双方当事人均有约束力；除非另有协议，双方当事人应视为已默示地同意对他们的合同或者合同的订立适用双方当事人已知道或理应知道的惯例。

（三）各国国内法

尽管已有大量的国际贸易条约或惯例，但由于传统习惯和自身利益所在，各国仍在很多的贸易领域中保留独占的立法权。因此，各国的国内法也是国际贸易法的重要渊源。一方面，国际条约和国际贸易惯例的适用及其效力皆源于国内立法的规定。至今仍有不少的国际条约未被一些国家参加或接受，有的国家虽然加入某一条约，却对其中某些条款作了保留。另一方面，国内法也直接调整国际贸易关系，如当事人的行为能力、合同的效力基本由国内法规定。此外，当事人从事国际经济贸易活动时，可能会选择一国的国内法作为准据法，此时当事人之间的权利义务关系就由该国内法进行调整。作为国际贸易法重要渊源的各国国内法，其范围涵盖了实体法、程序法和冲突法。

三、跨境电子商务立法

跨境电子商务（简称跨境电商）是互联网时代国际贸易领域的新型业态，是世界市场范围内资源配置的重要载体，具有即时性、虚拟性和无边界等特点。跨境电商在驱动全球贸易增长和便利化的同时，也带来了法律规制和监管难题。因此，无论是国际层面还是各国国内层面，都在持续探索和完善关于跨境电子商务的法律规制。与此同时，电子商务也成为各国经济贸易谈判的重要议题。

(一) 国际层面立法

1. 世界贸易组织有关电子商务的立法

世界贸易组织（WTO）曾制定了《信息技术协议》（Information Technology Agreement，ITA）、《基础电信协议》（Agreement on Basic Tele-communications）、《关于全球电子商务的宣言》（Declaration on Global Electronic Commerce）和《电子商务工作计划》（Work Programme on Electronic Commerce）等一系列与电子商务相关的文件。1997 年 4 月生效的《信息技术协议》是世界贸易组织项下的诸边协议，规定成员自 1997 年 7 月 1 日到 2000 年 1 月 1 日将计算机、计算机软件、通信设备等主要的信息技术产品的关税降为零。该协议还提供了一份经各方公认的信息技术产品分类清单，为全球电子商务的发展奠定了基础。1997 年达成的《基础电信协议》，由《GATS 第四议定书》及其所附的承诺减让表、最惠国待遇豁免清单和参考文件组成，规定了成员在基础电信服务市场开放中应履行的具体义务以及政府应遵循的电信服务管理原则。一般情况下，各国提供互联网接入服务的大部分为政府性、公共性机构，或者是具有垄断地位的机构。而该协议要求各成员方向外国公司开放其电信市场并结束垄断行为。该协议涵盖了 90%以上的全球基础电信贸易。因此，《基础电信协议》大大放开了基础电信领域内的竞争，对电子商务产生了重要影响。1998 年 5 月，WTO 部长会议在日内瓦通过了《关于全球电子商务的宣言》，成立了电子商务工作组，在国际贸易领域较早地建立了电子商务工作机制。WTO 成员承诺对直接电子商务（即电子输送的进出口贸易）给予零关税的待遇。

自 2001 年以来，WTO 有关电子商务的谈判也一直在进行。电子商务工作组成立后，WTO 部长级会议定期审议电子商务工作方案。2001 年多哈部长级会议、2005 年香港部长级会议、2009 年日内瓦部长级会议、2011 年日内瓦部长级会议、2013 年巴厘岛部长级会议、2015 年内罗毕部长级会议和 2017 年阿根廷部长级会议，都涉及电子商务议题及工作方案的讨论。2015 年 12 月，在内罗毕召开的 WTO 第十届部长级会议上达成了《信息技术协议》的扩展协定，新增 201 项降税产品，绝大多数产品将在 3～5 年最终取消关税，预计将在全球消除超过 1.3 万亿美元的关税。信息技术是电子商务发展的重要支撑，该协议将大部分信息技术产品的关税逐渐降低至零，极大地促进了电子商务的发展。2017 年 12 月，在阿根廷召开的 WTO 第十一届部长级会议上达成了电子商务工作计划部长决定，为全球电子商务平台的发展注入了活力。

2. 联合国国际贸易法委员会有关电子商务的立法

联合国国际贸易法委员会（UNCITRAL）一直致力于跨境电子商务立法，早在 1982 年就提出了计算机自动数据处理在国际贸易流通中所引起的法律问题，并将其优先列入工作计划。1996年6月通过的《电子商务示范法》(UNCITRAL Model Law on Electronic Commerce) 为各国立法者提供了一整套旨在为电子商务消除法律障碍并提高法律可预测性的国际公认规则。《电子商务示范法》是第一部采用不歧视、技术中性和功能等同原则的法律文本。上述原则被广泛视为现代电子商务法的奠基要素。不歧视原则（Principle of Non-discrimination）确保不会仅仅以一份文件是电子形式为理由而否认其法律效力、有效性或可执行性。技术中性原则（Principle of Technological Neutrality）规定了必须采用不偏重使用任何技术的条款。功能等同原则（Principle of Functional Equivalence）规定了将电子通信视为等同于纸面通信所依据的各项标准。其中规定了电子通信为满足传统的纸面系统中的某些概念（如"书面""原件""经签名的"和"记录"）所要实现的目的和功能而需要满足的具体要求。除了阐明"不歧视""技术中性"和"功能等同"等法律概念之外，《电子商务示范法》对以电子方式签订的合同的订立和有效性、数据电文的归属、确认收讫和确定发出以及收到数据电文的时间和地点等问题确立了规则。应当指出，《电子商务示范法》的某些规定已由《联合国国际合同使用电子通信公约》按照最新的电子商务做法作了修改。此外，《电子商务示范法》中述及货物运输方面的电子商务的第二部分也已得到其他法律文本的补充，其中包括《联合国全程或部分海上国际货物运输合同公约》（《鹿特丹公约》）。

2001年7月通过的《电子签名示范法》(UNCITRAL Model Law on Electronic Signatures) 为电子签名和手写签名的等同性规定了技术可靠性标准，还规定了可能对评估签名人、依靠方和介入签名过程的受信赖的第三方的义务及赔偿责任提供准则的基本行为规则。同时，该法还载有一些规定，支持根据实质等同原则承认外国证书和电子签名，而不考虑外国签名的来源地。《电子签名示范法》以《电子商务示范法》第7条所依据的关于通过采用技术中性办法在电子环境中实现签名功能的基本原则为基础，避免偏重使用任何具体技术或程序。在实务中，这意味着以《电子商务示范法》为基础的法规可能既承认以密码（如公钥基础设施）为基础的数字签名，也承认使用其他技术的电子签名。

《电子商务示范法》和《电子签名示范法》都附有《颁布指南》（Guide to Enactment)，其中作了背景介绍并提供了解释性资料，为各国制定具体的国内法和其他使用者适用法规提供了指导。尽管两者并没有法律强制约束力，但对世界范围内立法的统一化起到了积极作用。截至2018年2月，中国、美国、英国、澳大利亚、加拿大、印度和韩国等71个国家共在150个法域通过了以《电子商务示范法》为基础或在其影响下形成的立法。中国、英国、印度和阿联酋等32个国家通过了以《电子签名示范法》为基础或在其影响下形成的立法。

2005年11月，联合国国际贸易法委员会通过了《联合国国际合同使用电子通信公约》(United Nations Convention on the Use of Electronic Communications in International Contracts)，列出了确立电子通信和纸面文件之间以及电子认证方法和手写签名之间功能等同的标准，旨在确保以电子方式订立的合同和往来的其他通信的效力及可执行性与传统的纸面合同和通信相同，从而促进了电子通信在国际贸易中的使用。《联合国国际合同使用电子通信公约》共4章25条，适用于营业地位于不同国家的当事人之间交换的所有电子通信，条件是至少有一方当事人的营业地位于一缔约国。它还可因当事方的选择而适用。为个人、家人或家庭目的订立的合同，如与家庭法和继承法有关的合同，以及某些金融交易、流通票据和所有权文据，均不在《联合国国际合同使用电子通信公约》的适用范围之内。《联合国国际合同使用电子通信公约》还进一步明确说明，通过电子手段提出的订立合同提议，凡不是向特定当事人提出的，即相当于交易邀请，而不属于按照《联合国国际货物销售合同公约》的相应规定——一旦被接受便对要约方具有约束力——的要约。

《联合国国际合同使用电子通信公约》是一部授权条约，其作用是通过确立电子形式和书面形式之间的等同性而消除形式上的障碍，为通过电子通信方式订立商事合同所涉及的相关法律问题提供了解释框架，并对《电子商务示范法》的规定进行了革新。例如，《联合国国际合同使用电子通信公约》第10条对《电子商务示范法》第15条的内容（即"发出和收到电子通信/数据电文的时间和地点"）进行了革新。各国根据《联合国国际合同使用电子通信公约》最新做法修正、更新了《电子商务示范法》中的条款，进一步推动了国际电子商务规则的统一。目前，《联合国国际合同使用电子通信公约》已在新加坡、俄罗斯、斯里兰卡等9个国家生效。我国于2006年7月6日在《联合国国际合同使用电子通信公约》上签字。2011年10月，联合国国际贸易法委员会正式提出"电子可转让记录"的概念，并于2014年11月开始着手拟订《电子可转让记录示范法（草案）》，以规范电子票据、电子提单为代表的电子可转让记录的应用。2017年7月，《电子可转让记录示范法》（UNCITRAL Model Law on Electronic Transferable Records）通过，从法律上支持电子可转让记录的国内使用和跨境使用。该法适用于与可转让单证或票据功能等同的电子可转让记录。可转让单证或票据是基于纸张的单证或票据，使持有人有权要求履行其中指明的义务并允许以转让单证或票据占有的方式转让这种要求履行义务的权利。可转让单证或票据一般包括提单、汇票、本票和仓单。可转让单证和票据是基本商业工具。提供电子形式的可转让单证和票据将大大有利于促进电子商务的发展，是无纸化贸易环境的基本组成部分。

此外，联合国国际贸易法委员会将身份管理（Identity Management）、信任服务（Trust Services）和云计算（Cloud Computing）列入未来重点研究议题。跨境电子商务发展的主要问题之一是通过互联网传输的信息的安全和保密。身份管理系统即用来解决这一问题，它是将网络用户的网络身份与其姓名、地址、年龄、驾照号码、社保号等个人信息关联的制度，以实现访问控制和访问的保密。"信任"一词可理解为对于信息可靠性和真实性或对于一个实体在特定情况下能够且愿意适当行事的确定性。因此，在国家之间创建信任环境将有助于使用安全机制方面的协调统一，还有可能提高电子商务参与方之间的信任级别。"信任服务"涵盖电子签名、电子印章或电子时间戳、电子登记交付服务以及与这些服务有关的证书的创建、验证和核证，或者网站认证证书的创建、验证和核证以及电子签名、电子印章或与这些服务有关的证书的保全等。

2016年12月，联合国国际贸易法委员会通过《关于网上争议解决的技术指引》(Technical Notes on Online Dispute Resolution)，旨在为跨境电子商务交易中产生的争议提供解决机制。网上争议解决可协助当事人以简单、快捷、灵活和安全的方式解决争议，而无须出席会议或听讯。《关于网上争议解决的技术指引》本身是无约束力和说明性的，体现了公正、独立、高效、实效、正当程序、公平、问责和透明原则，对各国设计和实施针对跨境电子商务的网上争议解决系统具有重要意义。

（二）各国国内层面立法

美国在电子商务的发展和立法规制上走在世界前列。1995年，美国犹他州颁布了《数字签名法》(Utah Digital Signature Act)。该法是美国各州电子商务立法行动的重要先导，也是美国乃至全球范围内第一部全面确立电子商务运行的法律文件。在各州纷纷立法的同时，美国联邦也开始进行电子商务统一立法，如1999年7月通过的《统一计算机信息交易法》(Uniform Computer Information Transactions Act，UCITA)、2000年通过的《全球和国家商业中电子签名法》(Electronic Signatures in Global and National Commerce Act）等。

除了美国，其他国家和经济体也纷纷制定了电子商务的相关法律法规，如欧盟《电子商务指令》、新加坡《电子商务法》(1998年)、韩国《电子商务基本法》(1999年)、加拿大《统一电子商务法》(1999年）和澳大利亚《电子交易法》(1999年）等。

近年来，我国也相继制定了一系列关于电子商务的国内规范。2004年8月28日，第十届全国人大常委会第十一次会议通过了《中华人民共和国电子签名法》(简称《电子签名法》)，并于2005年4月1日起施行。该法共5章36条，由总则、数据电文、电子签名与认证、法律责任和附则构成。我国《电子签名法》沿袭了联合国两部示范法的基本原则和内容，确立了技术中立和功能等同原则，确立了数据电文的法律效力，并赋予可靠的电子签名与手写签名或盖章同等的法律效力，解决了我国各个领域使用电子通信形成的数据电文或电子数据的法律效力问题。2015年4月和2019年4月，我国对该法进行了修正。

目前，我国电子商务领域除《电子签名法》以外，其余规范大多为行政法规或部门规章，尚缺乏全国性的统一立法。2018年8月31日，《中华人民共和国电子商务法》(简称《电子商务法》)由第十三届全国人大常委会第五次会议通过，自2019年1月1日起施行。该法共7章89条，包括总则、电子商务经营者、电子商务合同的订立与履行、电子商务争议解决、电子商务促进、法律责任和附则，该法进一步体现了对电商平台义务的规范和对消费者权益的保护。这部电子商务领域的综合性法律的出台，营造了有利于电子商务创新发展的法律环境。

第二节　国际贸易关系的主体

国际贸易关系的主体不仅包括国家和国际组织，还包括自然人、法人和其他组织。这同国际贸易关系包括国家间和私人间两个方面的关系是相对应的。

国家间通过共同制定关于国际经济贸易活动的法律规范，如贸易协定、投资保护协定、税收协定等，成为有关权利的享有者和义务的承担者。国际经济组织在金融、贸易、投资、服务等领域表现得非常活跃，其影响力在世界范围内举足轻重。现代社会，各类商事企业参与国际贸易、投资等活动十分频繁，因此商事企业与自然人是国际贸易关系的重要主体，国际贸易法也要对这类主体的组建、构成、法律地位等进行调整。

一、自然人

自然人作为一般的民事关系主体，其权利能力自出生之日起产生，至死亡之日终止。根据我国《民法典》第 17 条、第 18 条的规定：十八周岁以上的自然人为成年人。不满十八周岁的自然人为未成年人。成年人为完全民事行为能力人，可以独立实施民事法律行为。十六周岁以上的未成年人，以自己的劳动收入为主要生活来源的，视为完全民事行为能力人。在国际经济交往中，自然人可以从事各种国际经济贸易活动，但自然人由于受财力、物力所限，在国际贸易领域发挥的作用有限。

二、法人

法人是依法成立，拥有必要的组织机构和独立的财产，以自己的名义享有民事权利和承担民事义务，以自己的名义起诉、应诉的组织。法人的民事权利能力和民事行为能力从法人成立时产生，至法人终止时消灭。其内容和范围由有关的国内法和法人章程确定。在我国，法人包括企业法人、机关、事业单位和社会团体法人。在国际贸易活动中最活跃的是公司。公司是指其资本由股东出资构成，股东以其出资额或者所持股份为限对公司承担责任，公司以其全部资产对公司债务承担责任，并依法设立的企业法人。《中华人民共和国公司法》第 2 条规定：本法所称公司是指依照本法在中国境内设立的有限责任公司和股份有限公司。

三、国际经济组织

国际经济组织是指为了实现共同的经济目标，依据一定国际条约或协议建立的具有常设组织机构和经济职能的政府间国际组织。其成员国政府可以代表国家，共同赋予自己参加的组织以国际法律人格，从而使其能够承受国际法上的权利和义务。这与民间团体组成的非政府间的国际经济组织有区别。

国际经济组织的基本特征表现在：1）有明确的宗旨或目标，有各自奉行的原则、方针、政策和措施；2）有各自制定的规范性文件，如公约、协议、条约、宪章、宣言和决议等；3）以经济活动为主要职能，以区别于以政治、军事、文化等活动为主要工作内容的国际组织；4）必须有一个常设机构，以区别于临时性组织和某些随时召开的国际会议。

国际经济组织大致可以分为全球性国际经济组织和区域性国际经济组织。联合国是当今世界最具普遍性的国际组织，其专门机构中大多数是国际经济组织。以欧盟为代表的区域性国际经济组织从经济贸易入手，逐步走向区域经济一体化。

四、国家

国家是一个特殊的民事主体。作为主权的最高代表和象征，国家可以以自己的名义从事各种国际、国内的经济活动，签订各种合同、条约和协议，并以国库的全部资产承担责任。然而，国家又不同于一般的民事主体，它享有不可剥夺的主权豁免权。未经国家同意，国家的主权行为和财产不受外国管辖和侵犯。国家不能作为被告在外国法院出庭、应诉，并且国家财产不能作为诉讼标的以及法院强制执行的对象。然而，为适应国际交往的需要，国家可以通过一定形式宣布自愿放弃豁免权，以平等的民事主体资格从事经济贸易活动。在这种情况下，由国家授权的负责人或公司代表国家进行贸易活动。

五、跨国公司

1986年联合国《跨国公司行为准则》对跨国公司（Transnational Corporation）的定义如下：跨国公司是指在两国或更多国家之间组成的公营、私营或混合所有制的企业实体，不论此种实体的法律形式和活动领域如何；该企业在一个决策体系下运营，通过一个或一个以上的决策中心使企业内部协调一致的政策和共同的战略得以实现；该企业中各个实体通过所有权或其他实体的活动施行有效的影响，特别是与别的实体分享知识、资源和责任。

1600年设立的英国东印度公司可以说是跨国公司的先驱。埃克森美孚公司（美国）、沃尔玛公司（美国）、荷兰皇家壳牌石油公司、英国石油公司、大众公司（德国）、三星电子（韩国）、雀巢公司（瑞士）、中国石油天然气集团公司、华为技术有限公司（中国）、联想控股股份有限公司（中国）等都是著名的跨国公司。

跨国公司的基本特征包括：1）经营活动具有跨国性。跨国公司通常以一个国家为基地，设立母公司，同时又在其他国家设立不同实体，接受母公司管理、控制和指挥。2）规模庞大、实力雄厚，实行全球经营战略，从事国际化经营。3）内部实体之间具有相互联系性。4）跨国公司利益与跨国公司营业地所在国利益之间的冲突性。跨国公司的营业地所在国是指跨国公司诸实体开展营业活动的母国和东道国，母国是母公司所在的国家，东道国是指母公司以外的其他实体所在的国家。

综合练习

讨论题

跨国公司在国际经济贸易活动中发挥了什么作用?

第二章

国际商事合同法

学习目标

【知识目标】

- 熟悉合同的概念、法律特征及其分类
- 掌握合同的订立和生效要件
- 熟悉合同履行的基本原则和我国《民法典》合同编的具体规则
- 熟悉合同变更、转让和终止的基本规则
- 掌握违约责任的构成和违约救济措施

【能力目标】

- 能按照要约与承诺的基本程序订立合同
- 能根据合同履行的原则适当履行合同
- 能分析合同基本法律关系并初步解决违约责任等问题

重点难点

【重点】

- 合同的概念和法律特征
- 违约责任和违约救济措施

【难点】

- 合同的订立和生效
- 违约责任的构成和违约救济措施

导入案例

雷恩·马谢尔公司诉普罗拉托过滤器分公司案

1977年，原告雷恩·马谢尔公司收到一份寄自被告普罗拉托公司的广告性通函，其中附有若干种可供选择的购买普罗拉托牌商品的订单。依通函中的说明，购买每一种商品，买方均可得到回扣。回扣依订单金额的大小而不同。其中有一项规定：购买10万磅重的普罗拉托牌的产品，普罗拉托公司将赠送一辆1978年产的全新的布伊克·厄勒克特拉牌汽车和一架柯达一次成像相机。汽车和相机的零售报价为17 450美元，买主只需为此再付500美元。

原告在读了这一通函之后，将一张认购10万镑以上普罗拉托牌石油过滤器的订单寄给被告，并要求得到上述回扣。在收到这一订单之后，被告打电话给原告说，该订单没有被接受。此后，被告没有交货和支付回扣，原告也没有付款。原告提起诉讼，要求被告履行合同义务。

法院认为：通常，在当事人之间，为订立合同而进行的谈判是通过一般性的表达，依提出的条件与对方进行讨价还价的愿望而展开的。然而，对当事人的语言和行为的自然的解释却是：他们在邀请对方发出要约，或者就未来可能发生的讨价还价的条件提出建议。他们并不是在发出不再反悔的要约。当这种有争议的言辞以广告形式出现时尤其如此。因此，如果有人把商品按特定的价格做了广告，该广告不是一项要约。如果一个有心的买主表示他要按该价格购买特定数量的该种商品，合同并不因此而成立。广告仅是一种邀请对方与自己讨价还价的表示。法院判决：被告寄出的小册子不是一项要约，原告的订单才是要约。该要约并没有被接受。

讨论：什么是合同？如何订立合同？

第一节　合同法概述

一、合同概述

（一）合同的概念

合同是从事商业活动的主要工具。国际货物买卖的进行就是依靠一系列的合同来完成的。买卖合同是其中最核心的法律文件，运输合同、保险合同等其他合同从功能上看是辅助性和补充性的。这些合同确定了双方的权利和义务，形成了一个内在联系的不可分割的“合同网络”。然而，对如何界定合同的具体内涵，各国仍然存在一定的差异。

1. 两大法系对合同的定义

大陆法基本上认为合同是一种协议，其本质是双方的一种合意，即合同双方的意思表示一致。《德国民法典》第 305 条规定：根据法律行为设定债的关系或变更债的内容者，除法律另有规定外，需有双方当事人之间的合同。英美法强调合同是一种具有法律约束力的允诺，而不仅是达成协议的事实。美国《第二次合同法重述》对合同作了如下定义：合同是这样一种或一系列许诺，违背它，将依法律产生责任或补偿；履行它，法律将确认它为一种义务。

2. 我国的法律对合同的定义

我国的法律认为合同在本质上是一种协议。《中华人民共和国民法典》（简称《民法典》）第 464 条规定：合同是民事主体之间设立、变更、终止民事法律关系的协议。同时，我国《民法典》排除了婚姻、收养、监护等有关身份关系的协议，这些协议适用其他法律的规定。

（二）合同的法律特征

（1）合同是双方或多方当事人的民事法律行为。只有双方或多方当事人意思表示一致，才能形成合同关系。单方当事人的民事法律行为，如订立遗嘱，就不能构成合同。

（2）合同的主体具有平等的法律地位。任何一方不得将自己的意志强加给另一方，更不得以命令、胁迫等手段签订合同。

（3）合同是以设立、变更或终止民事法律关系为目的的民事法律行为。

（4）合同是意思表示一致的民事法律行为。合同主要还是一种合意。

（三）合同的分类

1. 单务合同与双务合同

这是以合同当事人之间权利义务的分担为标准进行的分类。单务合同，是指只有一方当事人承担义务的合同，如借用合同。双务合同，是指当事人双方互相享有权利和承担义务的合同。买卖合同就是典型的双务合同。

2. 有偿合同与无偿合同

这是以当事人取得权益是否需要付出相应的对价为标准进行的分类。有偿合同，是指一方当事人享有合同规定的权益，须向对方当事人支付相应对价的合同，如买卖合同、保险合同等。无偿合同，是指一方当事人享有合同规定的权益而不必向对方当事人支付对价的合同，如赠与合同。

3. 诺成性合同与实践性合同

这是根据合同的成立是否以交付标的物为要件进行的分类。诺成性合同，是指不依赖标的物的交付，只需当事人意思表示一致即告成立的合同，如买卖合同、运输合同等。实践性合同，是指除当事人意思表示一致外，需实际交付标的物才能生效的合同，如借用合同、定金合同等。

4. 要式合同与不要式合同

这是以合同的成立是否需要特定法律形式为标准进行的分类。要式合同，是指只有采用法律规定的形式才能成立或生效的合同。不要式合同，是指法律不要求采用特定形式就可以成立或生效的合同。

5. 主合同与从合同

这是以合同间是否存在主从依赖关系为标准进行的分类。主合同，是指不以其他合同的存在为前提而独立存在的合同。从合同，是指须以其他合同的存在为前提的合同，如保证合同。《民法典》第682条规定，保证合同是主债权债务合同的从合同。主债权债务合同无效的，保证合同无效，但是法律另有规定的除外。

6. 束己合同与涉他合同

这是以合同相对性原则为标准进行的分类。束己合同，是指严格遵守合同相对性原则，合同当事人为自己设定并承受权利和义务，第三人不能向合同当事人主张权利和义务的合同。涉他合同，是指为第三人利益订立的合同，即当事人为第三人设定了合同的权利，由第三人取得利益的合同。

7. 有名合同和无名合同

这是以法律是否规定了合同的名称为标准进行的分类。有名合同，又称典型合同，是指法律规定了具体名称和调整规范的合同。我国《民法典》就明确规定了18种有名合同，包括买卖合同，供用水、电、气、热力合同，赠与合同，借款合同，保证合同，租赁合同，融资租赁合同，保理合同，承揽合同，建设工程合同，运输合同，技术合同，保管合同，仓储合同，委托合同，物业服务合同，行纪合同，中介合同和合伙合同。无名合同，又称非典型合同，是指法律尚未规定其名称和相应调整规范的合同，如借用合同。

二、合同法的渊源

合同法（Contract Law），是调整各种合同关系的法律规范，是各国民商事法律制度的重要组成部分。合同法的渊源，是指合同法的表现形式。

（一）两大法系的合同法渊源

在大陆法国家，合同法主要是以成文法的形式出现的。它们的合同法一般都包含在民法典或债务法典中，如《法国民法典》第三编和《德国民法典》第二编等。大陆法国家的民法理论把合同作为债的发生根据之一，称为"合同之债"，同时，将有关合同的法律规范与产生债的关系的其他原因，如侵权行为、不当得利和无因管理等并列在一起，作为民法的一编，称为债务关系法或债编。

英美法的合同法渊源主要是判例法，而不是成文法。虽然英美等国也制定了有关具体合同的成文法，如英国 1893 年的《货物买卖法》和《美国统一商法典》等，但它们只是对货物买卖合同及其他一些有关的商事交易合同作了具体规定，至于合同法的许多基本原则仍需依据判例法所确立的法律原则行事。

（二）我国合同法的渊源

我国合同法的渊源主要体现在《民法通则》和《合同法》中。自 2021 年 1 月 1 日起《民法典》施行以后，《民法通则》和《合同法》同时废止。《民法典》合同编分为三个分编，分别是通则、典型合同和准合同，共 29 章。通则对合同的订立、效力、履行、保全、变更、转让、权利义务终止以及违约责任作了一般规定，典型合同分编具体规定了 18 种合同的相关内容，准合同分编则对无因管理和不当得利作了规定。

（三）有关合同的国际公约

由于各国合同立法的体例和具体规定存在较大差别，为尽量避免或减少由此产生的国际贸易活动的不便和纠纷，国际统一私法协会进行了合同法的统一化尝试。

1964 年 4 月 25 日，海牙外交会议上通过了由国际统一私法协会制定的有关国际买卖统一法的两个文件草案——《国际货物买卖统一法公约》（the Uniform Law on International Sale of Goods）和《国际货物买卖合同成立统一法公约》（the Uniform Law on the Formation of Contract for International Sale of Goods）。由于公约主要反映了欧洲国家的贸易实践和大陆法系的传统，所以只得到欧洲少数国家的批准，其国际性是很有限的。

因此，联合国国际贸易法委员会从 1969 年开始，对这两个文件进行了修改、补充、删减和合并工作，试图确立一个能被普遍接受的统一的法律规则。1980 年 4 月 11 日，《联合国国际货物销售合同公约》（United Nations Contract for International Sale of Goods）在于维也纳举行的外交会议上获得通过。该公约包含了合同法和货物买卖法的基本内容，对统一不同社会制度、不同法系的国家在货物买卖领域的法律原则作出了重大贡献。

第二节　合同的订立

合同的订立，是指双方当事人就其权利义务关系相互协商，最终达成一致意思表示的行为。法律上把这一协商过程中，意思表示在先的称为要约，意思表示在后的称为承诺。如果一方当事人向对方提出了一项要约，而对方对该项要约表示承诺，那么在双方当事人之间就成立了一项具有法律约束力的合同。

一、要约

（一）要约的概念

我国《民法典》第 472 条规定：要约是希望和他人订立合同的意思表示。要约在外贸业务中又称询盘、发盘或报盘，其中，提出要约的一方当事人为要约人（Offeror），另一方当事人为受要约人（Offeree）。要约可以采用书面形式、口头形式或者其他形式作出。

（二）要约的构成要件

（1）要约是特定人的意思表示。不论是自然人还是法人，只要具有相应民事权利能力与民事行为能力，都可以作为要约人。作为要约人只要是特定的即可，并不一定需要说明要约人的具体情况，也不一定需要知道他究竟是谁。如自动售货机，消费者不需要了解究竟是哪家公司安置的，谁是真正的要约人，只要投入货币，作出承诺，便会完成交易。

（2）要约必须向一个或一个以上特定的人发出。要约人对谁有资格成为承诺人作出了选择，也只有该特定的受要约人才有权按照要约规定的条件与他人订立合同。因此，向社会公众发出的订立合同的建议，被认为是要约邀请。我国《民法典》规定：要约邀请是希望他人向自己发出要约的意思表示。寄送的价目表、拍卖公告、招标公告、招股说明书、商业广告等均为要约邀请。

广告能否构成要约，需要根据不同情况来确定。对于悬赏广告，如寻人启事或寻物启事，一般认为是一项要约，一旦有人看到广告后完成了广告中要求做的事情，即构成承诺，合同即告成立。发布广告的人有义务支付广告中规定的报酬。至于普通的商业广告，原则上不认为是一项要约，而仅是要约邀请（参见本章导入案例）。但英美法也有一些判例认为，只要广告的文字明确、肯定，足以构成一项允诺，亦可视为要约。我国在这一问题上采取了类似的规定，《民法典》第 473 条规定，商业广告和宣传的内容符合要约条件的，构成要约。

拓展阅读

要约与要约邀请

要约是指当事人一方向对方作出的希望与对方订立合同的意思表示。而要约邀请，又称要约引诱，是指当事人向他人作出的希望他人向自己发出要约的意思表示。二者的主要区别是：

1）要约是合同成立中的实质性程序，而要约邀请只是订立合同的预备行为。

2）要约一旦生效，对要约人即具有约束力，而要约邀请本身不具有约束力。

3）要约只能向特定人发出，而要约邀请则不一定。

4）要约的内容必须具备足以成立合同的必要条款，而要约邀请则不需要。

（3）要约必须有明确的缔约意图并表明经承诺时即受此意思表示的约束。“表明”是指并不是要有明确的词语进行说明，而是整个要约的内容体现了这一点。

（4）要约的内容必须具体和确定。《联合国国际货物销售合同公约》第 14 条第 1 款规定：向一个或一个以上特定的人提出的订立合同的建议，如果十分确定并且表明发盘人在得到接受时承受约束的意旨，即构成发盘。一个建议如果写明货物并且明示或暗示地规定数量和价格或者规定如何确定数量和价格，即为十分确定。美国对要约的内容采取了更为开放的态度。根据《美国统一商法典》的规定，在货物买卖中，要约的内容最重要的是确定货物的数量或者提出确定数量的方法，至于价格、交货及付款时间等内容，均可暂不提出，留待日后按照合理的标准来确定。

（5）要约到达受要约人时生效。世界上多数国家和国际公约都采取了“到达主义”。我国《民法典》第 137 条规定，以对话方式作出的意思表示，相对人知道其内容时生效。以非对话方式作出的意思表示，到达相对人时生效。以非对话方式作出的采用数据电文形式的意思表示，相对人指定特定系统接收数据电文的，该数据电文进入该特定系统时生效；未指定特定系统的，相对人知道或者应当知道该数据电文进入其系统时生效。当事人对采用数据电文形式的意思表示的生效时间另有约定的，按照其约定。

（三）要约的撤回与撤销

1. 要约的撤回

要约的撤回，是指要约在发出之后，要约生效以前，要约人欲使该要约不发生法律效力而作的意思表示。

对于要约的撤回，各国法律规定和《联合国国际货物销售合同公约》的规定基本一致，由于要约尚未发生效力，要约人可以把要约撤回或更改要约的内容。《联合国国际货物销售合同公约》第 15 条第 2 款规定：一项发盘，即使是不可撤销的，得予撤回，如果撤回通知于发盘送达被发盘人之前或同时，送达被发盘人。

2. 要约的撤销

要约的撤销，是指要约人在要约发生法律效力之后、承诺发出以前，欲使该要约失去法律效力的意思表示。

英美法认为要约对要约人原则上无约束力，在受要约人作出承诺以前，要约人可随时撤销其要约或更改要约的内容。其理由是，一个人所作的允诺，之所以在法律上有约束力，是因为他取得了对方的某种对价，或是因为他在作出允诺时，采取了法律所要求的某种特殊形式，如“签字蜡封文书”（Signed and Sealed），否则，该允诺对允诺人就不具有约束力。

由于这种规定对受要约人缺乏应有的保障，所以美国对此改变了立场。《美国统一商法典》第2-205条明确规定：如果商人在签名的书面函件中提出出售或买进货物的要约，且函件保证该要约将保持有效，则即使无对价，在要约规定的有效时间内，或者如果未规定时间，在合理时间内，要约不可撤销。在任何情况下，此种要约不可撤销的时间都不超过3个月。而且，如果此种保证条款载于受要约人所提供的表格上，则该条款必须由要约人另加签名。

大陆法认为要约原则上对要约人有约束力，要约人一般不能随时撤销或变更其要约。《德国民法典》规定：如果要约规定了有效期，则在有效期内不得撤销或更改其要约；如果没有规定有效期，则在依通常情况下可望得到答复以前，不得撤销或更改其要约。

《联合国国际货物销售合同公约》对此进行了调和和折中。该公约第16条规定：1）在未订立合同之前，发盘得予撤销，如果撤销通知于被发盘人发出接受通知之前送达被发盘人。2）但在下列情况下，发盘不得撤销：发盘写明接受发盘的期限或以其他方式表示发盘是不可撤销的；被发盘人有理由信赖该项发盘是不可撤销的，而且被发盘人已本着对该项发盘的信赖行事。

我国《民法典》借鉴了国外立法，第476条和第477条规定：撤销要约的意思表示以对话方式作出的，该意思表示的内容应当在受要约人作出承诺之前为受要约人所知道；撤销要约的意思表示以非对话方式作出的，应当在受要约人作出承诺之前到达受要约人。有下列情形之一的，要约不得撤销：（1）要约人以确定承诺期限或者其他形式明示要约不可撤销；（2）受要约人有理由认为要约是不可撤销的，并已经为履行合同做了合理准备工作。

（四）要约的失效

要约的失效又称要约的消灭或终止，是指已经生效的要约失去法律效力，不再约束要约人和受要约人。要约失效的原因主要有：

（1）要约因有效期已过而失效。如果要约规定了承诺期限，表明要约人规定了要约发生法律效力的期限，超过这个期限不承诺，要约的效力当然归于消灭。在外贸实践中，要约有效期存在不同的表达方式：如规定最迟承诺期限（×年×月×日前复到有效），或规定一段期限（要约限×日内复）。最通常的情形是，要约没有规定承诺期限，此时要考虑两种情况：如果当事人之间以对话的方式进行了交易磋商，对于此种要约必须立即予以承诺；如果当事人之间分处异地，以函电等非对话的方式发出要约，实践中采用“即复”“尽速电复”等表示，在合理期限内没有收到承诺，则要约失效。合理期限属于事实问题，应由法院根据两地相隔的远近及要约和承诺采用的通信方式的便捷程度而定。

（2）要约因要约人撤销而失效。要约一旦被撤销，其效力当然终止。

（3）要约因受要约人拒绝而失效。拒绝要约，是指受要约人接到要约后，将不同意与其订立合同的意思表示通知要约人。要约在拒绝通知送达要约人时即告失效。

（4）要约因受要约人对要约的内容作出实质性变更而失效。实质性变更，是指受要约人对要约的内容作了扩大、限制或变更，在法律上构成反要约，视为对要约的拒绝。《联合国国际货物销售合同公约》第 19 条第 1 款规定：对发盘表示接受但载有添加、限制或其他更改的答复，即为拒绝该项发盘，并构成还盘。

二、承诺

（一）承诺的概念

承诺又称接受，是指受要约人以声明或作出行为同意要约全部条件以缔结合同的意思表示。缄默或不行为本身不构成承诺。我国《民法典》第 479 条规定：承诺是受要约人同意要约的意思表示。要约一经承诺，合同即告成立。

（二）承诺的构成要件

1. 承诺必须由受要约人作出

受要约人是要约人选定的交易相对方，受要约人进行承诺的权利是要约人赋予的。受要约人以外的第三人不享有承诺的权利。因此，第三人进行承诺不视为承诺，只能视为对要约人发出了要约。如果订约的建议是向不特定人发出的，并且如果该订约建议可以构成要约，则不特定人中的任何人均可以作出承诺。实际上，最后能够作出承诺的，也只能是特定的人，如悬赏广告。

2. 承诺必须在要约的有效期内作出

如果承诺期限已过而受要约人仍然作出承诺，这就被称为“迟到的承诺”（Late Acceptance）。“迟到的承诺”原则上不是一项有效的承诺，而只能视为一项新的要约。不过《联合国国际货物销售合同公约》对此问题作了灵活处理。该公约的第 21 条规定：如果发盘人毫不迟延地用口头或书面将此种意见通知被发盘人，如果载有逾期接受的信件或其他书面文件表明，是在传递正常、能及时送达发盘人的情况下寄发的，则该项逾期接受具有接受的效力，除非发盘人毫不迟延地以口头或书面形式通知被发盘人，他认为他的发盘已经失效。

这两项规定的区别在于，第一种情况是因受要约人发出承诺的时间太晚而造成的，此时只有在要约人及时明确地表示对其予以接受的情况下，合同才能有效成立，否则，只能视为新的要约。第二种情况是邮递迟延造成的，其本身不能归咎于受要约人，所以，要约人如果不接受该项逾期承诺，他就必须毫不迟延地向承诺人发出拒绝通知，否则，该项承诺仍然有效。

此外，如果要约中没有规定承诺期限的计算方法，则按照要约人在电报或信件内规定的承诺期限，从电报交发时刻或信上载明的发信日期起算，如信上未载明发信日期，则从信封上所载日期起算。要约人以电话、电传或其他快速通信方式规定的承诺期限，从要约送达受要约人时起算。在计算承诺期限时，承诺期限内的正式假日或非营业日应计算在内。但是，如果承诺通知在承诺期限的最后1天未能送达要约人，因为那天在要约人所在地是正式假日或非营业日，则承诺期限应顺延至下一个营业日。

3. 承诺的内容必须与要约的内容保持一致

这是承诺最核心的要件，承诺必须是对要约完全的、单纯的同意。普通法认为，承诺必须严格地与要约相符，要像镜子一样反映出要约的内容，否则就不是承诺，而是反要约，这就是“镜像规则”（Mirror Image Rules）。但由于镜像规则过于僵硬和机械，因此包括美国在内的国家和国际公约大多作了变革。

案例透视

路德特克工程公司诉印第安纳石灰公司案

1978年2月20日，被告印第安纳石灰公司寄给原告路德特克工程公司一份报价单。其中写道：1）印第安纳石灰公司愿向路德特克工程公司提供70 000吨石灰石，每吨价格为10.15美元；2）本价格包括运费，货物将在1978年到1979年间发运。

1978年6月1日，原告向被告发出一份购买70 000吨石灰石的订单。原告在这份订单中要求被告从1978年6月24日开始发货，每天发1 500吨。按这一要求，货物应在1978年11月运完。由于种种原因，被告未能在这一期限内发运完这批货。实际上，原告收到最后一批货的时间是1979年8月。原告向法院起诉，称被告未能在合同规定的期限内履行合同义务，要求被告赔偿因延误了原告从事的工程建设而导致的797 700美元的损失。

初审法院判决，被告在2月20日寄出报价的信件是一个向原告出售石灰石的要约，原告发出的订单是对该要约的承诺。原告向被告提出的特定期限内完成交运的要求“实质性地改变了”该要约。因此，双方并没有就交货进度达成协议。被告是在合理期限内交运这批货物的，因而并没有违反合同。

原告上诉。上诉法院认为：对要约的更改是否具有实质性是一个事实问题。由于合同中没有包含交货条件，被告应当在合理时间内交货。《美国统一商法典》第2-309条规定：如果当事人没有达成协议，发运或交货的期限应当是合理的期限。初审法院发现，被告交货的进度是合理的。这不仅是因为被告及时交了货，从而使原告在发包人规定的最后期限内完成了工作，而且因为，参照双方过去的交易情况以及行业的实践，被告交货迟延是由被告无法控制的因素造成的，是双方当事人无法预料到的。故维持初审法院的判决。

本案判决表明：当受要约人实质性地改变了要约的内容时，不能认为双方已经就受要约人修改或补充的内容达成了协议。从性质上讲，这一修改或补充的部分构成了新的要约。原要约人可以接受，也可以拒绝接受。

判断承诺的内容是否与要约的内容一致并非易事。对此，《联合国国际货物销售合同公约》第19条第2款规定：对发盘表示接受但载有添加或不同条件的答复，如所载的添加或不同条件在实质上并不变更该项发盘的条件，除发盘人在不过分迟延的期间内以口头或书面通知反对其间的差异外，仍构成接受。如果发盘人不作出这种反对，合同的条件就以该项发盘的条件以及接受通知内所载的更改为准。“在实质上变更要约的条件”，是指有关货物价格、付款、货物质量和数量、交货地点和时间、一方当事人对另一方当事人的赔偿责任范围或解决争端等的添加或不同条件。如“你某日电接受，以领到进口许可证为准”，该附加保留条件的承诺实则是反要约，因此双方合同关系不成立。

我国《民法典》第488条规定：承诺的内容应当与要约的内容一致。受要约人对要约的内容作出实质性变更的，为新要约。有关合同标的、数量、质量、价款或报酬、履行期限、履行地点和方式、违约责任和解决争议方法等的变更，是对要约内容的实质性变更。承诺对要约的内容作出非实质性变更的，如“你某日电接受，请提供产地证和商品检验证书”，“你某日电接受，收函后速寄回执”，除要约人及时表示反对或者要约表明承诺不得对要约的内容作出任何变更的以外，该承诺有效，合同的内容以承诺的内容为准。

4. 承诺的传递必须采用符合要约的传递方式

如果要约人在要约中对承诺的传递方式没有作出具体规定，承诺人在发出承诺通知时，一般按照要约所采用的方式或比要约更为快捷的方式办理。

（三）承诺生效的时间

承诺的生效即意味着合同的成立，双方当事人就承受了由合同所产生的权利和义务。如承诺以口头方式作出，承诺原则上应当从该承诺的意思表示传递给要约人时开始生效。至于以书信、电报等方式作出的承诺何时生效，英美法和大陆法有着较大的分歧。

英美法一般采用“投邮主义”（Mail-box Rule），受要约人将承诺的意思表示以信件、电报等方式进行投递时，承诺生效，合同成立。即使承诺在传递过程中发生了延误或遗失而最终没有到达要约人，只要受要约人能证明其确已将函件交邮并付妥邮资，合同仍可成立。大陆法一般采用“到达主义”（Receipt Rule），承诺须在到达要约人时生效，此时合同成立。这里的“到达”，是指承诺通知到达要约人的支配范围即可，如到达要约人的营业场所或惯常居所，而不管要约人是否已了解到承诺的内容。

《联合国国际货物销售合同公约》也采用了“到达主义”。该公约的第18条第2款规定：接受发盘于表示同意的通知送达发盘人时生效。根据我国《民法典》第484条的规定：以通知方式作出的承诺，生效的时间适用本法第137条的规定。承诺不需要通知的，根据交易习惯或者要约的要求作出承诺的行为时生效。

（四）承诺的撤回

承诺的撤回，是指承诺人阻止承诺发生法律效力的一种意思表示。大陆法认为承诺的生效采用“到达主义”，因此，承诺原则上可以撤回，但撤回通知要与承诺同时到达或在承诺之前到达。而英美法国家则采用“投邮主义”，承诺一旦投递就发生法律效力，因此，不存在承诺撤回的问题。承诺人如果对承诺内容反悔，只能与要约人协商变更或解除合同。

《联合国国际货物销售合同公约》采用“到达主义”。该公约的第 22 条规定：接受得予撤回，如果撤回通知于接受原应生效之前或同时，送达发盘人。我国《民法典》的第 485 条也作了类似规定。

三、缔约过失责任

（一）缔约过失责任的概念

缔约过失责任，是指当事人在订立合同的过程中，因过错违反依诚实信用原则负有的先合同义务，导致合同不成立，或者合同因不符合法定的生效条件而未能生效、被变更或被撤销，给对方造成损失时所应承担的民事责任。

先合同义务，是指自当事人因签订合同而相互接触磋商，到合同有效成立之前，双方当事人依诚实信用原则负有的协助、通知、告知、保护、照管、保密、忠实等义务。

（二）缔约过失责任的具体形式

早在罗马法时期，人们就已经发现了缔约上的过失行为，并对其进行规制，以保护无辜的受害人。我国《民法典》第 500 条确立了缔约过失责任制度。该条规定：当事人在订立合同过程中有下列情形之一，给对方造成损失的，应当承担损害赔偿责任：1）假借订立合同，恶意进行磋商；2）故意隐瞒与订立合同有关的重要事实或者提供虚假情况；3）有其他违背诚实信用原则的行为。

案例透视

王某诉加拿大 H 公司专利权转让合同纠纷案

2005 年 5 月 9 日，经北京星海公司的中介服务，王某与加拿大 H 国际有限公司北京代表处签订《收购意向书》，约定收购项目为王某作为专利权人的一项实用新型专利，收购方式为独家买断，收购总额约为 29 万美元；双方一致同意继续就此项目的收购事宜展开洽谈，并进一步商定详细收购计划和办法；收购金额、币种及付款方式在双方协商后以文本合同为准；签订此意向书后，双方均不得再与第三方就此项目进行洽谈。两天后，王某在 H 公司指定的资产评估机构对其专利进行无形资产价值评估，支付评估费 6 万元。同时，应 H 公司的要求，王某回绝了多家有意与其开展专利推广转化合作或进行投资推荐的单位。同年 7 月 12 日至次年 3 月 30 日期间，王某多次催促 H 公司履行《收购意向书》的要约与承诺，但后者均未予答复。王某遂将H公司起诉至法院，要求其赔偿经济损失共计1 401 100元，其中包括6万元评估费、3 000元中介费、5 000元差旅费等直接损失，其余均为间接损失。

法院认为，《收购意向书》的名称和实质内容，均表明该意向书只是商洽的最初方案，签约双方并未就涉案专利的具体收购事宜达成合意。北京代表处系H公司的驻京机构，不能独立承担相应的民事责任，故北京代表处对涉案专利的收购意向应视为H公司的意思表示。鉴于《收购意向书》不具备我国《合同法》规定的要件，故王某要求H公司继续履行合同，缺乏法律依据，不予支持。

但是，《收购意向书》签订后，王某为促成收购成功，做了大量的准备工作，专门委托指定公司进行资产评估，并花费了6万元评估费。但H公司并未就收购事宜继续洽谈，亦未说明洽谈失败的原因，表明H公司已无意收购涉案专利。时至今日，H公司并未就收购事宜明确态度，致使王某既不能与第三人就涉案专利再行洽谈，又不能从H公司获得预期效益。H公司的上述行为违背诚实信用原则，理应对王某为促成收购交易所花费的合理开支承担赔偿责任，故H公司应赔偿王某因该意向书所支付的评估费用。

王某向星海公司支付的中介费，系王某履行该合同而产生的费用，与H公司未能收购涉案专利造成的经济损失无关，不属于H公司的缔约过失责任承担范畴。因王某未能提供差旅费的相关证据，且其与H公司最终并未达成收购涉案专利的合意，故王某要求H公司赔偿其差旅费及预期利益等间接损失，缺乏事实和法律依据，不予支持。

法院判决如下：被告加拿大H国际有限公司赔偿原告王某经济损失6万元，驳回原告王某的其他诉讼请求。

第三节　合同的效力

合同成立和合同生效是既有联系又有区别的两个概念。合同成立是合同订立过程的完成，是当事人意思表示一致的结果。它只解决了合同是否存在的问题。合同生效，解决的是已经成立的合同是否具有法律约束力的问题。合同成立后，能否对当事人发生法律效力，能否产生当事人所预期的法律后果，并不是由合同当事人完全决定的。

一、合同生效的要件

（一）当事人具有缔约能力

当事人具有缔约能力，是指当事人在订立合同时具有相应的民事权利能力和民事行为能力。当事人的民事权利能力，是指当事人订立合同的资格。当事人能否将这一资格加以实现，还要看是否具有认识和辨认自己行为的能力，即是否具有相应的民事行为能力。

1. 自然人的民事行为能力

德国法分别对无行为能力和限制行为能力的两种情况作了规定。《德国民法典》第104条规定，无行为能力人包括：未满七周岁者；因精神错乱不能自由决定其意志者，但按其性质此种状态仅为暂时性的除外。他们订立的合同不发生任何效力。《德国民法典》第106条规定：已满七周岁的未成年人，其行为能力为限制行为能力。他们所作的意思表示，须取得其法定代理人的同意或者经法定代理人事后追认才发生法律效力。

英美法认为，无缔约能力的自然人包括未成年人、有精神缺陷的人和酗酒的人。未成年人原则上没有订立合同的能力，未成年人对其订立的合同，在其成年后可以追认，也可以要求撤销，但属于必需品的除外。精神病人在其被宣告精神错乱后所订立的合同，一律无效。对于在被宣告精神错乱之前所签订的合同，则可以要求撤销。根据英美法判例，酗酒者订立的合同原则上应有强制执行力，但如果酗酒者在订立合同时由于醉酒而失去判断力和理解力，则可以要求撤销合同。

我国《民法典》将自然人的民事行为能力分为完全民事行为能力、限制民事行为能力和无民事行为能力。我国《民法典》第145条规定：限制民事行为能力人实施的纯获利益的民事法律行为或者与其年龄、智力、精神健康状况相适应的民事法律行为有效；实施的其他民事法律行为经法定代理人同意或者追认后有效。相对人可以催告法定代理人自收到通知之日起三十日内予以追认。法定代理人未作表示的，视为拒绝追认。民事法律行为被追认前，善意相对人有撤销的权利。撤销应当以通知的方式作出。

2. 法人的民事行为能力

法人只有通过它授权的代理人才能订立合同，并且其经营范围不能超过公司章程规定的范围，否则就属于越权行为，该行为的责任由行为人承担。但如果相对人不知道该行为越权，则法人仍应当对善意第三人负责。

（二）当事人意思表示真实

如果当事人的意思表示有错误，或者是在受欺诈、受胁迫的情况下订立了合同，在法律上就称为意思表示瑕疵。该合同可能会成为无效合同或可撤销合同。当事人意思表示不真实主要有以下几种情况：

1. 错误

错误，是指合同当事人在订立合同时，对其行为的性质、对方当事人、标的物的性质等构成交易的基础事实存在认识上的错误，而作出与其真实意思不一致的意思表示。

《法国民法典》第1110条规定：只有在错误涉及合同标的物的本质时，才构成无效。如果错误仅涉及当事人一方愿与之缔约的另一方当事人时，不能成为无效的原因，但另一方当事人个人被认为是合同无效的主要原因者，如当事人的身份、技能和品格对是否订立合同具有重要意义，不在此限。根据《法国民法典》的规定，因错误、胁迫或欺诈而缔结的契约并非依法必然无效，判定契约无效需发生请求宣告无效或撤销契约的诉权。

英美法对错误的规定与大陆法有很大差异。美国法认为，单方面的错误原则上不能要求撤销合同，只有当双方当事人彼此都有错误时，并且仅在该错误涉及合同的重要条款，如认定合同当事人和合同标的物的存在、性质、数量或有关交易的重大事项时，才可以主张合同无效或者撤销合同。

我国《民法典》第 147 条规定：基于重大误解实施的民事法律行为，行为人有权请求人民法院或者仲裁机构予以撤销。

案例透视

瑞福斯诉维切豪斯案

原告瑞福斯作为卖方与被告维切豪斯签订了一份棉花买卖合同。双方约定，该批棉花由一艘名为“Peerless”号的船舶从孟买运到目的地。但是，当时有两艘船名均为“Peerless”的船舶分别于 10 月和 12 月运送棉花到达目的地。原告将 12 月到达的那批货交付给被告，但被告拒绝受领货物。经查证，原来买方所指乃 10 月那艘船运到之棉花，而卖方所指乃 12 月那艘船运到之棉花。

法官认为，由于双方所订契约含糊不清，造成双方对标的物这一基本条款发生相互性错误理解，要约和承诺显然不一致，契约不成立。结果法院判决买方（被告）胜诉，买方无须对其拒收货物承担责任。

2. 欺诈

欺诈，是指一方当事人故意告知对方虚假情况或者故意隐瞒真实情况，诱使对方当事人作出错误意思表示的行为。各国法律一般都认为，凡因受欺诈而订立的合同，受欺诈的一方当事人可以撤销合同或主张合同无效。

3. 胁迫

胁迫，是指一方不正当或非法使用威胁、恐吓等手段，使对方产生恐惧并因此订立合同的行为。各国法律一般都认为，对受胁迫所订立的合同，受胁迫的一方可以主张合同无效或者撤销合同。

我国《民法典》第 148 条和第 149 条规定：一方以欺诈手段，使对方在违背真实意思的情况下实施的民事法律行为，受欺诈方有权请求人民法院或者仲裁机构予以撤销。第三人实施欺诈行为，使一方在违背真实意思的情况下实施的民事法律行为，对方知道或者应当知道该欺诈行为的，受欺诈方有权请求人民法院或者仲裁机构予以撤销。《民法典》第 150 条规定：一方或者第三人以胁迫手段，使对方在违背真实意思的情况下实施的民事法律行为，受胁迫方有权请求人民法院或者仲裁机构予以撤销。

4. 显失公平

显失公平制度源于罗马法中“短少逾半规则”。根据这一规则，如果买卖价金少于标的物价值的一半，出卖人可以解除合同，自己返还对方价金，要求对方返还标的物。这项制度延伸至今，各国法律均规定，在显失公平情况下订立的合同，准许遭受不利的一方请求变更或者撤销。

《德国民法典》第138条第2款规定：当法律行为系趁另一方穷困、没有经验、缺乏判断能力、意志薄弱，使其为自己或者第三人的给付作出有财产上的利益的约定或者担保，而此种财产上的利益与给付显然不相称时，该法律行为无效。

英国的衡平法规定，如果合同的内容显失公平且“触动法官的良知”，则该合同不能得到执行。《美国统一商法典》第2-302条明确规定：1）如果法院作为法律问题发现合同或合同的任何条款在制定时显失公平，法院可以拒绝强制执行，或仅执行显失公平部分之外的其他条款，或限制显失公平条款的适用以避免显失公平的后果。2）当有人主张或法院认为合同或合同的任何条款有可能显失公平时，当事方应被给予合理机会来证明订立合同的商业背景及合同的目的和效果，以帮助法院作出决定。

我国《民法典》第151条规定：一方利用对方处于危困状态、缺乏判断能力等情形，致使民事法律行为成立时显失公平的，受损害方有权请求人民法院或者仲裁机构予以撤销。

案例透视

韦弗诉美国石油公司案

被诉人美国石油公司将一个加油站出租给上诉人韦弗经营。双方签订的租赁合同中的一个免责条款规定：承租人将免除出租人所有发生于该出租财产上的过失行为责任。后来，该石油公司的雇员把汽油喷到了韦弗和他的助手身上，造成两人烧伤。被诉人提起诉讼，要求确定韦弗依据租赁合同应承担的责任。巡回法院承认并支持了免责条款的效力，韦弗提起上诉。最终，法院撤销了初审判决，认为这一免责条款显失公平，不可强制执行，石油公司并不能因此而免除责任。

法官认为，这是一份交给交易中的弱方的已经事先印好的格式合同。韦弗只读过一年半的中学，他不是那种懂得法律和理解技术性条款含义的人。这张租约由美国石油公司的律师起草。该公司的代理人从没有试图解释该租约包含的条件，也没有劝韦弗在签字之前找律师咨询一下。美国石油公司拥有的优势交易地位是显而易见的。韦弗在这份合同上签字实质上是一种为美国石油公司提供实质性保护的手续。

本案的事实表明，如果该有争议的条款是有强制约束力的，为了这份合同，韦弗就可能花费几千美元，用来赔偿不是由他的过失造成的损失，而韦弗每周必须进行7天的长时间经营，一年所得的总收入也只不过5 000～6 000美元。证据还表明，该免责条款是用小号字体印刷的，而且前面并没有加上一个标题，使人能辨认出这是一个免责条款。让一个没受过多少教育的人受这样一份合同的支配，那真是太可悲了，是对正义的亵渎。

这并不等于说，当事人双方不能订立免除某种过失责任的合同，而是说，这种合同只有在当事人知情并且情愿的情况下订立。

关于显失公平的构成，美国法院在现代审判实践中通常会从两方面加以考察：实质性显失公平和程序性显失公平。前者是指合同内容的不公平，后者则是就合同的订立过程而言的。

（三）合同的内容合法

英美法国家和大陆法国家都承认，“契约自由”（Freedom of Contract）和“意思自治”（Autonomy of the Will）是合同法的基本原则。但是，合同绝不仅仅是当事人之间的问题，有时可能涉及社会公共利益和社会公德乃至经济秩序，合同当事人的意思应当在法律允许的范围内表示，依法保护当事人的合法权益同依法禁止滥用民事权利是统一的。因此，各国法律对契约自由又加以一定的限制，如要求当事人订立的合同必须合法，并规定凡是违反法律、违反公序良俗的合同一律无效。

《德国民法典》第 134 条规定：法律行为违反法律上的禁止规定时，无效，但法律另有规定的除外。同时，该法典的第 138 条第 1 款规定：违反善良风俗的法律行为无效。《法国民法典》第 6 条原则性地规定：个人不得以特别约定违反有关公共秩序和善良风俗的法律。

英美法认为，一份有效的合同必须具有合法的目标或目的，否则就是非法的，因而是无效的。英美法根据某些单行法规的规定和判例法所确立的原则，对各种违法的事由加以排列。主要包括违反公共政策的合同、不道德的合同和违法的合同等。

我国《民法典》第 153 条规定：违反法律、行政法规的强制性规定的民事法律行为无效。但是，该强制性规定不导致该民事法律行为无效的除外。违背公序良俗的民事法律行为无效。

凡是违法或不道德的合同都是无效的。至于一方当事人根据这类合同所取得的利益是否应当返还的问题，较为复杂。英美法认为，违法合同的一方当事人不能因对方违反这种合同而要求赔偿损失，如果一方当事人已经履行了合同，如已把财产或货物交给对方，原则上也不能要求对方退回。虽然其结果会使一方得到不应得的利益，但法院一般也不予纠正，目的就是阻止这种非法交易。但如一方因为受骗、被威胁或受到经济上的压力而订立了违法合同，对其已履行的部分，可以要求对方返还。

我国《民法典》规定：无效的或者被撤销的民事法律行为自始没有法律约束力。民事法律行为无效、被撤销或者确定不发生效力后，行为人因该行为取得的财产，应当予以返还；不能返还或者没有必要返还的，应当折价补偿。有过错的一方应当赔偿对方由此所受到的损失；各方都有过错的，应当各自承担相应的责任。法律另有规定的，依照其规定。

（四）合同的形式合法

英美法把合同分为签字蜡封合同和简式合同两类。签字蜡封合同的订立必须遵守特定的形式，主要是合同必须以书面形式作成，有当事人的签名，加盖印戳，并必须把它交给对方当事人。其有效性完全在于它所采用的形式，不要求任何对价。现在，缔结签字蜡封合同一般只不过是在书面合同上加上一条标签，上面写上“seal”或“L. S.”（即 Locus Sigilli 的简写）字样，然后由允诺人把合同文件交给对方即可。目前，美国大多数州已经废止了签字蜡封合同。在英国，也只有船舶转让合同、抵押合同等极少数合同需要签字蜡封。

简式合同，是指必须有对价的合同，一般是不要式合同。但是也有一些必须以书面形式作成，否则合同无效或不能强制执行。如英国法规定，汇票、本票、海上保险合同等以书面形式作为合同有效成立的要件。

《联合国国际货物销售合同公约》对于国际货物买卖合同的形式，原则上不加以任何限制。该公约的第11条规定：销售合同无须以书面订立或书面证明，在形式方面也不受任何其他条件的限制。销售合同可以用包括人证在内的任何方法证明。

我国《民法典》第469条规定：当事人订立合同，可以采用书面形式、口头形式或者其他形式。书面形式是合同书、信件、电报、电传、传真等可以有形地表现所载内容的形式。以电子数据交换、电子邮件等方式能够有形地表现所载内容，并可以随时调取查用的数据电文，视为书面形式。

拓展阅读

对价和约因

许多国家的法律要求，一项在法律上有效的合同，除了当事人意思表示一致外，还必须具备另一要件：对价或约因。

对价是英美法的概念。根据1875年英国高等法院在卡利埃诉米萨案的判决中所下的定义，所谓对价，是指“合同一方得到的某种权利、利益、利润或好处，或者是他方当事人克制自己不行使某项权利或遭受某项损失或承担某项义务”。在英美法中，除了签字蜡封合同外，对价是合同成立的要件之一。例如：甲对乙许诺，如果乙肯出80美元，甲愿意把自己的自行车转让给乙。之后，乙为了得到甲的自行车，把80美元交给了甲。在这一关系中，甲是诺言人，乙是受诺人，80美元是甲承诺的对价。如果乙没有把80美元交给甲，也没有作出对应的用80美元购买这辆自行车的许诺，甲有权把自己转让自行车的诺言收回。因为这一诺言没有对价，对甲没有约束力。

约因是罗马法的概念，后被法国等大陆法系国家沿用。法国法把约因作为合同有效成立的要素之一。根据法国法的解释，债的约因是指订约当事人产生该项债务所追求的最接近与最直接的目的。根据《法国民法典》第 1131 条规定：无原因的债，基于错误原因或不法原因的债，不发生任何效力。这里的“债”是指广义的债，包括债权和债务，不仅仅指狭义的金钱债务。德国法不以约因作为合同有效成立的必要条件。《德国民法典》及承袭它的某些大陆法系国家的法典，如瑞士债务法典，在有关合同成立的章目中都不再采用约因这个概念，但德国法有不当得利制度。

二、合同生效的时间

（一）依法成立的合同，自成立时生效

我国《民法典》第 502 条规定：依法成立的合同，自成立时生效，但是法律另有规定或者当事人另有约定的除外。依照法律、行政法规的规定，合同应当办理批准等手续的，依照其规定。未办理批准等手续影响合同生效的，不影响合同中履行报批等义务条款以及相关条款的效力。应当办理申请批准等手续的当事人未履行义务的，对方可以请求其承担违反该义务的责任。

（二）附条件和附期限的合同，其生效时间与承诺生效时间不一致

根据我国《民法典》的规定：订立合同等民事法律行为可以附条件，但是根据其性质不得附条件的除外。附条件的合同，是指合同的双方当事人在合同中约定某种事实状态，并以其将来发生或者不发生作为合同生效或者不生效的限制条件的合同。附生效条件的合同，自条件成就时生效。附解除条件的合同，自条件成就时失效。当事人为自己的利益不正当地阻止条件成就的，视为条件已成就；不正当地促成条件成就的，视为条件不成就。

订立合同等民事法律行为可以附期限，但是根据其性质不得附期限的除外。附生效期限的合同，自期限届至时生效。附终止期限的合同，自期限届满时失效。附期限的合同，是指附有将来确定到来的期限作为合同的条款，并在该期限到来时合同的效力发生或者终止的合同。它与附条件的合同的区别之处在于：条件是不确定的事实，但期限是确定的事实。当事人在签订合同时，对于确定的事实只能在合同中附期限，而不能附条件。

在这两种情况下，承诺生效之时，合同已经成立但没有生效。只有当约定的条件成就或约定的生效期限届至时，合同才开始生效。

第四节　合同的履行

一、合同履行的原则

（一）全面履行原则

全面履行，是指合同当事人应当按照合同约定，在适当的履行期限和履行地点，用适

当的方式全面地履行合同义务。《法国民法典》第1134条第1款规定：依法成立的契约，在缔结契约的当事人间有相当于法律的效力。按照英美法的判例，如果合同中规定了履约的时间，而时间又是该合同的要素，如商务合同中的交货时间，当事人就必须在规定的时间内履行合同，否则债权人有权解除合同并要求损害赔偿。

（二）诚实信用原则

诚实信用原则起源于罗马法。根据罗马法的诚信契约，债务人不仅要依据契约条件，而且要依据诚实观念完成契约规定的给付。诚实信用原则在商事活动中，主要是指根据合同的性质、目的和交易习惯，履行相互协作和配合的义务，进行瑕疵告知、重要情势告知等必要的客观信息交换以及忠实保密义务，讲信用，不违背承诺等。

二、我国《民法典》合同编关于合同履行的具体规则

（一）合同约定不明时的补救

合同生效后，当事人就质量、价款或者报酬、履行地点等内容没有约定或者约定不明确的，可以协议补充；不能达成补充协议的，按照合同有关条款或者交易习惯确定。

（二）合同约定不明时的履行

当事人就有关合同内容约定不明确，不能达成补充协议，按照合同有关条款或者交易习惯也不能确定的，适用下列规定：

（1）质量要求不明确的，按照强制性国家标准履行；没有强制性国家标准的，按照推荐性国家标准履行；没有推荐性国家标准的，按照行业标准履行；没有国家标准、行业标准的，按照通常标准或者符合合同目的的特定标准履行。

（2）价款或者报酬不明确的，按照订立合同时履行地的市场价格履行；依法应当执行政府定价或者政府指导价的，按照规定履行。

（3）履行地点不明确，给付货币的，在接受货币一方所在地履行；交付不动产的，在不动产所在地履行；其他标的，在履行义务一方所在地履行。

（4）履行期限不明确的，债务人可以随时履行，债权人也可以随时要求履行，但应当给对方必要的准备时间。

（5）履行方式不明确的，按照有利于实现合同目的的方式履行。

（6）履行费用的负担不明确的，由履行义务一方负担；因债权人原因增加的履行费用，由债权人负担。

（三）提前履行

债务人提前履行债务损害债权人利益的，债权人可以拒绝债务人的履行。债务人提前履行债务不损害债权人利益的，债权人应当接受债务人的履行。债务人提前履行债务给债权人增加负担的，费用由债务人承担。

（四）部分履行

债务人部分履行债务损害债权人利益的，债权人可以拒绝债务人的履行。债务人部分履行不损害债权人利益的，债权人应当接受债务人的履行。债务人部分履行债务给债权人增加的费用，由债务人负担。

（五）双务合同履行中的抗辩权

合同履行中的抗辩权，是指在双务合同中，一方当事人依据法定事由，享有的对抗对方请求权或者否认对方主张的权利。具体包括：

（1）同时履行抗辩权，是指在双务合同中应当同时履行的一方在对方履行前有权拒绝其履行要求，在对方履行债务不符合约定时，有权拒绝其相应的履行要求。同时履行抗辩权属延期的抗辩权，只是暂时阻止对方当事人请求权的行使，非永久的抗辩权。

（2）后履行抗辩权，是指在双务合同中应当先履行的一方当事人未履行或者不适当履行，到履行期限的另一方当事人享有不履行、部分履行的权利。例如：出租人不交付租赁物，承租人有权不支付租金。供货方交付假冒商品，购买方有权不支付货款。后履行抗辩权也只是暂时阻止对方当事人请求权的行使，非永久的抗辩权。对方当事人完全履行了合同义务，后履行抗辩权消灭，当事人应当履行自己的义务。

（3）不安抗辩权，又称先履行抗辩权，是指双务合同成立后，应当先履行的当事人有证据证明对方不能履行义务，或者有不能履行合同义务的可能时，在对方没有履行或者提供担保之前，有权中止履行合同义务。行使不安抗辩权的情形有：1）经营状况严重恶化；2）转移财产、抽逃资金，以逃避债务；3）丧失商业信誉；4）有丧失或者可能丧失履行债务能力的其他情形。注意，当事人没有确切证据中止履行的，应当承担违约责任。同时，当事人在上述情况下中止履行的，应当及时通知对方。对方提供适当担保时，应当恢复履行。中止履行后，对方在合理期限内未恢复履行能力且未提供适当担保的，视为以自己的行为表明不履行主要债务，中止履行的一方可以解除合同并可以请求对方承担违约责任。

（六）合同的保全

合同的保全，是指为了防止债务人的财产不正当地减少而给债权人的债权带来危害，允许债权人代债务人之位向第三人行使债务人的权利，或者请求法院撤销债务人与第三人的法律行为以保障债权得以实现的一种法律制度。

1. 债权人的代位权

代位权，是指因债务人怠于行使其到期债权而对债权人造成损害，债权人可以向人民法院请求以自己的名义代位行使债务人的债权的权利。代位权源于罗马法。《法国民法典》将其正式确立为民法制度。该法典第1166条规定：债权人得以行使其债务人的一切权利和诉权，唯权利和诉权专属于该债务人个人者的，不在此限。

代位权成立的要件包括：1）债务人对第三人享有债权。该债权须是非专属于债务人本身的权利，如基于扶养、抚养、赡养或继承关系产生的给付请求权和劳动报酬、抚恤金、退休金、养老金、安置费、人寿保险、人身伤害赔偿请求权等。2）债务人怠于行使其债权。债务人应当收取债务，且能够收取，而不收取。3）债务人怠于行使自己的债权，已害及债权人的债权。4）债务人已陷于迟延履行。

债权人行使代位权请求清偿的财产额，应以债务人的债权额和债权人所保全的债权为限，超越此范围的，债权人不能行使。例如：债务人对第三人的债权为100万元，债权人对债务人的债权为200万元，债权人只能请求第三人向债务人清偿100万元。又如：债务人对第三人的债权为100万元，债权人对债务人的债权为60万元，债权人行使代位权的请求额只能是60万元，而不能再请求偿还其余的40万元。

在代位权行使过程中，对债权人而言，债务人的债务人为次债务人，债权人代债务人向次债务人行使债权，既不用债务人的名义，也无须债务人同意。债权人将次债务人列为被告向法院提起诉讼，可以将债务人列为第三人，未列的，法院可以追加债务人为第三人。代位权行使的后果，即第三人偿还的财产为全体债权人的共同担保物，故行使代位权的债权人不能因此获得优先受偿债权。债权人行使债务人的债权，是基于法定的代位关系，故行使代位权的费用，债权人可请求债务人偿还。

案例透视

三元钢材经销部与金城公司代位权纠纷案

2001年12月到2002年4月，三元钢材经销部先后与鲁发公司签订了三份钢材买卖合同，总金额为150万元。鲁发公司收到钢材后，仅支付了部分货款，还有100余万元一直欠着。为了追回这笔货款，三元钢材经销部多次上门索要，鲁发公司均以无钱为由予以拒绝。一个偶然的机会，三元钢材经销部的工作人员发现，在其与鲁发公司签订合同的同时，鲁发公司与金城建筑公司也签订了钢材买卖合同，鲁发公司所购钢材被直接送进了金城公司的工地。由于鲁发公司在其中仅起一个中介的作用，并且从金城公司已给付的货款中扣除了自己的利润，所以一直怠于向金城公司催缴到期余款。三元钢材经销部没有办法，只得将金城公司告上法庭。金城公司则辩称，己方没有与三元钢材经销部签订合同，不存在合同关系，三元钢材经销部所告无理，应当告鲁发公司。

法院经审理认为：三元钢材经销部有权向金城公司提起代位权之诉，行使鲁发公司对金城公司的到期债权。因为鲁发公司存在怠于向金城公司行使其到期债权的行为，该行为已经危及债权人债权的实现。并且鲁发公司对三元钢材经销部债务的履行构成迟延，具备了行使代位权的条件。金城公司称其与三元钢材经销部“不存在合同关系”“应当告鲁发公司”的理由是不正确的。代位权是一种法定权利，权利人可以直接向次债务人行使。因此，法院判决金城公司向三元钢材经销部履行付款义务，支付钢材余款。

2. 债权人的撤销权

撤销权，是指债务人放弃其到期债权或者无偿转让财产，对债权人造成损害的，债权人请求人民法院撤销债务人的行为的权利。债务人以明显不合理的低价转让财产，对债权人造成损害，并且受让人知道该情形的，债权人也可以请求人民法院撤销债务人的行为。

债权人行使撤销权恢复责任财产，是为了保全全体债权人的利益，因此行使撤销权的范围，也应以保全全体一般债权人的总债权额为限。行使撤销权的债权人对保全的责任财产无优先受偿权。债权人行使撤销权的必要费用，由债务人负担。

撤销权自债权人知道或者应当知道撤销事由之日起 1 年内行使。自债务人的行为发生之日起 5 年内没有行使撤销权的，该撤销权消灭。

案例透视

于某与郑某撤销权纠纷案

2002 年年初，郑某与于某合伙经营水果批发业务，由于对市场行情的错误把握，导致经营不善，不到 1 年时间，两人共欠外债 20 万元。债主多次上门催讨，因郑某资金紧张，于某还清了他与郑某共同欠的 20 万元。此后，于某多次向郑某催要其应承担的 10 万元债务。由于郑某连续几年做生意亏本，实无支付能力，所以一直拖着。郑、于二人在合伙经营前，在本市繁华地段各购买了一套住房，当时市价 8 万元，现已升值为 15 万元。住房是郑某的主要财产，为了避免将此房抵债，他便有意将自己的住房无偿赠给前妻文某，并于 2003 年 5 月办理了相关手续。此后，郑某告诉于某，自己的住房已归前妻文某所有，已无财产偿还 10 万元债务。于某遂将郑某告上法庭，请求法院撤销郑某的赠与行为。

本案主要涉及合同保全中的债权人撤销权问题。法院经审理认为，在于某多次向郑某催要其应分担的 10 万元债务的情况下，郑某为逃避债务，将住房赠与前妻文某。该行为已经危害了于某的债权。因为郑某连续几年做生意亏本，没有支付能力，在将房屋处分后便没有其他的财产了，于某的债权已难以实现。因此，于某具备了行使撤销权的条件，有权撤销该赠与行为。法院最终判决撤销郑某的赠与行为，文某向郑某返还住房。

第五节　合同的变更与转让

一、合同的变更

合同变更有狭义和广义之分。狭义的合同变更，是指在不改变主体的情况下，双方当事人就原合同的内容进行修改或补充而形成新的权利义务关系。广义的合同变更，是指合同的主体发生变化，即合同当事人向第三人全部或部分转让其合同权利或合同义务，通常称为合同的转让。这里所说的合同的变更是指前者。

我国《民法典》第 543 条和第 544 条规定：当事人协商一致，可以变更合同。当事人对合同变更的内容约定不明确的，推定为未变更。

在某些特殊情况下，如因重大误解或在显失公平情形下签订的合同，一方当事人可以不经对方同意，请求法院或者仲裁机构予以变更。不过，这种变更不是通过当事人自力救济方式实现的，除非另一方当事人同意。

案例透视

红叶服装厂与华夏商厦合同纠纷案

2002 年 10 月，华夏商厦与红叶服装厂签订了服装购销合同。合同约定：由红叶服装厂供给华夏商厦男式西服 500 套，每套单价 800 元，女式西服 500 套，每套单价 600 元，合同总价款为 70 万元。合同对产品的规格、型号和质量也作了规定，交货日期约定为 12 月 20 日。合同还规定：任何一方不履行合同时，应向对方支付违约金，违约金数额为未履行部分的 10%。由于交货时间短，红叶服装厂为确保按时交货，将厂内生产计划作了调整，并要求工人加班加点完成任务。在此期间，华夏商厦经过市场调查得知，受消费心理的影响，今年西装的销售量并不会太好。因此，向红叶服装厂函告将所订购的服装数量减半。红叶服装厂以书面形式回复华夏商厦，表示愿意接受该公司的请求。12 月 20 日，红叶服装厂依约向对方交付货物，其中男式西服 300 套，女式西服 200 套，共计 500 套。而华夏商厦以货物数量减半是指男女服装各减半为 250 套为由拒付货款。红叶服装厂认为，华夏商厦提出服装订购数量减半，并未说是男、女式服装各减半，当然可以理解为总订购数量减半，于是向法院提起诉讼，要求华夏商厦支付货款并承担违约责任。

法院经审理认为：双方在合同签订后，华夏商厦向红叶服装厂函告将所订购的服装数量减半，红叶服装厂表示愿意接受该公司的请求。双方的这一行为视为合同的变更。但是在交货时，双方对交货的数量产生了争议，导致这一情况出现的原因是红叶服装厂与华夏商厦对合同数量条款变更的内容约定不明确。我国《合同法》第 78 条规定：当事人对合同变更的内容约定不明确的，推定为未变更。因此，红叶服装厂与华夏商厦签订的合同未发生变更，华夏商厦不应承担违约责任。

二、合同的转让

（一）合同权利的转让

合同权利的转让，是指合同债权人将合同的权利全部或部分转让给第三人，后者基于债权的转让而成为新的债权人。各国法律一般都允许合同权利的转让。

德国法认为，合同权利转让无须征得债务人的同意即可发生法律效力。美国法采取了与德国法相似的立场。法国法认为，债权人转让其债权虽不必征得债务人的同意，但必须将债权转让的事实及时通知债务人，只有在债务人接到债权转让的通知或者对债权转让作出承诺后，债权转让才对其发生效力。日本也采取了此种主张。此外，一些国家和地区的民法典都对不得转让的权利作出了规定，总的原则是：当事人另有约定或者依据债权性质不得转让的合同权利不得转让。

我国《民法典》第545条规定：债权人可以将合同的权利全部或者部分转让给第三人。对于债权转让的范围，排除了三种不可转让的权利：其一，根据侵权性质不得转让；其二，按照当事人约定不得转让；其三，依照法律规定不得转让。对于权利转让的要件，采用了通知主义，即债权人转让权利的，应当通知债务人。未经通知，该转让对债务人不发生效力。

（二）合同义务的让与

合同义务的让与，是指合同的债权人、债务人和第三人之间达成合意，由第三人取代原债务人承担债务。由于合同义务的让与涉及债务人的变更，而不同债务人的资信状况和履约能力往往有所不同，因此各国对债务人与第三人达成的债务转让协议，一般都要征得债权人的同意。

案例透视

麦克诉盖瑟伯格比萨饼公司案

盖瑟伯格比萨饼公司为了在其经营的各个比萨饼店中安装为弗吉尼亚咖啡服务公司所拥有的自动冷饮销售机，于1966年12月30日与后者订立了正式合同。合同期为1年，如果在到期前的30天之内任何一方均未依书面通告解除合同，该期限将自动延长。

1967年12月30日，弗吉尼亚咖啡服务公司的财产被麦克公司买下，上述合同也被前者转让给了后者。1968年1月，盖瑟伯格比萨饼公司企图终止该合同。此后，麦克公司对盖瑟伯格比萨饼公司提起诉讼，要求就被告的违约得到损害赔偿。

初审法院认为，盖瑟伯格比萨饼公司与弗吉尼亚公司订立合同时，对后者的技巧、判断力和声誉发生了依赖；这一依赖使后者不能把其义务转移给麦克公司，判被告胜诉。作为一般规则，任何合同义务均可让与他人承担，除非债权人在让原债务人亲自履行其合同义务方面拥有一种实质性的利益，因而在由他人履行该合同义务与由原债务人履行这一义务之间存在实质性的变化。在本案中，盖瑟伯格比萨饼公司主张，他们过去曾与麦克公司有过交往，之所以选择了弗吉尼亚公司，是因为更欣赏该公司经营的方式。弗吉尼亚公司提供了更为个人化的服务，该公司的总裁使机器保持良好的运转状态，佣金是用现金支付的，还允许比萨饼公司保存机器的钥匙以便对机器的小毛病随时进行调整。盖瑟伯格比萨饼公司认为从弗吉尼亚公司获得的服务与他们预期从麦克公司获得的服务存在差异。

我国的法律也承认合同义务的让与，但必须征得债权人的同意。我国《民法典》第551条规定：债务人将债务的全部或者部分转移给第三人的，应当经债权人同意。债务人或者第三人可以催告债权人在合理期限内予以同意，债权人未作表示的，视为不同意。

（三）合同权利和义务的概括转让

合同权利和义务的概括转让，是指合同一方当事人将其在合同中的权利和义务一并移转给第三人，由第三人概括地承受这些权利和义务。其后果是导致原合同关系的消灭，第三人取代了转让方的地位，生成一种新的合同关系。

对此，各国法律基本上都要求在进行转让前应当征求对方的意见，使对方能根据受让方的具体情况来判断这种转让行为是否会对自己的权利造成损害。只有经对方当事人同意，才能将合同的权利和义务一并转让。如果未经对方同意，一方当事人就擅自一并转让权利和义务，那么其转让行为无效，对方有权就转让行为对自己造成的损害，追究转让方的违约责任。

第六节　合同的消灭

一、大陆法系的规定

大陆法系各国民法典或债务法典中仅就债的消灭作出规定，而没有专就合同的消灭作出规定。对债的消灭的原因，大体包括以下几种：

（1）清偿（Payment），是指债务人按照合同约定向债权人履行债务以实现合同目的的行为。当债权人接受债务人的清偿时，债的关系即告消灭。

（2）抵消（Set-off），是指双方互负债务时，以其各自的债权冲抵债务，使双方的债务在等额的范围内归于消灭。

（3）提存（Deposit），是指当债务人打算履行自己的债务时，因债权人的原因而无法交付标的物，债务人将该标的物交给提存机关以代替清偿的行为。

（4）混同（Merger），是指债的关系因债权人和债务人同归于一人而消灭。混同发生的原因主要有：1）民法上的继受。如甲死亡，而由其债务人或债权人乙继承其债权或债务，此时，其债权或债务因混同而消灭。2）商法上的继受。如甲公司对乙公司负有债务，后两公司合并，债权、债务归于消灭。3）特定继受。因为债权转让或债务让与使债权、债务集中于一人时，债权、债务归于消灭。

(5) 免除 (Release)，是指债权人放弃债权从而使债归于消灭的行为。德国法和法国法认为：免除是双方法律行为，必须经债务人的同意方可生效。我国的法律和日本法则认为：免除是债权人的单方行为，无须经债务人的同意，债的关系亦可归于消灭。

二、英美法系的规定

(1) 合同因履行而消灭。履行是合同消灭的主要原因。

(2) 合同因双方当事人的协议而消灭。当事人之间可以约定以新的合同代替原合同，变更原合同的实质性内容，依照合同自身规定的条件而解除合同或者弃权。弃权，是指一方当事人自愿放弃其依据合同所享有的权利，从而解除另一方当事人的义务。

(3) 合同因违约而消灭。英美法把违约分为重大违约和轻微违约两种，只有在违反条件（或重大违约）的情况下，才能使一方获得解除合同的权利，使合同归于消灭。

(4) 合同因法定情形的出现而消灭。法定情形主要包括：合并、破产、擅自修改书面合同、合同落空等。

三、我国《民法典》合同编的规定

(一) 合同权利和义务终止的情形

1. 债务已经按照约定履行

债务已经按照约定履行，是指债务人按照约定的标的、质量、数量、价款或报酬、履行期限、履行地点和方式全面履行。

2. 合同解除

合同解除，是指合同有效成立后，因法律规定或当事人一方或双方的意思表示而使合同关系归于消灭的行为。包括约定解除和法定解除。

我国《民法典》第 562 条规定：当事人协商一致，可以解除合同。当事人可以约定一方解除合同的事由。解除合同的事由发生时，解除权人可以解除合同。

我国《民法典》第 563 条规定了当事人可以解除合同的法定情形：1) 因不可抗力致使不能实现合同目的；2) 在履行期限届满之前，当事人一方明确表示或者以自己的行为表明不履行主要债务；3) 当事人一方迟延履行主要债务，经催告后在合理期限内仍未履行；4) 当事人一方迟延履行债务或者有其他违约行为致使不能实现合同目的；5) 法律规定的其他情形。

当事人一方依法主张解除合同的，应当通知对方。合同自通知到达对方时解除；通知载明债务人在一定期限内不履行债务则合同自动解除，债务人在该期限内未履行债务的，合同自通知载明的期限届满时解除。对方对解除合同有异议的，任何一方当事人均可以请求人民法院或者仲裁机构确认解除行为的效力。当事人一方未通知对方，直接以提起诉讼或者申请仲裁的方式依法主张解除合同，人民法院或者仲裁机构确认该主张的，合同自起诉状副本或者仲裁申请书副本送达对方时解除。

合同解除后，尚未履行的，终止履行；已经履行的，根据履行情况和合同性质，当事人可以请求恢复原状或者采取其他补救措施，并有权请求赔偿损失。

合同因违约解除的，解除权人可以请求违约方承担违约责任，但是当事人另有约定的除外。主合同解除后，担保人对债务人应当承担的民事责任仍应当承担担保责任，但是担保合同另有约定的除外。

3. 债务相互抵消

抵消可分为法定抵消和协议抵消。法定抵消，是指法律规定抵消的条件，具备条件时依当事人一方的意思表示即发生抵消的效力。法定抵消应当具备以下条件：1）当事人双方互负债务、互享债权。2）双方债务均已到期。但在特殊情况下，未届清偿期债权可以视为到期债权，依法抵消。例如，《中华人民共和国企业破产法》规定：破产宣告时未到期的债权，视为已到期的债权，但是应当减去未到期的利息。3）债务的标的物种类、品质相同。4）不属于依照法律规定或按照合同的性质不得抵消的债务。当事人主张抵消的，以通知对方时发生效力。抵消不得附条件或附期限。此外，当事人互负债务，标的物种类、品质不相同的，经双方协商一致，也可以抵消。这就是协议抵消的情形。

4. 债务人依法将标的物提存

可以提存的情形有：其一，债权人无正当理由拒绝受领；其二，债权人下落不明；其三，债权人死亡未确定继承人或者丧失民事行为能力未确定监护人；其四，法律规定的其他情形。标的物提存后，不论债权人是否提取，都产生债务消灭的法律后果。

5. 债权人免除债务

债权人可以免除债务的部分，也可以免除债务的全部。

6. 债权和债务同归于一人

我国《民法典》第 576 条规定：债权和债务同归于一人的，债权债务终止，但是损害第三人利益的除外。

7. 法律规定或者当事人约定终止的其他情形

我国《民法典》第 173 条规定：代理人死亡或丧失民事行为能力的，委托代理终止。

（二）合同权利和义务终止后的义务

我国《民法典》第 558 条规定：债权债务终止后，当事人应当遵循诚信等原则，根据交易习惯履行通知、协助、保密、旧物回收等义务。这是一种后合同义务。后合同义务既是法律规定的义务，也是诚实信用原则派生的义务，其内容一般根据交易习惯来确定。所谓交易习惯，既指一般的民商事活动应遵循的习惯，又指当事人双方长期交易关系中形成的习惯。

第七节　违约责任及救济

一、违约责任概述

（一）违约的概念

违约，是指合同依法成立后，合同当事人出于某种原因，不履行或者没有完全履行其合同义务的行为。除不可抗力、情势变更等特殊原因外，违约的当事人应当承担相应的法律责任，即违约责任。

（二）违约责任的确认

大陆法将违约归于民事责任，采用过错责任原则认定是否存在违约。过错，是指当事人不履行或者不完全履行合同义务是出于故意或过失。大陆法认为，如果仅仅证明债务人没有履行其合同义务，还不足以构成违约，只有同时证明或者推定债务人的上述行为有某种可以归责于他的故意或过失，才能使其承担违约责任。《德国民法典》第 276 条规定：除另有其他规定外，债务人应对其故意或者过失行为负责。在交易中未尽必要注意的，为过失行为。债务人出于故意行为应负的责任，不得事先免除。

英美法则采用严格责任原则认定是否存在违约，认为一切合同都是担保，只要债务人没有达到担保的结果，就构成违约，应负损害赔偿的责任。美国《合同法重述》第 314 条对违约作了如下定义：凡没有正当理由不履行合同中的全部或部分允诺，构成违约。

《联合国国际货物销售合同公约》和我国《民法典》均未采用过错责任原则。我国《民法典》第 577 条规定：当事人一方不履行合同义务或者履行合同义务不符合约定的，应当承担继续履行、采取补救措施或者赔偿损失等违约责任。

（三）催告制度

催告是大陆法特有的制度，在合同没有明确规定确定的履行日期的情况下，债权人只有先向债务人作出催告，然后才能使债务人承担迟延履行的责任。催告，是指债权人向债务人发出请求履行合同的通知。

1. 当事人催告的条件

（1）若合同中规定了确切日期但当事人不按照合同规定履行，就构成违约，无须催告。

（2）合同中未明确规定合同履行时间的，则属于不定期债务，需要催告。

2. 催告的作用

自催告之日起，不履行的风险由违约一方承担；债权人有权就不履行合同请求法律的救济；自送达催告之日起，开始计算损害赔偿及其利息。

3. 催告的方式

法国法要求催告必须以书面作成，并由法警送达债务人。德国法则不要求任何特定的方式，书面或口头方式均可，唯一的要求是把催告传达给债务人。

二、违约的形式

（一）大陆法系的规定

德国法把违约分为给付不能和给付迟延。给付不能，是指债务人出于种种原因不可能履行其合同义务，包括自始不能和嗣后不能两种。前者是指在合同成立时就不能履行，因此该合同在法律上是无效的。后者是指合同有效成立后，合同可能被履行，但由于出现了阻碍情况致使合同不能履行的情形。嗣后不能以债务人过错为承担责任的要件。

给付迟延，是指债务已届至履行期，并且是可能履行的，但债务人没有按期履行其合同义务。在履行期届满前，由于发生了不可抗力事故，致使债务人无法按期履行债务，对此债务人可以免除迟延给付责任。但是，凡在履行期届满后，经债权人催告仍不给付者，债务人自受催告时起负迟延给付责任。此时，债务人不但要对迟延履行期间由于自己的过错所造成的一切损失负责，而且须对不可归责于自己的原因，如不可抗力所造成的损失负责。

（二）英美法系的规定

英国法把合同条款分为条件和担保，把违约的情形也分为违反条件和违反担保两种情形。违反条件，即违反合同中重要的、根本性的条款，如买卖合同中关于货物品质与数量、履约的时间与地点等条款。当合同一方当事人违反了条件时，另一方当事人有权要求解除合同，并要求损害赔偿。违反担保，是指违反合同中次要的、从属性的条款。当一方当事人违反了担保时，另一方当事人不能以此为理由解除合同，只能在继续履行其所应当承担的合同义务后，向违约的一方要求损害赔偿。

近年来，英国法院判例增加了被称为“违反中间性条款”的新的违约类型。当一方违反这类中间性的条款时，对方能否有权解除合同，须视此种违约的性质及其后果，由法官灵活判定救济方法。

美国法则把违约分为轻微违约和重大违约。轻微违约，是指债务人在履约中尽管存在一些缺点，但债权人已经从中得到该项交易的主要利益。此时，受损害的一方可以要求赔偿损失，但不能拒绝履行自己的合同义务。重大违约，是指由于债务人没有履行合同或履行合同有缺陷，致使债权人不能得到该项交易的主要利益。此时，受损害的一方可以解除合同，同时要求赔偿全部损失。

此外，英美法还规定了“预期违约制度”（Anticipatory Breach of Contract），即一方当事人在合同履行期到来之前，就明确表示或以自己的行为表示履行期限届满时不履行合同义务的行为。此时，另一方当事人可以解除合同，并要求损害赔偿，而不必等到合同规定的履行期届满时才采取行动。

（三）我国法律的规定

我国把违约分为不履行和不适当履行。合同的不履行包括拒不履行和履行不能。拒不履行，是指当事人能够履行合同却无正当理由故意不履行。履行不能，是指因不可归责于债务人的事由致使合同的履行在事实上已经不可能。

合同的不适当履行，又称不完全给付，是指当事人履行合同义务不符合约定的条件。不适当履行又分为一般瑕疵履行和加害履行。一般瑕疵履行有数量不足、质量不符、履行方法和履行地点不当、履行迟延等多种表现形式。当事人履行合同除有一般瑕疵外，还造成对方当事人的其他财产、人身损害的，为加害履行。加害履行的特征是违约与侵权行为竞合。例如：债务人给付的机电产品存在漏电缺陷，导致债权人触电死亡即为加害履行。

三、违约的救济方法

违约的救济方法，是指合同一方当事人的合法权利被另一方侵害时，法律上给予受损害方补偿的方法。具体包括：

（一）实际履行

实际履行（Specific Performance），是指债权人要求债务人按照合同的规定履行合同，或者由债权人向法院提起实际履行之诉，由执行机关运用国家强制力，使债务人按照合同的规定履行合同。

大陆法系一般采用实际履行作为基本的救济方法之一。英国普通法则认为：一方当事人不履行其合同义务，对方的唯一权利是提起违约之诉，要求损害赔偿。英国衡平法院认为：在处理某些案件时，如果原告能证明仅采用损害赔偿还不足以满足其要求，则可以考虑判令实际履行，但此时实际履行也只是作为一种例外的救济方法。

根据我国《民法典》第580条的规定，当事人一方不履行非金钱债务或者履行非金钱债务不符合约定的，对方可以要求履行，但有下列情形之一的除外：其一，法律上或者事实上不能履行；其二，债务的标的不适于强制履行或者履行费用过高；其三，债权人在合理期限内未要求履行。

（二）损害赔偿

损害赔偿（Damages），是指债务人不履行合同债务依法应承担的赔偿债权人损失的责任。损害赔偿是最常见的违约救济措施。

德国法中的损害赔偿是指受害人恢复到受害之前的状态，即恢复原状，而不限于金钱赔偿，即以恢复原状为原则，以金钱赔偿为例外。法国法则以金钱赔偿为原则，以恢复原状为例外。至于损害赔偿范围，大陆法均认为应当包括现实损害和所失利益。

英美法认为，只要一方当事人违反合同，对方就可以提起损害赔偿之诉，而不以违约一方有无过失为条件，也不以发生实际损害为前提。法院对损害赔偿之诉一般都是判令债务人支付金钱赔偿，使权利受到损害的一方处于该项权利得到遵守时同样的地位。

我国《民法典》对损害赔偿的范围作了规定。该法第584条规定：当事人一方不履行合同义务或者履行合同义务不符合约定，造成对方损失的，损失赔偿额应当相当于因违约所造成的损失，包括合同履行后可以获得的利益；但是，不得超过违约一方订立合同时预见到或者应当预见到的因违约可能造成的损失。

为了避免当事人一方违反合同时，另一方无动于衷，任凭损失扩大的情形，我国《民法典》也确立了减损规则。该法第591条规定：当事人一方违约后，对方应当采取适当措施防止损失的扩大；没有采取适当措施致使损失扩大的，不得就扩大的损失请求赔偿。当事人因防止损失扩大而支出的合理费用，由违约方承担。

（三）解除合同

解除合同（Dissolution of Contract），是指在合同尚未履行或尚未全部履行的情况下，基于当事人一方或者双方的意思表示，使基于合同发生的债权债务关系归于消灭的行为。各国法律一般都规定，当一方违约时，另一方可以解除合同，但对解除合同的条件要求不同。

大陆法认为，一方不履行合同或履行迟延时，对方有权解除合同。法国法认为，债权人解除合同必须向法院起诉，由法院作出解除合同的判决。德国法则主张，解除合同的一方当事人只需把解除合同的意思通知对方即可，不必经过法院的判决。

英美法认为，只有在一方当事人违反条件或重大违约时，对方才能解除合同。否则，只能要求损害赔偿。提出解除合同时，只需向对方提出即可。

根据我国《民法典》第566条的规定，合同的解除产生以下后果：尚未履行的，终止履行；已经履行的，根据履行情况和合同性质，当事人可以要求恢复原状、采取其他补救措施，并有权要求赔偿损失。

（四）禁令

禁令（Injunction），是指由法院发出的禁止当事人在一定时期内做某种行为的判决或命令。它是英美法所采用的一种特殊的违约救济措施。英美法院给予禁令的条件是：只有在一般损害救济方法不足以补偿受害人受到的损害时，才会采用。我国《民法典》并未将禁令作为一种违约救济措施。

案例透视

纳索运动俱乐部诉彼得斯案

原告纳索运动俱乐部是刚从全国冰球同盟获得特许经营权的纽约岛上居民俱乐部的所

有者。作为共同被告的大都市冰球俱乐部是新从世界冰球协会获得特许经营权的纽约突击者俱乐部的所有者。彼得斯是一个久经赛场的技艺超群的职业冰球队员。

原告因为从全国冰球同盟获得了特许经营权并向该同盟支付了600万美元，从而有权从其他俱乐部选拔运动员，组成自己的队伍。彼得斯原来效力于波士顿布鲁因斯俱乐部。1972年6月21日，该俱乐部把彼得斯转让给了原告的俱乐部，而彼得斯马上就知道了这一情况。他自己承认："1972年6月和7月初，我为签订一个在1972—1973年赛季为纽约岛上居民俱乐部服务的合同与该俱乐部进行了谈判。他们在这一时期可以付给我的最高工资为37 500美元。"然而，同年6月15日，彼得斯却与纽约突击者俱乐部签订了为该俱乐部效力3个赛季的合同。其可得到的累进工资为55 000美元、60 000美元和65 000美元。

原告提起诉讼，要求禁止彼得斯为大都市冰球俱乐部效力，理由是，这样做损害了纳索运动俱乐部要彼得斯为其提供排他服务的权利。

法官认为：原告纳索运动俱乐部有权得到禁令，禁止彼得斯在本赛季内为除原告之外的任何其他人从事专业性的冰球运动，并禁止彼得斯在1973年9月30日前为除了原告之外的任何人提供专业性的服务。

本案是美国法院用禁令向违约的受害者提供救济的范例。在本案中，由于法院不能强制违约方实施合同规定的积极行为，故可以采取的最为适当的救济方法就是禁止该方实施与合同规定的积极行为相抵触的积极行为。发出禁令的后果可能有两个：第一，该运动员不能为其他冰球队效力，因而为生活所迫不得不履行合同规定的义务，为原告效力；第二，该运动员拒绝为原告效力，因而在1972—1973年的赛季不能参加任何专业性的比赛。在后一种情况下，原告虽然不能获得救济，但禁令仍有惩戒作用，有助于防止违约的发生。

（五）违约金

违约金（Liquidated Damages），是指以保证合同履行为目的，由双方当事人事先约定或者法律直接规定，当一方当事人违反合同时，向另一方当事人支付的金钱。

我国《民法典》第585条第1款规定：当事人可以约定一方违约时应当根据违约情况向对方支付一定数额的违约金，也可以约定因违约产生的损失赔偿额的计算方法。可见，我国《民法典》认定的违约金具有预定的损害赔偿的性质。

至于违约金数额的调整，该条第2款规定：约定的违约金低于造成的损失的，人民法院或者仲裁机构可以根据当事人的请求予以增加；约定的违约金过分高于造成的损失的，人民法院或者仲裁机构可以根据当事人的请求予以适当减少。当事人就迟延履行约定违约金的，违约方支付违约金后，还应当履行债务。

案例透视

北方公司与青岛某水产公司合同纠纷案

北方公司主要经营海产品，2017年10月向青岛某水产公司（以下简称水产公司）订购海产品50吨，双方约定由水产公司负责将货物于2017年12月31日前运至北方公司，北方公司验收合格后交付货款，运费由北方公司支付。北方公司先付给水产公司定金8万元，预付运费2万元；双方同时约定，任何一方违约，应向对方支付违约金10万元。随后，北方公司即向水产公司预付定金8万元及运费2万元。但合同到期后，水产公司未能按期交货。北方公司遂向法院提起诉讼，要求水产公司返还预付运费2万元并双倍返还定金16万元，同时要求其支付违约金10万元。

法院经审理认为：北方公司与水产公司签订的买卖合同中既约定了定金责任，又约定了违约金责任，而且，二者都在法律许可的范围内。我国《合同法》第116条规定：当事人既约定违约金，又约定定金的，一方违约时，对方可以选择适用违约金或者定金条款。因此，北方公司有权选择适用定金条款或者违约金条款，但北方公司无权要求同时适用。对于北方公司的2万元运费预付款，由于其既不具有担保性质，也不具有违约金性质，水产公司应予返还。

四、违约责任的免除

（一）情势变更

情势变更（Changes of Circumstances），又称情势变迁，是指合同成立后，作为合同关系基础的情势，出于不可归责于当事人的原因，发生了非缔约当初所能预料到的变化，如果仍然坚持原来的法律效力，将会产生显失公平的结果，有悖于诚实信用原则，因此将合同变更以致解除的制度。

情势变更是大陆法中一项重要的制度。情势变更的适用一般应具备以下条件：1）情势变更必须是发生在缔约之后、合同履行之前；2）情势变更既包括缔约内容的变化，又包括缔约时客观环境的变化；3）情势变更必须是当事人所不能预料，而且发生变更的事故和障碍使债务人在相当长的时间内不可能履行；4）情势变更的发生必须是由不可归责于债务人的原因引起；5）情势变更事故发生后，如要求债务人履行会产生明显的不公平，或者事实上无法履行。

（二）合同落空

合同落空（Frustration of Contract）是英美法的术语，与大陆法中的情势变更原则类似。两者的理论基础都在于，合同的有效性应以合同成立时所处的环境继续存在为前提，如果合同成立后，订约所依据的环境发生了重大变化或不复存在，则合同的效力也应随之变更。

合同落空，是指合同成立之后，非因当事人自身过错，而是因某种意外事件致使当事人在缔约时所谋求的商业目标受到挫折，在此种情况下，对于尚未履行的合同义务，当事人可免除履行的责任。一般说来，可视为合同落空的情形包括：标的物灭失、合同因法律变更而为非法、政府实行封锁禁运、政府实行进出口许可证或配额制度等。

（三）不可抗力

不可抗力（Force Majeure），是指双方缔结合同后，发生的当事人订立合同时不能预见、不能避免并无法克服的客观情况。不可抗力包括两种情况：一种是由自然原因引起的，如火灾、地震、暴风、洪水等；另一种是由社会原因引起的，如战争、罢工、政府禁运等。对于何种情形属于不可抗力，各国的解释存在差异，当事人应在合同中明确地作出约定。

《联合国国际货物销售合同公约》第 79 条第 1 款规定：当事人对不履行义务，不负责任，如果他能证明此种不履行义务，是由于某种非他所能控制的障碍，而且对于这种障碍，没有理由预期他在订立合同时能考虑到或能避免或克服它及它的后果。

我国《民法典》第 590 条也规定：因不可抗力不能履行合同的，根据不可抗力的影响，部分或者全部免除责任，但法律另有规定的除外。当事人迟延履行后发生不可抗力的，不能免除责任。具体说来，发生不可抗力导致合同无法履行的，可以解除合同，当事人免除全部责任；如果导致部分合同无法履行，对于未履行的合同义务可以免责；如果是由于不可抗力事件暂时阻碍了合同履行，则可以迟延履行合同而不承担迟延履行的违约责任。

需要注意的是，当事人一方因不可抗力而不能履行合同的，应及时通知对方。必要时，应当提供不可抗力的证明。

案例透视

我国 A 公司与西欧 B 贸易公司合同纠纷案

我国 A 公司与西欧 B 贸易公司以较低价格达成一份合同，进口符合国际通用规格的化肥 20 万吨，于 2017 年 7 月起分批装运。合同签署后国际市场化肥价格上涨，6 月间的市价较合同价高出 20%。6 月 25 日，我国 A 公司接到 B 公司的来电，称其所属的一家化肥厂在生产过程中发生爆炸事故，工厂全部被毁，要求援引合同中的不可抗力条款解除合同。我国 A 公司对此应如何处理？

不可抗力事件发生后，受不可抗力影响的一方当事人可以根据情况全部或部分免除责任。但是，该当事人必须及时将事故的发生和对履行合同义务的影响通知对方，并按照合同规定提供合法的书面证明文件。B公司因其所属的化肥厂发生爆炸事故而提出解除合同，我国A公司可以要求其提供合法的证明材料，否则仍有权要求其继续履行合同，如B公司不履行合同，我国A公司可以要求其承担违约责任。

综合练习

一、单项选择题

1. 根据英国法的规定，一项在法律上有效的合同，除当事人之间的意思表示一致外，还需具备的要素是（　　）。

A. 书面形式　　B. 对价　　C. 签字蜡封　　D. 约因

2. 大陆法系国家以合同的成立是否需要支付标的物为标准，可以将合同分为（　　）。

A. 双务合同与单务合同　　B. 诺成合同与实践合同

C. 要式合同与不要式合同　　D. 签字蜡封合同与简式合同

3. 依照英国法，对于违反担保，非违约方可以采取的补救措施是（　　）。

A. 只能请求解除合同，不能请求赔偿损失

B. 不能请求解除合同，有权请求赔偿损失

C. 既能请求解释合同，又能请求赔偿损失

D. 或者请求解除合同，或者请求赔偿损失

4. 下列国家中，规定合同法定解除权的行使须向法院提出的是（　　）。

A. 中国　　B. 德国　　C. 法国　　D. 美国

5. 重大违约和轻微违约的法律后果的区别是（　　）。

A. 受损害方都可以拒绝履行自己的合同义务

B. 受损害方都不可以拒绝履行自己的合同义务

C. 受损害方都可以要求解除合同

D. 对于前者，受损害方可以解除合同；对于后者，受损害方不能拒绝履行自己的合同义务

二、多项选择题

1. 根据《中华人民共和国民法典》的规定，担保方式有（　　）。

A. 提存　　B. 留置　　C. 质押　　D. 定金

2. 合同因（　　）而终止。

A. 已按约定条件履行　　B. 当事人双方协商解除

C. 抵消　　D. 提存或债权债务同归于一人

3. 法律规定，当事人一方因不可抗力不能履行合同的，只有在（　　）的情况下，才可以部分或全部免除违约责任。

A. 及时通知对方

B. 取得有关主管机关的证明

C. 经对方当事人同意

D. 经上级机关批准

4. 根据德国法，对不履行合同的救济方法是（　　）。

A. 实际履行合同　　B. 请求损害赔偿

C. 请求恢复原状　　D. 解除合同

5. 根据各国法律，下列关于损害赔偿的表述，错误的有（　　）。

A. 大陆法系国家，损害赔偿责任的条件一般有以下三个，即有损害的事实、有归责于债务人的原因以及损害的发生与债务人违约之间存在因果关系

B. 按照德国法，损害赔偿以金钱赔偿为主，以恢复原状为辅

C. 按照英美法，损害赔偿以恢复原状为主，以金钱赔偿为辅

D. 按照法国法，只要一方当事人违反合同，对方就可以提出损害赔偿的要求，而无须证明违约方有过错，也无须以发生实际损害为前提

三、案例分析题

1. 英国A商于2017年5月3日向我国B商发出一项要约，供售某商品一批，B商于收到该要约的次日（5月6日）上午答复A商，表示完全同意要约内容，但A商在发出要约后，发现该商品价格趋涨，遂于5月7日下午致电B商，要求撤销其要约，A商收到B商承诺通知的时间是5月8日上午。请问：

（1）若按英国法，A商提出撤销要约的要求是否合法？为什么？

（2）若按我国《合同法》，A商、B商双方是否存在合同关系？为什么？

2. 加拿大A公司与泰国B公司订立了一份出口精密仪器的合同。合同规定，B公司应在仪器制造过程中按进度预付货款。合同订立后，B公司获悉A公司供应的仪器质量不稳定，于是立即通知A公司：获悉你公司供货质量不稳定，故我方暂时中止履行合同。A公司收到通知后，立即向B公司提供了C银行出具的保函：如A公司不能履行义务，将由C银行偿付B公司支付的款项。但B公司收到此通知后，仍然没有继续履行义务。请问B公司的做法是否妥当？为什么？

四、综合实训

【实训目的】掌握订立合同的基本程序，能理解并分析要约与承诺的生效要件。

【实训任务】根据订立合同的基本程序图（见图2-1），结合案例，口头阐述要约和承诺等环节的法律规则。

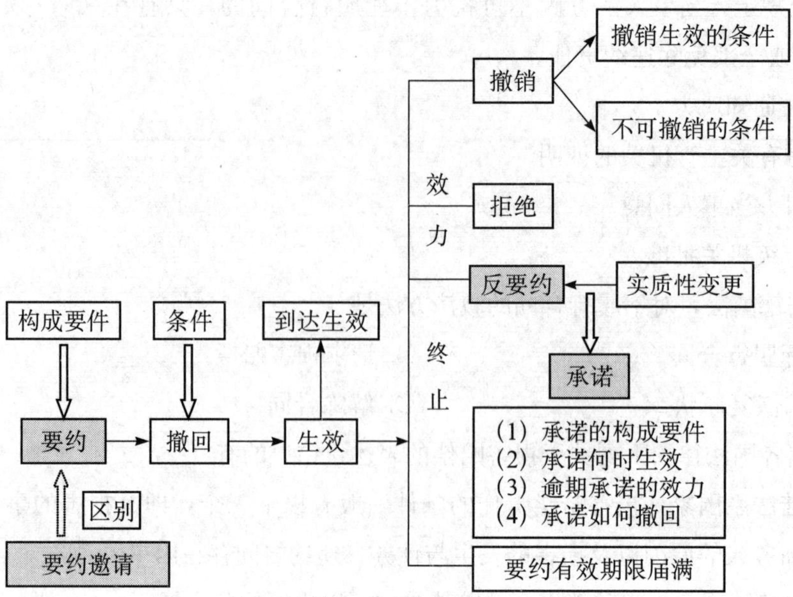

图2-1 订立合同的基本程序图

【实训考核】

（1）阐述正确、清晰。（40%）

（2）阐述全面、有条理。（30%）

（3）案例选取合理、有说服力。（30%）

第三章

国际货物买卖法

学习目标

【知识目标】

- 熟悉国际货物买卖法的含义和渊源
- 掌握国际货物买卖合同的成立和主要条款的法律意义
- 掌握违反国际货物买卖合同的救济方法
- 掌握货物所有权和风险转移的规则

【能力目标】

- 能根据合同条款的法律意义拟订国际货物买卖合同
- 能分析国际货物买卖双方的权利和义务
- 能初步处理国际货物买卖合同争议

重点难点

【重点】

- 国际货物买卖法的渊源
- 买卖双方的基本权利和义务
- 违约及其救济方法

【难点】

- 《联合国国际货物销售合同公约》的主要内容及其适用范围
- 违约及其救济方法

导入案例　韩国K公司与北京S公司国际货物买卖合同纠纷案

韩国K公司与北京S公司于2009年11月27日开始进行涉外贸易。K公司向S公司销售HT190WG1-600、HT190WG1-602，HT190WG3-101、HT190WG3-602，HT 140WXB-501型棱镜片（塑料制增光片）产品。2011年4月至7月31日期间，K公司向S公司销售HT190WG1-600、HT190WG1-602型棱镜片152 319片，单价为0.63美元；HT190WG3-101型棱镜片52 000片，单价为0.75美元；HT190WG3-602型棱镜片10 000片，单价为0.63美元；HT140WXB-501型棱镜片220 000片，单价为0.43美元。K公司向S公司销售货物均签订书面合同，结账期限为每次货到S公司后60日内结账。S公司向K公司发出购货订单后，K公司全面按照订单上的数量及型号向S公司履行供货义务。截至2012年3月，S公司尚欠K公司货款233 967.61美元，K公司多次向S公司催要上述货款，S公司一直未支付。K公司遂向北京市第一中级人民法院起诉。K公司向法院提交了有关供货的公证书、往来邮件、对账单、货物签收单、《中华人民共和国国务院公报》（1990年第8号，第290～315页）及北京市方正公证处作出的公证书，以及《联合国国际货物销售合同公约》（以下简称《公约》）的条文内容。

关于法律适用问题中的准据法确定问题，依据我国《民法通则》第142条第2款关于“中华人民共和国缔结或者参加的国际条约同中华人民共和国的民事法律有不同规定的，适用国际条约的规定，但中华人民共和国声明保留的条款除外”的规定，法院认为凡是中国缔结或者参加并已对中国生效的国际条约，与中国法律就同一事项有不同规定时，优先适用国际条约的规定。本案中，S公司的营业地位于中国，K公司的营业地位于韩国，中国政府已核准《公约》，韩国已批准、加入《公约》。因此，解决本案争议的准据法为《公约》（除中国声明保留的条款外）。

法院认为：韩国K公司向中国S公司提供货物，并明确了供货的单价和数量，因此K公司与S公司法律关系的性质为国际货物买卖合同关系，该买卖合同关系的订立符合《公约》第14条第1款和第15条第1款规定的合同订立程序，该合同关系的内容不违反《公约》的规定，应属有效。S公司拖欠货款的行为应属违约。K公司要求S公司支付前述欠款的请求符合《公约》第53条关于买方必须按照合同支付货物价款的规定。

依照《公约》第14条第1款、第15条第1款、第53条，《民法通则》第142条第2款，《涉外民事关系法律适用法》第8条、第14条，判决如下：1）被告北京S公司于本判决生效之日起七日内给付原告K公司货款233 967.61美元；2）案件受理费18 242元，由被告S公司负担。

讨论：本案涉及《公约》中的哪些条款？相关条款应当如何适用？

第一节　国际货物买卖法的渊源

一、国际条约

（一）国际统一私法协会制定的两项公约

国际统一私法协会拟定的《国际货物买卖统一法公约》和《国际货物买卖合同成立统一法公约》于1964年在海牙会议上获得通过。但批准或参加这两个公约的只有荷兰、比利时、德国、意大利和英国等少数国家，故未能起到预期的统一国际货物买卖法的作用。

（二）《联合国国际货物销售合同公约》

《联合国国际货物销售合同公约》由联合国国际贸易法委员会起草，于1980年4月在维也纳外交会议上获得通过，1988年1月1日生效，是迄今为止国际货物买卖领域最重要的公约。我国是该公约最早的缔约国之一，在1986年核准该公约时提出了两项保留。时至今日，印度和英国等贸易大国尚未加入该公约。截至2018年2月底，批准与参加该公约的缔约国共有89个。

拓展阅读

《联合国国际货物销售合同公约》缔约国

阿尔巴尼亚、阿根廷、亚美尼亚、澳大利亚、奥地利、白俄罗斯、比利时、波斯尼亚和黑塞哥维那、保加利亚、布隆迪、加拿大、智利、中国、哥伦比亚、克罗地亚、古巴、塞浦路斯、捷克、丹麦、多米尼加、厄瓜多尔、埃及、萨尔瓦多、爱沙尼亚、芬兰、法国、加蓬、格鲁吉亚、德国、希腊、几内亚、洪都拉斯、匈牙利、冰岛、伊拉克、以色列、意大利、日本、吉尔吉斯斯坦、拉脱维亚、黎巴嫩、莱索托、利比里亚、立陶宛、卢森堡、毛里塔尼亚、墨西哥、蒙古、黑山共和国、荷兰、新西兰、挪威、巴拉圭、秘鲁、波兰、韩国、摩尔多瓦、罗马尼亚、俄罗斯、圣文森特和格林纳丁斯、塞尔维亚、新加坡、斯洛伐克、斯洛文尼亚、西班牙、瑞典、瑞士、阿拉伯叙利亚、马其顿共和国（前南斯拉夫）、土耳其、乌干达、乌克兰、美国、乌拉圭、乌兹别克斯坦、赞比亚、贝宁、圣马力诺、巴西、刚果、巴林、圭亚那、马达加斯加、阿塞拜疆、哥斯达黎加、斐济、越南、喀麦隆、巴勒斯坦。

1.《联合国国际货物销售合同公约》的适用范围

《联合国国际货物销售合同公约》除序言外，共101条，分为四个部分，包括：适用范围和总则、合同的订立、货物销售、最后条款。

根据《联合国国际货物销售合同公约》第1条的规定：本公约仅适用于营业地在不同国家的当事人之间所订立的货物销售合同。注意：1）公约在确定买卖合同是否具有国际性时，仅以合同当事人的营业地是否处于不同国家作为唯一标准；2）“不同国家”必须是缔约国，或者国际私法规则导致适用某一缔约国的法律。这项规定的目的在于扩大《联合国国际货物销售合同公约》的适用范围。

《联合国国际货物销售合同公约》第2条列举了不适用本公约的几种交易，包括：1）购供私人、家人或家庭使用的货物的销售，除非卖方在订立合同前任何时候或订立合同时不知道而且没有理由知道这些货物是购供任何这种使用；2）经由拍卖的销售；3）根据法律执行令状或其他令状的销售；4）公债、股票、投资证券、流通票据或货币的销售；5）船舶、船只、气垫船或飞机的销售；6）电力的销售。《联合国国际货物销售合同公约》第3条明确本公约不适用于供应货物一方的绝大部分义务在于供应劳力或其他服务的合同。

2.《联合国国际货物销售合同公约》不涉及的问题

《联合国国际货物销售合同公约》第4条规定：本公约只适用于销售合同的订立和卖方与买方因此种合同而产生的权利和义务。除非另有明文规定，与以下事项无关：1）合同的效力，或其任何条款的效力，或任何惯例的效力；2）合同对所售货物所有权可能产生的影响。对第1）种情形，《联合国国际货物销售合同公约》仅规定意思表示一致和合同的形式规则，对当事人的订约能力、意思表示的真实性、协议内容的合法性等未作规定；对第2）种情形，《联合国国际货物销售合同公约》仅规定卖方对买方承担权利担保义务，但对卖方无货物所有权对买方的影响及何时转移所有权等问题未作规定。此外，《联合国国际货物销售合同公约》也不适用于卖方对于货物对任何人造成的死亡或伤害的责任。

3.我国对《联合国国际货物销售合同公约》的两项保留

（1）关于采用书面形式的保留。根据《联合国国际货物销售合同公约》第11条的规定，销售合同无须以书面订立或书面证明，在形式方面也不受任何其他条件的限制。我国在批准《联合国国际货物销售合同公约》时对此条提出保留。但是，我国1999年《合同法》对国际货物买卖合同的形式不再限制，故该项保留已无意义。

（2）关于适用范围的保留。我国对《联合国国际货物销售合同公约》第1条第1款（b）项提出保留，认为《联合国国际货物销售合同公约》的适用范围仅限于双方的营业地处于不同缔约国的当事人订立的货物买卖合同。

4.《联合国国际货物销售合同公约》的性质和效力

《联合国国际货物销售合同公约》第6条规定：双方当事人可以约定不适用本公约，虽然他们的营业地所在国是缔约国，他们也可以减损本公约的任何规定或改变其效力，但必须尊重营业地所在缔约国已经作出的保留。可见，《联合国国际货物销售合同公约》虽然具有法律约束力，但只是一种任意性的规定。但是，如果符合《联合国国际货物销售合同公约》规定的当事人不对《联合国国际货物销售合同公约》的适用作出明示排除，《联合国国际货物销售合同公约》就可以自动予以适用。

二、国际贸易惯例

（一）《国际贸易术语解释通则》

1.《国际贸易术语解释通则》概述

《国际贸易术语解释通则》(International Rules for the Interpretation of Trade Terms, INCOTERMS）的宗旨是为国际贸易中最普遍使用的贸易术语提供一套解释的国际规则，以减少因各国的解释不同而出现的不确定性。国际商会一贯强调，INCOTERMS 只涉及销售合同中买卖双方的关系，不涉及货物所有权的转让、违约的后果和由于各种法律障碍导致的免责事项，这些问题必须通过销售合同中的其他条款和适用的法律来解决。合同各方应当清楚强制适用的本地法可能推翻销售合同中的任何条款，包括所选择的国际贸易术语在内。

INCOTERMS 由国际商会于 1936 年制定，于 1953 年、1967 年、1976 年、1980 年、1990 年、2000 年、2010 年和 2019 年先后 8 次进行了修订和补充。为适应国际贸易实务的快速发展，国际商会于 2019 年 9 月推出《国际贸易术语解释通则 2020》(Incoterms® 2020)，新版本已于 2020 年 1 月 1 日正式实施。需注意的是，合同当事人仍然可以在 Incoterms® 2020 实施后继续选择适用 Incoterms® 2010 的解释，或者如果合同中出现了新版本中没有的术语，仍将被认为适用早期版本。为避免误解，今后签订贸易合同时，最好标明合同中适用的贸易术语的惯例的名称和版本。如果想在合同中使用 Incoterms® 2020，应在合同中用类似词句作出明确表示，如“所选用的国际贸易术语，包括指定地点，依据《国际贸易术语解释通则® 2020》”。

2. Incoterms® 2020 与 Incoterms® 2010 的主要区别

(1) DPU 术语取代 DAT 术语。Incoterms® 2020 删去了 Incoterms® 2010 中的 DAT 贸易术语，新增 DPU 术语。DPU 是 Delivered At Place Unloaded，即指定目的地卸货后交货。卖方自行承担费用和风险订立运输合同，按惯常路线和方式，在规定日期或期限内，将货物从出口国运到进口国指定目的地，卸货之后，将货物置于买方支配之下，就算完成交货义务。

(2) FCA 术语就“已装船提单”首次引入可选机制。根据 Incoterms® 2020，如果双方在合同中有约定，买方必须指示其承运人向卖方签发注明货物已装船的运输单据（如带有已装船批注的提单），且费用和风险由买方承担。

（3）CIP术语下保险险别提高。根据Incoterms®2020，CIP术语对卖方投保的险别由ICC协会货物条款的C险提升为A险，当然，双方仍可以就较低的保险金额达成一致。

（4）贸易术语义务项目上的调整。Incoterms®2020和Incoterms®2010对其解释的每种贸易术语下的买卖双方各自的义务都分别列出十个项目。Incoterms®2020中部分项目内容进行了调整。例如，与安全相关的义务的明确分配现已添加到每个规则的A4和A7项下。而这些要求所产生的费用也被更明确地标明，放在每条规则的A9/B9项下。

Incoterms®2020中的贸易术语如表3—1所示。

表3-1　　**Incoterms®2020中的11种贸易术语**

缩写	术语全称	适用的运输方式
EXW	Ex Works　工厂交货（指定交货地点）	任何运输方式或多种运输方式
FCA	Free Carrier　货交承运人（指定交货地点）	
CPT	Carriage Paid to　运费付至（指定目的地）	
CIP	Carriage and Insurance Paid to 运费、保险费付至（指定目的地）	
DAP	Delivered At Place　目的地交货（指定目的地）	
DPU	Delivered At Place Unloaded　目的地卸货后交货（指定目的地）	
DDP	Delivered Duty Paid　完税后交货（指定目的地）	
FAS	Free Alongside Ship　装运港船边交货（指定装运港）	海运及内河水运方式
FOB	Free On Board　装运港船上交货（指定装运港）	
CFR	Cost and Freight　成本加运费（指定目的港）	
CIF	Cost, Insurance and Freight 成本、保险费加运费（指定目的港）	

案例透视

中国A公司与德国B公司国际货物买卖合同纠纷案

中国A公司与德国B公司以FOB汉堡价格条件签订了一份国际货物买卖合同，由B公司向A公司出口化工原料。合同规定，装运期从6月10日起至6月20日止，买方所指定的载货船舶不得迟于6月15日抵达装运港。合同订立后，B公司积极准备货源，到6月10日，货物全部准备妥当，并存放在港口仓库中准备装货，但A公司未能按时派船到装运港接收货物。6月26日存货仓库发生火灾，一部分货物遭到损失。6月30日，A公司指定的船舶才抵达装运港。之后，A公司向B公司索赔，要求B公司赔偿其因货物受损而遭受的损失。B公司予以拒绝，并要求A公司承担因指定船舶迟延而使B公司额外支出的费用。

根据 Incoterms®2010，在 FOB 贸易术语下，B 公司作为卖方承担货物在装运港装上船时为止的一切风险，但因买方 A 公司指定的船只未按时到达装运港，则该批化工原料损失的风险在双方约定的交货期限届满之日起就转移给买方 A 公司承担。所以，对 6 月 26 日因火灾引起的货损，卖方 B 公司无须承担赔偿责任，而应由买方 A 公司自己承担损失。此外，A 公司还应向 B 公司支付因其指定船只未按时到达装运港而发生的一切额外费用。

（二）《华沙-牛津规则》

1928 年，国际法协会在华沙举行会议，制定了有关 CIF 买卖合同的统一规则，共 22 条，后于 1930 年的纽约会议、1931 年的巴黎会议和 1932 年的牛津会议修订为 21 条。因这一规则首次制定地和最后一次修订地分别是华沙和牛津，故又称为《华沙-牛津规则》（Warsaw-Oxford Rules）。该规则对 CIF 合同中买卖双方的责任、费用和风险作了详尽的规定，曾在国际上有较大影响，但由于 INCOTERMS 的普遍采纳而逐渐失去影响力。

（三）《1941 年美国对外贸易定义修正本》

1919 年，美国 9 大商业团体制定了《美国出口报价及其缩写条例》。1941 年美国对该条例进行了修正，称为《1941 年美国对外贸易定义修正本》。这一规则对 Ex（Point of Origin，产地交货）、FOB（Free On Board，在运输工具上交货）、FAS（Free Alongside，在运输工具旁边交货）、C&F（Cost and Freight，成本加运费）、CIF（Cost，Insurance and Freight，成本、保险费加运费）、Ex Dock（Named Port of Importation，目的港码头交货）6 个术语进行了解释。该规则在美洲国家和地区有一定的影响，对 FOB、FAS 术语有独特的解释。因此，在与美洲国家进行贸易时需特别注意。

三、各国国内法

（一）各国货物买卖法

大陆法系国家大多把有关买卖的法律作为债法的组成部分编入民法典，如《法国民法典》第三编第六章、《德国民法典》第二编第二章和《日本民法典》第二章第三节。英美法系国家的货物买卖法由成文法和有关判例构成。英国和美国分别于 1893 年和 1942 年制定并多次修订了《1893 年货物买卖法案》和《美国统一商法典》。此外，有关货物买卖的大量判例所确立的原则也成为确定国际货物买卖合同当事人权利和义务的根据。

（二）我国有关国际货物买卖的规定

我国《民法典》第一编第六章有关民事法律行为、代理和民事责任的规定，都与货物买卖密切相关。其规则不仅适用于国内货物买卖，同样也适用于国际货物买卖。

《民法典》合同编中第一分编“通则”和第二分编中的“买卖合同”等规定对与我国

有关的国际货物买卖合同是完全适用的，是我国关于国际货物买卖关系法律规范的主要渊源之一。2004年7月1日修订实施的《中华人民共和国对外贸易法》也规定了国际货物贸易的基本原则。

四、国际货物买卖法不同渊源之间的联系

（一）《联合国国际货物销售合同公约》与国际贸易惯例的关系

《联合国国际货物销售合同公约》第9条规定：双方当事人业已同意的任何惯例和他们之间确立的任何习惯做法，对双方当事人均有约束力。除非另有协议，双方当事人应视为已默示地同意对他们的合同或合同的订立适用双方当事人已知道或理应知道的惯例。

《联合国国际货物销售合同公约》和INCOTERMS等国际贸易惯例按不同体系进行编排，但其中的很多规定有对应关系，在内容上也有互补性。如INCOTERMS对买卖双方的权利和义务列举比较详细，但对违约的救济方式等规定就很少，而《联合国国际货物销售合同公约》则使用了大量篇幅规定违约责任和救济方式。《联合国国际货物销售合同公约》规定卖方应提交单据，但没有具体列出卖方应提交单据的种类，而INCOTERMS则比较详细地规定了对单据的要求。

（二）《联合国国际货物销售合同公约》与国内法的关系

《联合国国际货物销售合同公约》并不试图成为自足的法律，它与各国国内法相联系。《联合国国际货物销售合同公约》第7条第2款规定：凡本公约未明确解决的属于本公约范围的问题，应按照本公约所依据的一般原则来解决，在没有一般原则的情况下，则应按照国际私法规定适用的法律来解决。

第二节　国际货物买卖合同

一、合同的形式

尽管《联合国国际货物销售合同公约》和我国《民法典》均规定国际货物买卖合同可采用书面、口头或其他形式订立，但由于书面形式具有确定性和较高的证据效力，故应得到优先采用。

二、合同关系的确立与合同的签订

传统合同法理论认为，合同的达成必须符合“意思表示一致”的原则，而该原则又通过“要约”与“承诺”两个程序来体现。买卖双方磋商时，一般都是双方先以函电或其他

方式达成协议，再签署正式的书面合同。这就可能出现一个问题：一项合同成立的时间究竟是以“承诺”生效的时间为准，还是以签订书面合同的时间为准？各国法律一般都认为，“承诺”生效的时间与合同生效的时间是一致的。除法律另有规定外，合同关系的确立是在一方“要约”，另一方有效“承诺”的时候。

实践中有两种情况：其一，当事人在“发盘”“还盘”或“接受”中明确规定以签订合同为准，未签订书面合同，则不存在合同关系；其二，当事人对书面合同的作成未作明确表示，或明确表示签订书面合同只作为双方业已商妥事项的一种备忘录或书面证据，如果双方当事人已经对主要条款达成了协议，合同关系即告成立，即使未签署书面合同，亦须受已商妥的协议的约束。可见，合同关系的确立一般早于合同的签订。

三、合同的内容及格式

国际货物买卖合同的内容通常划分为以下三大部分：

（一）合同首部（约首）

约首从表面上看只是合同名称、合同编号、订约日期、合同当事人的名称和地址、双方订立合同的意愿和执行合同的保证等一般事项的记载，但实质上具有重要的法律意义。例如：合同双方都力图将签约地点定为当事人某国的某城市。这是因为合同缔约地为国际私法规则中一个极为重要的连接点，对确定合同的准据法关系极大。根据传统的国际私法规则，关于合同的形式及合同的有效性问题，在缺乏当事人明确的意思自治时，一般适用合同缔约地法。

（二）主体部分（本文）

合同主体部分是对双方当事人权利和义务的具体规定。

（三）合同尾部（约尾）

约尾主要载明合同使用的文字和文本、正本份数和各种文本的效力以及双方当事人的签字，如有必要还加列见证人并副署。

四、拟订合同条款的注意事项

（一）品名条款

订立品名条款时应注意：1）名称要统一，按照联合国《国际贸易标准分类》的规定，同种商品使用一个名称。2）有特殊品质要求的要注明。3）品种复杂的，品名栏写总称，具体名称另制附表。

（二）品质条款

订立品质条款时应注意：1）运用各种表示商品品质的方法。2）品质要切合实际，不可偏高或偏低。凡可用一种方法表示品质的，就不要用两种或两种以上的方法。3）凡用科学指标表示的，必须明确、具体，同时要有灵活性，不可订得过死，否则会给交货带来困难。

（三）数量条款

订立数量条款时应注意：1）按重量计算的商品应明确哪种计重方法，即按毛重、净重还是以毛作净等。2）在使用溢短装条款时，要注明溢短装百分比的大小、由谁选择溢短装、溢短装部分的计价方法等。

（四）包装及运输标志条款

订立包装及运输标志条款时应注意：1）必须包括包装材料和包装方式，有时还要规定包装费用的支付及包装物料交送的方法，同时注意交易者所在国对包装材料的特殊要求。2）严格按合同规定刷制运输标志，运输标志一般由卖方设计确认，如买方要求由其提供也可接受，但应在合同中写明买方在装运期前若干天提供，否则卖方有权自行决定。

（五）价格条款

订立价格条款时应注意：1）单价条款的计价货币、货币金额、计量单位和贸易术语四个组成部分缺一不可，中、英文书写顺序不能混乱，同时正确使用贸易术语及其变形。2）总值有大、小写两部分，单价、总值数额要吻合，总值货币与单价货币要一致。3）如果数量允许增减或使用约量，则总金额也允许有增减。

（六）装运条款

订立装运条款时应注意：1）装船时间应规定在某一段时间。装运期规定受信用证有效期限制时，同时要规定信用证的开出、开到时间。2）对等量分批装运的合同，接受时要特别慎重。3）装运港、目的港一般由一方提出经另一方确认。合同中对港口的确定要具体明确。当买方难以确定目的港时，可采用选择港方法，但选择港不宜太多，而且要在同一航线，核算价格须以运费最高的港口为基础。不要采用某一航区选择港的做法，如“欧洲主要港口”等。

（七）保险条款

订立保险条款时应注意：1）与合同采用的贸易术语保持一致。2）在FOB、CFR合同下，保险条款可规定“保险由买方办理”。3）在CIF合同下，保险条款包括由何方办理保险、投保金额、险别、以哪一保险条款为准四部分。

（八）支付条款

不同支付方式下，支付条款有不同的规定：1）采用跟单信用证支付，应在合同中就信用证支付条款的主要内容，包括开证时间、开证银行、信用证种类、金额、装运期、有效期和有效地点等作出明确规定。根据UCP600的规定，信用证均为不可撤销。信用证的金额一般大于或等于合同金额。2）采用托收，要具体说明使用即期付款交单、远期付款交单还是承兑交单。3）采用汇付，应在合同中明确规定汇付的时间、方式及金额。

（九）商检条款

在国际贸易中，一般检验的做法是以装运港的检验证书为交付货物的依据，允许目的港买方复验。经复验，如发现品质、重量或数量与合同不符，并证明确属卖方责任，买方可凭目的港检验机构出具的检验证书向卖方提出异议。

（十）索赔条款

索赔条款一般有两种规定方式：其一，异议和索赔条款；其二，罚金和违约金条款。大多数买卖合同中只订有异议和索赔条款，只有在买卖大宗商品和机械设备时，才会同时订立上述两种条款。异议和索赔条款主要包括索赔依据、索赔期限及索赔方法等内容。索赔期限包括约定和法定索赔期限，同时须对索赔期限的起算时间作出明确规定。如货到目的港后 60 天起算，货到目的港卸离海轮后 40 天起算。罚金和违约金条款一般是针对卖方延期交货或买方迟延付款或迟延接货等情况。其中，罚金条款是指具有惩罚违约方性质的条款，而违约金条款更多倾向于对被违约方的损害赔偿。

（十一）不可抗力条款

不可抗力条款内容包括：1）不可抗力事件的范围。2）不可抗力事件的处理原则和方法。3）不可抗力事件发生后通知对方的期限和方式。4）出具相应证明文件的机构等。

（十二）仲裁条款

仲裁条款主要规定仲裁事项、仲裁机构、适用的仲裁程序规则、仲裁地点及仲裁裁决的效力等。

（十三）管辖权条款

管辖权条款是规定某一国家或地区的法院对合同纠纷有权审理的条款。该条款不得排除法院强制性管辖的规定。

（十四）法律适用条款

法律适用条款又称准据法条款，是当事人在合同中明确规定适用何国法律的条款。根据当事人意思自治原则，各国都允许当事人自由选择适用的法律，这些法律可以是当事人的国内法，亦可以是第三国法律。不管如何，当事人的选择应当是善意、合法的，不得违背公共利益。为了规避本应适用的法律的强行规定而进行的法律选择视为无效。

第三节　买卖双方的主要义务

一、卖方的义务

根据《联合国国际货物销售合同公约》第 30 条，卖方的主要义务是交付货物，移交一切与货物有关的单据并转移货物所有权。

（一）交付货物的时间与地点

卖方要按照合同约定的时间与地点交付货物；合同没有约定或约定不明确的，按调整该合同的国内法或《联合国国际货物销售合同公约》的规定履行。

《联合国国际货物销售合同公约》第 31 条对合同未约定交货地点的情况作了规定。包括：1）货交第一承运人。如果销售合同涉及货物的运输，卖方应把货物移交给第一承运人，以运交给买方。2）特定地点交货。如果交货不涉及运输，且合同指的是特定货物或从特定存货中提取的或尚待制造或生产的未经特定化的货物，而双方当事人在订立合同时已知道这些货物是在某一特定地点，或将在某一特定地点制造或生产，则卖方应在该地点把货物交给买方处置。3）卖方营业地交货。在其他情况下，卖方应在其订立合同时的营业地把货物交给买方处置；买方自备运输工具将货物运走。

至于交货时间，《联合国国际货物销售合同公约》第 33 条规定：如果合同规定有日期，或从合同可以确定日期，应在该日期交货；如果合同规定有一段时间，或从合同可以确定一段时间，除非情况表明应由买方选定一个日期外，应在该段时间内任何时候交货；在其他情况下，应在订立合同后一段合理时间内交货。“合理时间”应当根据合同的性质、货物的特征等确定。

（二）交付与货物有关的单据

在国际货物买卖中，提单、保险单、商业发票、品质检验证书、原产地证明等单据是买方提取货物、办理报关手续、转售货物及向承运人或保险公司索赔的重要文件。《联合国国际货物销售合同公约》第 34 条规定：如果卖方有义务移交与货物有关的单据，他必须按照合同所规定的时间、地点和方式移交这些单据。

卖方应当保证单据的完整并符合合同和公约的规定。如果卖方在规定的时间以前已移交这些单据，他可以在规定的时间到达前纠正单据中任何不符合合同规定的情形，但是，此权利的行使不得使买方遭受不合理的不便或承担不合理的开支。同时，买方保留本公约所规定的要求损害赔偿的任何权利。

（三）品质担保

品质担保，是指卖方应保证所交付的货物没有瑕疵，符合合同、法律及有关贸易惯例关于货物应具备的内在素质和外观形态方面的要求。《联合国国际货物销售合同公约》第 35 条对卖方的品质担保义务作了明确规定，其内容与英美法的默示条件或默示担保义务有不少相似之处，反映了买方在正常交易中对其购买的货物所抱有的合理期望。根据该规定，卖方交付的货物必须与合同所规定的数量、质量和规格相符，并须按照合同所规定的方式装箱或包装。除双方当事人业已另有协议外，货物除非符合以下规定，否则即视为与合同不符。

（1）货物适用于同一规格货物通常使用的目的。

（2）货物适用于订立合同时曾明示或默示地通知卖方的任何特定目的，除非情况表明买方并不依赖卖方的技能和判断力，或者这种依赖对他是不合理的。例如：如果买方是凭其指定的商标选购货物，或者使用高度技术性的规格来描述其所需的货物，那就可以认为买方不是依赖卖方的技能和判断力来为其提供货物。

（3）货物的质量与卖方向买方提供的货物样品或样式相同。

（4）货物按照同类货物通用的方式装箱或包装，如果没有此种通用方式，则按照足以保全和保护货物的方式装箱或包装。

但是，《联合国国际货物销售合同公约》同时规定：如果买方在订立合同时知道或者不可能不知道货物不符合合同，卖方就无须按第（3）（4）款规定负有此种不符合合同的责任。

以上义务是双方当事人在没有其他约定的情况下，由《联合国国际货物销售合同公约》加诸卖方身上的义务。因此，只要双方当事人在合同中没有作出与此相反的规定，《联合国国际货物销售合同公约》的上述规定就适用于他们之间的合同。

《联合国国际货物销售合同公约》第 36 条还对卖方承担上述义务的时间作了规定：卖方应对风险移转到买方时所存在的任何不符合合同的情形，负有责任，即使这种不符合合同的情形在该时间后方始明显。该公约还规定：在某些情况下卖方对货物在风险移转与买方之后发生的任何不符合合同要求的情形亦应承担责任，如果这种不符合合同的情形是由于卖方违反某项义务所致，包括违反关于在一段时间内货物将继续适用于其通常使用的目的或某种特定目的，或将保持某种特定质量和性质的任何保证。

例如：在机械设备交易中，假设合同规定卖方对其提交的机械设备产品的保证期为 1 年，尽管该设备的风险早已移转给买方，而且在风险转移的时候该设备是符合合同要求的，但在 1 年的保证期内，买方如果发现该设备的质量与合同的要求不符，则卖方仍须对此负责。

（四）权利担保

权利担保，是指卖方应当保证对其出售的货物享有合法的所有权或处分权，出售的货物上不存在未向买方透露的担保权益，如抵押权、留置权，没有侵犯任何第三人的权利，如专利权、商标权等。

《联合国国际货物销售合同公约》对物权担保和知识产权担保作了不同规定。对物权担保的时间限制是交付货物时，而对知识产权担保的时间是订立合同时。由于知识产权的时间性和地域性，卖方的担保责任限于依订立合同时双方同时预期的转售国、使用国、买方营业地国家法律的权利或要求，以卖方在订立合同时已知或不可能不知道的权利或要求为限。《联合国国际货物销售合同公约》第 41～43 条对卖方的权利担保义务的具体规定如下：

（1）卖方所交付的货物，必须是第三方不能提出任何权利或要求的货物，除非买方同意在这种权利或要求的条件下收取货物。如果有任何第三人对货物提出权利或要求，即使该要求没有法律依据而败诉，卖方仍然违反权利担保义务，应承担责任。

(2) 卖方所交付的货物，必须是第三方不能根据工业产权或其他知识产权主张任何权利或要求的货物，但以卖方在订立合同时已知道或不可能不知道的权利或要求为限，而且这种权利或要求根据以下国家的法律规定是以工业产权或其他知识产权为基础的。如果双方当事人在订立合同时预期货物将在某一国境内转售或作其他使用，则根据货物将在其境内转售或作其他使用的国家的法律；或者在任何其他情况下，根据买方营业地所在国家的法律。因为工业产权和其他知识产权的地域性，同一商品在一个国家不侵犯他人的知识产权，并不意味着在其他国家也不侵犯他人的知识产权。因此，《联合国国际货物销售合同公约》并不是绝对地要求卖方承担这种义务，而是对卖方的权利担保义务规定了限制条件。

案例透视

中国B公司与日本A公司国际货物买卖合同纠纷案

在一转口贸易中，日本A公司与我国B公司签订了一份买卖合同，合同规定由A公司向B公司出售一批机床。订立合同时，中国B公司明确告诉日方，这批机床将转口土耳其并在土耳其使用。合同签订后，在履行过程中，由于某种原因这批机床未按原计划转口到土耳其，而是转口到意大利。当这批机床到达意大利后，一意大利厂商发现该机床制造工艺侵犯了其两项专利权，故根据本国专利法向当地法院提出请求，要求禁止这批机床在意大利境内使用和销售，同时要求侵权损害赔偿。后经调查，这批机床确实侵犯了意大利厂商的两项专利。这两项专利均在意大利批准注册，同时其中一项专利还在中国获准注册。A公司以其在订立合同时不知该批机床将转口意大利为由，拒绝承担违约责任。

日本A公司的抗辩成立。根据《联合国国际货物销售合同公约》第42条的规定，卖方承担的货物工业产权或其他知识产权瑕疵担保义务，限于卖方在订立合同时已经知道或者不可能不知道的权利或要求，并且该权利或要求以转售地或作其他使用的国家的法律作为依据。本案中，日本A公司预期的货物转售地是土耳其而非意大利。

如果买方在订立合同时已知道或不可能不知道此项权利或要求，或者此项权利或要求的发生，是由于卖方要遵照买方所提供的技术图样、图案、程式或其他规格，则卖方对此引起的后果不承担责任。

对于卖方的权利担保义务，如果买方不在已知道或理应知道第三方的权利或要求后一段合理时间内，将此权利或要求的性质通知卖方，就丧失援引上述规定的权利。同时，卖方如果知道第三方的权利或要求以及此权利或要求的性质，就无权援引前述有关买方丧失权利的规定。

二、买方的义务

《联合国国际货物销售合同公约》第 53 条规定：买方必须按照合同和本公约的规定支付货物价款和收取货物。

（一）支付货物价款

《联合国国际货物销售合同公约》第 54 条规定：买方支付价款的义务包括根据合同或任何有关法律和规章规定的步骤和手续，以便支付价款。如按照合同约定，申请开立信用证或银行保函，在实行外汇管制的国家，向政府申请取得为支付货款所需外汇的许可。

至于付款地点，《联合国国际货物销售合同公约》规定：如果买方没有义务在任何其他特定地点支付价款，则其必须在以下地点向卖方支付价款：1）卖方的营业地，如果卖方有一个以上的营业地，则买方应在与合同履行有最密切联系的营业地点向卖方支付货款。2）如凭移交货物或单据支付价款，则为移交货物或单据的地点。

对于付款时间，《联合国国际货物销售合同公约》规定：1）如果买方没有义务在任何其他特定时间内支付价款，则其必须于卖方按照合同和本公约的规定将货物或控制货物处置权的单据交给买方处置时支付价款。卖方可以以支付价款作为移交货物或单据的条件。2）如果合同涉及货物的运输，卖方可以以“在支付价款后方可把货物或控制货物处置权的单据移交给买方”作为发运货物的条件。3）买方在未有机会检验货物前，无义务支付价款，除非这种机会与双方当事人议定的交货或支付程序相抵触。

（二）收取货物

买方收取货物的义务包括两个方面：1）采取一切理应采取的行动，以期卖方能交付货物。例如：及时指定交货地点或者按合同的规定安排有关的运输事宜，以便卖方能履行其交货义务。特别是在 FOB 条件下，租船订舱的义务由买方承担，如买方未能履行此项义务，卖方就无法履行其交货义务，对此，买方应承担责任。2）收取货物。买方不及时收取货物，可能会对卖方的利益产生直接影响。如买方不及时提货，可能会由此产生滞期费用、仓储费用等额外费用或造成货物损失。

需注意的是，国际货物买卖中的“接收”不同于“接受”。“接受”是指买方认为货物在品质和数量等方面都符合合同的规定。

案例透视

荷兰辛顿公司诉中国天宇公司国际货物买卖合同纠纷案

2002 年 1 月 20 日，中国天宇公司与荷兰辛顿公司按 CIF 鹿特丹条件达成销售一批冷冻食品的合同。货物总重量 80 吨，价值 38 万欧元，凭规格买卖，其规格为“去毛、头及内脏”。合同规定的交货日期为 2002 年 3 月 20 日。合同中“异议和索赔条款”规定：“双方同意以装运港中国进出口商品检验局（下称商检局）签发的品质和数量（重量）检验证书作为信用证项下议付单据的一部分。买方有权对货物的品质、数量（重量）进行复检。复检费由卖方负担。如果发现品质或数量（重量）不符，买方有权向卖方索赔。索赔期限为货到目的港25天内。”后来买方又增加了40吨的购买量，条件同上，交货日期为2002年4月20日。不久，辛顿公司开来信用证，天宇公司当即凭此办理装运，并提交全套单据向中国银行议付货款。其中，商检局出具的品质检验证书表明“本产品加工及冷冻良好，完全适合人类食用”。货到目的港后，辛顿公司发来电传，声称“货物到达目的港时，品质和包装均完好，经过海关放行，已开始向客户销售”。并开具了第二批货物的信用证，天宇公司依辛顿公司第二次开具的信用证开始办理剩下的40吨货物的运输。但在第二批货物到达目的港的同时，辛顿公司突然提出前一次销售的货物受到所有客户的投诉，抱怨食品带有鱼腥味。经当地卫生局检验，认为不适合人类食用，禁止销售。因为货物在冷冻条件下是没有气味的，也不存在运输途中遭受外界污染的迹象，故不能向船公司或保险公司索赔，但解冻和融化后出现了这种问题，可以推断所选用的家禽系用鱼粉饲养并且一直用到屠宰为止。因此，辛顿公司拒绝接受第二批货物并拒绝向银行付款赎单，同时要求天宇公司返还两次的购货款及利息，并对给辛顿公司造成的损害予以赔偿。此时，货到目的港无人提货。随后，辛顿公司邮寄来了当地某大学实验室的化验报告，证实货物存在缺陷，同时建议天宇公司派人实地复验。辛顿公司还表明如果不同意其要求就将争议提交仲裁。

对此，天宇公司一再申明其完全按照合同规定交付了货物，也提供了完全“适合人类食用”的品质检验证书，故不能同意辛顿公司的要求，要求辛顿公司提货。此时随着天气转暖，气温升高，堆放在鹿特丹港口的货物都开始解冻并开始变质。辛顿公司仍坚持要求退货，并要求赔偿全部损失共计40万欧元。

天宇公司认为，根据合同条款其没有违约，不应承担任何责任。并指出：“我公司所交货物是符合人类食用的，也是符合合同规定的。至于其中带有鱼腥味，是我公司向国际供货的通常品质。我方供给你方的货物与供给其他国家的货物并无不同并反映良好。因此，我方按合同供货是无可指责的。”最后，辛顿公司没有提取对方在港口的货物（已变质）并向北京仲裁委员会提请仲裁。

北京仲裁委员会裁决驳回辛顿公司的请求，同时要求其不得拒收货物并负担货物存放在港口的费用。

本案涉及两个问题：

(1) 卖方交付的货物是否违反合同约定?《联合国国际货物销售合同公约》第35条规定了卖方应承担的基本义务。衡量货物与合同是否相符还应该考虑到“任何惯例和习惯做法”(《联合国国际货物销售合同公约》第9条)。本案中合同的品质条款只规定了商品的名称和规格，并没有订明商品的使用目的，因此应理解为卖方交付货物的品质担保是符合合同明确规定的质量规格以及“供人类食用”的通常使用目的。况且合同中约定以装运港商检局签发的品质证书作为货物品质的证明，商检局的证明书已经注明“完全适合人类食用”。同时，该品质的产品在泰国和日本等国销售并无不良反映，足以证明这种带有鱼腥味的食品不影响人体健康。因此，卖方交货与合同完全相符，不存在违约情形。

（2）国际货物买卖合同中买方应承担哪些义务？《联合国国际货物销售合同公约》第54条规定了买方付款的义务。《联合国国际货物销售合同公约》第60条规定了买方收取货物的义务。本案中双方当事人根据合同约定确定了交易价格、交易时间以及交易地点。第一批货物到达目的港时，辛顿公司对货物进行了复检。根据《联合国国际货物销售合同公约》第58条第3款的规定，买方在未有机会检验货物前，无义务支付货款，除非这种机会与双方当事人议定的交货或支付程序相抵触。因此，买方在行使了复检权并对货物质量加以确认后，负有支付价款的义务。另外，买方是采用信用证支付的，鉴于信用证的抽象性和独立性，银行支付与买方检验货物是不相抵触的。因此，辛顿公司在信用证项下拒绝向银行付款赎单本身是对其付款义务的违反，因此其无故以各种理由要求退货和索赔是不成立的。此外，中国天宇公司并不存在违约行为，买方辛顿公司无故要求退还货款并拒收货物，甚至任货物堆放在港口而不采取任何措施，已经违反了其所应当承担的义务。对于提货不及时所造成的滞期费和存放货物产生的港口费用以及货物变质所造成的一切损失均应由买方辛顿公司承担。

第四节　货物所有权与风险的转移

一、货物所有权的转移

一切货物买卖合同都要求卖方把货物所有权转移给买方。由于各国关于所有权转移问题的法律分歧较大，不容易实现统一，《联合国国际货物销售合同公约》第4条明确规定本公约不涉及合同对所售货物所有权可能产生的影响。《联合国国际货物销售合同公约》将风险转移问题与所有权转移问题分开处理。《国际贸易术语解释通则》则根本没有提及所有权。因此，国际货物买卖中货物所有权转移属于国内法调整的范畴。

（一）两大法系关于货物所有权转移的规定

英美法在确定货物所有权转移时将货物分为两种：特定物和非特定物。在买卖合同签订时已经完全可辨识的货物为特定物；在签订合同时不可辨识，只有依靠卖方或买方随后的某些行为才可辨识的为非特定物。特定物的所有权在双方约定转移的时间转移，非特定物的所有权只有在货物特定化并通过划拨行为以后才可转移。卖方无保留地发运货物被认为是无条件地将货物划拨给买方。但卖方可以通过“所有权保留条款”或提单的签发使用方式等保留货物所有权。与英国《1893年货物买卖法案》不同的是，根据《美国统一商法典》的规定，卖方所有权的保留只能起到担保权益的作用。例如：在货物提交买方或发运的情况下，卖方保留提单只起到担保买方付款的作用，并不妨碍所有权的转移。

法国法原则上是以买卖合同的成立时间为货物所有权转移的时间，但在司法实践中，法院对货物所有权转移问题可作变通处理。德国法则认为货物所有权属于物权法的范畴，而买卖合同属于债权法的范畴，因而买卖双方需就货物所有权转移问题另行达成合意。根据德国法的规定，动产所有权的转移，必须以交付标的物为必要条件。

（二）我国法律关于货物所有权转移的规定

我国对货物所有权转移实行约定优先、一般情况下随交付转移的原则。我国《民法典》第311条“当事人可以在买卖合同中约定买受人未履行支付价款或者其他义务的，标的物的所有权属于出卖人”的规定。

《民法典》第225至第228条对动产物权的转让还作了更具体的规定：1）船舶、航空器和机动车等的物权的设立、变更、转让和消灭，未经登记，不得对抗善意第三人。2）动产物权设立和转让前，权利人已经依法占有该动产的，物权自法律行为生效时发生效力。3）动产物权设立和转让前，第三人占有该动产的，负有交付义务的人可以通过转让请求第三人返还原物的权利代替交付。4）动产物权转让时，当事人又约定由出让人继续占有该动产的，物权自该约定生效时发生效力。

我国《民法典》第311条还对所有权的取得作了特别规定：无处分权人将不动产或者动产转让给受让人的，所有权人有权追回。除法律另有规定外，符合下列情形的，受让人取得该不动产或者动产的所有权：1）受让人受让该不动产或者动产时是善意的；2）以合理的价格转让；3）转让的不动产或者动产依照法律规定应当登记的已经登记，不需要登记的已经交付给受让人。受让人在上述情形下取得不动产或者动产的所有权的，原所有权人有权向无处分权人请求赔偿损失。

二、风险转移

（一）风险转移的概念

买卖合同的风险，是指在买卖合同订立以后、履行过程中，货物发生灭失或损害的可能性。风险转移的实质问题是“风险承担”，即由谁来承担保障货物安全的义务以及货物灭损的可能性成为现实后，由谁来承担由此带来的法律后果。

研究风险转移的规则就是要确定货物灭损的风险何时由卖方转移给买方承担。尽管在货物买卖中，当事人往往对货物进行投保，把风险转移给保险人，货物的损失可以通过保险获得补偿，但仍有诸多问题需要解决，即谁有资格向保险人索赔，在不属于保险范畴或当事人漏保的情况下的风险如何承担，对受损货物进行保全和救助的责任等，这些都需要根据风险转移的时间来确定。

（二）《联合国国际货物销售合同公约》有关风险转移的规定

1. 当事人约定优先原则

《联合国国际货物销售合同公约》允许双方当事人在合同中约定有关风险移转的规则。双方当事人可以在合同中使用某种贸易术语或以其他方法规定货物损失的风险从卖方移转给买方的时间及条件。如果双方当事人在合同中对此作出了具体规定，其效力将高于《联合国国际货物销售合同公约》的规定。

2. 风险转移的后果

《联合国国际货物销售合同公约》第 66 条规定：货物在风险移转到买方承担后遗失或损坏，买方支付价款的义务并不因此解除，除非这种遗失或损坏是由于卖方的行为或不行为所造成。

3. 买卖合同涉及运输时风险转移的时间

《联合国国际货物销售合同公约》第 67 条第 1 款规定：如果销售合同涉及货物的运输，风险从何时起由卖方转移给买方，主要有两种情况：1）合同没有规定卖方有义务在某一特定地点交付货物。此时，货物的风险在卖方按照销售合同规定将货物交付给第一承运人以转交给买方时起就移转到买方承担。2）卖方有义务在某一特定地点把货物交付给承运人，在货物于该地点交付给承运人以前，风险不移转到买方承担。

《联合国国际货物销售合同公约》同时规定：卖方有权保留控制货物处置权的单据，并不影响风险的移转。因为卖方保留控制货物处置权的单据，只是作为买方支付货款的一种担保权益，不影响风险的转移。这表明本公约采用了《美国统一商法典》的相关规定。

4. 划拨是风险发生转移的前提条件

根据《联合国国际货物销售合同公约》第 67 条第 2 款的规定，货物在划拨合同项下货物前风险不发生转移。划拨又称特定化，是指对货物进行计量、包装、加上标记，或以提交装运单据、向买方发出通知等方式表明货物已归于合同项下。经过划拨的货物，卖方不得再随意提取、调换或挪作他用。

5. 货物在运输途中出售时风险转移的时间

当卖方先把货物装上开往某个目的地的船舶，再寻找适当的买主订立买卖合同，这种交易就是在运输途中进行的货物买卖，在外贸业务中称为“海上路货”（Floating Cargo）。

《联合国国际货物销售合同公约》第 68 条规定了以下几种解决办法：1）对于在运输

途中销售的货物，原则上从订立合同时起，风险就移转到买方承担。2）如果情况表明有此需要，从货物交付给签发载有运输合同单据的承运人时起，风险就由买方承担。这一规定的目的在于把风险转移的时间提到订立合同之前。3）如果卖方在订立合同时已知道或理应知道货物已经遗失或损坏，而未将这一事实告知买方，则这种遗失或损坏应由卖方负责。

6. 不涉及货物运输时风险转移的时间

有些买卖合同并不涉及货物的运输问题，就风险从何时由卖方转移给买方，《联合国国际货物销售合同公约》第69条作了如下规定：1）在不属于第67条和第68条规定的情况下，从买方接收货物时起，或者如果买方不在适当时间内这样做，则从货物交给买方处置但其不收取货物从而违反合同时起，风险移转到买方承担。这一条主要适用于卖方在其营业地点把货物交由买方处置的场合，即由买方自备运输工具到卖方的营业地提货的场合。2）如果买方有义务在卖方营业地以外的某一地点接收货物，当交货时间已到而买方知道货物已在该地点交由其处置时，风险方始移转。但是，如果合同指的是当时未加识别的货物，则这些货物在未清楚注明有关合同以前，不得视为已交给买方处置，即风险不转移给买方。

7. 根本违反合同对风险转移的影响

根据《联合国国际货物销售合同公约》第70条的规定，如果卖方已根本违反合同，则上述第67条至第69条的规定，都不损害买方因此种违反合同而采取各种补救办法的权利。对此项规定有两点需要进一步说明：1）该规定仅适用于卖方根本违反合同；2）虽然卖方已经根本违反合同却不影响货物的风险按《联合国国际货物销售合同公约》的规定移转给买方，不过此种情况下，买方对卖方根本违反合同所应享有的采取各种补救方法的权利不应受到损害。例如：因为卖方根本违反合同，使货物发生灭失或损坏，即使货物的风险已经根据《联合国国际货物销售合同公约》第67条至第69条的规定转移给买方，买方也仍然有权要求撤销合同，或者采取要求卖方交付替代物或请求损害赔偿等救济方法。

案例透视

天兴进出口公司与奥达沃国际贸易公司关于风险转移争议案

1997年7月21日，天兴进出口公司（买方）与奥达沃国际贸易公司签订了两份购买柠檬酸的合同，采用CIF贸易术语。两份合同的“商品名称、规格及包装”栏明确规定合同的标的物为CITRIC ACID BP80（无色结晶或结晶性粉末状柠檬酸）。第一份合同的货物于10月18日运抵目的地后，买方发现存在结块现象，遂于次日向卖方提出索赔，并称安排SGS检验。卖方拒绝赔偿，称结块是普遍的正常现象。SGS委托的SJH公司出具检验报告，证明集装箱完好无损，已取出的放在托盘上的货物，为数众多的袋内货物已结块，有些袋外有干的棕色锈痕。第二份合同的货物也存在类似情况，并已经由SJH公司作出类似的检验报告。由于买方的客户坚持，买方不得不安排重磨和重新包装，因此要求卖方承担加工费用。但卖方认为，既然两者在合同中选择了CIF贸易术语，应按CIF中的风险转移原则来确定双方的风险承担问题，结块时货物已经越过装运港船舷，因此，此种风险应由买方承担，卖方不负赔偿责任。

两份合同的标的物为CITRIC ACID BP80，根据BP80，柠檬酸和一水柠檬酸的状态都应是“无色结晶或结晶性粉末”。因此，卖方交付的柠檬酸有结块现象是不符合合同规定的。仲裁庭认为，卖方用Incoterms 2000中关于CIF合同风险转移问题来证明对因货物结块而造成的损失不承担责任的主张是不妥当的，因为买方的申请是基于卖方交付的货物不符合合同的规定。因此，只有证明柠檬酸结块系海运所致才有助于确定风险转移，并免除卖方的责任。现已查明，集装箱完好无损，可以排除海运中发生意外的可能性。故柠檬酸结块与风险转移无关。

仲裁庭认为，卖方所称由于货物已经放在仓库托盘上或已从目的港运往其他地方意味着买方已经接受或转售货物，因此卖方不承担义务的抗辩观点不成立，因为只要买方在合同规定期限内通知卖方货物有损并提出索赔，卖方的义务不因货物的移动而消灭。仲裁庭裁决，卖方应对所交柠檬酸结块承担责任，对买方的损失负赔偿责任。

本案中，根据检验集装箱并无破损，证明并不存在当事人之外的由第三人引起的意外事故，而风险分担的前提就是此种意外事故发生并造成当事人的损失，因而这里并没有卖方主张的风险分担问题，也就谈不上对CIF风险转移的解释，故卖方的主张并不成立。证据显示，承运人并无过错，而是卖方所提交的货物存在质量问题，不符合双方在合同中规定的标准，这就涉及违约对货物转移的影响问题。

（三）国际贸易惯例优先原则

在国际上，诸如《国际贸易术语解释通则》和《华沙-牛津规则》等国际贸易惯例对风险转移的时间都有明确的规定。如果双方当事人在国际货物买卖合同中采用了贸易术语，则应按照贸易术语关于风险转移的规定来确定风险转移的时间。

（四）我国《民法典》合同编关于风险转移的规定

1. 货物买卖的风险一般在货物交付时转移

我国《民法典》第604条规定：标的物毁损、灭失的风险，在标的物交付之前由出卖人承担，交付之后由买受人承担，但法律另有规定或者当事人另有约定的除外。

2. 买方违约对风险转移的影响

我国《民法典》第605条规定：因买受人的原因致使标的物不能按照约定的期限交付的，买受人应当自违反约定之日起承担标的物毁损、灭失的风险。第608条规定：出卖人按照约定或者依据本法第603条第2款第2项的规定将标的物置于交付地点，买受人违反约定没有收取的，标的物毁损、灭失的风险自违反约定时起由买受人承担。

3. 在途标的物的风险负担

我国《民法典》第606条规定：出卖人出卖交由承运人运输的在途标的物，除当事人另有约定的以外，毁损、灭失的风险自合同成立时起由买受人承担。

4. 标的物交付给第一承运人后的风险承担

我国《民法典》第607条规定：出卖人按照约定将标的物运送至买受人指定地点并交付给承运人后，标的物毁损、灭失的风险由买受人承担。当事人没有约定交付地点或者约定不明确，依据本法第603条第2款第1项的规定标的物需要运输的，出卖人将标的物交付给第一承运人后，标的物毁损、灭失的风险由买受人承担。出卖人将标的物交付给第一承运人后，标的物的毁损、灭失的风险由买受人承担。

5. 未交付单证、资料时的风险负担

我国《民法典》第609条规定：出卖人按照约定未交付有关标的物的单证和资料的，不影响标的物毁损、灭失风险的转移。

6. 风险负担不影响违约责任

我国《民法典》第611条规定：标的物毁损、灭失的风险由买受人承担的，不影响因出卖人履行义务不符合约定，买受人请求其承担违约责任的权利。

第五节　违约及其救济方法

一、违约的主要分类

（一）根本违反合同和非根本违反合同

《联合国国际货物销售合同公约》把违约行为分为根本违反合同和非根本违反合同。根据《联合国国际货物销售合同公约》第25条的规定，构成根本违反合同应具备三个条件：其一，必须存在违反合同的事实；其二，违反合同的行为给对方造成损害，且这种损害是严重的，以致实际上剥夺了受害方根据合同有权期待得到的利益；其三，违反合同一方已预知或没有理由不预知会发生这种严重的后果。

（二）预期违约

根据《联合国国际货物销售合同公约》第71条的规定，预期违约是指合同订立后，约定的履行期限到来前，因一方当事人履行义务的能力或信用有严重缺陷，或者在准备履行合同或履行合同中的行为表明他将不履行其大部分义务，则另一方可以中止履行其义务。中止履行义务的一方需注意：1）不论是在货物发运前还是发运后，其都必须立即通知另一方当事人；2）如经另一方当事人对履行义务提供充分保证，其必须继续履行义务。

二、违约的主要救济方法

（一）卖方违约时，买方可以采取的救济方法

1. 要求卖方实际履行合同

《联合国国际货物销售合同公约》第 46 条规定：买方可以要求卖方履行义务，除非买方已采取与此要求相抵触的某种补救办法，但这一救济方法受到《联合国国际货物销售合同公约》第 28 条规定的限制。也就是说，当买方依照《联合国国际货物销售合同公约》的规定向法院提起要求对方履行合同的诉讼时，法院是否作出强制卖方交货的判决，需取决于法院所在国家的法律对其他类似买卖合同的处理方式。《联合国国际货物销售合同公约》作出这种有限制的救济方法的原因在于大陆法认为实际履行是主要的救济方法，英美法则认为其是辅助性的救济方法，是一种折中的产物。

2. 要求卖方交付替代物

《联合国国际货物销售合同公约》第 39 条规定：买方对货物不符合同，必须在发现或理应发现不符情形后的一段合理时间内通知卖方，说明不符合同情形的性质，否则就丧失声称货物不符合同的权利。无论如何，如果买方未在实际收到货物之日起 2 年内将货物不符合同的情形通知卖方，他就丧失了声称货物不符合同的权利，除非这一时限与合同规定的保证期限不符。

3. 要求卖方对货物不符合同之处进行修补

《联合国国际货物销售合同公约》第 46 条第 3 款项规定：如果货物不符合同，买方可以要求卖方通过修理对不符合同之处作出补救，除非他考虑了所有情况之后，认为这样做是不合理的。修理的要求必须与依照本公约第 39 条的规定发出的通知同时提出，或者在该项通知发出后的一段合理时间内提出。

4. 要求减价

《联合国国际货物销售合同公约》第 50 条规定：如果卖方所交货物不符合同，不论价款是否已付，买方都可以减低价格，减价按实际交付的货物在交货时的价值与符合合同的货物在当时的价值两者之间的比例计算。但是，如果卖方已经对任何不履行义务作出补救，或者买方拒绝接受卖方作出的补救，则买方不得要求减价。

5. 给予卖方履行合同的宽限期

《联合国国际货物销售合同公约》第 47 条规定：买方可以规定一段合理时限的额外时间，让卖方履行其义务。本公约同时规定：除非买方收到卖方的通知，声称其将无法在所规定的时间内履行义务，买方在这段时间内不得对违反合同采取任何补救办法。但是，买

方并不因此丧失其对迟延履行义务可能享有的要求损害赔偿的任何权利。

6. 宣告合同无效

根据《联合国国际货物销售合同公约》第 49 条的规定，当卖方违反合同时，买方在下列情况下可以宣告合同无效：1）卖方不履行其在合同或本公约中的任何义务，已构成根本违反合同；2）如果发生不交货的情况，卖方在买方规定的宽限期内仍然不交货或者卖方声明其将无法在买方规定的宽限期内交货。

7. 部分交货的补救

《联合国国际货物销售合同公约》第 51 条规定：如果卖方只交付一部分货物，或者交付的货物中只有一部分符合合同规定，则本公约第 46 条至第 50 条的规定适用于缺漏部分及不符合同规定部分的货物。此外，买方只有在完全不交付货物或不按照合同规定交付货物等根本违反合同时，才可以宣告整个合同无效。

8. 提前或超量交货的补救

《联合国国际货物销售合同公约》第 52 条规定：如果卖方在规定的日期前交付货物，买方可以收取货物，也可以拒绝收取货物。如果卖方交付的货物数量大于合同规定的数量，买方可以收取也可以拒绝收取多交部分的货物。如果买方收取多交部分货物的全部或一部分，其必须按合同价格付款。

9. 请求损害赔偿

《联合国国际货物销售合同公约》第 45 条规定：卖方违约，买方可以要求损害赔偿，而且买方可能享有的要求损害赔偿的任何权利，不因其行使采取其他补救办法的权利而丧失。《联合国国际货物销售合同公约》第 74 条至第 77 条对买卖合同项下损害赔偿的原则、责任范围和计算方法作了详细而具体的规定。

案例透视

中国 A 公司与美国 B 生产商国际货物买卖合同纠纷案

我国大型国有企业 A 公司向美国 B 生产商订购了一套大型采矿设备，合同规定该设备分四批到货。前三批设备均按期按质到货，但在收到第四批设备时，A 公司发现有严重的质量问题。

《联合国国际货物销售合同公约》第 73 条规定：对于分批交付货物的合同，买方宣告合同对任何一批货物的交付为无效时，可以同时宣告合同对已交付的或今后交付的各批货物均为无效，如果各批货物是互相依存的，不能单独用于双方当事人在订立合同时所设想的目的。本案中四批设备之间相互依存，它们只有均符合合同约定才能确保该套大型采矿设备正常使用。因此，A 公司有权将该批设备退还给 B 生产商，要求其交付符合合同的设备；或者 A 公司可以宣告该批设备的交付行为无效，有权解除整个合同。此外，A 公司在上述两种情况下均可要求 B 生产商承担损害赔偿责任。

（二）买方违约时，卖方可以采取的救济方法

1. 实际履行

《联合国国际货物销售合同公约》第 62 条规定：卖方可以要求买方支付价款、收取货物或履行他的其他义务，除非卖方已采取与此要求相抵触的某种补救办法。

2. 给予买方履行合同的宽限期

《联合国国际货物销售合同公约》第 63 条规定：卖方可以规定一段合理时限的额外时间，让买方履行义务。除非卖方收到买方的通知，声称其将无法在所规定的时间内履行义务，卖方不得在这段时间内对买方违反合同的行为采取任何补救办法。但是，卖方并不因此丧失其对迟延履行义务可能享有的要求损害赔偿的任何权利。

3. 宣告合同无效

根据《联合国国际货物销售合同公约》第 64 条的规定，卖方在以下情况下可以宣告合同无效：1）买方不履行其在合同或本公约中的义务，构成根本违反合同；2）买方不在卖方给予的宽限期内履行支付价款的义务或收取货物；3）买方声明其将无法在所规定的时间内履行合同。宣告合同无效的法律后果是无须再交付货物，当货物已经交付时，可以要求返还货物。

4. 请求损害赔偿

当买方违反合同义务时，卖方有权请求损害赔偿。根据《联合国国际货物销售合同公约》第 61 条的规定，卖方可能享有的要求损害赔偿的任何权利，不因其行使采取其他补救办法的权利而丧失。

5. 要求支付利息

《联合国国际货物销售合同公约》第 78 条规定：如果一方当事人没有支付价款或任何其他拖欠金额，另一方当事人有权对这些款额收取利息，但不妨碍要求按照《联合国国际货物销售合同公约》第 74 条的规定可以取得的损害赔偿。

（三）关于损害赔偿的具体规定

从上述分析可以看出，损害赔偿、实际履行和宣告合同无效是买卖双方在对方违约时都可以采取的救济措施。其中，损害赔偿是使用最广泛的一种救济方法。

1. 损害赔偿的原则与范围

《联合国国际货物销售合同公约》第 74 条规定：一方当事人违反合同应负的损害赔偿额，应与另一方当事人因他违反合同而遭受的包括利润在内的损失额相等。这种损害赔偿不得超过违反合同一方在订立合同时，依照其当时已知道或理应知道的事实和情况，对违反合同预料到或理应预料到的可能发生的损失。具体包括：

（1）损害赔偿采用无过错责任原则。《联合国国际货物销售合同公约》规定的损害赔偿并不以过失为要件，只要给另一方当事人造成损失，就应赔偿其损失。

（2）损害赔偿的范围实行全部赔偿原则。赔偿范围包括预期利润在内的所有损失，即

包括实际损失和利润损失两部分。实际损失主要是指卖方为转卖货物另付的运费、手续费、仓储费，或者在交付货物有缺陷时，买方留下货物并对货物进行修理所产生的修理费等。

（3）损害赔偿范围的限制条件。损害赔偿仅以违约方在订立合同时预料到和理应预料到的损失为限。目的在于保护违约方的利益，防止出现受害方过高索取赔偿金的情形。

（4）损害赔偿与其他救济方式并存。卖方违约时，买方要求损害赔偿的权利并不因采取了拒收货物、宣告合同无效等救济措施而丧失。

（5）减损义务。《联合国国际货物销售合同公约》第77条规定：声称另一方违反合同的一方，必须按情况采取合理措施，减轻由于该另一方违反合同而引起的损失，包括利润方面的损失。如果声称的一方不采取这种措施，违反合同的一方可以要求从损害赔偿中扣除原可以减轻的损失数额。

2. 损害赔偿的计算方法

（1）单独请求损害赔偿的计算方法。从《联合国国际货物销售合同公约》第74条的规定可以看出，损害赔偿乃一种补偿，受损害方要求获得的经济补偿应当与其失去的经济利益相符，即英美法中的“金钱上恢复原状”原则。其计算公式为：

请求损害赔偿额＝实际损失＋利润损失

（2）宣告合同无效要求替代物交易并附带损害赔偿的计算方法。《联合国国际货物销售合同公约》第75条规定：如果合同被宣告无效，而在宣告无效后的一段合理时间内，买方已以合理方式购买替代货物，或者卖方已以合理方式把货物转卖，则要求损害赔偿的一方可以取得合同价格和替代货物交易价格之间的差额以及按照本公约第74条的规定可以取得的任何其他损害赔偿。其计算公式为：

请求损害赔偿额＝合同价格和替代货物交易价格之间的差价＋其他损失

（3）宣告合同无效并没有替代物交易情况下损害赔偿的计算方法。《联合国国际货物销售合同公约》第76条规定：如果合同被宣告无效，而货物又有时价，要求损害赔偿的一方，如果没有根据本公约第75条的规定进行购买或转卖，则可以取得合同规定的价格和宣告合同无效时的时价之间的差额以及按照本公约第74条的规定可以取得的任何其他损害赔偿。但是，如果要求损害赔偿的一方在接收货物之后宣告合同无效，则应适用接收货物时的时价，而不适用宣告合同无效时的时价。时价，是指在原应交付货物地货物的现行价格，如果该地没有时价，则指另一合理替代地的价格，但应适当地考虑货物运费的差额。

案例透视

加拿大H公司与上海D公司国际货物买卖合同纠纷案

2001年10月，加拿大H公司向上海D公司订购塑料充气游泳池。2002年1月，D

公司开始发货。2002 年 5 月，H 公司陆续收到其客户的退货，即停止向 D 公司支付 2002 年 5 月 15 日以后的货款。由于 H 公司与 D 公司对于 D 公司提供的产品是否有质量问题存在分歧，H 公司自行委托加拿大一家独立实验室对 D 公司提供的产品进行了抽样检验，结论为产品存在严重缺陷。H 公司故诉至法院，要求 D 公司返还货款 2 390 289.56 美元；赔偿包括手续费、仓储运输费、仓库额外装卸费及海运运输费等损失共计 188 167.14 美元，并负担案件诉讼费。

法院认为：本案双方当事人对双方之间存在国际货物买卖关系均无异议，现 H 公司主张 D 公司提供的涉案货物质量存在瑕疵而要求退货并由 D 公司赔偿损失，就应充分证明涉案货物存在质量问题。但 H 公司现有证据仅能证明其客户曾因质量问题对向其订购的货物作了退货处理。H 公司用于证明涉案货物存在严重质量问题的直接证据是加拿大某实验室所出具的检验报告，H 公司未进一步举证证明该实验室的资质，故仅有该检验报告尚不能证明待证事实。此外，即使 H 公司的客户将从 H 公司处购得的产品进行了退货处理，也无法得出涉案货物必然存在质量问题的结论，H 公司客户的退货行为与其诉讼请求之间无直接关联。故判决对 H 公司的诉讼请求不予支持。H 公司提出上诉。

关于涉案货物是否存在质量缺陷，如有缺陷，如何确定违约责任的承担方式的问题，二审法院认为：H 公司如主张涉案货物的质量有严重缺陷，应予退货，并赔偿其损失，就应当证明：双方当事人就涉案货物的质量标准有明确约定，涉案货物质量确有问题且 H 公司在约定或法定的质量异议期内向 D 公司提出了异议，因质量缺陷致使涉案货物无法修复使用而造成 D 公司的履行不符合合同目的，且其主张的损失项目合法有据。但从本案中 H 公司提交的证据材料和庭审查明的事实看，双方当事人并未约定质量标准和质量异议期，H 公司不能证明货物质量确实存在严重缺陷，不能证明其在合理期限内向 D 公司提出过异议，对于其所主张的损失项目也没有充分的证据加以证明，故 H 公司要求 D 公司承担违约责任的主张证据不足。综上，二审法院驳回上诉，维持原判。

综合练习

一、单项选择题

1. 按照《联合国国际货物销售合同公约》的规定，假如下列所涉国家均为《联合国国际货物销售合同公约》缔约国，下列哪种情况可以适用本公约？（　　）

A. 营业地位于不同国家的两个公司关于咖啡豆的销售合同

B. 营业地位于不同国家的两个公司订立的补偿贸易合同，其中服务贸易构成了供货方的绝大部分义务

C. 营业地位于中国的两个不同国家的公司订立的关于电视机买卖的合同

D. 营业地位于不同国家的两个公司订立的电冰箱销售合同，在合同中明确选择适用《中华人民共和国民法典》

2.《国际贸易术语解释通则®2020》对（　　）种贸易术语进行了解释。

A. 9　　B. 4　　C. 15　　D. 11

3. 无须由卖方租船或订舱的国际贸易术语是（　　）。

A. FOB　　B. CFR　　C. CIF　　D. FCA

4.《联合国国际货物销售合同公约》在风险转移方面采取（　　）原则。

A. 以合同订立时间确定风险转移　　B. 以交货时间确定风险转移

C. 以所有权转移时间确定风险转移　　D. 以买方实际控制货物时间确定风险转移

二、多项选择题

1. 国际货物买卖合同一般包括（　　）等部分。

A. 目录　　B. 约首　　C. 正文　　D. 约尾

2. 下列（　　）项是国际货物买卖合同的基本条款。

A. 数量条款　　B. 品质价格条款

C. 包装与装运条款　　D. 检验与索赔条款

3. 下列（　　）项不适用于《联合国国际货物销售合同公约》。

A. 以拍卖方式进行的买卖　　B. 船舶的买卖

C. 来件装配合同　　D. 来料加工合同

三、案例分析题

A公司与B公司签订了一份产地交货合同，出售新鲜樱桃5吨，总价值35 000美元。合同规定买方必须在5月10日至17日期间派冷藏集装箱车到产地接运货物。卖方虽多次催促对方派车，但直至5月24日也未见对方派车接收货物。于是卖方不得不在5月25日把这批货物转卖给C公司，收取的货款总额为31 000美元。请问：在上述情况下，卖方可以行使哪些权利？为什么？

第四章

国际商事代理法

学习目标

【知识目标】

- 掌握代理和国际商事代理的概念和法律特征
- 熟悉代理权的产生和代理关系的终止
- 掌握代理的基本法律关系
- 熟悉我国外贸代理制度

【能力目标】

- 能运用代理法基础知识判断和分析代理法律关系
- 能判断和分析代理人的法律地位和责任

重点难点

【重点】

- 代理和国际商事代理的概念和法律特征
- 代理权的产生和终止
- 代理的内部法律关系
- 代理的外部法律关系

【难点】

- 本人及代理人同第三人之间的关系
- 表见代理
- 国际货代民事法律地位的确定

导入案例 香港M公司与厦门H国际货代公司无单放货纠纷案

原告香港M公司于2002年11月从厦门港出口一批货物到美国，通过杨某委托被告H公司办理货物运输事宜，并自H公司处取得三份正本提单。提单记载托运人为M公司，收货人凭指示，装港为厦门，卸港及交货地点为纽约，货物为2个集装箱共3 777纸箱的婴儿擦布，装船日期为2002年11月10日，提单签署栏内盖有H公司的英文章，显示提单由H公司签署，但签署栏上方的印刷文字都注明，下面的签署人是代表东西联合有限公司（EAST-WEST ASSOCIATES，INC.）签字。另提单格式抬头印刷为东西物流有限公司（EAST-WEST LOGISTICS，INC.）。货物运抵目的港后，于2002年12月28日被他人提走，收货人拒付货款，M公司现仍持有上述提单。M公司认为，H公司作为承运人，应对此承担违约责任，故提起诉讼，请求判令H公司赔偿其货物损失。

H公司辩称：从提单正面的记载中可见，H公司是代理东西联合有限公司签发提单，因此只是代理人，而非承运人。本案货物嗣后被委托给无船承运人甲公司及实际承运人乙公司运输，货物被无单放掉是甲公司或乙公司所为，H公司没有参与，不应承担责任。

已查明：H公司于2003年3月21日向杨某传真称其受委托“出口承运”三票货物（其中一票为本案讼争货物），发生了海运费等项费用，并就此开列了明细金额，要求予以付款。在收到结欠费用后，H公司在上述函件上注明收到款项并加盖财务专用章予以确认。

法院认为：本案中H公司签发的是指示提单，M公司作为提单持有人，有权在目的港提取货物，在货物被无单放给他人的情况下，有权要求承运人赔偿损失。H公司虽然辩称其仅代理签发提单，并非承运人，同时也没有参与放货行为，不应承担责任，但未能提供被代理人东西联合有限公司授权其签发提单和双方之间业务往来关系的证据材料，相反，根据其收取运费的事实和用“承运货物”的措辞表述受托业务的内容，足以认定H公司在本案中对外是以自己的名义负担运输任务的，是本案货物运输的承运人。因此，即使货物由于第三方的原因被放走，被告H公司仍应承担违约责任，赔偿原告M公司因提货不着产生的损失。

法院判决：被告H公司在本判决生效之日起10日内赔偿原告M公司37 165.68美元及该款自2002年12月28日起至本判决确定应付之日止按中国银行同期美元贷款一年以内（含一年）固定利率计算的利息。

讨论：在国际商事活动中，越来越多的交易活动是借助代理机构完成的，如运输代理人、保险代理人等。本案中H公司为何辩称自己仅为代理人，而非承运人？两者的法律责任有何差异？

第一节　代理法概述

一、代理的概念

代理（Agency），是指代理人按照本人的授权，代表本人同第三人订立合同或做出其他的法律行为，由此而产生的权利和义务直接对本人发生效力。在代理关系中，主要涉及三方当事人，即本人、代理人与第三人。本人，又称被代理人、委托人，是指授权代理人处理法律事务并承受法律后果的人；代理人，是指在代理权限内，以他人名义且为他人利益实施法律行为的人；第三人，又称相对人，泛指一切与代理人进行法律行为的人。

按照代理制度，如果代理人是在本人的授权范围内行事，其行为就对本人具有拘束力，即本人既可取得由此产生的权利，又必须承担由此产生的义务，而代理人则一般不对此承担个人责任。

案例透视

宁海鑫明塑料厂与浙江新诚进出口有限公司代理合同案

2010年南非“世界杯”前夕，宁海鑫明塑料厂生产了50万个“嗡嗡祖拉”（一种喇叭）欲出售，该厂委托浙江新诚进出口有限公司代其寻找客户并签订货物买卖合同。在鑫明塑料厂和新诚公司签订的协议中约定：该喇叭的售价最低为每个0.8美元，按照合同标的额的3%向新诚公司支付报酬。后来，新诚公司代表塑料厂与国外一客户签订了买卖合同，每个喇叭的售价是0.9美元。

鑫明塑料厂和新诚公司之间是委托代理关系。喇叭买卖合同的当事人应当是鑫明塑料厂和国外客户，鑫明塑料厂是卖方，国外客户是买方，新诚公司是代理人。新诚公司在选择客户、签订合同之后，由此产生的合同权利和义务应当由鑫明塑料厂和国外客户享有，代理人履行职责的所有后果都归属于作为被代理人的鑫明塑料厂。

需要注意的是：并不是所有的行为都适用代理。具有人身属性的行为不得代理，即必须由表意人亲自作出决定和进行表达的行为不得代理，如婚姻登记、收养子女等；具有严格人身性质的债务也不得代为履行，如受约演出、创作字画等。

二、国际商事代理的概念

国际商事代理，是指代理人为取得佣金，依本人的授权，为本人的利益与第三人发生为商行为，由此在具有国际因素的本人、代理人及第三人之间产生权利义务关系的法律制度。这里的为商行为指一切营利性的营业行为，如货物买卖、货物运输、仓储保管、保险、金融和出版等。国际商事代理的法律基础一般是委托合同，代理人根据委托合同的授权，取得代理权。

国际商事代理有狭义和广义之分。狭义的国际商事代理仅指代理人以本人（被代理人）的名义实施代理行为的情况，即代理人依本人授权，以本人名义与第三人发生为商行为，所生之权利和义务直接归属于本人。广义的国际商事代理还应包括代理人在代理权限内，以其自己的名义与第三人发生为商行为的情况。随着社会经济的发展，代理人以其自己的名义所实施的代理得到越来越广泛的应用。1983年2月通过的《国际货物销售代理公约》第1条第4款规定：不论代理人以自己的名义，抑或以委托人的名义的行为，均适用本公约。

国际商事代理区别于国内商事代理的显著特征在于它具有国际因素。目前，衡量国际因素主要有两种标准：一是国籍标准，二是地域标准。国籍标准是指商事代理所涉及的三方当事人中至少有两方的国籍不同，至于三方当事人的营业地则不予考虑。地域标准是指商事代理所涉及的三方当事人中至少有两方的营业地不同或代理行为地与营业地不同，至于当事人的国籍则不予考虑。国际代理公约采纳的是地域标准。

三、代理的法律特征

（一）代理是一种法律行为

代理的这一特征表明通过代理人进行的行为必须是能够产生法律上的权利和义务的行为，如订立合同、进行诉讼、申请专利等。因此，代理行为区别于事务性的委托承办行为。诸如代为整理资料、校阅稿件、计算统计等行为，不属于民法上的代理行为。

（二）代理人在代理权限内作独立的意思表示

代理人在被代理人授予的权限范围内，根据实施代理行为时的客观情况，独立决定并按照自己的意志进行代理活动。如本节的案例中，作为代理人的新诚公司在喇叭不低于每个0.8美元的条件下，拥有独立的决定权，从而使得该笔交易最终能以每个0.9美元的价格成交。

（三）代理是以被代理人的名义或为了被代理人的利益进行意思表示

代理制度的出现就是为了在被代理人与第三人之间设立、变更和终止权利义务关系。因此，代理行为一般应当以被代理人的名义或为了被代理人的利益进行意思表示。如本节的案例中，新诚公司以超出最低价12.5%的价格促成交易，较好地保障了鑫明塑料厂的利益。

（四）代理行为的法律后果直接归属于被代理人

代理行为的目的是实现被代理人追求的民事法律行为。因此，代理人的代理行为在法律上被视为被代理人的行为，其效力直接归属于被代理人，即代理人是代理行为的实施者，而被代理人则是法律后果的承受者。本节的案例中，如果国外客户认为喇叭存在质量、交货迟延等问题，应当向鑫明塑料厂索赔。

第二节　代理权的产生和终止

一、代理权的产生

（一）大陆法系关于代理权产生的规定

大陆法系把代理权产生的原因分为两种：一种是由于本人的意思表示而产生的，称为意定代理；另一种是由于非由本人的意思表示而产生的，称为法定代理。

1. 意定代理

意定代理（Voluntary Agency），是指代理人根据被代理人的授权而产生的代理。由于这种代理是基于被代理人的意思表示而产生的，因此称为意定代理。从授权对象看，根据大陆法系一些国家法律的规定，授予代理权的意思表示可以向代理人作出，也可以向同代理人打交道的第三人作出。这种意定代理有两个特点：委托授权需要获得代理人或代理关系中的第三人对被代理人的授权作出的意思表示；被代理人授予代理权的意思表示没有形式上的要求，可以是明示的，也可以是默示的。

2. 法定代理

法定代理（Statutory Agency），是指被代理人于法律或事实上不能为法律行为时，按照法律直接规定由他人代为进行法律行为的代理。凡不是由于本人的意思表示而产生的代理权称为法定代理权。

（1）根据法律的规定而享有代理权。如根据民法典的规定，父母对未成年的子女有代理权。

（2）根据法院的选任而取得代理权。如法院指定的法人清算人。

（3）因私人的选任而取得代理权。如亲属所选任的监护人及遗产管理人等。

大陆法系各国确定法定代理的目的，主要是保护无民事行为能力或限制民事行为能力的未成年人或精神病患者以及其他不能作意思表示的人的利益。因此，法定代理原则上都是无偿的。

（二）英美法系关于代理权产生的规定

1. 明示授权

明示授权（Express Authority），是指被代理人和代理人之间以明确的意思表示达成建立代理关系的协议，代理人通过被代理人的明示指定或委任而实际享有的代理权。这是英美法中产生代理权最基本的途径。代理协议的成立可以采用口头形式，也可以采用书面形式。

2. 默示授权

默示授权（Implied Authority），是指根据被代理人的一定行为，基于某些公认的准则而推定其为授权的意思表示。默示代理权主要包括三种情况：

（1）由默示而存在的代理权。即从当事人在某一特定场合的行为或从当事人之间的某种关系中，可以推定当事人之间存在真实有效的代理关系。前者例如：甲经常以乙的名义从丙处购买某种货物，每次乙都如数向丙付款，在这种情况下，可以推定乙默示授权了甲，如果以后乙不再承认甲代他订购货物，乙必须事先通知丙，否则乙要对甲订货的行为负责。后者比较典型的是配偶间的默示代理和合伙人之间的默示代理。

（2）附带授权。由于被代理人的民事委任并不一定能详尽地说明代理人在实际行动中所应具有的一切权利，因此受托从事某种特殊任务的代理人，可以享有合理地附属于其履行明示代理权所必不可少的默示行为的权利。

（3）习惯授权。在代理人被授权为被代理人在某一特殊市场进行活动的情况下，其享有按该市场的相关习惯进行活动的默示代理权，无论该被代理人是否知晓该习惯，被代理人均受其约束。

3. 表见授权

表见授权（Authority by Estoppel），又称不容否认的代理权，是指一个人出于故意或疏忽，通过其言行使善意第三人合理相信某人是其代理人而采取行动时，则其便不能否认其言行，而必须视为已向该代理人授权，并不得否认该代理人为其设定的与第三人的权利义务关系。

4. 必要的授权

必要的授权（Authority of Necessity），又称客观必需的代理权，是指某人虽没有得到别人关于采取某种行为的明示授权，但由于客观情况的需要应视为具有此种授权。例如：在特殊情况下，如果不及时处理货物，这些货物将不可避免地发生灭失，这时，承运人有权代表货主采取相应措施，如将货物出售等。

5. 追认授权

追认授权（Authority by Ratification），是指代理人未经授权或者超越授权范围而以被代理人的名义实施代理行为，被代理人事后对此予以认可或不明示否认，代理人由此而获得追认的代理权。追认的效果是使该无权代理与有权代理一样对被代理人具有拘束力。追认具有溯及力，即自该合同成立时起就对被代理人生效。

（三）我国法律关于代理权产生的规定

根据我国《民法典》，代理包括委托代理和法定代理。就委托代理来说，也可以分几种情况：

（1）根据明示授权而产生的代理权。《民法典》第135条规定：民事法律行为可以采用书面形式、口头形式或者其他形式；法律、行政法规规定或者当事人约定采用特定形式的，应当采用特定形式。

（2）追认的代理权。根据《民法典》第171条规定，行为人没有代理权、超越代理权或者代理权终止后的行为，只有经过被代理人的追认，才对被代理人发生效力。行为人实施的行为未被追认的，善意相对人有权请求行为人履行债务或者就其受到的损害请求行为人赔偿。但是，赔偿的范围不得超过被代理人追认时相对人所能获得的利益。

此外，《民法典》第 172 条也明确规定了表见代理制度，即行为人没有代理权、超越代理权或者代理权终止后，仍然实施代理行为，相对人有理由相信行为人有代理权的，代理行为有效。

案例透视

表见代理案

甲公司经常派业务员乙与丙公司订立合同。乙调离后，又持盖有甲公司公章的合同书与尚不知其已调离的丙公司订立一份合同，并按照通常做法取走货款后逃匿。对此甲公司并不知情。现丙公司要求甲公司履行合同，甲公司认为该合同与己无关，予以拒绝。

由于甲公司在乙调离后未收回盖有公章的合同书，也没有通知丙公司，而乙又制造了代理权存在的表面特征，同时丙公司又是不知情的善意第三人，符合表见代理的构成要件，甲公司应当承担签约的后果。

二、无权代理

无权代理，是指欠缺代理权的人所做的代理行为。无权代理的产生主要有以下几种情形：

（1）不具备默示授权条件的代理。

（2）授权行为无效的代理。

（3）越出授权范围行事的代理。

（4）代理权消灭后的代理。

根据各国法律的规定，无权代理所做的代理行为，如与相对人订立合同或处分财产等，非经本人的追认，对本人是没有拘束力的。如果善意相对人由于无权代理人的行为而遭受损失，该无权代理人应对善意相对人负责。这里的“善意”是指相对人不知道被代理人是无权代理。如相对人知道或者应当知道行为人无权代理的，相对人和行为人按照各自的过错承担责任。

案例透视

绍兴 L 公司与上海 Z 公司外贸代理合同纠纷案

2000 年 12 月 20 日，Z 公司（甲方）与 L 公司（乙方）签订了一份《进口代理协议》，约定 L 公司全权委托 Z 公司为其代理进口美国产饲料大麦 55 000 吨，每吨价格为 141.50 美元。Z 公司负责与外方签订进口合同，办理对外付款结算，通知装船日期及货物预计到港日期等；L公司负责在协议签订后2个工作日内，将合同总金额10%的人民币现款作为定金划入Z公司指定账户，支付进口关税、增值税等。合同还约定：双方可协商在双方认为适当的时间、价格在国外市场洗盘，如果甲方违约（包括不能按进口合同要求的期限开出信用证，造成卖方取消合同等），甲方将向乙方支付与乙方定金数额相等的赔偿金。同日，Z公司与路易达孚公司签订了货物销售合同。与此同时，L公司向Z公司支付了定金645万元。同年12月28日，Z公司向路易达孚公司开出金额为7 782 500美元的不可撤销信用证。

2001年1月9日，L公司致函Z公司，督促其及时办理美国饲料大麦的动植物检疫手续。同年1月20日，Z公司致函L公司称，如果按照原计划执行，货物抵港后将给L公司造成无法估量的损失，建议将该批货物在国外洗盘，请L公司从速答复。同日，Z公司又发函致路易达孚公司称：为避免双方因不能控制的商业原因而造成的麻烦，Z公司愿意在海外市场清洗该批大麦，并要求路易达孚公司将损失降到最低点。2月1日，L公司复函Z公司，其已就Cofcoim2006协议项下部分货物签订了国内销售合同，明确表示不同意洗盘，要求Z公司按约履行。2月9日，L公司致函Z公司，询问大麦已在国外洗盘一事是否属实，并再次重申洗盘造成的一切后果由Z公司承担。2月14日，Z公司致函L公司，称路易达孚公司于2001年1月31日告知55 000吨美国饲料大麦已转卖到其他国家，并有每吨12.85美元的损失。2月16日，L公司复函Z公司，表示对转卖大麦所造成的损失不予承担，并表示保留对在国内销售的损失的追偿权。同年4月3日，L公司收到来自Z公司的款项共计575万元。L公司认为Z公司违约致使其无法取得货物，遂提起诉讼。

本案争议焦点有二：其一，Z公司是否存在越权代理行为；其二，Z公司是否应当承担双倍返还定金的违约责任。

原审法院认为：L公司与Z公司签订的《进口代理协议》是双方的真实意思表示，双方应严格按照代理协议履行各自的义务。L公司在协议签订后，按约向Z公司支付了定金，但Z公司接受定金后，擅自向路易达孚公司表示愿意洗盘，该行为事先未得到L公司的授权，且Z公司未能提供任何L公司在2001年1月20日之前同意洗盘的证据，故Z公司的行为超越了代理权限，构成违约，应当按约承担违约责任。据此，Z公司除应返还L公司剩余定金70万元外，还应按双方约定向L公司支付相等定金数额的违约金645万元。因L公司欲购买的大麦已被转卖他国，双方之间的代理协议已无法实现目的，故L公司要求解除双方代理协议并要求Z公司退还全部定金，承担违约责任的诉讼请求可予支持。综上，原审法院判决：1）解除L公司与Z公司于2000年12月20日签订的《进口代理协议》；2）Z公司返还所欠L公司的定金余额70万元，并向L公司支付与定金数额相等的违约金645万元。

二审法院维持对Z公司越权代理性质的认定，但对于违约责任的承担持不同意见。1）Z公司向供应商提出转卖大麦的建议系基于当时路易达孚公司向浙江平湖供应的美国大麦被监管的客观因素，Z公司作为受托人，出于减少双方损失的考虑，及时将商业风险告知委托人L公司并向供应商路易达孚公司建议转卖货物，其主观愿望和动机是善意的。涉讼货物被转卖，并非Z公司故意违约。2）本案双方当事人之间系委托法律关系，委托合同的特征是以双方信任为存在条件，故法律赋予当事人单方解除合同的权利。根据我国《合同法》的相关规定，委托人或受托人可以随时解除委托合同，因解除合同给对方造成损失的，除不可归责于该当事人的事由以外，应当赔偿损失。本案Z公司虽未明确提出解除合同，但其对外向供应商提出洗盘建议，对内建议L公司洗盘，事后又退还L公司大部分预付定金，应可视作解除合同的行为。3）Z公司已对外开具了信用证，供应商亦已备妥货物，Z公司作为代理人没有必要不履行合同，Z公司关于其是为减少损失而建议洗盘的抗辩成立。

二审法院认为：Z公司在履行委托代理协议的过程中，虽有越权的不当行为，但根据本案合同的性质及相关事实，该行为尚不至于承担双倍返还定金的违约责任，但应赔偿L公司因此而造成的损失。鉴于被上诉人L公司拒绝提供损失依据，酌定Z公司向L公司赔偿300万元。二审法院判决：1）维持原审判决第一项；2）维持原审判决第二项中关于Z公司返还所欠L公司定金余额70万元的判决；3）撤销原审判决第二项中Z公司向L公司支付与定金数额相等的违约金645万元的判决；4）Z公司赔偿L公司300万元。

本案涉及无权代理中的越权代理情形。Z公司并非出于牟取私利滥用代理权，而是出于减损作出越权行为。然而，既然代理权是由被代理人授予的而且代理行为最终的风险直接或间接地由被代理人承担，那么在代理过程中被代理人的意思就应该被严格遵循。在本人明确表示不同意代理人在特殊情况下作出越权的法律行为时，代理人则不得为之，否则应当承担委托代理合同约定的违约责任。

从本案二审判决可以看出，法院倾向于鼓励减轻损害，但其判决理由本可更具说服力。首先，委托代理合同已明确约定在国外市场洗盘应当由双方协商确定。Z公司应当严格遵守代理权限的限制。二审判决中指出“涉讼货物被转卖，并非Z公司故意违约”，违约责任是严格责任，不论违约是否具有主观过错，这种说法都是不严谨的。同时，根据我国《合同法》第96条的规定，解除合同应当以通知的形式发出，并且于通知到达时合同方被解除。因此，二审判决把Z公司的行为视为解除合同的法律依据不充分。最后，损害减轻义务是声称对方违约的一方应承担的义务。在双方的委托代理合同中，Z公司并非声称对方为违约方，没有损害减轻义务，也没有权利主张其减损行为可部分抵消其对L公司造成的损害。

三、代理关系的终止

（一）根据当事人的行为终止代理关系

（1）代理目的的实现。代理目的的实现是指代理任务被全面完成。

（2）代理期限届满。代理人和被代理人约定了代理期限，且一方或双方当事人不愿意再延长的，则代理期限届满，代理关系即告终止。

（3）代理人和被代理人协议终止他们之间的代理关系。除法定代理外，尽管代理目的没有实现或代理期限没有届满，双方当事人也有权协议终止他们之间的代理关系。

（4）代理人或被代理人单方终止代理关系。在委托代理中，被代理人可撤回代理权，代理人也可辞去代理权，二者都是单方民事法律行为。只要有一方当事人的意思表示，即产生终止代理关系的效力。但是，一方撤销或辞去代理权，应当事先通知对方，及时收回或交还代理证书。否则，应对由此给对方造成的财产损失承担赔偿责任。对于代理权撤销或辞去之前，代理人与第三人所为代理行为，被代理人不得以代理权撤销或辞去为由拒绝承担后果。

（二）根据法律终止代理关系

（1）被代理人死亡、丧失行为能力或破产。不过，根据包括我国在内的很多国家和地区的代理法的规定，被代理人生前或丧失行为能力前与代理人另有约定的，或者根据委托事务性质不宜终止的除外。

（2）代理人死亡、丧失行为能力或破产。不少国家和地区的代理法规定：因代理人突然死亡等而影响被代理人利益的，代理人的继承人应采取必要的措施。

（3）主要标的物灭失。如代理出售某建筑物的代理关系因建筑物在火灾中灭失而终止。

代理关系终止后，代理人就不能继续以被代理人的名义进行活动了，否则构成无权代理。同时，当本人撤回代理权或终止代理合同时，对第三人是否有效，主要取决于第三人是否知情。各国法律的规定大体相同，当终止代理关系时，只有通知第三人才能对第三人发生效力。如果本人在终止代理合同时没有通知第三人，后者由于不知道这种情况而与代理人订立了合同，则该合同对本人仍具有约束力，本人对此仍然应当承担法律后果，此时适用表见代理规则。但是，本人有权要求代理人赔偿损失。

第三节　代理的法律关系

代理关系涉及三方当事人：本人、代理人和第三人。本人和代理人直接的关系称为代理的内部关系，本人及代理人同第三人的关系称为代理的外部关系。其中，内部关系是代理中基本的法律关系，是外部关系产生的前提和基础，而外部关系又是内部关系的目的和归属。

一、本人与代理人之间的关系

（一）代理人的义务

（1）亲自履行的义务。代理关系是一种信任关系，代理人本身区别于他人的技能、经验、信誉等是其取得代理权的前提，因此代理人应当亲自履行职责，不能将代理事务随意转委托他人。除非经本人同意或客观必需，代理人才可按照规定转委托。我国《民法典》第 169 条对代理权再委托事项作了明确规定：代理人需要转委托第三人代理的，应当取得被代理人的同意或者追认。转委托代理未经被代理人同意或者追认的，代理人应当对转委托的第三人的行为承担责任；但是，在紧急情况下代理人为了维护被代理人的利益需要转委托第三人代理的除外。

（2）谨慎勤勉地履行代理职责的义务。代理关系建立后代理人应谨慎勤勉地为本人处理委托事务，在此过程中应尽到善意管理人的注意义务，代理人因其本身的过失给本人造成损失的，代理人应负责赔偿。我国《民法典》第 929 条规定：有偿的委托合同，因受托人的过错造成委托人损失的，委托人可以请求赔偿损失。无偿的委托合同，因受托人的故意或者重大过失造成委托人损失的，委托人可以请求赔偿损失。

（3）对本人诚信、忠实的义务。代理人必须向本人公开其所掌握的有关客户的一切必要的情况，以便本人考虑是否同该客户订立合同。

代理人不得以本人的名义同代理人自己订立合同，也不得同时兼为第三人的代理人从两边收取佣金，除非事先征得本人的同意。这些行为是对代理权的滥用，当发生此种情形时，本人有权随时撤回代理权，并有权要求损害赔偿。

代理人不得受贿、密谋私利，或与第三人串通损害本人的利益。代理人不得谋取超出本人除给他的佣金或报酬之外的任何私利。

代理人应忠实地把代理过程中的一切真实且重要的事实尽可能迅速地披露并通知本人，以便本人作出进一步的决策。

（4）保密义务。代理人在代理协议有效期间或在代理协议终止以后，都不得把代理过程中所得到的商业秘密等资料向第三者泄露，也不能利用这些秘密同本人进行不正当的业务竞争。但是，除双方同意的合理的贸易上的限制外，本人也不得不合理地限制代理人使用其在代理期间获得的技术、经验与资料。

（5）向本人汇报账目的义务。代理人应当根据代理合同的要求清楚地记录账目，并向本人申报一切代理交易的正确账目。

（二）本人的义务

（1）支付佣金。本人应当按照代理合同的约定或者惯例向代理人支付佣金及其他约定的报酬。在商定代理合同时，对佣金问题必须特别注意以下两点，并尽量在代理合同中作出约定：本人不经代理人的介绍，直接从代理人代理的地区内收到订货单，直接同第三人订立买卖合同时，是否仍须对代理人照付佣金；代理人所介绍的买主日后连续订货时，是否仍须支付佣金。

（2）偿还代理人因履行代理义务而产生的费用。各国代理法中均包括委托人对于代理人在正常代理活动中所支出的合理费用和遭受的损失有义务给予补偿。

（3）让代理人核查其账册。在一些大陆法系国家，这是一项强制性的法律规定，本人及代理人均不得在合同中作出相反规定。通过核查账册，代理人可以确定佣金是否准确无误。

（4）配合代理人以便完成代理事务。本人违反此义务致使代理人无法完成义务的，代理人不承担责任，给代理人造成损失的，本人应予以赔偿。

二、本人及代理人同第三人之间的关系

代理关系是一种三角关系，其中既有代理人同第三人的关系，也有本人同第三人的关系。从第三人的角度看来，最重要的是弄清楚与其订立合同的另一方当事人究竟是代理人还是本人。对此，大陆法系和英美法系有不同的处理方法。

（一）大陆法系的标准

大陆法在确定合同一方当事人的问题上是以“名义”为标准的，即看代理人是以本人的名义还是以自己的名义同第三人订立合同，并据此将代理划分为直接代理和间接代理。

1. 直接代理

直接代理是指代理人在代理权限范围内，代表本人以本人的名义同第三人订立合同，该合同效力直接关乎本人。在此，合同双方当事人就是本人和第三人，由本人直接对第三人负责。在这种情况下，代理人在订立合同时必须标明他的代理人身份，或依当时的情况可以表明这一点，但代理人是否指明本人的姓名，不影响直接代理的成立。

2. 间接代理

间接代理是指代理人为了本人的利益，以代理人自己的名义与第三人订立合同，日后再通过另一合同将其权利和义务转移于本人。在此，合同的双方当事人是代理人和第三人，代理人须对合同负责，原则上本人同第三人没有直接的法律联系。

（二）英美法系的标准

英美法以“义务”为标准，将代理分为显名代理、隐名代理、未披露代理关系的代理三种情况。无论代理人是以自己的名义还是以本人的名义与第三人订立合同，也无论代理人在订约时是否说明了本人的存在，只要代理人在其权限内合法代理，其后果最终都归于本人，由本人对第三人负责。

1. 显名代理

显名代理是指代理人在同第三人订约时表明了自己的代理人身份，并且指明了本人的姓名或名称。在此种情况下，该合同就是本人和第三人订立的合同，只要代理人在授权范围内合法代理，该合同的后果就应由本人承担，代理人在订约完成后即退出合同关系，既不享有合同权利，也不承担合同义务。

2. 隐名代理

隐名代理是指代理人在订约时表明自己的代理人身份，但并未指明本人的姓名或名

称。隐名代理的法律后果与显名代理相同，合同后果归于本人，代理人无须承担个人责任。

3. 未披露代理关系的代理

未披露代理关系的代理是指代理人虽拥有本人的授权，但在作出代理行为时，未向第三人表明自己的代理人身份，更未告知本人的姓名或名称。代理人实际上把自己置于本人的位置，理应对合同负责。这种情况类似于大陆法中的间接代理，但不同的是，在英美法系国家，未被披露的本人可以行使介入权，直接向第三人主张合同中的权利，承担合同义务，而无须再经过其他合同将代理的后果转归自己。具体而言，有以下两种方式：其一，未被披露的本人有权介入合同并直接对第三人行使请求权，从而成为该合同的当事人；其二，第三人在发现本人的存在后，享有选择权，他可以选择本人或代理人承担合同义务，也可以向本人或代理人起诉。但第三人一旦选定了要求本人或代理人承担义务之后，就不能改变主意对他们当中的另一个人起诉。我国《民法典》第 925 条、第 926 条也作出了类似的规定。

案例透视

美洁公司外贸代理争议案

美洁公司在英国的采购代理人与英国的罗特公司洽谈后，为美洁公司购买了一批机器设备。但该代理人未向罗特公司表明自己的代理人身份，并且以自己的名义与罗特公司签订了买卖合同。后来，罗特公司不仅迟延交货，而且所交的货物存在严重的质量问题。美洁公司是否可以直接起诉罗特公司要求其承担违约责任?

根据英美代理法的规定，此种情形属于未披露代理关系的代理。本人可以行使介入权，取得合同当事人的地位，直接要求第三人即罗特公司承担违约责任。但这种情形在大陆法系国家被称为间接代理，合同的双方当事人是代理人和罗特公司，合同的权利和义务直接归属于代理人。此时，只有由代理人同美洁公司在订立的合同中把前一个合同的权利移转给美洁公司，美洁公司才能对罗特公司主张权利。

第四节　中国的外贸代理制度

外贸代理制度，是指外贸公司充当国内用户或供货部门的代理人，代其与外商签订进出口合同，外贸公司收取一定佣金或手续费的制度。2004 年 7 月 1 日起施行的修订后的《中华人民共和国对外贸易法》第 8 条扩大了对外贸易经营者的范围。同时，该法第 12 条再次明确了对外贸易经营者可以接受他人的委托，在经营范围内代为办理对外贸易业务。

按照我国《民法典》第 919 条的规定，委托合同是委托人和受托人约定，由受托人处理委托人事务的合同。在我国的外贸代理制度中，大量的是外贸公司接受无外贸经营权的企业的委托，以外贸公司的名义，作为买卖合同的一方同外商签订进出口合同。对于这种情况，我国《民法典》第 925 条、第 926 条作了专门的规定。

根据我国《民法典》第 925 条的规定，受托人以自己的名义，在委托人的授权范围内与第三人订立的合同，第三人在订立合同时知道受托人与委托人之间的代理关系的，该合同直接约束委托人和第三人。该条还规定：如果有确切证据证明该合同只约束受托人和第三人时，则该合同不能直接约束委托人。这一条款对外贸公司有很大的意义。在实务中，外贸公司接受国内企业的委托自行寻找外商、联系客户，或是国内的委托企业与外方当事人先谈判交易条件，再找到外贸公司，委托外贸公司对外签订进出口合同。在第一种情况下，外贸公司会主动告诉第三人其仅是代理人，但往往不会将委托人的身份告诉第三人，其目的往往是防止委托人与第三人越过受托人直接接触，以免泄露受托人所获代理费数额、进出口货物的产地和销售地区等情况。在第二种情况下，外方当事人清楚地知道外贸公司只是国内企业的外贸代理人。在外贸公司完成委托事务后，如双方发生争议，委托人或第三人一般应直接进行协商，提起诉讼或仲裁，外贸公司则可以以此作为抗辩理由，不再承担合同责任。

根据我国《民法典》第 926 条的规定，当受托人以自己的名义与第三人订立合同，而第三人不知道受托人与委托人之间的代理关系时，其后果分为以下几种情况：

（1）当受托人因第三人的原因对委托人不履行义务时，受托人应当向委托人披露第三人，委托人因此可以行使受托人对第三人的权利，但第三人与受托人订立合同时如果知道该委托人就不会订立合同的除外。

在实务中，常常由外贸企业联系外商，并以自己的名义与外商签订进出口合同，而外商并不知道该企业为代理商。如果因为外商未能及时提供货源，造成外贸企业不能与国内委托人如期履约，则外贸企业应当将外商的情况告知国内企业。委托人可直接介入进出口合同，直接向外商主张权利，但委托人行使介入权是有条件限制的，即在外商与外贸企业订立合同时，如果外商知道该委托人就不会订立合同的话，则委托人不得直接对外商行使权利。

（2）当受托人因委托人的原因对第三人不履行义务时，受托人应当向第三人披露委托人。此时，第三人拥有选择权，可以选择受托人或者委托人作为相对人主张其权利。但是，第三人一旦作出了选择，便不得变更选定的相对人。委托人行使受托人对第三人的权利的，第三人可以向委托人主张其对受托人的抗辩。第三人选定委托人作为其相对人的，委托人可以向第三人主张其对受托人的抗辩以及受托人对第三人的抗辩。

例如：国内委托人委托外贸公司为其寻找国外客户，外贸公司以自己的名义为其找到客户并以自己的名义与外商签订合同。在合同履行中，因国内委托人出现交货瑕疵，造成外贸公司不能按时与外商履行合同，外贸公司应当将国内委托人的情况告知外商。这时外商既可请求外贸公司承担违约责任，也可以请求国内委托人承担违约责任，但外商只能选择其一。作出选择后，即使外商在对外贸公司的诉讼中败诉，或者虽然胜诉，但未能得到实际履行，他也不能重新对国内委托人提起诉讼。

第五节　国际货运代理制度

一、国际货运代理的概念

国际货运代理（International Freight Forwarding Agent）一词来源于英文“the Freight Forwarder”和“Forwarding Agent”两个词组。国际货运代理协会联合会（FIATA，菲亚塔）将其定义为“根据客户的指示，并为客户的利益而揽取货物运输的人，其本身并不是承运人。国际货运代理可按这些条件，从事与运输合同有关的活动，如储（寄）存、报关、验收、收款等事项”。

我国1995年6月29日起施行的《国际货物运输代理业管理规定》第2条明确规定：国际货物运输代理业，是指接受进出口货物收货人、发货人的委托，以委托人的名义或者以自己的名义，为委托人办理国际货物运输以及相关业务并收取服务报酬的行业。

二、国际货运代理的民事法律地位

国际货运代理的民事法律地位，是指国际货运代理从事业务经营活动时在与他人发生的民事法律关系中所处的地位，从而决定其在相应的法律关系中享有的权利和承担的义务。

2004年1月1日起施行的《国际货物运输代理业管理规定实施细则（试行）》第2条明确规定：国际货运代理企业可以作为进出口货物收货人、发货人的代理人，也可以作为独立经营人，从事国际货运代理业务。

（一）国际货运代理以委托人的名义实施行为时所处的法律地位

当国际货运代理在代理权限内，以委托人的名义与第三人实施民事法律行为时，其行为方式完全符合我国《民法典》有关代理人的规定，因此，此种情况下国际货运代理的法律责任应按照我国《民法典》的有关规定予以确定。

1. 国际货运代理对第三人的法律责任

国际货运代理在履行代理业务过程中对第三人产生的责任应由委托人负责，但是法律规定的情形除外。例如：如果国际货运代理明知委托人委托办理的事项违法，但是为了自身利益，仍然进行代理活动，就要和委托人一起负连带责任。

2. 国际货运代理对委托人的法律责任

（1）代理人不履行职责而给被代理人造成损害的，应当承担民事责任。

（2）代理人和第三人串通，损害被代理人利益的，由代理人与第三人负连带责任。

（3）代理人在非因紧急情形为维护委托人利益需要或者事先没有征得被代理人同意、事后又未被追认的情况下，擅自将委托人委托的事项转委托他人代理的，由代理人对自己擅自转委托的行为负民事责任。

至于国际货运代理的代理职责，如果法律有明文规定，则根据法律的规定；如果没有相关的法律规定，则应根据当事人双方的约定；如果双方没有明确约定，则应根据当事人的履行过程、当事人双方以往交易过程或业务往来过程及行业惯例来判断。因此，国际货运代理在履行代理业务前应当与委托人签署内容完备的委托代理协议，以明确双方的权利和义务。

（二）国际货运代理以自己的名义实施行为时所处的法律地位

当国际货运代理以自己的名义同第三人发生法律关系时，国际货运代理的角色可能是代理人或独立经营人，法律地位和责任参照我国《民法典》的第925条和926条处理。

案例透视

韩国A株式会社与大连B公司合同纠纷案

2016年6月28日，韩国A株式会社与大连B公司签订了买卖合同，购买B公司的中药材A级细辛根。买卖合同卖方一栏中写有“大连B公司”字样，但只有B公司工作人员C某的签字，未加盖大连B公司的印章。7月2日，A株式会社即申请开立了以B公司为受益人、金额为5万美元的即期信用证。7月9日，A株式会社根据C某于7月5日向其发送的传真的要求，向C某支付了现金1.5万美元，C某向A株式会社出具了收条。7月19日，B公司向A株式会社发运了8 000千克的细辛根。因货物质量与样品不符，A株式会社向大连B公司出具了退货提单及退货发票，载明的退货理由是“无商业价值”。同日，B公司致函A株式会社“同意退货，并由我方承担退货海运费”。退货后，B公司却未再向A株式会社发新货，亦未将货款退回。A株式会社向法院起诉，请求判令被告立即偿还原告1.5万美元货款及利息，并承担本案诉讼费用。法庭上，双方提交了各自的证据。大连B公司认为，该公司与C某签订了代理协议，C某与A株式会社签订了买卖合同，1.5万美元的先期收货款也是付给C某的，C某才是本案的被告。

本案争议的焦点是买卖合同的一方当事人是B公司还是C某个人。法院认为，依据我国《合同法》第402条的规定，A株式会社在订立合同时明显已经知道了B公司与C某之间的代理关系，因此允许C某直接以个人名义签字生效，而不是以B公司的名义盖章生效。在没有证据表明原告A株式会社在签订和履行合同时已清楚地知道C某的行为是个人行为的情况下，基于现有证据，应当认定买卖合同的双方当事人是A株式会社和B公司，判令后者返还前者1.5万美元货款及利息，并承担本案的诉讼费用。

（三）国际货运代理直接完成委托人委托事宜时的法律地位

国际货运代理直接完成委托人的委托事宜，是指国际货运代理接受委托后，利用自己或不具备法人资格的关联企业所拥有的仓库、堆场、运输工具来直接完成委托人委托的事务。于是，国际货运代理实际上已成为相应的仓储保管人、承运人和场站经营人，对此应享有有关仓储保管人、承运人或场站经营人的权利和义务。如果在进行仓储、运输、拆装箱等业务的同时，还代办报关、报检、订舱等业务，则国际货运代理具有代理人和独立经营人的双重身份。

三、国际货运代理的民事法律地位的确定

实践中，判断国际货运代理是代理人还是当事人可以根据以下几个方面来综合考量。

（一）国际货运代理业务活动使用的名义

我国《民法典》合同编为国际货运代理以自己的名义为他人的利益行事时享有代理人的法律地位提供了法律依据，法院开始在某些案件中确认以自己的名义为委托人的利益行事的国际货运代理的法律地位。

（二）国际货运代理签发运输单据的方式

国际货运代理以收货人或发货人的代理人名义在运输单据上签字，或以承运人的代理人名义签发运输单据，将被视为发货人、收货人或承运人的代理人。如果国际货运代理签发了自己的运输单据，如多式联运提单，会被认为是当事人。

（三）收取报酬的性质

在收取报酬方面，是收取代理费或佣金还是赚取运费差价，如果国际货运代理只是报出自己的运价而不向客户说明其费用的使用情况，则该国际货运代理应当承担契约承运人的责任，将被认定为当事人。

（四）行业惯例和货运代理与客户以前的交易情况

法院在确定国际货运代理在具体案件中的法律地位时，往往还要考虑国际货运代理与客户的交易习惯。实务中，有些客户与国际货运代理有着长期的合作关系，如果货运代理一直是当事人的身份，那么当其在某一次交易中处于代理人的法律地位时，出于保护第三人的信赖利益，法院往往会倾向于认定其是当事人。这时，国际货运代理就应当举证证明自己的代理人身份；反之亦然。

四、国际货运代理的责任

（一）国际货运代理作为代理人的法律责任

1. 因自身过错给委托人造成损失的责任

国际货运代理作为代理人，应对其本人及其雇员的过错承担责任。其错误和疏忽包括：未按指示交付货物；尽管得到指示，办理保险仍然出现疏忽；报关有误；运送至错误的目的地；未取得收货人的货款而交付货物；等等。国际货运代理还应对其在经营过程中造成第三人的财产灭失或损坏及人身伤亡承担责任。

2. 与第三人串通损害委托人利益的责任

国际货运代理与第三人恶意串通损害委托人利益的，应当由该国际货运代理和第三人向委托人承担连带责任。

3. 明知委托事项违法仍予以代理的责任

国际货运代理明知委托人委托办理的事项违法，但为了自身利益仍然进行代理活动，由委托人和国际货运代理承担连带责任。

4. 擅自将委托事项转委托他人代理的责任

国际货运代理既未经委托人同意，又没有法定事由，擅自将委托事项转委托他人代理的，应当对其转委托的行为向委托人承担责任。但如果出现国际货运代理不能亲自办理委托事务，又不能与委托人及时取得联系，且不及时转委托他人办理，就会给委托人的利益造成损失或扩大损失的紧急情况，国际货运代理也可以不经委托人同意将委托事项的全部或一部分转委托他人办理。

5. 从事无权代理行为的责任

国际货运代理在无权代理情况下的行为，如果未经委托人事后追认也不构成表见代理的，对委托人不发生效力，应由国际货运代理自己承担责任。如果第三人知道国际货运代理无权代理，仍然与其实施民事行为，并给委托人造成损害的，第三人还要与国际货运代理一起负连带责任。

（二）国际货运代理作为独立经营人的法律责任

国际货运代理作为独立经营人，是指在为客户提供所需服务的过程中，以其本人的名义承担责任的独立合同当事人。国际货运代理不仅要对自己的错误和疏忽负责，还要尽力完成使命并承担当事人的责任和给第三人造成损失的责任。

1. 国际货运代理作为承运人的法律责任

（1）迟延运输责任。承运人没有在运输合同约定的期间或者在运输合同未作规定的情况下，没有在合理期间内将货物运到约定的地点，构成迟延运输，承运人应当赔偿因此而给托运人造成的损失。国际上有关运输的法律法规根据运输合同自身的特点，分别就各种运输方式下迟延运输的赔偿责任作出了具体规定。

（2）货物赔偿责任。根据我国《民法典》第832条的规定，承运人对运输过程中货物的毁损、灭失承担损害赔偿责任，但承运人证明货物的毁损或灭失是因不可抗力、货物本身的自然性质、合理损耗以及托运人、收货人的过错而造成的，不承担损害赔偿责任。关于赔偿的金额，应当按照当事人双方的约定办理，当事人没有约定的，按照有关法律法规的规定办理。

（3）承运人间的连带责任。我国《民法典》第834条规定：两个以上承运人以同一运输方式联运的，与托运人订立合同的承运人应当对全程运输承担责任。损失发生在某一运输区段的，与托运人订立合同的承运人和该区段的承运人承担连带责任。

案例透视

印度A公司与广州C货代公司货损赔偿纠纷案

某年9月，广州B贸易公司将装载服装的三个集装箱委托广州C货代公司由广州通过公路托运到香港，而后装船去孟买港，集装箱在孟买港卸船后再通过铁路运抵交货地新德里。该批出口服装由C货代公司出具了全程清洁提单。集装箱在香港装船后，船公司又签发了以C货代公司为托运人的海运清洁提单。集装箱在孟买港卸船时，三个集装箱中有两个外表状况有较严重的破损，C货代公司在孟买港与船方代理对此破损做了记录，并由双方在破损记录上共同签字。三个集装箱在运抵新德里后，收货人印度A公司开箱时发现，两个外表破损的集装箱内的服装已严重受损。印度A公司根据C货代公司出具的全程提单向C货代公司提出赔偿要求，但C货代公司拒赔，理由是尽管C货代公司出具了全程货运提单，但造成箱子破损并非自己的过失，而是船公司的行为。在无法从C货代公司那里得到赔偿的情况下，印度A公司向C货代公司提起诉讼，要求C货代公司赔偿损失。

法院经审理认为，当发货人广州B贸易公司将装载的集装箱交由C货代公司安排托运至香港装船时，C货代公司签发了清洁提单，这表明集装箱在C货代公司接收时外表状况良好。三个集装箱在香港装船时，船公司对集装箱外表状况也没有作出任何批注，则可以认定是在完好状态下接货的，但在孟买港卸船时发现其中两箱构成箱损，在一定程度上可以认定两个集装箱的箱损发生在海上运输区段。但是船公司与收货人印度A公司不直接发生赔偿关系，因收货人持有的是货代提单，只有在货代赔付给收货人后，再由货代向船公司行使追偿权。

2. 国际货运代理作为仓储保管人的法律责任

国际货运代理作为仓储保管人时，应当按照有关法律法规的规定和仓储合同的要求，认真履行保管义务。如果仓储物在储存期间，因保管人保管不善造成仓储物毁损、灭失，保管人应当承担损害赔偿责任。但是，因仓储物的性质、包装不符合约定或者超过有效储存期而造成仓储物变质、损坏的，保管人不承担损害赔偿责任。

五、国际货运代理的除外责任

对于国际货代的除外责任，在国际货运代理标准交易条件或与客户签订的合同中，通常包括以下七个方面：

（1）客户的疏忽或过失所致。

（2）客户或其代理人在搬运、装卸、仓储或其他处理中所致。

（3）货物的自然特性或潜在缺陷所致。

（4）货物的包装不牢固、缺乏或不当所致。

（5）货物的标志或地址错误或不清楚所致。

（6）货物的内容申报不清楚或不完整所致。

（7）不可抗力所致。

另外，委托人在国际货运代理向其征询有关业务或处理意见时，必须予以答复，给予明确的指示。如因指示不及时或不当而造成损失，国际货运代理不承担任何责任。

综合练习

一、不定项选择题

1. 从民事代理权产生的角度来看，国际货运代理从事货运代理业务时，其代理权属于以下（　　）情形。

A. 法定代理　　B. 指定代理　　C. 意定代理　　D. 特别代理

2. 以下属于无权代理产生的原因的是（　　）。

A. 根本未经授权的代理　　B. 超越代理权的代理

C. 代理权终止后的代理　　D. 授权行为无效的代理

3. 某国际货代公司接受货主委托后，以自己的名义到船公司办理了订舱业务，并向保险人投保了货代责任险。由于信用证规定的装运期为8月10日至20日，而货物于8月22日装船。为了不影响货主办理结汇业务，该货代公司向货主签发了日期为8月20日的倒签提单，由此给收货人造成了损失。本案中应对此损失承担赔偿责任的是（　　）。

A. 保险人　　B. 国际货代公司　　C. 货主　　D. 船公司

4. 国际货运代理人的除外责任有（　　）。

A. 货物包装不牢固、缺乏或不当　　B. 货物自然特性或潜在缺陷

C. 不可抗力　　D. 货运代理自己的过失或疏忽

二、案例分析题

某货主委托某货代公司出运一批货物，自上海到香港。该货代公司代表货主向船公司订舱后取得提单，船公司要求该货代公司暂扣提单，直到该货主把过去拖欠该船公司的运费付清以后再放单。后该货主向某海事法院起诉该货代公司违反代理义务擅自扣留提单使得货主因无法结汇而造成巨额损失。根据上述案例，分析该货代公司是否应该对货主的损失承担责任并说明原因。

第五章

国际货物运输与保险法

学习目标

【知识目标】

- 掌握国际海上货物运输合同的成立、内容和解除
- 掌握提单的种类、内容和使用等相关法律规定
- 熟悉《海牙规则》《维斯比规则》和《汉堡规则》的主要规定
- 熟悉海上货物运输保险的主要险别和保险合同的订立
- 了解国际航空货物运输的主要国际公约和我国《民用航空法》的主要规定
- 熟悉我国《海商法》中关于国际多式联运的相关规定

【能力目标】

- 能分析国际货物运输合同法律关系
- 能判断和分析有关提单、保函等特殊法律问题

重点难点

【重点】

- 提单的种类和内容
- 海上货物运输保险的主要险别
- 国际海上货物运输合同的解除

【难点】

- 提单的种类和使用
- 国际多式联运承运人的责任

导入案例 中国顺达公司与加拿大艾克公司进口合同纠纷案

某年3月，中国顺达公司（甲方）与加拿大艾克公司（乙方）签订了一份设备进口合同。根据合同，甲方于同年4月30日开立了以乙方为受益人的不可撤销即期信用证。信用证中要求乙方在交单时，提供全套已装船清洁提单。

同年6月12日，甲方收到开证银行进口信用证的付款通知书。甲方单证员审核议付单据后发现乙方提交的提单存在以下疑点：其一，提单签署日期早于装船日期；其二，提单中没有“已装船”字样。根据以上疑点，甲方断定该提单为备运提单，并采取了以下措施：1）向开证银行提出单据不符点，并拒付货款；2）向有关司法机关提出诈骗立案请求；3）查询有关船运信息，确定货物是否已装船发运；4）向乙方发出书面通知，提出甲方的疑义并要求乙方作出书面解释。

讨论：甲方采取的措施是否合理？在实务中处理各类提单时应注意什么问题？

第一节　国际海上货物运输法

一、国际海上货物运输方式

（一）班轮运输

班轮运输（Liner Shipping），又称定期船运输，是指承运人按固定航线和既定挂靠港口、固定船期、固定运费率，用船舶将众多托运人的货物从特定的装运港运往预定的目的港，并按运价本或协议运价的规定计收运费的一种经营方式。班轮运输通常适用于数量少、交接港口分散的零货和杂货，因此又称件杂货运输。班轮运输多以提单为表现形式，故又称为提单运输。到 20 世纪 90 年代后期，集装箱班轮运输已逐渐取代了传统的杂货班轮运输。

（二）租船运输

租船运输（Shipping by Chartering），又称不定期船运输，是指没有固定的航线和挂靠港口，也没有预先制定的船期表和费率本，船舶经营人与需要船舶运力的租船人通过洽谈运输条件、签订租船合同来运输的一种经营方式。租船运输主要适用于大宗货物的运输，如谷物、矿石、煤炭等。

二、国际海上货物运输合同

我国从 1993 年 7 月 1 日起施行的《中华人民共和国海商法》（简称《海商法》）第 41 条规定：海上货物运输合同，是指承运人收取运费，负责将托运人托运的货物经海路由一港运至另一港的合同。

（一）国际海上货物运输合同的成立

班轮件杂货运输合同一般通过订舱的方式成立。班轮公司会通过自己的营业机构或船舶代理人在报刊、航运交易公报等媒体上刊登班轮航线和船期表，如我国的《中国远洋航务公报》和《中国航务周刊》等。这是一种要约邀请。托运人或其代理人向班轮公司或其代理机构办理货物托运手续，称为订舱。托运人或其代理人通常采用填写订舱单或者发送相应的数据电文的方式，载明货物的品类、数量、装船期限、装卸港等内容，其性质为要约。如承运人或其代理人决定接受托运，则双方的意思表示达成一致，合同即告成立。

航次租船合同除由船舶出租人和承租人直接洽谈达成外，经常通过中间人及船舶经纪人而达成，并普遍使用格式租船合同。我国《海商法》第 43 条规定：航次租船合同应当书面订立。

（二）国际海上货物运输合同的解除

1. 托运人任意解除合同

托运人任意解除合同是指国际海上货物运输合同的托运人，基于某种原因，在合同仍可履行的情况下，单方面解除合同。合同任意解除是一种违约行为，应承担违约责任。

根据我国《民法典》第584条的规定，当事人一方不履行合同义务或者履行合同义务不符合约定，给对方造成损失的，损失赔偿额相当于因违约所造成的损失。在海上货物运输合同情况下，托运人任意解除合同，承运人受到的实际损失往往很难计算。为此，《海商法》第89条规定：船舶在装货港开航前，托运人可以要求解除合同。但是，除合同另有约定外，托运人应当向承运人支付约定运费的一半；货物已经装船的，还应当负担装货、卸货和其他与此有关的费用。托运人在船舶开航后任意解除合同的违约责任，应根据《民法典》第584条的规定来确定。

2. 当事人协商解除合同

根据《民法典》第562条的规定，国际海上货物运输合同的当事人经协商一致，可以解除合同；如果当事人约定了解除合同的条件，且该条件成就时，解除权人可以解除合同。

3. 因非双方当事人应负责的原因而解除合同

根据《海商法》第90条的规定，船舶在装货港开航前，因不可抗力或者其他不能归责于承运人和托运人的原因致使合同不能履行的，双方均可以解除合同，并互相不负赔偿责任。除合同另有约定外，运费已经支付的，承运人应当将运费退还给托运人；货物已经装船的，托运人应当承担装卸费用；已经签发提单的，托运人应当将提单退还给承运人。

4. 因法律规定的其他情形而解除合同

《民法典》第563条规定了当事人可以解除合同的具体情形。这一规定同样适用于国际海上货物运输合同的解除。

三、承运人的主要权利和义务

我国《海商法》中有关国际海上货物运输合同当事人主要权利和义务规定的确定，遵循了以《海牙-维斯比规则》为基础，适当吸收《汉堡规则》中比较合理的内容的原则。

（一）承运人的主要义务

1. 谨慎处理使船舶适航

《海商法》第47条规定：承运人在船舶开航前和开航当时，应当谨慎处理，使船舶处于适航状态，妥善配备船员、装备船舶和配备供应品，并使货舱、冷藏舱、冷气舱和其他载货处所适于并能安全收受、载运和保管货物。

2. 妥善和谨慎地管理货物

《海商法》第48条规定：承运人应当妥善地、谨慎地装载、搬移、积载、运输、保管、照料和卸载所运货物。妥善，通常是指技术上的要求，即承运人、船员或其他受雇管理人员在管理货物的各个环节中，应发挥通常要求的或者为所运货物特殊要求的知识与技能。谨慎，通常是指责任心上的要求，即承运人、船员或其他受雇人员在管理货物的各个环节中，应发挥作为一名能胜任货物装卸作业或者海上货物运输工作的人可以预期表现出来的谨慎程度。

3. 船舶不进行不合理绕航

《海商法》第 49 条第 1 款规定：承运人应当按照约定的或者习惯的或者地理上的航线将货物运往卸货港。地理上的航线，是指在保证船舶及货物运输安全的前提下，装卸两港之间最近的航线。法律只是禁止进行不合理的绕航，对此，《海商法》第 49 条第 2 款规定：船舶在海上为救助或者企图救助人命或者财产而发生的绕航或者其他合理绕航，不属于违反前款规定的行为。其他合理绕航，是指船舶为了船货双方的共同利益，或者存在其他合理需要，如在海上躲避台风或战争风险、送病危船员上岸治疗，而驶离航线的行为。

4. 在约定的时间内和在卸货港交付货物

《海商法》第 50 条第 1 款规定：货物未能在明确约定的时间内，在约定的卸货港交付的，为迟延交付。如果构成迟延交付，并因此使货物灭失或损坏的，或者即使货物没有灭失或损坏，但托运人或收货人因迟延交付而遭受其他经济损失，承运人应负赔偿责任，除非承运人证明迟延交付系《海商法》第 51 条规定的可以免责的原因所致。但是，《海商法》第 82 条规定：收货人向承运人索赔因货物交付而造成的经济损失，必须在承运人向收货人交付货物的次日起连续 60 日内向承运人提交书面通知，否则，承运人不负赔偿责任。注意，根据《汉堡规则》，在没有约定货物交付时间的情况下，如承运人未能在合理时间内交付货物，亦构成迟延交付。

（二）承运人的责任期间

承运人的责任期间，是指承运人对货物应负责的期间。根据《海商法》第 46 条的规定，承运人对集装箱装运的货物，不论是承运人装箱或者托运人自行装箱，其责任期间为从装货港接收货物时起至卸货港交付货物时止、货物处于其掌管之下的全部期间。承运人对非集装箱装运的货物的责任期间，是指从货物装上船时起至卸下船时止、货物处于其掌管之下的全部期间，但承运人可以同托运人就这种货物在装船前和卸船后，承运人对货物的灭失或者损坏是否应当负责及承担何种责任另行达成协议。

（三）承运人的主要权利

1. 运费、亏舱费、滞期费及其他费用的请求权

（1）运费是承运人完成货物运输所享有的报酬，其形式有预付运费和到付运费两种。如约定预付运费，则除承运人和托运人另有约定外，托运人应在货物装船后，承运人、船长或承运人的代理人签发提单或其他运输单证之前付清。根据我国《民法典》第 835 条的规定，如货物在运输过程中因不可抗力灭失，托运人可以要求返还预付的运费。如货物的灭失系承运人可以免责的其他原因所致，托运人也可以要求返还运费。如约定到付运费，

通常收货人在卸货港提取货物之前应支付运费，只有货物运抵目的港，承运人才具有运费请求权。根据《海商法》第69条第2款的规定，到付运费只有在提单或者其他运输单证上注明，承运人才能向收货人请求。货物的灭失是指货物全损。如果只是货物损坏，承运人的运费请求权不受影响；如果货物部分灭失，则承运人可以请求未灭失部分的货物的运费。

（2）亏舱费又称空舱费，是指托运人因其提供的货物少于约定的数量，使船舶舱位发生剩余，而对承运人造成的运费损失的赔偿。亏舱费中应扣除因船舶亏舱，承运人所节省的费用以及另装运货物所取得的运费。

（3）滞期费，是指航次租船情况下，承租人因未能在合同约定的装卸时间内完成货物装卸，而向出租人支付的费用。

（4）其他费用，是指应由托运人支付的共同海损分摊费用、承运人为货物垫付的必要费用，以及其他应当向承运人支付的费用。

2. 货物留置权

《海商法》第87条规定：应当向承运人支付的运费、共同海损分摊、滞期费和承运人为货物垫付的必要费用以及应当向承运人支付的其他费用没有付清，又没有提供适当担保的，承运人可以在合理的限度内留置其货物。"其货物"在司法实践中的解释是债务人所有的货物。

承运人可以自行留置货物，也可以依据我国《海事诉讼特别程序法》申请海事法院裁定扣留货物而行使留置权。对留置货物的处理，自船舶抵达卸货港的次日起满60日无人提取的，承运人可以申请法院裁定拍卖；货物易腐烂变质或者货物的保管费用可能超过其价值的，可以申请提前拍卖。拍卖所得价款，用于清偿保管、拍卖货物的费用和运费以及应当向承运人支付的其他相关费用；不足的金额，承运人有权向托运人追偿；剩余的金额，退还托运人；无法退还、自拍卖之日起满1年又无人领取的，上缴国库。

（四）承运人的免责

根据《海商法》第51条的规定，在承运人责任期间内，如果货物发生的灭失或损坏是由下列原因之一造成的，则承运人不负赔偿责任：

（1）船长、船员、引航员或承运人的其他受雇人在驾驶船舶或者管理船舶中的过失。例如：某船在航行中遇到大风浪，需往压载舱打压载水，以提高船舶的稳定性，但船员误将海水打入货舱，使货物遭受湿损，船员的这一过失属于管理船舶过程中的过失。又如：某船载运水泥，航行途中，船员为进入货舱查看舱内货物而打开舱盖，但出舱时忘记将其关上，后因降大雨，雨水进入货舱内使货物受损，这一过失属于管理货物的过失。

（2）火灾，但是由于承运人本人的过失所造成的除外。如果火灾是由于承运人本人过失所致，承运人便不能免责。例如：承运人明知或者应当知道轮机人员经常在机舱内违章明火作业而未加阻止。火灾造成的货物灭损，除直接被烧坏或由烟熏造成的外，还包括救火过程中造成的损失，如货物的湿损或因践踏造成的损坏。

（3）天灾，海上或者其他可航水域的危险或者意外事故。

（4）战争或者武装冲突。

（5）政府或者主管部门的行为、检疫限制或者司法扣押。

（6）罢工、停工或者劳动受到限制。

（7）在海上实施救助或者企图救助人命或者财产。

（8）托运人、货物所有人或者他们的代理人的过失。例如：托运人对货物的内容或者性质申报错误，或者故意隐瞒货物的危险性质，致使承运人积载错误，或者货物在运输途中因发生爆炸而灭失或者受到损坏。

（9）货物的自然特性或者固有缺陷。例如：散装油类货物会有部分黏附于舱壁或者结块沉淀而无法泵出，水果、兽皮等易腐烂货物在运输过程中发生腐烂或者变质，谷物在运输途中会有水分蒸发，矿粉等扬尘货物在装卸过程中有少部分会随风飘散，活动物在运输途中因生病或者胆怯而死亡。由此而造成的货物重量或者体积的正常耗损或者货物的灭损，承运人可以免责。

（10）货物包装不良或者标志欠缺、不清。货物标志欠缺、不清，使承运人对货物无法加以辨认时，易造成货物混票或者承运人错误交付货物，或者因货物上没有关于禁止倒置、易碎品或者禁止使用手钩等标志，货物在装卸等管理过程中容易造成损坏。但是，如果货物包装不良或标志欠缺、不清，属于货物表面状况不良，而承运人对此在提单或者其他运输单证中未加批注，则不能援引此项免责条款对抗收货人等善意第三人提出的索赔要求。

（11）经谨慎处理仍未发现的船舶潜在缺陷。此项免责条款是对前述承运人谨慎处理使船舶适航义务的补充。例如：某船在定期检验时，检查人员用习惯的方式测量船壳板的厚度，未发现某一处钢板严重腐蚀，船舶在航行中该处钢板裂缝，海水侵入货舱使货物湿损，这一缺陷即为潜在缺陷，承运人对货物的湿损可以免责。

（12）承运人或者承运人的受雇人、代理人的过失之外的其他原因。承运人依照上述规定免除赔偿责任的，除第（2）项规定的原因外，应当负举证责任。此外，《海商法》第52条、第53条规定了承运人对活动物和舱面货灭损的额外免责事项。

（五）承运人赔偿责任限制

承运人赔偿责任限制又称承运人单位责任限制，是指对由承运人不能免责的原因造成的货物灭损或迟延交付，将其赔偿责任在数额上限制在一定的范围内。

1. 承运人对货物灭损的赔偿责任限制

《海商法》第56条规定：承运人对货物的灭失或者损坏的赔偿限额，按照货物件数或者其他货运单位数计算，每件或者每个其他货运单位为666.67个计算单位[1]，或者按照

[1] 计算单位是指国际货币基金组织（IMF）于1969年创设的特别提款权（SDR）。《海商法》第277条规定：其人民币数额为法院判决之日、仲裁机构裁决之日或者当事人协议之日，按照国家外汇主管机关规定的国际货币基金组织的特别提款权对人民币的换算办法计算得出的人民币数额。目前，这种换算通过美元进行，即根据IMF公布的SDR对应的美元数额，以及我国国家外汇管理局同日公布的美元与人民币的兑换率，将特别提款权换算成人民币数额。

货物毛重计算，每千克为2个计算单位，以二者中赔偿限额较高的为准。但是，托运人在货物装运前已经申报其性质和价值，并在提单中载明的，或者承运人与托运人已经另行约定高于本条规定的赔偿限额的除外。货物的件是指货物的包装单位，如箱、桶、包、捆等。其他货运单位是对非包装货物而言的，通常指运费单位。例如：汽车、机床按台收取运费，承运人对每台汽车或机床的灭损赔偿有一个限额；散装货物，运费通常为重量吨或者尺码吨。

当货物用集装箱、货盘或者类似装运器具集装时，如果提单或其他运输单证中载明装在此类装运器具中的货物件数或者其他货运单位数，则以所载明的件数或者其他货运单位数为准；如果提单中未载明，则每一装运器具视为一件或者一个计算单位。当装运器具不属于承运人所有或者非由承运人提供时，装运器具本身应当视为一件或者一个计算单位。

《海商法》第55条规定：货物灭失的赔偿额，按照货物的实际价值计算；货物损坏的赔偿额，按照货物受损前后实际价值的差额或者货物的修复费用计算。货物的实际价值，按照货物装船时的价值加保险费加运费计算，即按照CIF价格计算，并减去因货物灭失或者损坏而少付或者免付的有关费用。根据这一规定，货方不能对因货物灭损带来的可得利润的损失进行索赔。

2. 承运人对货物迟延交付的赔偿责任限制

《海商法》第57条规定：承运人对货物因迟延交付造成经济损失的赔偿限额，为所迟延交付的货物的运费数额。货物的灭失或者损坏和迟延交付同时发生的，承运人的赔偿责任限额适用前述承运人对货物灭损的赔偿限额。

3. 承运人赔偿责任限制权利的丧失

《海商法》第59条第1款规定：经证明，货物的灭失、损坏或者迟延交付是由于承运人的故意或者明知可能造成损失而轻率地作为或者不作为造成的，承运人不得援用赔偿责任限制的规定。但是，如果货物的灭失、损坏或者迟延交付是由于承运人的受雇人、代理人的故意或者明知可能造成损失而轻率地作为或者不作为造成的，承运人的受雇人或者代理人不得援用赔偿责任限制的规定。

四、托运人的主要权利和义务

（一）托运人的主要义务

1. 约定货物、妥善包装和正确申报货物

《海商法》第66条规定：托运人托运货物，应当妥善包装，并向承运人保证，货物装船时所提供的货物的品名、标志、包数或者件数、重量或者体积的正确性；由于包装不良或者上述资料不正确，给承运人造成损失的，托运人应当负赔偿责任。但是，承运人享有此种受偿权利，不影响其根据货物运输合同对托运人以外的人所承担的责任。

2. 及时办理货物运输手续

《海商法》第 67 条规定：托运人应当及时向港口、海关、检疫、检验和其他主管机关办理货物运输所需要的各项手续，并将已办理各项手续的单证送交承运人；因办理各项手续的有关单证送交不及时、不完备或者不正确，使承运人的利益受到损害的，托运人应当负赔偿责任。

3. 妥善托运危险货物

《海商法》第 68 条规定：托运人托运危险货物，应当依照有关海上危险货物运输的规定[1]，妥善包装，作出危险品标志和标签，并将其正式名称和性质以及应当采取的预防危害措施书面通知承运人；托运人未通知或者通知有误的，承运人可以在任何时间、任何地点根据情况需要将货物卸下、销毁或者使之不能为害，而不负赔偿责任。托运人对承运人因运输此类货物所受到的损害，应当负赔偿责任。

4. 支付运费及其他费用

托运人应当按照约定向承运人支付运费以及亏舱费、滞期费、共同海损分摊费用、承运人为货物垫付的必要费用和其他应由其支付的费用。

（二）托运人的主要权利

1. 要求承运人签发提单或者其他运输单证

根据《海商法》第 72 条的规定，货物由承运人接收或者装船后，托运人有权要求承运人向其签发提单。提单可以由承运人授权的人签发，提单由载货船舶的船长签发的，视为代表承运人签发。

2. 要求承运人中止运输、返还货物、变更到达地或者收货人

我国《民法典》第 829 条规定：在承运人将货物交付收货人之前，托运人可以要求承运人中止运输、返还货物、变更到达地或者将货物交给其他收货人，但应当赔偿承运人因此受到的损失。

五、提单

（一）提单的概念与作用

《海商法》第 71 条将“提单”定义为用以证明海上货物运输合同和货物已经由承运人接收或者装船，以及承运人保证据以交付货物的单证。提单具有以下作用：

1. 提单是海上货物运输合同的证明

提单的这一作用表明，提单是确定承运人和托运人权利和义务的依据。在提单签发之前，合同已经通过要约和承诺而成立，签发提单只是承运人履行合同的一个环节。因此，

[1] 国际上有关海上运输危险货物包装、标志和标签的规定，为国际海事组织制定的《国际海运危险货物规则》(IMDG CODE)。

提单是承运人与托运人之间海上货物运输合同的证明。更为重要的是，它是承运人与托运人之间达成的合同内容的证明，表现为提单上的内容。除承托双方事先另有相反约定或者托运人证明该内容不是其真实的意思表示外，属于双方达成的合同的内容。

2. 提单是证明货物已由承运人接管或已装船的货物收据

我国《海商法》第77条具体规定了提单的这种证明效力。在托运人与承运人之间，提单是承运人已经按照提单所载状况收到货物或者货物已经装船的初步证据，即如承运人实际收到的货物与提单上记载的内容不符，承运人可以提出反证。若提单转移或者转让至收货人在内的善意第三人，在其与承运人之间，除提单上订有有效的“不知条款”，或者承运人或代其签发提单的人知道提单记载的货物情况与实际接受或者装船的货物情况不符，并在提单上加注批注的情况外，承运人不得提出相反的证据，即提单成为承运人按其上记载的内容收到货物的绝对证据。所谓善意，是指收货人不知道提单记载的内容与事实不符。

3. 提单是承运人保证据以交付货物的物权凭证

如果是记名提单，承运人应向记名的收货人交付货物；如果是指示提单，承运人应按指示人的指示交付货物；如果是不记名提单，承运人应将货物交给提单持有人。承运人凭提单交付货物，是指承运人交付货物时，应当收回提单。反之，即为实践中通常说的无单放货，承运人应对持有提单并根据提单有权提货的人因此造成的损失负赔偿责任。

提单作为物权凭证的功能是用法律的形式予以确定的，提单的转移就意味着提单上所记载货物的转移，提单的合法受让人就有权要求承运人交付提单所记载的货物。提单具有物权凭证的功能使提单所代表的“物权”可以随提单的转移而转移，即使货物在运输过程中遭受灭失或损坏，也因货物的风险已随提单的转移而转移给了提单的受让人。提单的受让人能否得到赔偿将取决于有关海上货物运输的法律和提单条款的规定。

（二）提单的种类

1. 以货物是否已装船为标准划分

（1）已装船提单（Shipped B/L，On Board B/L），是指在货物装船后签发的提单。这种提单上注有船名，有的还注明装船日期，表明货物已在该日期装于该船舶。有的提单证明载有“……上述货物已装于上列船上……”（Shipped on board the vessel named above...the goods specified herein...）的字样，表明这种提单是已装船提单。国际货物买卖合同和信用证一般都规定卖方需提供已装船提单。

（2）收货待运提单（Received for Shipment B/L），是指承运人、船长或承运人的代理人在接收货物后，但在装船之前，因托运人要求签发的提单，表明货物已由承运人占有。这种提单上没有船名和装船日期的记载。在国际货物买卖中，买方和银行一般不接受这种提单。在货物装船后，托运人凭收货待运提单向承运人换取已装船提单，或提单签发人在这种提单上加注船名和装船日期，使之成为已装船提单。

2. 以提单收货人一栏的记载为标准划分

（1）记名提单（Straight B/L），是指提单正面收货人一栏内载明特定的人或者公司的提单。承运人在目的港应向该特定的人或者公司交付货物。《海商法》第79条规定：记名提单不得转让。在实践中，一般只是在承运贵重物品、赠品、展览品等在运输途中不发生所有权转移的货物时采用该种提单。

（2）指示提单（Order B/L），是指提单收货人一栏内载明"由某人指示"（Order of ×××）或者"凭指示"（To Order）字样的提单。前者视为记名指示，承运人应按记名的指示人的指示交付货物。通常，载明由托运人指示或银行指示。后者称为不记名指示，视为由托运人指示。

不论是哪一种形式，指示人通常是以背书的方式确定收货人。具体分为记名背书和空白背书。前者是指示人（背书人）在提单背面写明被背书人名称的背书，表明承运人应将货物交给被背书人或者按其进一步的指示交付货物。后者是指示人在提单背面不写明被背书人，而只签署自己姓名或者名称的背书。指示提单在当今国际货物买卖中得到普遍应用。如果指示人不作任何背书，则意味着指示人保留凭提单提取货物的权利，有权提货的仍是指示人本人。

（3）不记名提单（Bearer B/L），又称空白提单，是指提单收货人一栏内不载明具体的收货人或者由收货人指示，通常指注明"持有人"（Bearer）或者"交于持有人"（To Bearer）字样的提单。这种提单无须背书通过交付即可转让。这种提单具有很强的流通性，但容易因遗失或者被盗而给买卖双方带来风险，因此在实践中极少采用。

3. 以对货物外表状况有无批注为标准划分

（1）清洁提单（Clean B/L），是指没有任何明确指出货物外表状况不良批注的提单，表明承运人在接收货物时，货物的外表状态良好。外表状况良好，一般是指承运人凭目力或者通常的方法所能观察到的货物状况，并不排除货物内容存在目力或者通常的方法所不能发现的缺陷。

（2）不清洁提单（Unclear B/L，Foul B/L），是指具有明确指出货物外表状况不良批注的提单，如"内装货物外露"（Content Exposed）、"包破"（Bags Torn）、"锈蚀"（Rust Damages）、"污损"（Stained）等。承运人在目的港交付货物时，对于不超出批注的货物损害不负赔偿责任。

不清洁提单往往使收货人的利益得不到应有的保护。因此，国际货物买卖合同和信用证一般都规定卖方须提供清洁提单。实践中，当托运人提供的货物或其包装状态明显具有缺陷，且无法更换包装或者修复货物时，托运人为顺利结汇，通常向承运人出具保函，据此要求承运人签发提单。保函中表明，因未将大副收据上的批注转移至提单上而仍签发清洁提单，使承运人对第三者提单持有人的损失承担赔偿责任，承运人因此遭受的损失，由托运人或者其他提供保函的人赔偿。显然，承运人接受凭保函而签发清洁提单，很可能损害收货人的利益，甚至构成与托运人串通，对善意收货人的欺诈。但在货物包装有轻微缺陷，不影响货物质量，并且在托运人不能迅速更换或者修复包装时，承运人接受保函并签发清洁提单，对于履行买卖合同和避免船舶延误有积极作用。

因此，国际上趋向于承运人接受保函并签发清洁提单，只要不是对收货人进行欺诈，则保函在托运人和承运人之间有效，但对于第三者提单持有人不发生效力，即承运人不能以保函对抗第三者提单持有人，而应根据提单记载的货物情况，对第三者提单持有人受到的损失承担责任，但在对第三者提单持有人承担责任后，可依据保函向出具保函的托运人或其他人追偿。如果属于欺诈，则保函在承运人和托运人或其他提供保函的人之间也无效，承运人不能依据保函向托运人或其他提供保函的人追偿。我国也持同样的立场。[1]

4. 特殊提单

（1）倒签提单（Anti-dated B/L），是指在货物装船完毕后，应托运人的要求，由承运人或其代理人签发的载明的签发日期早于货物实际装船日期的提单。信用证一般规定货物装船期限。当货物实际装船日期晚于信用证规定的装船日期时，托运人就可能要求签发这种提单，使其能顺利结汇。承运人倒签提单的做法，掩盖了事实真相，是隐瞒迟延交货的侵权行为。托运人要求签发这种提单时，通常也出具保函，但承运人仍须承担较大的风险。

（2）预借提单（Advanced B/L），是指在货物尚未装船或尚未完全装船的情况下应托运人要求而由承运人或其代理人签发的已装船提单。承运人签发这种提单，不仅掩盖了事实真相，而且面临着比签发倒签提单更大的风险。一方面，因为货物尚未装船就签发了清洁提单，很可能增加承运人的货损赔偿责任；另一方面，在签发提单后，可能因种种原因而改变原定的装运船舶，或发生货物灭损、退关，收货人很可能会以掌握预借提单的事实为由拒绝收货并向承运人提出赔偿要求。

（三）提单的内容

1. 提单的正面记载事项

有关国际公约和各国海商法都对提单的记载事项作出了规定。我国《海商法》第73条规定了11项：1）货物的品名、标志、包数或者件数、重量或者体积，以及运输危险货物时对危险性质的说明；2）承运人的名称和主营业所；3）船舶名称；4）托运人的名称；5）收货人的名称；6）装货港和在装货港接收货物的日期；7）卸货港；8）多式联运提单增列接收货物地点和交付货物地点；9）提单的签发日期、地点和份数；10）运费的支付；11）承运人或者其代表的签字。提单缺少上述规定的一项或者几项的，不影响提单的性质；但提单的记载事项应符合《海商法》第71条的规定。通常，除关于提单的签发和其

---

[1] 最高人民法院《关于保函是否具有法律效力问题的批复》指出：海上货物运输的托运人为换取清洁提单而向承运人出具的保函，对收货人不具有约束力。不论保函如何约定，都不影响收货人向承运人或托运人索赔；对托运人和承运人出于善意而由一方出具另一方接受的保函，双方均有履行之义务。

他应付给承运人的费用等几项记载由承运人填写外，其他都由托运人填写。

2. 提单的正面印制条款

（1）确认条款。该条款是承运人表示在货物或集装箱外表状况良好的条件下接受货物或集装箱，并同意按照提单所列条款，将货物或集装箱从装货港或起运地运往卸货港或交货地，把货物交付给收货人的责任条款。

（2）不知条款。该条款是指承运人或代其签发提单的人，知道或者有合理的根据怀疑提单记载的货物情况与实际接收或已装船的货物不符，或者没有适当的方法核对提单记载的，从而在提单上批注如"据称""重量不知""托运人装船、铅封和计数"等保留字句的条款。如提单上订有有效的"不知条款"，即使提单转移至善意第三人，在不知条款批注的范围内，也不能作为承运人已按其上记载的内容接收货物或将货物装船的证据。

（3）承诺条款。该条款是承运人表示承认提单是运输合同证明，承诺按照提单条款的规定承担义务和享有权利，而且要求货主承诺接受提单条款制约的条款。由于提单条款是承运人单方拟定的，该条款表明货主接受提单也就接受了提单条款的制约，因此该条款又称代拟条款。

（4）签署条款。该条款是承运人表明签发提单（正本）的份数，各份提单具有相同的效力，其中一份完成提货后其余各份自行失效和提取货物必须交出一份提单换取提货单的条款。

3. 提单的背面条款

（1）首要（Paramount）条款。该类条款通常规定，提单应受某一国际公约或某一国内法的制约，如《海牙规则》适用于本提单。一般认为，如果该提单本应受某国际公约或某国内法的约束，那么提单的各项规定不得与之相违背；如果该提单不属于某国际公约或某一国内法的适用范围，那么该国际公约或国内法的规定即应作为提单条款或组成部分被并入提单。我国《海商法》第 269 条规定：国际海上货物运输合同的当事人可以选择合同适用的法律，因此该类条款在我国是合法有效的。

（2）定义（Definition）条款。该条款是对与提单有关的术语的含义和范围作出明确规定的条款。通常将托运人、发货人、收货人、受货人、提单持有人和货物所有人统称为"货方"。受货人，是指在卸货港从船边、码头仓库或其他约定的地点实际提取货物的人，有可能是收货人本人，也可能是收货人委托的代理人。

（3）管辖权（Jurisdiction）与法律适用（Applicable Law）条款。前者指明因提单产生的纠纷应在什么地方的法院解决。其典型措辞是"一切由提单引起的纠纷由船东所在地国家法院行使管辖权"。德国、荷兰等国尊重该条款，但更多国家倾向于以诉讼不方便或该条款减轻了承运人责任或增加了承运人权利为由拒绝接受，我国对此条款倾向于采取对等原则。

（4）承运人的责任（Carrier's Liability）条款。由于首要条款都规定有提单适用的法律，而有关提单的国际公约或各国的法律都规定了承运人责任，因此凡是列有首要条款或类似条款的提单都可以不再以明示条款将承运人责任列于提单条款之中。

（5）责任期间（Period of Responsibility）条款。对于其效力，应依据提单纠纷适用的法律来确定。如我国《海商法》规定：承运人可以就非集装箱装运的货物在装船前和卸船后所承担的责任达成任何协议。

（6）运费及其他费用（Freight and Other Charges）条款。该条款通常规定，托运人或收货人应当按照提单记载的金额、方式、币种等支付运费及其他费用。若运输易烂货、低值货、活牲畜、甲板货以及卸货港无承运人代理人的货物，运费及有关费用应预付，以保证承运人不受损失。该条款通常还规定，货方负有支付运费的绝对义务。不过按照我国《民法典》关于“格式条款”的规定，该条款涉嫌利用格式条款排除对方的主要权利，因此应归于无效。

（7）装货、卸货和交货（Loading，Discharging and Delivery）条款。该条款通常规定，货方应以船舶所能装卸的速度，不间断地并且按照承运人的要求，不分昼夜、节假日地提供或提取货物，否则货方应对由此而造成的滞期费等一切损失负赔偿责任。若收货人不及时提取货物，承运人可以将货物卸入码头或存入仓库，货物卸离船舶后的一切风险由收货人承担等。

（8）留置权（Lien）条款。该条款通常规定，承运人可因托运人、收货人未付运费、亏舱费、滞期费和其他应付款项以及应分摊的共同海损费用，对货物及其有关单证行使留置权，并有权出卖或以其他方式处置货物。如果出卖货物所得的价款不足以抵偿应收款项及出卖费用，则承运人有权向托运人、收货人索赔差额。根据我国《海商法》第87条的规定，承运人只有在费用没有付清又没有提供适当担保的情况下才能“留置其货物”，因此该条款要受到一定的制约。

（9）货物灭失或损坏的通知、时效（Notice of Loss or Damage，Time Bar）条款。该条款通常规定，收货人应将货物的灭失或损坏书面通知承运人或其代理人，否则就构成承运人已按提单记载交付货物的初步证据。如果交货时，双方已就货物进行联合检查或检验，就无须提交书面通知。对于货物灭失或损坏索赔的诉讼时效为1年，自交付货物或应当交付货物之日起计算。本条款通常在未订有首要条款或首要条款指向的法律没有规定时适用。

（10）赔偿责任限额（Package Limitation）条款。该条款通常规定，承运人对每件或每一单位货物的赔偿不超过一定的限额。不过，该限额不得低于强制性适用的国际公约或国内法规定的限额，否则无效。此外，该条款通常还规定，若托运人书面申报了高于规定限额的货物价值并已在提单上注明或者与承运人另行约定了更高的责任限制，承运人应当按照货物的价值或者更高的限额进行赔偿。

（11）危险品、违禁品（Dangerous Goods，Contraband）条款。该条款通常规定，托

运人托运危险货物的义务和承运人对承运的危险物、违禁品的处置权利。如果提单订明适用的国际公约或国内法的相关规定，则无须订立本条款。

(12) 舱面货（Deck Cargo)、活动物（Live Animals）条款。《海牙规则》与《维斯比规则》并不适用于舱面货和活动物的运输，因而提单上一般订有此类条款，规定舱面货、活动物的收受、搬移、运输、保管和卸载均由货方承担风险，承运人对其灭失或损害不负赔偿责任。不过，如果提单受《汉堡规则》的约束或者按有关国内法的规定接受了《汉堡规则》对舱面货、活动物的规定，该条款则无适用的余地。在我国，海上货物运输包括舱面货和活动物的运输，但按照我国《海商法》第 52、53 条的规定，由活动物和货载舱面引起的特殊风险造成的货物灭失或损坏，承运人不负责赔偿，但承运人应证明损害是由该特殊风险造成的。

(13) 集装箱货物（Cargo in Containers）条款。该条款通常规定，承运人可以将货物装于集装箱进行运输，并且承运人均可将集装箱装于甲板。如果货物由托运人自行装箱，则对于因装箱不当、货物不适于集装箱运输、装箱前或装箱时通过合理检查可发现的集装箱本身缺陷而造成的货物灭损，承运人不予负责；承运人将货方装箱的集装箱以铅封完好交付的，此种交付应视为承运人完全和全部履行了义务。《海牙规则》和《维斯比规则》对此并未作出规定，因此本条款有订明的必要。

(14) 选港货（Optional）条款。该条款通常规定，只有当承运人和托运人在货物装船前已经约定多个可供选择的卸货港并在提单上载明时，收货人方可选择卸货港。收货人必须在船舶驶抵提单中载明的备选港口中第一个港口前的 1 小时内，将其选定的卸货港书面通知承运人在上述第一个港口的代理人。否则，承运人可以选择在任一备选港卸货，运输合同视为履行。在实践中，选港交货条款必须针对某一提单项下的全部货物，而不是部分货物。

(15) 转运、换船、联运与转船（Forwarding，Substitute of Vessel，Through Carriage and Transshipment）条款。该条款通常规定，如有必要，承运人可任意将货物交由属于其自己的其他船舶或者属于他人的船舶，或者经铁路或以其他运输工具，直接或间接地运往目的港，其费用由承运人负担，但风险由货方承担。不过各国法院对此一般作严格的限制性解释。如果承运人依据这种条款所作出的行为违反与托运人的事先约定，或者减轻承运人根据强制性适用于提单的国际公约或国内法所应承担的义务和责任，则应归于无效。

(16) 共同海损（General Average）条款。该条款通常规定了共同海损的理算地点以及理算依据的规则。多数提单规定依据《1974 年约克·安特卫普规则》及其修正案进行理算。

(四) 提单的签发

1. 有权签发提单的主体

提单只有经过签署手续后才能生效。它是根据货物装船后的大副收据签发的。有权签发提单的主体包括：

(1) 承运人。我国《海商法》第 42 条把承运人界定为“本人或者委托他人以本人名义与托运人订立海上货物运输合同的人”。作为运输合同的一方当事人，承运人当然有权签发提单。

（2）载货船舶的船长。各国有关海上货物运输的法律都规定船长是承运人的法定代理人。我国《海商法》第72条第2款明确规定：提单由载货船舶的船长签发的，视为代表承运人签发。如果承运人在某些特殊情况下不让船长签发提单，应当事先向船长发出指示。

（3）承运人的代理人。在国际航运特别是班轮运输中，常由承运人的代理人经授权以承运人的名义签发提单。

2. 提单签发的地点和日期

提单的签发地点通常是装货港，有时是船公司所在地或其他地点。

提单的签发日期是指货物由承运人接受或装船的日期。在国际货物买卖和信用证结汇中，除提单载明的货物装船日期外，通常把已装船提单的签发日期视为货物装船完毕的日期。

3. 提单签发的份数

提单签发的份数根据托运人的要求而定，通常正本一式三份，每一份具有同等的法律效力。提单正面都注明了全套正本提单的份数，其中一份完成提货手续，回收一份正本提单后，交付货物的义务即告终止。

4. 提单的签发对象

提单应该签发给托运人。由于我国《海商法》规定有两种托运人，即和承运人签订运输合同的人以及将货物实际交给承运人的人。在FOB条件下，承运人应将提单签发给谁存在争议。通常认为，承运人应将提单签发给发货人。因为此时如果承运人签发提单给买方，可能使卖方完全丧失贸易合同下除了起诉外的一切救济的权利。

案例透视

厦门建发公司诉香港美通船务有限公司案

某年7月19日，原告厦门建发公司与台湾六欣公司签订了三份销售童装合同，价格条件为FOB厦门。7月26日，六欣公司开立信用证，指明提单上发货人栏应填写为六欣公司。建发公司接受了该信用证。9月6日，建发公司将货物交付被告香港美通船务有限公司驻厦门的代表处。建发公司填写了托运单，托运人栏填写为六欣公司。美通公司接受托运后，就该批货物向马士基海运公司厦门代表处办理托运。该代表处于9月7日签发了MTML-018(A)、(B)提单交给美通公司。9月10日，美通公司用台湾海德有限公司的提单，以自己的名义签发了MTML-018提单交给建发公司。两套提单载明的内容相同：发货人为六欣公司，收货人为华南商业银行指示的人，装货港为厦门，卸货港为科威特，船名为“华顺”轮等。

9月8日，“华顺”轮在厦门装货完毕。建发公司持美通公司签发的三份MTML-018号正本提单等有关单证向银行议付时，因提单上未注明实际承运人，开证行予以拒付。为此，建发公司要求买方六欣公司接受提单上的该不符点，向银行付款赎单，被六欣公司拒绝。12月16日，建发公司收到银行退回的全套单证。12月23日，建发公司书面要求美通公司退货，美通公司口头答复是否办理退货要待六欣公司通知。而该批货物运抵卸货港科威特后，已被他人持马士基公司签发的MTML-018（A）、（B）提单提走。次年4月12日，原告建发公司向厦门海事法院起诉，请求法院判令美通公司赔偿其损失。美通公司答辩称：建发公司不是提单上的当事人，与我公司不存在任何法律关系，该公司无诉权。

厦门海事法院经审理认为：被告以自己的名义向原告签发了MTML-018号提单，应为该批货物的无船承运人。原告作为FOB术语的卖方出运货物后，取得承运人签发的托运人栏记载为买方、收货人凭指示的提单，具有“实际托运人”的地位。被告将该批货物向实际承运人马士基公司办理运输，取得该公司签发的提单后，在没有收回自己签发的提单的情况下，将实际承运人签发的提单给第三人，造成了原告虽仍合法持有美通公司签发的提单，但提单项下的货物却被他人提走的后果，损害了原告的利益，原告有权凭提单向被告主张权利。该案经过两审，法院的判决均支持原告的观点。

该案涉及FOB术语下的买卖合同，原告作为卖方，虽未被记载为提单托运人，但因其实际交付货物，可以成为海上货物运输合同的托运人。因为法律并没有将提单上的记载作为托运人成立的条件之一，所以是否在提单上记载并不影响卖方成为交货的托运人。

5. 提单的背书

提单作为物权性质的凭证，只要具备一定的条件就可以转让。但提单的流通性小于汇票的流通性，主要表现为提单的受让人不像汇票的正当持票人那样享有优于前手背书人的权利。具体来说，如果一个人用欺诈手段取得一份可转让提单，并把它背书转让给一个善意的、支付了对价的受让人，则该受让人不能因此取得货物的所有权，不能以此对抗真正的所有人。提单的背书是指背书人（转让人）在提单的背面写明或者不写明受让人，并签名的手续。具体包括：

（1）记名背书，又称完全背书，是背书人（转让人）在提单背面写明被背书人（受让人）的姓名，并由背书人签名的背书形式。

（2）指示背书，是背书人在提单背面写明“指示”或“凭×××指示”字样，并不写明特定受让人，由背书人签名的背书形式。

（3）不记名背书，又称空白背书，是指在提单背书中不记载任何受让人，只由背书人签名的背书形式。

6. 提单的更正

（1）提单签署前的更正。实务中，提单通常是在托运人办妥托运手续后，货物装船前在缮制有关货物单证的同时缮制的。在货物装船后，因事先缮制的提单与实际装载情况不符、发现托运人申报材料的错误以及信用证要求的条件有变化等原因需要更正时，承运人或其代理人通常都会同意托运人提出的更正要求。

（2）提单签署后的更正。提单已签署，托运人提出更正要求，承运人只有在更改内容不涉及主要问题、不妨碍其他提单利害关系人利益的前提下，才同意更改要求并收回原来所签发的提单。因更改提单内容而引起的损失和费用，都应由提出更改要求的托运人负担。如果提出提单更改时船舶已起航，则应立即电告船长作相应的更改。

7. 提单的补发

（1）正本提单结汇后，在寄送途中遗失，收货人可在目的港凭副本提单，以加上担保或保证金的方式提取货物，并依照法定程序声明提单作废，而无须另行补发提单。《海事诉讼特别程序法》第100条规定：提单等提货凭证持有人，因提货凭证失控或者灭失，可以向货物所在地海事法院申请公示催告。

（2）提单在结汇前遗失，应由托运人提供书面担保，并将经承运人或其代理人同意后补签的新提单另行编号。承运人应将有关情况转告给其在目的港的代理人，并声明原提单作废，以免发生意外纠纷。

（五）电子提单

电子提单，是指通过电子传送的有关海上货物运输合同的数据。电子提单是一种无纸单证，即一系列有关海上货物运输合同的电子数据，按特定的规则组合而成，并通过电子数据交换（Electronic Data Interchange，EDI）进行传送。电子提单具有迅捷性、准确性以及防止伪造和仿冒提单的欺诈行为等优点。

国际海事委员会于1990年6月29日制定了《国际海事委员会电子提单规则》（CMI Rules for Electronic Bills of Lading），试图解决电子提单的法律问题。但这一规则不具有强制约束力，只有在协议被当事人采纳时，才能使用，因此其实施的效果具有局限性。

提单的一个最重要的特点就是流通性，即可转让性。CMI规则下界定了一种新的电子提单的流转模式：在CMI模式下，承运人与托运人、收货人双方没有利害关系，这使其在电子提单的流转中起到了登记处的作用，同时结合密钥来进行电子提单的流转操作。具体流程如图5-1所示。

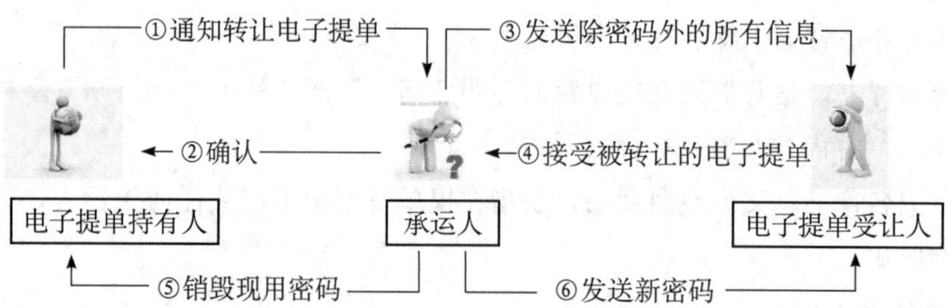

图5-1　电子提单的流转模式

1998年，一家中立的、可信任的第三方电子商务服务组织——波雷罗（Bolero）公司成立。Bolero提供一个开放的电子商务平台并不断加强这些标准，使世界各地的贸易商、物流企业、银行、代理商和政府机构之间的交易过程电子化，并具有高速、准确、透明度高、易于掌握和安全等特性。众多世界级银行、集装箱运输公司及知名跨国企业均是 Bolero 的会员。

Bolero 公司于 1999 年 9 月 27 日推出了一套电子提单规则，弥补了 CMI 电子提单规则下承运人责任过重的缺憾，设立了一个独立于承运人以及电子提单转让双方当事人的权利登记处，该登记处的作用就相当于 CMI 规则下承运人的作用。除此以外，Bolero 还设立了身份认证系统和核心信息平台，前者用以确认用户的真实身份，从而取代 CMI 规则下的密钥制度，后者用以传递电子提单等信息。

Bolero 是不公开的系统，使用者需要交纳一定的费用之后才能使用，其普及和推广使用尚任重而道远。

（六）关于提单的国际公约

1.《海牙规则》

《统一提单的若干法律规则的国际公约》（International Convention for the Unification of Certain Rules of Law Relating to Bills of Lading），又称《海牙规则》（Hague Rules），于 1924 年 8 月 25 日在布鲁塞尔制定，1931 年 6 月 2 日起生效。《海牙规则》第一次以国际公约的形式确定了海上货物运输合同中的权利义务分配规则。其立法指导思想是海上货物运输合同中的契约自由原则必须受到一定的限制，但仍偏重于对承运人利益的保护。

我国没有加入该公约，但其中有关承运人责任与免责的规定，基本上被我国《海商法》第四章采纳。

《海牙规则》规定了承运人、运输合同、货物、船舶和货物运输的定义；提单的签发、内容和证据效力；采纳《哈特法》的基本原则，明确了承运人最低限度的义务和最大限度的权利；规定了货物损失通知与诉讼时效以及适用范围等内容。

2.《维斯比规则》

1968 年 2 月 23 日，在布鲁塞尔召开的第 12 届海洋法外交会议上通过了《修改统一提单的若干法律规则的国际公约的议定书》（Protocol to Amend the International Convention for the Unification of Certain Rules of Law Relating to Bills of Lading），又称《维斯比规则》（Visby Rules），通常与《海牙规则》统称为《海牙-维斯比规则》（Hague-Visby Rules）。该议定书于 1977 年 6 月 23 日生效。《维斯比规则》共 17 条，主要对《海牙规则》的第 3 条、第 4 条、第 9 条、第 10 条进行了修改。

我国没有参加该议定书，但我国《海商法》中有关提单证据效力、非合同之诉、承运人的受雇人或代理人的法律地位和诉讼时效的规定，是以该议定书的内容为基础而作出的。

3.《汉堡规则》

1978 年《联合国海上货物运输公约》（United Nations Convention on the Carriage of Goods by Sea），又称《汉堡规则》（Hamburg Rules），于 1992 年 11 月 1 日生效。该公约进一步加重承运人的义务和责任，但影响和使用范围远不及上两个公约。我国没有参加该公约，但其中一些比较成熟和合理的内容为我国《海商法》所采纳。

目前，在国际海上货物运输领域，《海牙规则》《维斯比规则》和《汉堡规则》并存（见表5-1）。进入20世纪90年代后，一些主要航运国家相继出台了有关国际海上货物运输的法律，如我国的《海商法》，1994年在瑞典、丹麦、挪威和芬兰同时实施的新海商法。澳大利亚于1997年通过了对1991年《海上货物运输法》的修正案，并于1991年9月15日生效。这些国内立法的显著特点之一就是增加承运人的责任，并在很多内容上向《汉堡规则》靠拢。

表5-1　　三大国际公约的比较

<table>
<tr><th>主要内容</th><th>《海牙规则》</th><th>《维斯比规则》</th><th>《汉堡规则》</th></tr>
<tr><td>承运人的基本义务</td><td colspan="2">适航、管货、应托运人的要求签发提单</td><td>无明确规定，但不应低于前者</td></tr>
<tr><td>责任制度</td><td colspan="2">不完全过失责任</td><td>完全过失责任</td></tr>
<tr><td>承运人的责任期间</td><td colspan="2">货物运输期间为从货物装上船时起至卸离船时止的一段时间，即“钩至钩”或“舷至舷”。之前或之后的一段时间，可由承托双方另行订立协议</td><td>货物在装货港、运输途中和卸货港处于承运人掌管下的期间，即“港到港”</td></tr>
<tr><td>承运人的免责</td><td colspan="2">包括“航行过失免责”在内的17项免责</td><td>取消了“航行过失免责”</td></tr>
<tr><td>承运人延迟交货责任</td><td colspan="2">未规定</td><td>以所迟延交付的货物应付运费的2.5倍为限，但不超过应付运费的总额</td></tr>
<tr><td>索赔时效</td><td colspan="2">提货时发现，当时提交书面通知；损坏不明显，3天内联合检查，无须提交</td><td>将损坏不明显的情况下提出书面通知的时间延长为15天</td></tr>
<tr><td>承运人赔偿责任限制</td><td>每件或每单位100英镑，但托运人在货物装运前已经对其性质和价值加以申报并在提单上注明的，不在此项</td><td>每件或每单位10 000法郎或者按灭失或受损货物的毛重计算，每千克为30法郎，以二者中较高者为准（当时10 000法郎等于431英镑）</td><td>每件或每一其他装运单位835SDR或货物毛重每千克2.5SDR，以二者中较高者为准。对非IMF成员且国内法不允许适用SDR的国家，承运人的责任限额为每件或每一装运单位12 500法郎，或按货物毛重每千克37.5法郎计算，以二者中较高者为准</td></tr>
<tr><td>提单的效力</td><td>载有货物主标志、件数、数量或重量以及货物外表状态的提单，是承运人已收到其上所载货物的初步证据</td><td colspan="2">提单转让至善意第三者收货人时，是承运人受到其上所载货物的绝对证据</td></tr>
<tr><td>实际承运人</td><td>未规定</td><td>如果诉讼是对承运人的受雇人或代理人提起的，则该受雇人或代理人有权援引《海牙规则》中有关承运人的各项抗辩或责任限制的规定</td><td>确立了实际承运人的概念及其责任</td></tr>
<tr><td>保函</td><td colspan="2">未规定</td><td>善意有效、恶意无效</td></tr>
<tr><td>舱面货、活牲畜</td><td colspan="2">不适用</td><td>对依约定/惯例/法规可装舱面货和活牲畜固有风险所造成的损失，承运人免责</td></tr>
<tr><td>诉讼时效</td><td>自货物交付之日起1年</td><td>1年，可协议延长</td><td>2年</td></tr>
</table>

六、海运单

（一）海运单的概念和特点

海运单（Sea Waybill，SWB）是证明国际海上货物运输合同和货物由承运人接收或者装船的一种不可流通的海上货物运输单证。1990 年 6 月国际海事委员会《海运单统一规则》（CMI Uniform Rules for Sea Waybill）在巴黎通过，专门解决海运单带来的主要法律问题。但是，这一民间规则不具有强制性的约束力，仅供当事人协议采纳。

与传统提单相比，海运单的最大特点是不具有可流通性。收货人提货时无须凭海运单，而只需证明其身份，即证明自己是海运单上载明的收货人。因此，海运单具有实现快速提货的优点。此外，由于海运单的这一特点，即使他人非法得到海运单，也无法凭以提货，从而不具有因被窃或遗失而对承运人、托运人或者收货人的利益造成损害的风险。海运单正面通常注有“不可流通”字样，不具有转让性及提货凭证的效力，因此可以有效预防和减少利用单据进行欺诈的行为。

然而，海运单也有它的缺陷。由于海运单不具有可流通性，因此在货物运输中，不能凭海运单的转让实现货物的单证贸易；不能作为权利质押的标的物，不利于融资和贸易的支付。

实务中，最常使用海运单的情况有：1）跨国公司的总公司与分公司间或相关子公司间的业务往来；2）在购销或买方付款作为转移货物所有权的前提条件下，提单已失去其使用意义时；3）往来已久、信任度高、关系密切的伙伴贸易间的业务；4）所运货物为无资金风险的家用私人物品或有商业价值的样品；5）在货物先到而提单未到的短途海运情况下。

（二）海运单的流转和货物交接

同提单一样，海运单在承运人接收货物或者将货物装船后，应托运人要求，由承运人、船长或者承运人的代理人签发。托运人凭海运单及其他单证，根据货物买卖合同和信用证到银行结汇。装货港的承运人或者其代理人将海运单的内容，通常通过数据电文方式传送给目的港承运人的代理人。在船舶抵达卸货港之前或之后，目的港承运人的代理人向海运单上载明的收货人或通知方发出到货通知书。到货通知书表明这批货物的运输是根据海运单进行的。

收货人在目的地出示有效身份证明，证明其确系海运单上记载的收货人，并将其签署完的到货通知书交给目的港承运人的代理人，同时出示海运单副本。承运人或其代理人签发提货单给收货人。一旦这批货物的运费和其他费用结清，并且办好海关等所有规定应办理的手续，收货人就可以到码头仓库、船边或者其他地点接收货物。

第二节　海上保险合同法

我国《海商法》第十二章对海上保险合同作了专门规定。《中华人民共和国保险法》

（简称《保险法》）中也有适用于海上保险合同的规定。但2015年修正的《保险法》第182条规定：海上保险适用《海商法》的有关规定；《海商法》未规定的，适用本法的有关规定。

一、海上保险合同概述

（一）海上保险合同的概念

海上保险合同是指保险人按照约定，对被保险人因遭受保险事故而造成保险标的发生损失负赔偿责任，且由被保险人支付保险费的合同。保险人（Insurer）是在保险事故发生时对被保险人承担赔偿义务并享有保险费请求权的人。被保险人（Insured）是在保险事故发生时享有保险赔偿（保险金）请求权的人；被保险人作为投保人（Applicant），负有支付保险费的义务。

（二）海上保险合同的内容

海上保险合同主要包括保险人和被保险人的名称、保险标的、保险价值、保险金额、保险责任和除外责任、保险期间以及保险费等。

1. 保险人和被保险人的名称

保险人，是指按照合同约定收取保险费、承担赔偿责任的一方当事人，通常是经营保险业务的经济组织或个人。被保险人，是指承受保险事故所造成的保险标的损失的后果并有权请求赔偿的一方当事人。若投保人为自身的利益投保，则投保人与被保险人是同一当事人。我国《海商法》规定：被保险人就是投保人，两种主体不能分离。

2. 保险标的

保险标的（Subject-matter Insured），是指保险合同双方当事人要求或提供保险保障的目标或对象。下列各项可以作为海上保险合同的保险标的：船舶、海运货物、船舶营运收入、海运货物的预期利润、船员工资和其他报酬、对第三人的海事责任以及由于发生保险事故可能受到损失的其他财产和产生的责任、费用。

3. 保险价值

保险价值（Insured Value），是指保险标的的价值。在海上保险合同中，保险价值一般由保险人与被保险人约定，即一般为定值保险。我国《海商法》第219条规定：如果保险人与被保险人未约定保险价值，即在非定值保险的情况下，保险标的的保险价值为保险责任开始时保险标的的实际价值和保险费的总和。

4. 保险金额

保险金额（Insured Amount），是指被保险人对保险标的的实际投保金额，需在保险单中载明。保险金额是保险人计算保险费的依据，也是保险人承担保险赔偿责任的限度之一。保险金额由保险人与被保险人约定。保险金额不得超过保险价值；超过保险价值的，超过部分无效。

5. 保险责任和除外责任

保险责任（Insured Liability），是指保险人根据法律或保险合同约定对被保险人承担赔偿责任的范围。除外责任（Excluded Liability），又称责任免除，是指保险责任以外的责任，亦即保险人不负赔偿责任的风险范围，在此风险范围内如果发生事故，造成保险标的损失和产生的责任，则由被保险人自己承担。

6. 保险期间

保险期间（Period of Insurance），又称保障期，是指保险合同约定的时间，即保险人为被保险人提供保险保障的起止时间。《中国人民保险公司海洋运输货物保险条款》中列有“责任起讫”条款，即有关保险期间的规定。

7. 保险费

保险费（Premium），是指被保险人参加保险时，根据其投保时所订的保险费率，向保险人交付的费用。

（三）保险单证

海上保险合同的正式凭证是保险单。其他证明海上保险合同的保险单证还有保险凭证和承保单等。

（四）告知义务

合同订立前，被保险人应当将其知道的或者在通常业务中应当知道的有关影响保险人据以确定保险费率和确定是否同意承保的重要情况，如实告知保险人。保险人知道或者在通常业务中应当知道的情况，保险人没有询问的，被保险人无须告知。可见，在海上保险中这是一种有限告知。这是一种先合同义务，也是海上保险诚信原则的主要内容。

（五）重复保险

重复保险，是指被保险人对同一保险标的就同一保险事故与几个保险人订立合同，而使该保险标的的保险金额总和超过保险标的的价值的情形。存在重复保险时，投保人应当将重复保险的有关情况通知各保险人。

在发生重复保险时，超额保险部分是无效的。除合同另有约定外，在保险人之间实行分摊原则，即各保险人按照其承保的保险金额同保险金额总和的比例承担赔偿责任。任何一个保险人支付的赔偿金额超过其应当承担的赔偿责任的，该保险人有权向未按照其应当承担的赔偿责任支付赔偿金额的保险人追偿。

二、海上保险合同的订立、解除和转让

（一）海上保险合同的订立

被保险人提出保险要求，经保险人同意承保，并就海上保险合同的条款达成协议后，合同即告成立。保险人应当及时向被保险人签发保险单或其他保险单证，并在保险单或其他保险单证中载明当事人双方约定的合同内容。

（二）海上保险合同的解除

保险人可单方面解除合同的情形有以下几种：1）因被保险人违反告知义务（《海商法》第223条）；2）因被保险人违反保证（《海商法》第235条）；3）根据合同的约定（《海商法》第227条第2款）；4）保险人选择全额支付合同约定的保险赔偿（《海商法》第255条）；5）被保险人或受益人谎称发生了保险事故或者故意制造保险事故（《保险法》第27条）；6）投保人、被保险人未按照约定履行其对保险标的的安全应尽的义务（《保险法》第51条）；7）被保险人未按照约定及时通知保险人保险标的的危险增加的情况（《保险法》第49条）；8）保险标的发生部分损失（《保险法》第58条）。

被保险人可单方面解除合同的情形有以下几种：1）保险责任开始前，支付手续费解约（《海商法》第226条）；2）根据合同约定，在保险责任开始后，解除非货物运输和船舶的航次保险合同（《海商法》第227、228条）。

（三）海上保险合同的转让

合同转让，是指合同主体的变更。根据我国《海商法》第229条的规定，海上货物运输保险合同可以由被保险人背书或者以其他方式转让，合同的权利和义务随之转移。合同转让时尚未支付保险费的，被保险人和合同受让人负连带支付责任。

三、被保险人的义务和保险人的责任

（一）被保险人的义务

1. 及时交纳保险费的义务

除海上保险合同另有约定外，保险人应在合同成立后立即支付全部保险费，否则保险人可要求被保险人交付保险费及其利息。此外，保险人还可以通过留置保险单，催促被保险人及时付清保险费。

2. 严格遵守保证的义务

保证是指双方在海上保险合同中约定的或法律上默示的被保险人对某一事项的作为和不作为，或者担保某一事项的真实性。被保险人违反合同约定的保证条款时，应当立即书面通知保险人。保险人收到通知后，可以解除合同，也可以要求修改承保条件、增加保险费。

3. 防灾防损的义务

被保险人应当遵守国家有关消防、安全、生产操作、劳动保护等方面的规定，维护保险标的的安全。投保人、被保险人未按照约定履行其对保险标的的安全应尽的义务的，保险人有权要求增加保险费或者解除合同。保险人为维护保险标的的安全，经被保险人同意，可以采取安全预防措施。

4. 危险增加时的通知义务

保险标的如果变更用途或者增加危险程度，被保险人应当及时通知保险人，在需要增加保险费时，应当按照规定补交保险费。被保险人如果不履行此项义务，对由此引起的保险事故所造成的损失，保险人不负赔偿责任。

5. 出险时的通知义务

一旦保险事故发生，被保险人有义务立即通知保险人。出险通知对保险人非常重要。保险人可以及时安排检验，初步确定受损的范围，掌握有关的证据，指示如何减少损失和采取财产保全、证据保全措施，以便于向第三人追偿等，故在保险条款中一般会对此种义务予以强调和明确。

6. 出险后的施救义务

一旦保险事故发生，被保险人除应立即通知保险人外，还应当采取必要的合理措施以防止或减少损失。被保险人收到保险人发出的有关采取防止或减少损失的合理措施的特别通知的，应当按照保险人通知的要求办理。被保险人若有违反，对因此而造成的扩大的损失，保险人不负赔偿责任。此外，所发生的施救费用，保险人应在保险标的的损失赔偿之外另行支付给被保险人。

（二）保险人的责任

1. 赔偿责任

保险人的首要义务和责任，就是在发生保险事故并造成损失后，及时向被保险人支付保险赔偿。保险人收到被保险人要求赔偿的请求后，应当及时作出核定；情形复杂的，应当在 30 日内作出核定，但合同另有约定的除外。对属于保险责任的，在与被保险人达成赔偿的协议后 10 日内，履行赔偿义务。

2. 赔偿限度

保险人赔偿保险事故造成的损失，以保险金额为限。保险金额低于保险价值的，即被保险人未足额投保的，在保险标的发生部分损失时，保险人按照保险金额与保险价值的比例负赔偿责任。例如：保险价值为 100 万美元，保险金额为 80 万美元，发生保险事故导致的损失为 20 万美元，被保险人最高可以索赔 100 万美元，但在本案中实际只能得到 16 万美元的保险赔偿，因为并未发生全损，而且存在不足额保险。

3. 连续损失

保险标的在保险期间发生几次保险事故所造成的损失，即使损失金额的总和超过保险金额，保险人也应当赔偿。对发生部分损失后未经修复又发生全部损失的，保险人按照全部损失赔偿。

4. 施救费用

施救费用是指被保险人为防止或减少根据合同可以得到赔偿的损失而支出的必要的合理费用，包括为确定保险事故的性质、程度而支出的检验、估价的合理费用，以及为执行保险人的特别通知而支出的费用。保险人应在保险标的的损失赔偿之外另行支付施救费用，这一费用以相当于保险金额的数额为限。

5. 被保险人的故意行为

对于被保险人故意造成的损失，保险人不负赔偿责任。保险人以此为理由拒赔时，负有很重的举证责任。

6. 海上货物运输保险人的除外责任

除合同另有约定外，因下列原因之一造成货物损失的，保险人不负赔偿责任：1）航行迟延、交货迟延和行市变化；2）货物的自然损耗、本身的缺陷和自然特性；3）包装不当。

四、海上货物运输保险

（一）海上货物运输保险的范围

1. 海上货物运输保险的承保风险

海上货物运输保险的承保风险如表 5－2 所示。

表 5－2　　海上货物运输保险的承保风险

<table>
<tr><td rowspan="5">海上保险</td><td rowspan="2">海上风险（海难）</td><td>自然灾害</td><td>由于自然力量引起的灾害，如暴风雨、雷电、流冰、地震、火山喷发、海啸等。</td></tr>
<tr><td>意外事故</td><td>船舶搁浅、触礁、船舶沉没、船舶互撞或者与流冰或其他物体碰撞、船舶倾覆、失火、爆炸、海盗行为、吊索损害、船长和船员的不法行为等。</td></tr>
<tr><td rowspan="2">外来风险</td><td>一般外来风险</td><td>偷窃和提货不着、淡水雨淋、受潮受热、碰损破碎、串味、混杂沾污、短量、渗漏、钩损、锈损等。</td></tr>
<tr><td>特殊外来风险</td><td>战争、罢工、交货不到、拒收等。</td></tr>
</table>

2. 海上货物运输保险的承保损失

海上货物运输保险的承保损失如表 5－3 所示。

表 5－3　　海上货物运输保险的承保损失

<table>
<tr><td rowspan="4">海上损失</td><td rowspan="2">全部损失（Total Loss）——标的物因承保风险导致全部灭失或视同全部灭失</td><td>实际全损（Actual Total Loss，ATL），是指标的物的实体已完全灭失；受到严重损坏，完全丧失原有形体和效用；被保险人对标的物失去所有权，标的物无法再归被保险人所有。</td></tr>
<tr><td>推定全损（Constructive Total Loss，CTL），是指实际损失已不可避免，为避免发生实际全损所需支付的费用以及将货物继续运至目的地的费用之和超过货物的保险价值。</td></tr>
<tr><td rowspan="2">部分损失（Partial Loss）</td><td>共同海损（General Average，GA），是指在同一海上航程中，船舶、货物和其他财产遭遇共同危险，为了共同安全，有意而合理地采取措施所直接造成的特殊牺牲和支付的特殊费用。共同海损包括共同海损牺牲（G. A. Sacrifice）和共同海损费用（G. A. Expenditure），这些损失应由各受益方分摊。</td></tr>
<tr><td>单独海损（Particular Average，PA），是指由自然灾害或意外事故直接造成的损害，由各受损方自己承担。</td></tr>
</table>

（二）我国海洋货物运输保险的险种

海洋货物运输保险的险种包括基本险和附加险。基本险是指可以单独承保，不必附加在其他险种项下的险种。附加险是指在投保人投保主要基本险时，为补偿因主要险种范围以外可能发生的某些危险造成的损失所附加的保险。附加险不得单独投保，须在投保主险后向同一保险人另外选择投保。附加险条款与基本险条款存在抵触时，以附加险条款为准（见表 5－4）。

表 5－4　　我国海洋货物运输保险的险种

<table>
<tr><td rowspan="14">海洋货物运输保险险种</td><td rowspan="3">基本险</td><td>平安险
（F. P. A）</td><td colspan="2">1）被保险货物在运输途中，由于恶劣气候、雷电、海啸、地震等自然灾害造成整批货物的全部损失或推定全损；2）由于运输工具遭受搁浅、触礁、沉没、互撞，与流冰或其他物体碰撞以及失火、爆炸等意外事故造成被保险货物的全部或部分损失；3）运输工具发生搁浅等意外事故，之前、之后货物在海上又遭受了恶劣气候等自然灾害所造成的被保险货物的部分损失；4）在装卸转船过程中，由于被保险货物一件或数件落海而造成的全部或部分损失；5）被保险人对遭受承保责任内危险的货物采取抢救措施以防止或减少货损而支付的合理费用，但以不超过该被救货物的保险金额为限；6）运输工具遭遇海难后，因需要在中途的港口或在避难港口停靠以及卸货、装货、存货和运送货物而产生的特别费用；7）共同海损牺牲、分摊和救助费用；8）运输契约订有“船舶互撞责任”条款，根据该条款规定由货方偿还船方的损失。</td></tr>
<tr><td>水渍险
（W. A）</td><td colspan="2">在平安险责任范围的基础上，还包括由于自然灾害造成的被保险货物的部分损失，而不限于整批货物的全损。</td></tr>
<tr><td>一切险
（A. R）</td><td colspan="2">除了平安险和水渍险的各项责任外，还包括被保险货物在运输途中因外来原因所造成的全部或部分损失。</td></tr>
<tr><td rowspan="11">附加险</td><td rowspan="11">一般附加险</td><td>偷窃和提货不着险</td><td>在保险有效期内，被保险货物被偷以及货物运抵目的地后整件未交的损失。</td></tr>
<tr><td>淡水雨淋险</td><td>雨水和雪融致损，船上的淡水舱、水管漏水或舱汗。</td></tr>
<tr><td>短量险</td><td>被保险货物数量短少和重量的损失。</td></tr>
<tr><td>混杂沾污险</td><td>被保险货物混入杂质或其他物质而被沾污致损。</td></tr>
<tr><td>渗漏险</td><td>被保险货物因渗漏而造成的短重，因保护性液体渗漏而致被保险货物（如肠衣、酱菜）腐烂、变质。</td></tr>
<tr><td>碰损破碎险</td><td>因震动、碰撞等致使被保险货物凹瘪和断裂等。</td></tr>
<tr><td>串味险</td><td>如香料、药材等在运输途中受到其他货物（樟脑、皮张）异味的影响使品质受到影响。</td></tr>
<tr><td>受潮受热险</td><td>因运输途中气温骤变或因船舶通风设备故障使舱内水汽凝结、受潮、发热致使货物受损。</td></tr>
<tr><td>钩损险</td><td>在装卸中因使用手钩、货钩而造成的被保险货物破损或散落短重的损失及重新整理货物、更换包装的费用。</td></tr>
<tr><td>包装破裂险</td><td>因野蛮操作、装卸造成包装破裂而引起的损失或损害，包括重新整理货物或更换包装的费用。</td></tr>
<tr><td>锈损险</td><td>金属或金属制品因生锈而造成的损失。但对裸装的金属板、块、条、管等不予承保。</td></tr>
</table>

海洋货物运输保险险种	附加险	特别附加险	交货不到险	被保险货物从装上船舶起满6个月仍未运抵原目的地交货所造成的损失。
			进口关税险	被保险货物因遭受保险责任范围内的损失，仍需按完好价值缴纳进口关税所造成的损失。
			舱面险	舱面货被抛弃或因风浪冲击落水而造成的损失。
			拒收险	被保险货物被进口国当局拒绝进口或没收致损。
			黄曲霉素险	被保险货物在进口港经当地卫生当局检验证明，因含有的黄曲霉素超过进口国的限制标准而被拒绝进口、没收或强制改变用途的损失。
		特殊附加险	战争险	由战争或类似战争行为、敌对行为、武装冲突、海盗行为引起的被保险货物直接损失及上述责任范围引起的共同海损牺牲、分摊费用和救助费用。
			罢工险	因罢工者、被迫停工工人和参加工潮、暴动、民众斗争的人员或任何人的恶意行为引起的被保险货物的直接损失以及上述行为引起的共同海损牺牲、分摊费用和救助费用。

（三）我国海洋货物运输保险的保险责任期间

《中国人民保险公司海洋运输货物保险条款》对保险期间的规定在第3条“责任起讫”中，由两款组成。第1款是“仓至仓”（Warehouse to Warehouse，W/W）条款，第2款由“延伸”（Extended Cover）条款和“运输合同终止”（Termination of Contract of Carriage）条款合并而成。

1.“仓至仓”条款

该条款是指保险责任自被保险货物运离保险单所载明的起运地仓库或储存处所开始运输时生效，在正常运输过程中持续，即在从上述起运地直接由通常的方式和路线运抵保险单所载明的目的地过程中不间断，包括海上、陆上、内河和驳船运输在内，还包括通常的迟延、存仓和转运，直至发生下述四种情况为止：其一，到达保险单所载明目的地收货人的最后仓库或储存处所；其二，被保险人用作分配、分派或非正常运输的其他储存处所；其三，在最后卸载港全部卸离海轮后满60天为止；其四，在最后卸货港全部卸离海轮后，开始转运到非保险单所载明的目的地时。

2.“延伸”条款

“延伸”条款又称扩展责任条款，在《伦敦保险协会货物保险条款》中其含义是：被保险人无法控制的非正常运输发生时，本保险仍然有效，被保险人无须及时通知保险人或加付保险费。虽然根据上述“仓至仓”条款本保险不能持续，但《中国人民保险公司海洋运输货物保险条款》将其并入了“运输合同终止”条款，使得在被保险人无法控制的迟延运输、绕道、被迫卸货等非正常运输发生时，被保险人也有义务及时通知保险人，并在必要时加付保险费的情况下，本保险才继续有效。

3.“运输合同终止”条款

被保险货物如在非保险单所载明的目的地出售，保险责任至交货时为止，但无论任何情况，均以被保险货物在卸载港全部卸离海轮后满 60 天为止。

但如果被保险货物在上述 60 天期限内继续运往保险单所载原目的地或其他目的地时，保险责任的终止仍按上述“仓至仓”条款的规定。

（四）我国海洋货物运输保险的除外责任

（1）被保险人的故意行为或过失所造成的损失。

（2）属于发货人责任所引起的损失。如货物的包装不良或不当，标志不清或混票。

（3）在保险责任开始前，被保险货物已存在的品质不良或数量短差所造成的损失。这在实务中被称为原残，如粮食已发霉和有虫蚀、钢铁露天堆放已生锈、实际装船重量不足等。

（4）被保险货物的自然损耗、本质缺陷、特性、市价跌落以及迟延运输所引起的损失或费用。

（5）《中国人民保险公司海洋运输货物保险条款》中的战争险条款和罢工险条款所规定的责任范围和除外责任。

（五）我国海洋货物运输保险的索赔时效

海洋货物运输保险的索赔时效为 2 年，从被保险货物在最后卸载港全部卸离海轮时起算。

五、保险赔偿的支付

（一）保险索赔文件

保险事故发生后，保险人向被保险人支付保险赔偿前，可以要求被保险人提供与确认保险事故性质和损失程度有关的证明和资料。根据《保险法》第 25 条的规定，保险人自收到赔偿的请求和有关证明、资料之日起 60 日内，对其赔偿的数额不能确定的，应当根据已有证明和资料可以确定的数额先予支付；保险人最终确定赔偿或者给付保险金的数额后，应当支付相应的差额。被保险人向保险人索赔时，通常应当提交保险单正本、提单、发票、装箱单、磅码单、货损货差证明、检验报告及索赔清单等。

（二）保险人的代位求偿权

《海商法》第 252 条规定：保险标的发生保险责任范围内的损失是由第三人造成的，被保险人向第三人要求赔偿的权利，自保险人支付赔偿之日起，相应转移给保险人。被保险人应当向保险人提供必要的文件和其所需要知道的情况，并尽力协助保险人向第三人追偿。

保险人取得代位求偿权的时间是其赔付被保险人之日，从该日起，保险人可以而且应当以自己的名义向第三人要求赔偿，无须被保险人统一转让这一权利。

被保险人未经保险人同意放弃向第三人要求赔偿的权利，或者由于过失致使保险人不能行使追偿权的，保险人可以相应扣减保险赔偿。

保险人支付保险赔偿时，可以从应支付的赔偿额中相应扣减被保险人已经从第三人处取得的赔偿。保险人从第三人处取得的赔偿，超过其支付的保险赔偿的，超过部分应当退还给被保险人。

（三）保险委付

保险标的发生推定全损，被保险人要求保险人按照全部损失赔偿的，应当向保险人委付保险标的。保险人在收到被保险人的委付通知后，可以自行决定是否接受委付，但应将其是否接受委付的决定，在合理的时间内通知被保险人。委付不得附带任何条件。委付一经保险人接受，不得撤回。保险人接受委付的，被保险人对委付财产的全部权利和义务转移给保险人。

在推定全损发生时，被保险人也可以选择救助和修复保险标的，不委付保险标的，而向保险人索赔部分损失，但最高索赔额以保险金额或保险价值中较低者为限。

第三节　国际航空运输合同

一、有关国际航空货物运输的公约

（一）《华沙公约》

1929年10月12日，德国、英国、法国等国在波兰首都华沙签订《统一国际航空运输某些规则的公约》，简称《华沙公约》，并于1933年2月13日生效。该公约的目的是调整不同国家之间在航空运输使用凭证和承运人责任方面的有关问题。我国于1958年7月20日递交了加入申请书，同年10月18日该公约开始对我国生效。

1.《华沙公约》的适用范围

《华沙公约》适用于所有以航空器运送旅客、行李或货物而收取报酬的国际运输，也适用于航空运输企业以航空器办理的免费运输。

案例透视

青岛运联公司与A航空公司运输合同纠纷案

青岛运联公司将一批价值10 000美元、计10箱的丝织品通过A航空公司办理空运经北京出口至法国巴黎。货物交付后，由B航空公司的代理人A航空公司于某年1月1日出具了航空货运单一份。该货运单注明：第一承运人为B航空公司，第二承运人是C航空公司，货物共10箱，重250千克。货物未声明价值。B航空公司将货物由青岛运抵北京，1月3日准备按约将货物转交C航空公司时，发现货物灭失。为此，B航空公司于当日即通过A航空公司通知货主货物已灭失。为此，运联公司向A航空公司提出书面索赔要求。

本案的始发站是青岛，中转站为北京，目的站为巴黎。根据《华沙公约》的规定，由几个连续的航空承运人所办理的运输，如果被合同各方认为是一个单一的业务活动，则无论是以一个合同还是一系列合同的形式订立的，都应作为一个单一的运输，并不因其中一个合同或一系列合同完全在同一缔约国的领土内履行而丧失其国际性。因此，即便青岛至北京段是中国境内，也是国际航空货物运输合同，适用《华沙公约》。

2. 航空货运单

货物承运人有权要求托运人填写被称为“航空货运单”的凭证，托运人有权要求承运人接受这项凭证。但是如果没有这种凭证，或者凭证不合规定或遗失，不影响运输合同的存在和有效，除另有规定外，这项运输合同同样受《华沙公约》的约束。

在没有相反的证据时，航空货运单是订立合同、接收货物和承运条件的证明。航空货运单中关于货物重量、尺寸和包装以及件数的说明，都应该被当作是确实的。除非经过承运人和托运人当面查对并在航空货运单中注明经过查对，或者是关于货物外表情况的说明外，关于货物的数量、体积及情况的说明不能构成不利于承运人的证据。

托运人应填写航空货运单正张一式三份，连同货物交给承运人。第一份注明“交承运人”，由托运人签字；第二份注明“交收货人”，由托运人和承运人签字，并附在货物上；第三份由承运人在接收货物后签字，交给托运人。承运人应该在接收货物时签字。如果承运人根据托运人的请求，填写航空货运单，在没有相反的证据时，应作为代托运人填写。

3. 航空运输期间

航空运输期间也是承运人的责任期间，是指行李或货物在承运人保管下的期间，无论是在航空站内、在航空器上还是在航空站外降落的任何地点。但对于航空站以外的任何陆运、海运或河运过程中发生的货物灭损，承运人不负责任，除非这种运输是为了履行空运合同，是为了装货、交货或转运。

4. 承运人的责任

承运人在航空货物运输期间应对交运的货物因毁灭、遗失或损坏而造成的损失负责任，同时应对货物在航空运输过程中因延误而造成的损失负责任。但是，如果承运人证明存在下列情形之一的，法院可以按照相关法律规定，免除或减轻承运人的责任：1）自己和代理人为了避免损失的发生，已经采取一切必要的措施，或不可能采取这种措施时；2）损失的发生是由于驾驶上、航空器的操作上或领航上的过失；3）损失的发生是由于受害人的过失所引起或助成。

5. 承运人的责任限制

承运人对货物的责任以每千克 250 法郎为限，除非托运人在交运时，曾特别声明行李或货物运到后的价值，并缴付必要的附加费。在这种情况下，承运人所负的责任不超过声明的金额，除非承运人证明托运人声明的金额高于行李或货物运到后的实际价值。

6. 索赔和诉讼时效

如果收货人在收受货物时没有异议，就被作为货物已经完好地交付并和运输凭证相符的初步证据。如果发现货物有损坏，收货人应立即向承运人提出异议，并且最迟应该在货物收到后的7天内提出。如果有延误，最迟应该在货物交由收货人支配之日起14天内提出异议。以上任何异议应该在规定期限内写在运输凭证上或另以书面形式提出。除非承运人方面有欺诈行为，如果在规定期限内没有提出异议，就不能向承运人起诉。

诉讼应该在航空器到达目的地之日起，或应该到达之日起，或从运输停止之日起2年内提出，否则就丧失追诉权。诉讼期限的计算方法根据受理法院的法律决定。

（二）《海牙议定书》

《修订1929年10月12日在华沙签订的统一国际航空运输某些规则的公约的议定书》，即《海牙议定书》于1963年8月1日生效。我国于1975年8月20日批准该议定书，同年11月18日该议定书对我国生效。在货物运输方面，《海牙议定书》对《华沙公约》的修改主要是简化了关于航空货运单等运输凭证的规定，不限制填发可以流通的航空货运单，同时在航行过失免责、免责范围和索赔期限等条文上对《华沙公约》作了修订。

（三）《蒙特利尔公约》

1999年5月28日，国际民用航空组织（ICAO）通过了《统一国际航空运输某些规则的公约》，即《蒙特利尔公约》，理顺了华沙体制文件中的主要规定。该公约于2003年11月4日生效。我国已于1999年签署了该公约，2005年7月31日该公约在我国正式生效。《蒙特利尔公约》最主要的变化体现在责任制度和责任限额方面。例如：由过错责任制走向严格责任制。该公约规定：对于因货物毁灭、遗失或者损坏而产生的损失，只要造成损失的事件是在航空运输期间发生的，承运人就应当承担责任。

二、我国《民用航空法》

我国关于航空货物运输合同的法律规范主要是《中华人民共和国民用航空法》（简称《民用航空法》）第九章“公共航空运输”和我国《民法典》合同编第十九章“运输合同”及其他关于合同的原则性规定。我国《民用航空法》于1995年10月30日通过，并于1996年3月1日起施行。该法[①]同时适用于国际航空运输和国内航空运输。

我国《民用航空法》关于航空货物运输的规定，如国际航空运输的定义以及承运人责任期间、收发货人的权利和义务、诉讼时效等，吸收了《华沙公约》的主要精神，而对承运人的驾驶过失免责条款的取消等又采纳了《海牙议定书》中的合理内容。

我国《民用航空法》将承运人的责任规定为：因发生在航空运输期间的事件而造成货物毁灭、遗失或者损坏的，承运人应当承担责任。但是，承运人如能证明货物的毁灭、遗

① 2018年12月，该法已作修正。

失或者损坏完全是由下列原因之一造成的，则不承担责任：1）货物本身的自然属性、质量或者缺陷；2）承运人或其受雇人、代理人以外的人包装货物的，货物包装不良；3）战争或者武装冲突；4）政府有关部门实施的与货物入境、出境和过境有关的行为。

在赔偿责任限制上，我国《民用航空法》规定对货物的赔偿责任限额为每千克 17 个计算单位，托运人在交运货物时，特别声明在目的地交付时的利益，并在必要时支付附加费的，除承运人证明托运人声明的金额高于货物在目的地交付时的实际利益外，承运人应当在声明的金额范围内承担责任。

第四节　国际多式联运

一、国际多式联运的含义

国际多式联运，是指按照多式联运合同，以至少两种不同的运输方式，由多式联运经营人将货物从一国境内接管货物的地点运至另一国境内指定交付货物的地点。国际多式联运必须符合以下基本条件：

（1）发货人与多式联运经营人必须签订一份多式联运合同。该运输合同确定了多式联运经营人与发货人之间的权利义务关系和责任，这也是区别多式联运与单一运输的主要依据。

（2）多式联运是使用两种或两种以上不同运输方式的运输。多式联运必须涉及至少两种不同的运输方式。同时，多式联运必须是不同运输方式下的连续运输。

（3）多式联运经营人必须对全程运输负责。多式联运经营人在履行多式联运合同所规定的运输责任的同时，可将全部或部分运输委托他人来完成并订立分运合同，但分运合同的承运人与发货人之间不存在合同关系。

（4）货物运输是国际货物运输，涉及国际运输法的适用问题。

（5）货物全程运输由多式联运经营人签发一张多式联运单证，且应满足不同运输方式的需要，并计收全程运费。

二、我国《海商法》有关多式联运的特别规定

（一）国际多式联运合同的定义

我国《海商法》第 102 条第 1 款将多式联运合同定义为：多式联运经营人以两种以上的不同运输方式，其中一种是海上运输方式，负责将货物从接收地运至目的地交付收货人，并收取全程运费的合同。

（二）多式联运经营人的定义

我国《海商法》第 102 条第 2 款将多式联运经营人定义为：本人或者委托他人以本人名义与托运人订立多式联运合同的人。

（三）多式联运经营人的责任期间

我国《海商法》第 103 条规定：多式联运经营人对多式联运货物的责任期间，自接收货物时起至交付货物时止。因此，多式联运经营人的责任期间可以自托运人的仓库、堆场到收货人的仓库、堆场，可以自多式联运经营人的指定仓库、堆场到收货人的仓库、堆场，可以自托运人指定的仓库、堆场到多式联运经营人的仓库、堆场等，由多式联运经营人或其组织参加的以多式联运的各种运输方式掌管货物的全部期间。

（四）多式联运经营人的责任形式

我国《海商法》第 104～106 条规定了多式联运经营人的责任形式，主要包括：

（1）多式联运经营人负责履行或者组织履行多式联运合同，并对全程运输负责。

（2）多式联运经营人与参加多式联运的各区段承运人，可以就多式联运合同的各区段运输，另以合同约定相互之间的责任。但是，此项合同不得影响多式联运经营人对全程运输所承担的责任。

（3）货物的灭失或者损坏发生于多式联运的某一运输区段的，多式联运经营人的赔偿责任和责任限额适用调整该区段运输方式的有关法律规定。这一规定体现了多式联运经营人实行的是“网状责任制”。

（4）货物的灭失或者损坏发生的运输区段不能确定的，多式联运经营人应当依照我国《海商法》关于多式海上货物运输合同中关于承运人赔偿责任和责任限额的规定负赔偿责任。

综合练习

一、不定项选择题

1. 必须经背书才能转让的提单是（　　）。

A. 记名提单　　B. 不记名提单　　C. 指示提单　　D. 海运单

2.《海牙规则》规定的承运人免责事由包括（　　）。

A. 海难与天灾　　B. 货物的固有缺陷

C. 检疫限制　　D. 驾驶或管理船舶的过失

3. 承运人凭保函签发清洁提单所带来的风险有（　　）。

A. 承运人不能以保函对抗善意第三人

B. 承运人可能丧失责任限制的权利

C. 船东保赔协会通常不负责给予赔偿

D. 向托运人追偿也比较困难

4. 关于海运提单、航空运单、铁路运单、多式联运单据的表述正确的是（　　）。

A. 它们都是运输合同的证明　　B. 它们都是物权凭证

C. 它们都是收货凭证　　D. 它们都可以流通转让

5. 根据《中国人民保险公司海洋运输货物保险条款》的规定，一般附加险包括（　　）。

A. 短量险　　B. 偷窃和提货不着险

C. 交货不到险　　D. 串味险

二、实训题

【实训目的】熟悉提单的种类和正面记载事项，能分析提单应用的注意事项。

【实训任务】

（1）分析下述提单正面记载事项与提单分类的联系（见表 5-5）。

（2）举例说明各种提单在使用过程中的注意事项。

表 5-5　　提单

<table>
<tr><td colspan="2">托运人
Shipper</td><td colspan="3" rowspan="5">中国外运股份有限公司　B/L No.
SINOTRANS LIMITED
联运提单　[有抬头提单和无抬头提单]
[装船提单、收货待运提单]　COMBINED TRANSPORT
BILL OF LADING
[Received] the goods in apparent good order and condition as specified below unless otherwise stated herein. The Carrier, in accordance with the provisions contained in this document.
1) undertakes to perform or to procure the performance of the entire transport from the place at which the goods are taken in charge to the place designated for delivery in this document, and
2) assumes liability as prescribed in this document for such transport. One of the Bills of Lading must be surrendered duly indorsed in exchange for the goods or delivery order.</td></tr>
<tr><td colspan="2">收货人
Consignee
[记名提单、不记名提单、指示提单]</td></tr>
<tr><td colspan="2">通知地址
Notify Address</td></tr>
<tr><td>前段运输
Pre-carriage by</td><td>收货地点
Place of receipt</td></tr>
<tr><td>海运船只
Ocean vessel</td><td>装货港
Port of loading</td></tr>
<tr><td>卸货地
Port of discharge</td><td>交货地点
Place of delivery</td><td colspan="2">运费支付地
Freight payable at</td><td>正本提单份数
Number of original B/L</td></tr>
<tr><td>标志和号码
Marks and Nos.</td><td>件数和包装种类
Number and kinds of packages</td><td>货名
Description of goods</td><td>毛重（千克）
Gross weight (kgs.)</td><td>尺码（立方米）
Measurement (m^3)</td></tr>
<tr><td colspan="5">依对货物和/或包装状况的批注　　[直达提单、转船提单、联运提单、多式联运提单]
[清洁提单、不清洁提单]　　以上细目由托运人提供
ABOVE PARTICULARS FURNISHED BY SHIPPER</td></tr>
</table>

<table>
<tr><td rowspan="3">运费和费用
Freight and Charges
倒签提单、预借提单</td><td>IN WITNESS whereof the number of original Bills of Lading stated above have been signed one of which being accomplished，the other（s）to be void.</td></tr>
<tr><td>签单地点和日期
Place and date of issue</td></tr>
<tr><td>代表承运人签字
Signed for or on behalf of the Carrier
船公司提单、货代提单等
代理
as Agents</td></tr>
</table>

SUBJECT TO THE TERMS AND CONDITIONS ON BACK

第六章

知识产权法

学习目标

【知识目标】

- 掌握知识产权的概念、法律特征和基本类型
- 熟悉我国知识产权制度建设和知识产权的国际保护
- 掌握专利的概念、申请程序和专利权的限制及其保护
- 掌握商标的概念、法律特征和分类
- 熟悉商标注册制度和商标专用权的保护制度
- 熟悉知识产权海关保护制度

【能力目标】

- 能查找和运用专利法及商标法基本规则
- 能初步分析国际商务活动中知识产权纠纷方面的法律问题

重点难点

【重点】

- 知识产权的概念和基本类型
- 知识产权海关保护制度

【难点】

- 授予专利权的条件和专利权的保护
- 商标权的内容和注册商标专用权的保护

导入案例 红绿之争——“王老吉”商标权纠纷案

红罐王老吉和绿盒王老吉虽然在市场上并存，但两者并非同一家。红罐属于总部位于香港的鸿道集团，绿盒则属于总部位于广州的广药集团。2012年5月起，一场商标大战使双方的恩怨浮出水面。

1997年2月，广药集团与鸿道集团签订了商标许可使用合同。合同规定：鸿道集团自当年取得独家使用“王老吉”商标生产销售红色纸包装及红色铁罐装凉茶饮料的使用权，使用期限至2010年。随后，鸿道集团成立加多宝公司负责王老吉在内地的生产和经营。

2002年起，加多宝开始转变思路，变凉茶为饮料，同时开始进军全国市场，昔日默默无闻的王老吉很快红遍大江南北。从那时起到2006年的五年间，王老吉的销售额从1.8亿元猛增至近40亿元。此后，加多宝打出了“怕上火喝王老吉”的概念，品牌价值再度提升。加之其在2008年的汶川大地震以及2010年的玉树地震中两次捐出亿元捐款，其品牌美誉度扶摇直上。到2011年，王老吉的国内销售额达到创纪录的160亿元，甚至超过了可口可乐，成为中国当之无愧的饮料业老大。

自1997年2月广药集团与鸿道集团签订商标许可使用合同后，2002年11月，双方又签署了补充协议，将商标续展期限延长至2013年。2003年6月，双方签署了第二份补充协议，约定将王老吉商标租期延长至2020年。后经证实，两次签订协议期间，鸿道集团对广药集团原副董事长李某均存在商业贿赂行为。

2010年8月30日，广药集团向鸿道集团发出律师函，申诉李某签署的两个补充协议无效。11月，广药集团启动王老吉商标评估程序，彼时王老吉品牌价值也被评估为1 080.15亿元，跻身中国第一品牌。

2011年4月，广药集团向中国国际经济贸易仲裁委员会提出仲裁请求。5月，王老吉商标案立案。几经周折，仲裁委员会于2012年5月9日作出仲裁裁决：广药集团与加多宝母公司鸿道集团签订的《“王老吉”商标许可补充协议》和《关于“王老吉”商标使用许可合同的补充协议》无效；鸿道集团停止使用“王老吉”商标。该裁决为终局裁决，自作出之日起生效。

2012年5月17日，鸿道集团向北京市第一中级人民法院提起了撤销该裁决的申请。7月，北京市第一中级人民法院作出裁定，驳回鸿道集团的申请。至此，该案尘埃落定。

讨论：本案被称为“中国商标第一案”。加多宝公司销售业绩惊人，但其每年只支付四五百万元的商标使用费，远低于法律规定的“利润10%左右”的标准。两者的巨大反差在一定程度上导致了双方愈演愈烈的王老吉红绿之争。在企业知识产权保护方面，该案对你有何启示？

第一节　知识产权法概述

一、知识产权的概念和法律特征

“知识产权”（Intellectual Property Rights）成为国际上的普遍用语，应当得益于1967年7月14日在斯德哥尔摩签订的《建立世界知识产权组织公约》（the Convention Establishing the World Intellectual Property Organization）。我国民法理论曾称之为“智力成果权”，到20世纪70年代初首次将其译作“知识产权”。作为我国正式的法律用语，“知识产权”最早出现在1986年的《民法通则》中。

（一）知识产权的概念

知识产权是基于智力创造成果和工商业标记依法产生的权利的统称。《建立世界知识产权组织公约》未对知识产权作出概念上的界定，但以列举加概括的方式界定了知识产权，其第2条第8款规定，“知识产权”包括与下列事项有关的权利：1）文学、艺术和科学作品；2）表演者的表演、录音和广播；3）人类一切活动领域内的发明；4）科学发现；5）工业品外观设计；6）商标、服务商标、商号和商业标识；7）制止不正当竞争；8）工业、科学、文学或艺术领域的知识活动所产生的所有其他权利。

需注意的是，传统知识产权理论认为，《建立世界知识产权组织公约》列举的知识产权第4）项“科学发现”不同于发明创造，不宜作为知识产权的保护对象。原因在于，科学发现是人类对客观世界的认识，作为认识对象的现象、本质和规律是固有的，不以人的主观意志为转移，不是人类行为作用的结果。发明则不是固有的，是人类利用客观世界的物质、能量、信息及运动规律所创造的对象，是智力活动的成果。人类对自己的创造成果理应享有权利。

（二）知识产权与其他民事财产权利的区别

知识产权属于民事财产权利，知识产权法属于财产法。因发生的根据不同，财产权利被划分为物权、债权和知识产权，三者的区别在于各自的对象不同。物权产生的前提通常是占有一定的空间，能够为人力所支配并能满足人们一定的物质或精神需要，表现为动产和不动产的、有体有形的“物”。债权产生的前提是以作为或不作为方式存在的“行为”。知识产权产生的前提，是以创造成果或工商业标记方式出现的有形无体的“知识”。以下重点分析同是绝对权利的知识产权和物权的区别。

1. 权利的对象或标的不同

物权的对象是动产和不动产以及其他实实在在的物理学意义上的“物”。知识产权的对象是“知识”，是不含物质实体的思想或情感的表现形式，是非物质的客观存在，是在

“虚”中“拟”出来的“物”。

2. 知识产权的独占性、专有性和排他性弱于物权

知识产权人对其创造成果的占有、使用、收益和处分行为，除不得滥用权利之外，法律还明确规定了对知识产权的“合理使用”“法定许可使用”和“强制许可使用”等限制制度。在知识产权制度中，存在若干权利人与非权利人可以共享的权利内容。

3. 利益的实现方式不同

物权人的利益通常可以借助事实上对物权“对象”的占有实现，知识产权利益的实现须仰仗法律的保障。物权人占有和使用其对象物时，即在事实上有效地排除了其他人同时占有和使用其对象物的可能。但知识产权的对象只是一种纯“结构”和“形式”，这种知识形态的对象一旦被设计描述出来，并不依赖于特定的载体存在，只要被公开，就很难被权利人实际控制和占有。这也是知识产权极易受到侵害的原因。

4. 知识产权的期限不同于物权的期限

法律明确规定知识产权有一定的保护期或有效期，期限届满，该知识产权即丧失了专有性，进入公有领域，成为整个社会的共同财富。物权则无此法律规定，物权的期限与物的自然寿命竞合。

此外，知识产权具有地域性，在某一国家或地区取得的知识产权只能在该国或该地区范围内发生法律效力，除签有国际公约或者双边互惠协定外，一般不发生域外效力。

二、知识产权的两种基本类型

（一）著作权

著作权又称版权，是指基于文学艺术和科学作品依法产生的权利。著作权通常有狭义和广义之分。狭义的著作权是指各类作品的作者依法享有的权利，其内容包括人身方面和财产方面；广义的著作权除了狭义著作权以外，还包括艺术表演者、录音录像制品制作者和广播电视节目制作者依法享有的权利。这些权利通常被称为著作邻接权或者与著作权有关的权利。著作权的保护对象可以是赏心悦目、愉悦精神，以满足人类审美需求的知识类型。因此，它的功能是精神上的，也称非实用功能。

（二）工业产权

工业产权是指著作权以外的知识产权，其保护对象的功能是物质上的，也称实用功能。根据《保护工业产权巴黎公约》（Paris Convention on the Protection of Industrial Property，简称《巴黎公约》）第1条的规定，工业产权的保护对象有发明专利、实用新型、工业品外观设计、商标、服务标记、厂商名称、资源标记或原产地名称以及制止不正当竞争。该公约同时指出，对工业产权应作最广义的理解，不仅应适用于工业和商业本身，而且应同样适用于农业和采掘业，适用于一切制成品或天然产品，如酒类、谷物、烟叶、水果、牲畜、矿产品、矿泉水、啤酒、花卉和谷类的粉。本书将重点介绍专利权和商

标权。

三、我国知识产权制度的建设

（一）知识产权法的概念

知识产权法是调整确认、保护和行使智力成果的过程中所产生的各种社会关系的法律规范的总称。目前，各国知识产权法主要以单行法律的形式存在，如著作权法、专利法和商标法等。其法律渊源主要有国内立法和国际条约。

（二）我国知识产权立法概况

我国自20世纪80年代开始全面建立知识产权制度，于1982年、1984年、1990年和1993年先后颁布实施了《中华人民共和国商标法》（简称《商标法》）、《中华人民共和国专利法》（简称《专利法》）、《中华人民共和国著作权法》（简称《著作权法》）和《中华人民共和国反不正当竞争法》（简称《反不正当竞争法》）。

我国在1985年加入了《巴黎公约》，1992年加入了《保护文学艺术作品伯尔尼公约》（简称《伯尔尼公约》）和《世界版权公约》，还先后加入了一些与著作权、邻接权、专利权和商标权等相关的专门条约。1992年和1993年，我国先后对《专利法》和《商标法》作了修正。此后，为了加入世界贸易组织（WTO），使我国的知识产权法律符合WTO的条件，以便能顺利地与国际通行惯例相衔接，我国根据国情，参照《与贸易有关的知识产权协定》（Agreement on Trade-Related Aspects of Intellectual Property Rights，TRIPS）的相关规定，在2000年和2001年相继对《专利法》和《商标法》作了第二次修正，并修改了《著作权法》，从而为我国在2001年12月11日加入WTO创造了有利条件。

2007年3月6日，我国又加入《世界知识产权组织版权条约》和《世界知识产权组织表演和录音制品条约》。2007年6月9日，这两个公约在我国正式生效。这一时期，我国知识产权制度在新的社会条件下得到迅速发展。我国《物权法》的颁布和我国民事立法的全面推动，以及国际最新的立法动向，都为我国系统而全面地修订知识产权法律提供了全新的社会环境和法律环境。此后，我国于2008年和2013年分别对《专利法》和《商标法》进行了第三次修正。为进一步规范商标使用和注册行为，加大对商标的司法保护力度，我国又于2019年4月对《商标法》进行了第四次修正。

在知识产权保护的刑事立法方面，我国于1997年对《中华人民共和国刑法》作了全面修改，吸收了《关于惩治生产、销售伪劣商品犯罪的决定》等单行刑事法规的内容，在“假冒注册商标罪”“销售假冒注册商标的商品罪”“非法制造、销售非法制造的注册商标标识罪”“假冒专利罪”“侵犯著作权罪”和“销售侵权复制品罪”等罪名的基础上，新增了“侵犯商业秘密罪”。特别在分则第三章中专设第七节“侵犯知识产权罪”，充分考虑了TRIPS第61条的承诺，使我国保护知识产权的刑事立法迈上了一个新的台阶。

四、知识产权的国际保护

国际层面对知识产权的保护始于19世纪后期。各国通过参加和签订双边或多边国际条约的形式相互提供知识产权保护。知识产权条约包括保护知识产权权利的实体规范、知识产权获得和维护的程序以及争端解决程序的规范。

（一）世界知识产权组织管理的主要知识产权公约

1. 世界知识产权组织

世界知识产权组织（WIPO）是联合国的一个专门机构，根据1967年的《建立世界知识产权组织公约》而成立。成员国赋予它的任务是：通过国家之间的合作并与其他国际组织配合，促进世界范围内的知识产权保护。WIPO总部设在瑞士日内瓦，截至2020年3月，WIPO共有成员国192个，超过全世界国家数量的95%。中国于1980年6月3日加入该组织，成为该组织第90个成员国。

2000年10月，WIPO第35届成员大会上通过了中国和阿尔及利亚于1999年共同提出的关于建立“世界知识产权日”的提案，决定从2001年起创建一年一度的世界知识产权日，并选择了4月26日——《建立世界知识产权组织公约》于1970年生效的日子。设立世界知识产权日旨在在全世界范围内树立尊重知识、崇尚科学和保护知识产权的意识，营造鼓励知识创新和保护知识产权的法律环境。2020年世界知识产权日的主题是“为绿色未来而创新”。

2.《巴黎公约》

《巴黎公约》于1883年3月20日在巴黎签订，1884年7月6日生效。中国于1984年12月19日递交加入该公约1967年斯德哥尔摩修订本的加入书，并于1985年3月19日生效。我国在加入时，对该公约第28条第1款予以保留，不受该条款约束。

《巴黎公约》的规定涉及工业产权的保护范围、基本原则、最低保护标准等方面的内容，其中确立了三项基本原则，即国民待遇原则、优先权原则和独立性原则。《巴黎公约》是TRIPS要求各成员国必须遵循的公约。

（1）国民待遇原则。在工业产权保护方面，各成员国必须在法律上给予公约其他成员国相同于其本国国民的待遇；即使是非成员国国民，只要其在公约某一成员国内有住所，或有真实有效的工商营业所，亦应给予相同于本国国民的待遇。

（2）优先权原则。《巴黎公约》规定凡在一个缔约国申请注册的商标，可以享受自初次申请之日起为期6个月的优先权，即在这6个月的优先权期限内，如申请人再向其他成员国提出同样的申请，其后来申请的日期可视同首次申请的日期。优先权的作用在于保护首次申请人，使其在向其他成员国提出同样的注册申请时，不至于因两次申请日期的差异而被第三者钻空子抢先申请注册。发明、实用新型和工业品外观设计的专利申请人从首次向成员国之一提出申请之日起，可以在一定期限内（发明和实用新型为12个月，工业品外观设计为 6 个月）以同一发明向其他成员国提出申请，以第一次申请的日期作为以后提出申请的日期。其条件是：申请人必须在成员国之一完成了第一次合格的申请，而且第一次申请的内容与日后向其他成员国提出的专利申请的内容必须完全相同。

（3）独立性原则。申请和注册商标的条件，由每个成员国的本国法律决定，各自独立。对成员国国民所提出的商标注册申请，不能以申请人未在其本国申请、注册或续展为由而加以拒绝或使其注册失效。在一个成员国正式注册的商标与在其他成员国（包括申请人所在国）注册的商标无关。这就是说，商标在一个成员国取得注册之后，就独立于原商标，即使原注册国已将该商标予以撤销，或因其未办理续展而无效，都不影响它在其他成员国所受到的保护。同一发明在不同国家所获得的专利权彼此无关，即各成员国独立地按本国的法律规定或给予、或拒绝、或撤销、或终止某项发明专利权，不受其他成员国对该专利权处理的影响。

3.《专利合作华盛顿条约》

《专利合作华盛顿条约》（Patent Cooperation Treaty，PCT）于 1970 年 6 月 19 日订于华盛顿，1978 年 1 月生效，曾于 1979 年和 1984 年进行过修改。参加这个条约的国家必须是《巴黎公约》的成员国。我国于 1993 年加入《专利合作华盛顿条约》，该条约于 1994 年 1 月对我国生效。中国知识产权局已成为受理局、国际检索单位和国际初步审查单位。

该公约的宗旨是成员国组成联盟，对发明申请的提出、检索和审查进行合作，但授予专利的任务仍保留在寻求专利保护的各个国家的专利局或行使其职权的机构。国际申请程序分为国际阶段和国家阶段。在国际阶段，受理局受理国际申请，国际检索单位检索已有技术并提出国际检索报告。申请人要求初步审查的，国际初步审查单位审查发明是否具备新颖性、创造性、实用性，并提出国际初步审查报告。申请人在规定的期限内没有要求国际初步审查的，国际申请自优先权日起 20 个月内进入国家阶段；要求国际初步审查的，自优先权日起 30 个月内进入国家阶段。在国家阶段，各国专利局按照本国法律规定的条件和程序审查和批准专利。

该条约具有如下作用：1）简化了专利申请的手续，申请人不必向各成员国逐个提交不同语种的专利申请文件，只需提交一份国际申请案一次完成；2）由一个受理局完成形式审查，由一个国际检索单位（负责对国际申请进行国际检索的国家局或政府间组织）进行检索，简化了各个成员国专利局的检索手续；3）由国际局完成国际公布，使那些没有技术或经济力量进行专利审查的国家可以依赖国际审查局的审查结果。

4.《商标国际注册马德里协定》

《商标国际注册马德里协定》（Madrid Agreement for International Registration of Trade Marks，简称《马德里协定》）于 1891 年 4 月 14 日在马德里由法国、比利时、西班牙、瑞士和突尼斯发起缔结，1892 年 7 月生效。该协定是对《巴黎公约》中注册商标国际保护的补充，自生效以来先后进行了六次修订。参加《马德里协定》的成员国必须是《巴黎公约》的成员国。我国于1989年10月4日加入该协定。

《马德里协定》的保护对象是商标和服务标志。按照该协定，申请和取得国际注册的程序是：其成员国的商标注册申请人在原属国注册后，只要用一种语言，向世界知识产权局国际局递交一份按统一格式书写的国际注册申请案，并且交付一次申请费就有可能取得在两个或两个以上国家的商标注册，从而既减少了商标申请人的工作量，又节约了费用。

有资格提交国际注册申请案的人是《马德里协定》成员国国民和在成员国中有住所或有实际营业所的非成员国国民。国际局对申请文件进行形式审查，审查通过就算是获得了商标的“国际注册”。国际局将商标的“国际注册”予以公布，同时将申请文件审查结果及“国际注册”复印后分送商标申请人所申请保护的国家。有关国家的商标管理部门接到国际局的上述文件后，有权在1年内在说明理由的情况下拒绝接受该注册。如果在1年内未表示拒绝，该商标的国际注册在该国自动生效，转变为在该国的国内注册。在国际局注册的商标的有效期为20年，并可按照规定续展。

获得国际注册的商标权人有权对其注册的商标进行转让，可以将一国或数国的注册商标专用权转让，可以是全部转让，也可以是部分转让。

1989年，在世界知识产权组织的主持下，缔结了《商标国际注册马德里协定有关议定书》（简称《马德里议定书》），增加的主要规定是：申请人可以以其在本国的注册申请（而不是已取得的注册）作为国际申请的依据。《马德里协定》和《马德里议定书》构成了商标国际注册马德里体系。

此外，《伯尔尼公约》《保护表演者、音像制品制作者和广播组织罗马公约》（《罗马公约》）和《世界知识产权组织版权公约》等公约也由世界知识产权组织进行管理。

（二）《与贸易有关的知识产权协定》

《与贸易有关的知识产权协定》（TRIPS）作为关贸总协定乌拉圭回合谈判结果的最后文件之一，于1994年4月15日由关贸总协定各成员签订。对于关贸总协定及之后的WTO而言，在其文件上签字并承担其实体权利和义务的主体，称为“成员”而非“缔约国”。原因在于加入该组织的不仅包括主权国家，还包括独立关税区，如我国香港特别行政区。TRIPS在摩洛哥的马拉喀什签署并自1995年1月1日生效，WTO也同时成立。我国现为WTO成员方，该组织的条约规定，对我国已经产生法律拘束力。

1. TRIPS的特点

作为关贸总协定乌拉圭回合谈判各项协定和附件中不可分离的一份文件，必须和其他关贸总协定的文件“一揽子”提交。依TRIPS的规定，除非各成员方同意，不允许针对本协定的任何一项规定作出保留。

TRIPS将知识产权纳入世界贸易总体框架之下进行高标准保护，不但规定了知识产权的实体内容，而且对其获得和维持条件作了详尽的规定。TRIPS明确知识产权为私权，统一了不同法系国家对知识产权性质的不同认识，归纳和吸收了其他知识产权国际保护公约的相关制度，并进一步确立了知识产权实施程序和争议解决程序。同时，TRIPS为发展中国家作了过渡性安排，使其逐渐达到协定规定的保护标准。

2. TRIPS的保护范围

TRIPS规定，知识产权的保护范围包括：1）版权和相关权利；2）商标；3）地理标识；4）工业设计；5）专利；6）集成电路布图设计（拓扑图）；7）对未披露信息的保护；8）对协议许可的反竞争行为的控制。

3. TRIPS和其他知识产权保护公约的关系

TRIPS第2条第1款规定：就本协定的第二部分（关于知识产权效力、范围和使用的标准）、第三部分（知识产权的实施）和第四部分（知识产权的取得和维持及当事人之间的相关程序）而言，各成员应遵守《巴黎公约》（1967年文本）第1条至第12条和第19条，即《巴黎公约》有关工业产权的实体规定。

TRIPS第2条第2款规定：本协定第一部分（总则和基本原则）至第四部分的任何规定不得背离各成员可能在《巴黎公约》《伯尔尼公约》《罗马公约》和《关于集成电路的知识产权条约》项下相互承担的现有义务。

可见，《巴黎公约》《伯尔尼公约》等虽各自有独立的适用范围、保护对象及保护标准，但这些独立的公约规定的实体内容均完全被TRIPS吸收和包容。TRIPS的保护水平以各独立的知识产权公约确立的保护标准为起点，这一点也说明TRIPS的保护水平在所有的知识产权保护的国际条约中是最高的。

第二节　专利法

一、专利和专利法的概念

（一）专利的概念

专利是指国家专利行政机关依照法律规定的条件和程序，授予申请人在一定期限内对某项发明创造享有的独占权。可见，专利在一定意义上等于专利权。有时，人们还把获得专利权的发明创造成果称为专利。

（二）专利法的概念

专利法是调整申请、取得、利用和保护专利过程中发生的社会关系的法律规范的总称。专利法作为知识产权法的一个门类，其目的在于保护发明创造的专利权，以促进科学技术的发展和进步。

二、专利权的主体和客体

（一）专利权的主体

专利权的主体即专利权人，是指有权提出专利申请并取得专利权的人。《美国专利法》第115条规定：申请人应当宣誓深信自己是某方法、机器、制造品或物品的组合或其改进等请求取得专利的原始和最早的发明人。发明人与申请人通常应为同一人，但在实践中也存在许多发明人和申请人不是同一人的情况。

此外，专利权人和专利申请人是两个不同的概念。一项技术申请专利后未必都能获得批准而成为专利技术，相应的专利申请人也就未必能够成为专利权人。反之，专利权人未必都曾是专利申请人，因为专利权可以通过转让或继承获得。根据我国《专利法》的规定，有权申请专利并获得专利权的单位和个人包括：

1. 发明人或设计人

发明人即完成发明创造的自然人，可以是一人，也可以是多人。我国《专利法》将实用新型和外观设计的完成人称为设计人。发明人或设计人（以下统称发明人）以自己的创造性劳动作出了发明创造，就主观条件而言满足了专利权人的条件，但在客观上，只有当发明人在其职务之外，完全依靠自身能力和条件完成的发明创造，其权利才归属于发明人。根据我国《专利法》第6条第2款规定：非职务发明创造，申请专利的权利属于发明人或者设计人；申请被批准后，该发明人或者设计人为专利权人。

2. 发明人的单位

发明人的单位包括法人和非法人组织。现代社会中，一项发明创造通常因技术复杂程度、研究开发经费以及各种物质技术条件的限制，无法依靠个人力量完成，而往往由发明人在供职单位基于本职工作作出，这样的发明创造属于职务发明。我国《专利法》第6条第1款规定：职务发明创造申请专利的权利属于该单位；申请被批准后，该单位为专利权人。

职务发明创造，主要包括两种情形：一种是执行本单位的任务所完成的发明创造，另一种是主要利用本单位的物质技术条件所完成的发明创造。前者包括：1）在本职工作中作出的发明创造；2）履行本单位交付的本职工作之外的任务所作出的发明创造；3）退职、退休或者调动工作后1年内作出的，与其在原单位承担的本职工作或者原单位分配的任务有关的发明创造。至于后者，“本单位的物质技术条件”，是指本单位的资金、设备、零部件、原材料或者不对外公开的技术资料等。

对于利用本单位的物质技术条件所完成的发明创造，我国《专利法》并不一概认定为职务发明，而是允许单位与发明人订立合同，对申请专利的权利和专利权的归属作出约定。

3. 合法受让人

合法受让人是以转让、继承方式取得专利权的人。专利申请权和专利权可以转让。专利权中的财产权部分可以继承。转让专利申请权或专利权的，当事人应当订立书面合同，并在国务院专利行政部门登记，由国务院专利行政部门予以公告。专利申请权或专利权的转让自登记之日起生效。

两个以上单位或个人合作完成的发明创造、一个单位或个人接受其他单位或个人委托所完成的发明创造，当事人可以对发明创造成果的权利归属作出约定。按照约定享有专利申请权的单位或个人，申请被批准后即可成为专利权人。

4. 外国人

按照我国《专利法》和《巴黎公约》的规定，只要具备以下四个条件之一的外国人，便可在我国申请专利：1）该外国人在中国有经常居所或营业所；2）该外国人的所属国同中国签订了专利保护的双边条约或共同参加了有关国际公约；3）按照互惠原则办理，若该外国人所属国对中国人的专利申请予以保护，则我国也相应地对该外国人的专利申请予以保护；4）对非《巴黎公约》成员国国民，只要在任何一个《巴黎公约》成员国领域内设有住所或真实有效的营业所，也应当同我国国民一样享有国民待遇。

尽管《巴黎公约》规定了成员国之间在专利权保护方面给予国民待遇，但该公约允许在某些具体的程序方面对外国人作出特别规定。我国《专利法》第19条第1款规定：在中国没有经常居所或者营业所的外国人、外国企业或者外国其他组织在中国申请专利和办理其他专利事务的，应当委托依法设立的专利代理机构办理。

（二）专利权的客体

专利权保护的客体即被授予专利权的对象，一般而言应当是指人类的发明创造。由于各国国情不同，各国规定的专利权保护对象也不尽相同。在日本、德国等发达国家，其专利法保护的对象仅限于发明专利。因此在国际上，专利和发明常被视为同义词。在《巴黎公约》中，“专利”一词就是指发明。然而，也有包括我国在内的一些国家和地区同时规定了多种专利类型。我国《专利法》第2条规定：本法所称的发明创造是指发明、实用新型和外观设计。

1. 发明

发明是指对产品、方法或其改进所提出的新的技术方案。发明因其最终的物质表现形式不同分为产品发明和方法发明两大类。

（1）产品发明。专利法上的产品，既可以是一个独立、完整的产品，也可以是一台设备或其中的零部件。其内容主要包括：制造品，如机器、设备以及各种用品；材料，如化学物质、组合物等；具有新用途的产品。

（2）方法发明。专利法上的方法，可以是由一系列步骤构成的一个完整过程，有时也可以是一个步骤。其内容主要包括：制造方法，即制造特定产品的方法；其他方法，如测量方法、分析方法、通信方法等；产品的新用途等。

2. 实用新型

实用新型是指对产品的形状、构造或其组合所提出的适于实用的新的技术方案。申请实用新型专利的产品必须有确定的形状以及固定的构造。实用新型专利与发明专利的区别在于：

（1）两者的保护范围不同。申请实用新型专利的主题只能是产品；而申请发明专利的主题既可以是产品，也可以是方法。

（2）实用新型专利的创造性要求较发明专利低。建立实用新型专利保护制度的目的之一，就是保护那些创造性高度尚达不到发明专利要求的一些简单的小发明创造。

（3）实用新型专利的审查程序比发明专利简单、快捷。目前，我国实用新型专利只要通过初步审查，认为符合要求的，便公告授权。实用新型不作实质审查，从而大大缩短了实用新型专利从申请到授权的时间。图6-1为一种具有保护功能的电脑数码摄像头。该实用新型在摄像头停止工作时，能将镜头遮盖以防止空气中的灰尘污染镜头，可以很好地保护摄像头的镜头，延长摄像头的使用寿命，极大地方便了用户，并具有防偷窥功能，可以有效地保护用户的隐私。该产品的具体应用为：用户在启动视频聊天功能后，摄像头镜头可以自动打开；用户停止视频后，则摄像头镜头盖会自动关闭，从而有效防止黑客通过木马程序偷窥用户隐私。

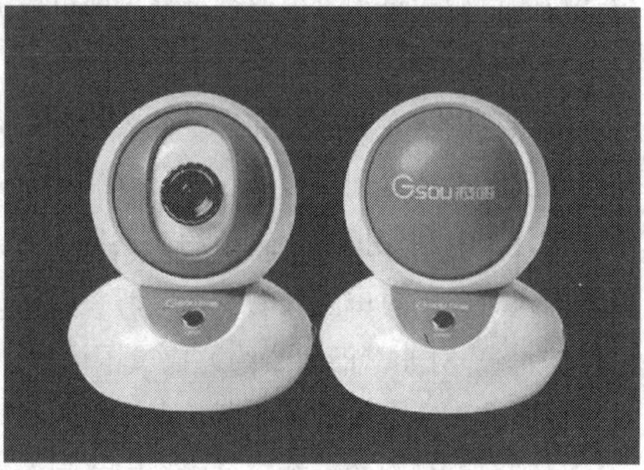

图6-1 具有保护功能的电脑数码摄像头

3. 外观设计

外观设计又称工业品外观设计，简称工业设计，是指对产品的形状、图案或其结合，以及色彩与形状、图案的结合所作出的富有美感并适于工业应用的新设计。外观设计具有以下特点：1）外观设计必须以产品为依托，离开了具体的工业产品也就无所谓外观设计了。2）外观设计以产品的形状、图案和色彩等作为构成要素，以视觉美感为目的，而不去追求实用功能。3）外观设计必须适合于工业应用。这里所谓的工业应用，是指该外观设计可以通过工业手段大量复制。图6-2为某品牌电脑显卡的X型产品彩盒，在外观设计上具有较独特的风格。

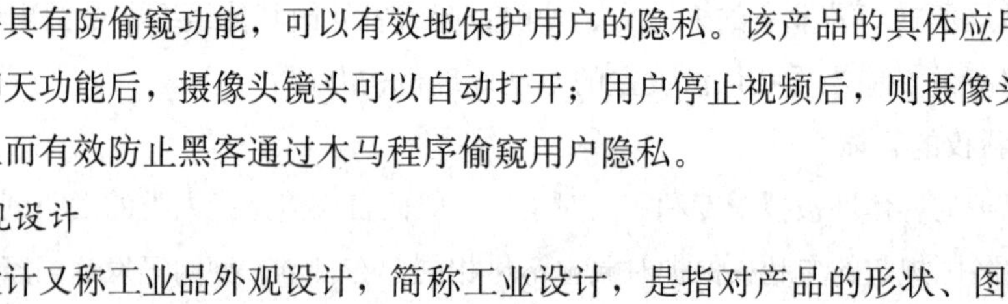

图6-2 包装盒外观设计专利

4. 不授予专利权的对象

我国《专利法》第 5 条、第 25 条对专利权保护对象的范围作了排除性规定，并列举了几种不授予专利权的对象：1）违反法律、社会公德或者妨害公共利益的发明创造；2）违反法律、行政法规的规定获取或者利用遗传资源，并依赖该遗传资源完成的发明创造；3）科学发现；4）智力活动的规则和方法；5）疾病的诊断和治疗方法；6）动物和植物品种（对动物和植物产品的生产方法，可以授予专利权）；7）用原子核变方法获得的物质。8）对平面印刷品的图案、色彩或者二者的结合作出的主要起标识作用的设计。

三、授予专利权的条件

授予专利权的条件包括实质条件和形式条件。实质条件是指发明创造应当满足的关于其本身特征、构成以及类型等内在要素的条件，具体表现为新颖性、创造性和实用性，即人们通常所说的专利“三性”。形式条件是指发明创造在申请专利的过程中应当满足的有关程序上的要求，如申请文件的撰写规则、内容和种类等。

（一）授予专利权的实质条件

1. 新颖性

新颖性是发明、实用新型和外观设计授予专利权的首要条件。按照我国《专利法》的规定，新颖性是指该发明或实用新型不属于现有技术，也没有任何单位或个人就同样的发明或实用新型在申请日以前向国务院专利行政部门提出过申请，并记载在申请日以后公布的专利申请文件或公告的专利文件中。现有技术是指申请日以前在国内外为公众所知的技术。但是，申请专利的发明创造在申请日以前 6 个月内，有下列情形之一的，不丧失新颖性：1）在中国政府主办或承认的国际展览会上首次展出的；2）在规定的学术会议或技术会议上首次发表的；3）他人未经申请人同意而泄露其内容的。

2. 创造性

根据我国《专利法》的规定，创造性是指与现有技术相比，该发明具有突出的实质性特点和显著的进步，该实用新型具有实质性特点和进步。可见，如果说新颖性的关键在于“前所未有”，强调一个“新”字，那么创造性的核心则在于“实质性特点”，侧重一个“难”字。

3. 实用性

根据我国《专利法》的规定，实用性是指该发明或实用新型能够制造或使用，并且能够产生积极效果。它意味着获得专利的发明创造不能是一种纯理论的方案，它必须能够得到应用。

由于实用性的审查判断相对简单，因此，在专利“三性”的审查程序中，也是最先审查实用性，再进行新颖性和创造性的审查。以上三个条件，发明或实用新型申请专利必须同时具备，而外观设计在申请专利时只要求具备新颖性即可。

（二）授予专利权的形式条件

各国专利法都规定了专门的专利申请办法，通常要经过申请、审查和批准三个步骤。

1. 专利申请的基本原则

（1）书面原则。专利申请的书面原则，是指申请人为获得专利权所需履行的各种法定手续都必须依法以书面形式办理。到目前为止，世界各国都要求以书面形式办理专利申请手续。实际上，书面原则不仅适用于专利申请，还适用于专利审查、专利代理以及专利实施等各种专利事务。我国现已接受与国家知识产权局订立《电子专利申请系统用户注册协议》的用户所提交的电子申请案。随着电子证据和认证系统的不断完善，电子申请的适用范围会更加广泛。

（2）先申请原则。专利权是一种独占权，一项发明创造只能被授予一项专利权。但在实践中可能会发生两个不同的人分别独立完成了相同的发明，并且都向专利局递交了专利申请的情况。在专利法中解决这两项申请的抵触有两种办法：一种是先发明制，另一种是先申请制。如今，绝大多数国家均采用先申请制。我国《专利法》第9条第2款规定：两个以上的申请人分别就同样的发明创造申请专利的，专利权授予最先申请的人。

目前，国际上通行的判断申请时间先后的标准有两个：一个是以时刻为单位，如法国和德国；一个是以日为单位，包括我国在内的多数国家以日为单位判断申请先后。申请日是指国务院专利行政部门收到专利申请文件之日；如果申请文件是邮寄的，以寄出的邮戳日为申请日。以申请日作为标准的，在同一日申请专利者一律视为同时申请。此时主要通过协商确定最终申请人。《日本专利法》第39条第2款规定：对于同一发明在同一日期提出两件以上的专利申请时，只能由专利申请人协商决定一个专利申请人领取发明专利。若协商不成，或不能协商时，各方均不能取得发明专利。

（3）单一性原则。单一性原则，是指一件专利申请的内容只能包含一项发明创造，不能将两项或两项以上的发明创造作为一件申请提出；同样的发明创造不能同时存在两项或两项以上的专利权。我国《专利法》第31条规定：一件发明或实用新型专利申请应当限于一项发明或实用新型。属于一个总的发明构思的两项以上的发明或实用新型，可以作为一件申请提出。一件外观设计专利申请应当限于一项外观设计。同一产品两项以上的相似外观设计，或者用于同一类别并且成套出售或使用的产品的两项以上外观设计，可以作为一件申请提出。

（4）优先权原则。依照《巴黎公约》，申请人在任一《巴黎公约》成员国首次提出正式专利申请后的一定期限内，又在其他成员国就同一内容的发明创造提出专利申请的，可将其首次申请日作为其后续申请的申请日。这种将后续申请的申请日提前至首次申请的申请日的权利便是优先权；在要求优先权时，首次申请日称为优先权日；享有优先权的一定期限称为优先权期。

我国《专利法》第 29 条规定：申请人自发明或实用新型在外国第一次提出专利申请之日起 12 个月内，或者自外观设计在外国第一次提出专利申请之日起 6 个月内，又在中国就相同主题提出专利申请的，依照该外国同中国签订的协议或共同参加的国际条约，或者依照相互承认优先权的原则，可以享有优先权。此外，我国还确立了本国优先权制度，即申请人自发明或实用新型在我国第一次提出专利申请之日起 12 个月内，又向国务院专利行政部门就相同主题提出专利申请的，可以享有优先权。

2. 专利申请的文件

我国《专利法》第 26 条和第 27 条规定：申请发明或实用新型专利的，应当提交请求书、说明书及其摘要和权利要求书等文件。

（1）请求书应当写明发明或实用新型的名称，发明人的姓名，申请人姓名或名称、地址，以及其他事项。

（2）说明书应当对发明或实用新型作出清楚、完整的说明，以所属技术领域的技术人员能够实现为准；必要的时候，应当有附图。

（3）摘要应当简要说明发明或实用新型的技术要点。

（4）权利要求书应当以说明书为依据，清楚、简要地限定要求专利保护的范围。申请外观设计专利的，应当提交请求书、该外观设计的图片或者照片以及对该外观设计的简要说明等文件。申请人提交的有关图片或照片应当清楚地显示要求专利保护的产品的外观设计。

3. 专利申请的审查

目前，绝大多数国家的发明专利都实行审查制。审查制又可分为即时审查和早期公开延迟审查制。美国即采用前者。包括我国在内的大部分国家现均采用早期公开延迟审查制。其审查步骤大致为：在申请案通过形式审查后，将申请案的内容公开，待一定期限后再作实质审查，实质审查通过之后再行授权。我国《专利法》对发明专利采用了早期公开延迟审查制，而对实用新型和外观设计专利则基本采用了登记制。

（1）发明专利的审查。发明专利申请被受理后，专利局将对该申请案进行初步审查。审查的内容包括申请发明专利的申请案是否满足专利法有关形式方面的要求，是否属于专利法的保护范围等。如果该申请案不符合上述要求，专利局将要求申请人补正，补正后仍不符合要求的，将被驳回。经初步审查符合要求的，将自申请日起满 18 个月后公之于众。在发明专利申请自申请日起 3 年内，专利局可以根据申请人随时提出的请求，对其申请进行实质审查；申请人无正当理由逾期不请求实质审查的，该申请即被视为撤回。由于此时该申请的全部内容均已在申请日起第 18 个月后公开，故申请人已无法以保密的方式独占该技术，当然他人也不可能再因该技术获得专利。

（2）实用新型和外观设计专利的审查。该申请相对简单。专利局在受理申请案后便进行初步审查。审查的内容和程序与发明专利初审的内容和程序大致相同。

4. 专利申请的批准

发明专利申请经实质审查没有发现驳回理由的，由专利局作出授予发明专利权的决定，发给发明专利证书，同时予以登记和公告。发明专利权自公告之日起生效。

实用新型和外观设计专利申请经初审没有发现驳回理由的，由专利局作出授予实用新型专利权或外观设计专利权的决定，发给相应的专利证书，同时予以登记和公告。实用新型专利权和外观设计专利权自公告之日起生效。

四、专利权的期限、终止与无效宣告

（一）专利权的期限与终止

在国际上，发明专利保护期通常为15～20年，实用新型和外观设计专利保护期通常少于10年。美国、加拿大等国的专利法规定的发明专利权保护期为17年，自授权之日起计算。我国发明专利权的期限为20年，实用新型专利权和外观设计专利权的期限为10年，均自申请日起计算。同时，专利权人应当自被授予专利权的当年开始缴纳年费。有下列情形之一的，专利权在期限届满前终止：1）没有按照规定缴纳年费的；2）专利权人以书面声明放弃其专利权的。

（二）专利复审与无效宣告

依照我国《专利法》，专利局设立专利复审委员会。专利申请人对专利局驳回申请的决定不服的，可以自收到通知之日起3个月内，向专利复审委员会请求复审。专利复审委员会复审后，作出决定，并通知专利申请人。专利申请人对专利复审委员会的复审决定不服的，可以自收到通知之日起3个月内以专利复审委员会为被告，向北京知识产权法院提起行政诉讼。

自专利局公告授予专利权之日起，任何单位或个人认为该专利权的授予不符合法律规定的，可以请求专利复审委员会宣告该专利权无效。专利复审委员会应当对该请求及时审查和作出决定，并通知请求人和专利权人。宣告专利权无效的决定，由专利局登记和公告。对专利复审委员会宣告专利权无效或维持专利权的决定不服的，可以自收到通知之日起3个月内向北京知识产权法院提起行政诉讼。

宣告无效的专利权视为自始即不存在。宣告专利权无效的决定，对在宣告专利权无效前人民法院作出并已执行的专利侵权的判决、调解书，已经履行或强制执行的专利侵权纠纷处理决定，以及已经履行的专利实施许可合同和专利权转让合同，不具有追溯力。但是因专利权人的恶意而给他人造成损失的，应当给予赔偿。当然，如果专利权人或专利权转让人不返还专利侵权赔偿金、专利使用费、专利权转让费，明显违反公平原则的，应当全部或部分返还。

五、专利权人的权利和义务

(一) 专利权人的权利

1. 独占实施权

独占实施权具有两方面内容：自己实施专利的权利和禁止他人实施其专利的权利。我国《专利法》规定：除法律另有规定外，任何单位或个人未经专利权人许可，都不得实施其专利，即不得为生产经营目的制造、使用、许诺销售、销售、进口其专利产品，或者使用其专利方法以及使用、许诺销售、销售、进口依照该专利方法直接获得的产品。外观设计专利权被授予后，任何单位或个人未经专利权人许可，都不得实施其专利，即不得为生产经营目的制造、许诺销售、销售、进口其外观设计专利产品。

2. 专利转让权

专利权人可以将其专利权转让给他人。专利转让权是指专利权人将其专利权移转给他人所有，原专利权人不再享有专利权，受让人成为新的专利权人。专利权转让的方式有出卖、赠与、投资入股等。转让专利权的，当事人应当订立书面合同，并向专利局登记，由专利局予以公告。专利权的转让自登记之日起生效。

3. 实施许可权

实施许可权是指专利权人将其专利通过签订书面实施许可合同许可他人使用的权利。专利权许可他人使用，专利权人并不丧失专利所有权。被许可使用人只是通过支付专利使用费而获得该专利的使用权。在我国《民法典》中，专利实施许可合同属于技术合同的一种，有关专利实施许可合同的订立、当事人的权利和义务、合同的履行以及违法合同的法律责任等问题由《民法典》调整和规范。

拓展阅读

专利实施许可的种类

独占实施许可，是指在独占实施许可有效期间，被许可人以外的任何人，包括专利权人本人，都不得实施该项专利，只有被许可人享有实施该项专利的权利的许可方式。

排他实施许可，是指专利权人将许可他人实施专利的权利仅仅授予某一位被许可人，在该实施许可有效期间，专利权人不得再度许可任何第三人实施该项专利，但专利权人本人仍保留实施权，即专利权人本人仍可以实施该项专利的许可方式。

普通实施许可，是指被许可人不享有任何意义上的专有实施权，专利权人不仅自己可以实施其专利，还可不受限制地许可他人实施其专利。

4. 专利标记权

我国《专利法》规定：发明人或设计人有权在专利文件中写明自己是发明人或设计人。专利权人有权在其专利产品或该产品的包装上标明专利标识。

（二）专利权人的义务

1. 缴纳专利年费

专利权人在获得专利权时，应当向专利局缴纳专利年费。这是各国专利法要求专利权人承担的基本义务。拒不承担这一义务的，其专利权将自动终止。专利年费在数额上采用累进方式逐步增加。在授权伊始，年费数额较低；随着时间推移，年费数额逐步提高。这可以促使专利权人自行放弃那些长期以来一直没人实施的专利权。

2. 公开发明创造

依照我国《专利法》，获得专利权的发明创造必须以专利说明书的形式将受保护的技术方案和盘托出。如果发明创造未在专利申请文件中充分公开，则正在申请专利的技术方案将被驳回；对已经被授予专利权的技术方案，则可能被宣告无效。

六、专利权的限制

专利权的限制，是指在法律规定的情况下，他人可以不经专利权人许可而实施专利权，且该实施不视为对专利权的侵犯。专利法对专利权所作的限制主要有以下两类：

（一）专利实施的强制许可

强制许可，是指在法定的特殊条件下，未经专利权人同意，他人可在履行完毕法定手续后取得实施专利的许可，但仍应向专利权人缴纳专利实施许可费。这种法定手续通常是报专利局审核、批准。我国《专利法》规定的可以实施强制许可的情形包括：

（1）专利权人自专利权被授予之日起满3年，且自提出专利申请之日起满4年，无正当理由未实施或者未充分实施其专利的。

（2）专利权人行使专利权的行为被依法认定为垄断行为，为消除或减少该行为对竞争产生不利影响的。

（3）在国家出现紧急状态或非常情况时，或者为了公共利益的目的，国务院专利行政部门可以给予实施发明专利或实用新型专利的强制许可。

（4）一项取得专利权的发明或实用新型比前一已经取得专利权的发明或实用新型具有显著经济意义的重大技术进步，其实施又有赖于前一发明或实用新型的实施的，国务院专利行政部门根据后一专利权人的申请，可以给予实施前一发明或实用新型的强制许可。在此种情形下，国务院专利行政部门根据前一专利权人的申请，可以给予实施后一发明或实用新型的强制许可。

取得实施强制许可的单位或个人不享有独占实施权，并且无权允许他人实施。同时，取得实施强制许可的单位或个人应当付给专利权人合理的使用费，或者依照我国参加的有关国际条约的规定处理使用费问题。付给使用费的，其数额由双方协商；双方不能达成协议的，由国务院专利行政部门裁决。

（二）不视为侵犯专利权的行为

（1）专利权用尽。专利权用尽，是指当专利权人自己制造或者许可他人制造的专利产品上市经过首次销售后，专利权人对这些特定产品不再享有任何意义上的支配权。购买者对这些产品的再转让或使用都与专利权人无关。这也被称为首次销售。我国《专利法》规定：专利产品或者依照专利方法直接获得的产品，由专利权人或经其许可的单位、个人售出后，使用、许诺销售、销售、进口该产品的，不视为侵犯专利权。

（2）先行实施。先行实施，是指在专利申请日前已经开始制造与专利产品相同的产品，或者使用与专利技术相同的技术，或者已经做好制造、使用的准备的，依法可以在原有范围内继续制造、使用该项技术。我国《专利法》第 69 条第 2 款对此情形作了规定。

（3）临时过境。我国《专利法》规定：临时通过中国领陆、领水、领空的外国运输工具，依照其所属国同中国签订的协议或共同参加的国际条约，或者依照互惠原则，因运输工具自身需要而在其装置和设备中使用有关专利的，不视为侵犯专利权。

（4）非营利实施。我国《专利法》规定：专为科学研究和实验而使用有关专利的，不视为侵犯专利。为了科学研究和实验使用专利技术，以及为课堂教学而演示专利技术的行为均不属侵权行为。

（5）为行政审批而实施。我国《专利法》规定：为提供行政审批所需要的信息，制造、使用、进口专利药品或专利医疗器械的，以及专门为其制造、进口专利药品或专利医疗器械的，不视为侵犯专利权。

此外，我国《专利法》第 70 条还规定了“善意侵权”的情形：为生产经营目的使用、许诺销售或销售不知道是未经专利权人许可而制造并售出的专利侵权产品，能证明该产品合法来源的，不承担赔偿责任。

七、专利权的保护

（一）专利权的保护范围

我国《专利法》第 59 条对专利权的保护范围作了明确的规定：发明或实用新型专利权的保护范围以其权利要求的内容为准，说明书及附图可以用于解释权利要求的内容。外观设计专利权的保护范围以表示在图片或照片中的该产品的外观设计为准，简要说明可以用于解释图片或照片所表示的该产品的外观设计。

（二）专利侵权行为

1. 制造专利产品

无论制造者是否知道该产品是专利产品，无论该产品是用什么方法制造的，只要未经专利权人许可，为生产经营目的，在制造的过程中完整地使用了他人产品专利的权利要求书请求保护的技术方案，即构成专利侵权行为。

2. 使用专利产品、使用专利方法或者使用依照该专利方法直接获得的产品

我国《专利法》一方面明确规定，只要未经专利权人许可，出于生产经营目的而使用，即构成侵犯专利权；另一方面又规定，如果使用人能证明该产品的合法来源，则不承担赔偿责任。

3. 许诺销售、销售专利产品或者依照该专利方法直接获得的产品

许诺销售，是指以做广告、在商店橱窗中陈列或者在展览会上展出等方式作出的销售商品的许诺。未经专利权人许可，为生产经营目的许诺销售和销售专利产品的，无论是“不知”还是“明知”，均构成侵权，但如果销售者能证明该产品的合法来源，则不承担赔偿责任。

4. 进口专利产品或者依照该专利方法直接获得的产品

进口商未经专利权人许可，将专利权人已在中国取得专利的产品或者依其在中国已取得专利的方法生产的产品输入境内，这种进口行为也构成侵犯专利权的行为。至于该专利产品是在哪一个国家制造的，在制造国是否受专利保护以及采用何种方式进口，都不影响侵权的认定。

5. 假冒他人专利

假冒他人专利，具体有以下几种情形：

（1）在未被授予专利权的产品或其包装上标注专利标识，专利权被宣告无效后或终止后继续在产品或其包装上标注专利标识，或者未经许可在产品或产品包装上标注他人的专利号。

（2）销售上述产品。

（3）在产品说明书等材料中将未被授予专利权的技术或设计称为专利技术或专利设计，将专利申请称为专利，或者未经许可使用他人的专利号，使公众将所涉及的技术或设计误认为是专利技术或专利设计。

（4）伪造或变造专利证书、专利文件或专利申请文件。

（5）其他使公众混淆，将未被授予专利权的技术或设计误认为是专利技术或专利设计的行为。

专利权终止前依法在专利产品、依照专利方法直接获得的产品或其包装上标注专利标识，在专利权终止后许诺销售、销售该产品的，不属于假冒专利行为。

不知道销售的是假冒专利的产品，并且能够证明该产品合法来源的，由管理专利工作的部门责令停止销售，但免除罚款的处罚。

（三）专利侵权纠纷的解决

我国《专利法》规定：侵犯专利权，引起纠纷的，由当事人协商解决；不愿协商或协商不成的，专利权人或利害关系人可以向人民法院起诉，也可以请求管理专利工作的部门处理。管理专利工作的部门，是指由省、自治区、直辖市人民政府以及专利管理工作量大

又有实际处理能力的市人民政府设立的管理专利工作的部门。

管理专利工作的部门在处理时，认定侵权行为成立的，可以责令侵权人立即停止侵权行为，当事人不服的，可以自收到处理通知之日起 15 日内依照我国《行政诉讼法》向人民法院起诉；侵权人期满不起诉又不停止侵权行为的，管理专利工作的部门可以申请人民法院强制执行。进行处理的管理专利工作的部门应当事人的请求，可以就侵犯专利权的赔偿数额进行调解；调解不成的，当事人可以依照我国《民事诉讼法》向人民法院起诉。

（四）侵犯专利权的赔偿数额的确定

我国《专利法》第 65 条规定：侵犯专利权的赔偿数额按照权利人因被侵权所受到的实际损失确定；实际损失难以确定的，可以按照侵权人因侵权所获得的利益确定。权利人的损失或侵权人获得的利益难以确定的，参照该专利许可使用费的倍数合理确定。赔偿数额还应当包括权利人为制止侵权行为所支付的合理开支。权利人的损失、侵权人获得的利益和专利许可使用费均难以确定的，人民法院可以根据专利权的类型、侵权行为的性质和情节等因素，确定给予一万元以上一百万元以下的赔偿。

第三节　商标法

一、商标的概念

商标（Trade Mark），是指商品的生产者、经营或服务的提供者为了标明自己、区别他人而在自己的商品或服务上使用的可视性标志，即由文字、图形、字母、数字、三维标志、颜色组合和声音等，以及上述要素的组合所构成的标志。商标最主要的功能是标明商品或服务的来源并区别于同类商品或服务。

在商品生产和交换中，还有商号、商品名称、认知标志等其他标记，它们也能够起到识别作用，但它们不同于商标。

（一）商标与商号

商号又称字号，是经营者在营业上表示自己的名称。商号与商人密不可分，是商人在经营活动中人格的体现。商标与商号有着紧密联系，有的经营者将商号直接作为商标使用，有的经营者则将商号作为商标的重要组成部分。但两者也存在区别：

（1）商标是特定商品或服务的标志，而商号是营业主体本身的标志。

（2）商标的构成可以是文字，也可以是图形或图形和文字的组合，甚至是三维标志和声音等，而商号只能采用文字形式。

（3）在我国，商标一经注册核准就在全国范围内受法律保护，而商号仅在商人注册登记的区域范围内受到保护。

（二）商标与地理标志、产地标记

地理标志又称原产地名称，是一个国家、地区或地方的地理名称，用于标明商品的来源。商品的特定品质、信誉或其他重要特征，主要是由该地区的自然因素或人文因素所决定的。如山西老陈醋、奉化水蜜桃、安溪铁观音、黄岩蜜橘、怀柔板栗、锡林郭勒羊肉、文昌鸡、涪陵榨菜、云南普洱茶等。已注册地理标志的合法使用人可以同时在其地理标志产品上使用“地理标志产品专用标志”（见图 6 - 3），并可以标明该地理标志注册号。

图 6 - 3　地理标志产品专用标志

产地标记又称货源标记或产地名称。虽然也是一个国家、地区或地方的地理名称，但它仅仅表明商品的制造地、出产地，即商品从何而来，而并无其他特别意义。

商标与地理标志、产地标记的区别在于：

（1）商标所识别的是某一经营者不同于其他任何经营者的同一种商品或服务，而地理标志、产地标记只标明商品来源于某一特定地区，不具有识别同一种商品或服务的不同经营者的功能。

（2）一般来讲，商标只能为特定的经营者所采用，地理标志则可被某一特定地域范围内生产具有相同特征的同一商品的所有经营者共同使用，各个经营者在使用该地理标志的同时又各自有自己的商标用以区别不同的经营者。产地标记则是依照相关法律法规，商品生产者和经营者必须如实标注商品制造、出产地所使用的标志。

二、商标的分类

（一）注册商标和非注册商标

这是以商标的法律状态为标准进行的分类。注册商标，是指由当事人申请，经商标局审查核准，予以注册的商标。注册商标是商标法保护的对象。商标注册人享有商标专用权，受法律保护。未注册商标，是指其使用人未申请或者注册申请未被核准，未给予注册的商标。未注册商标可以自行在市场上使用，但因其使用人不享有商标专用权而无权禁止他人使用相同或近似的商标于同类商品之上，也无权阻止他人以相同或近似的商标在相同或类似商品上提出注册申请。在他人取得商标注册后，一般来说，未注册商标的使用人便不得继续使用其商标，否则就会构成侵权。

（二）平面商标和立体商标

平面商标，是指由文字、图形、字母、数字、颜色组合以及由上述要素组合而成的商标。平面商标是最常见的商标类型。立体商标，是指以商品本身的形状、商品的包装物或其他三维标志呈现的商标。例如：雀巢公司的棕色方形瓶立体商标于 1995 年申请马德里国际商标注册后，2002 年申请后期指定领土延伸至中国，当时国家工商行政管理总局商标局以缺乏显著性为由，依法驳回了该商标申请。在驳回复审程序中，2007 年 6 月国家工商行政管理总局商标评审委员会作出决定，核准该立体商标注册。20 世纪七八十年代，雀巢公司开始向中国内地市场出口用该种瓶子包装的“美极”鲜味汁产品。

2008 年 10 月，雀巢公司曾就方形瓶立体商标向国内几十家使用方形酱油瓶的调味品企业（包括味事达调味品有限公司）发出停止侵权的警告函，相继在行政、司法程序中引发战事。最终法院确认味事达并未侵犯雀巢公司立体商标权。

目前，立体商标和平面商标一样受到法律的保护，但就一般情况而言，立体商标在世界范围内并未受到各国法律的普遍保护。

（三）商品商标和服务商标

这是以商标的使用者为标准进行的分类。商品商标，是指商品经营者在生产、制造、加工、拣选或经销的有形商品上使用的商标。商品的经营者包括商品的生产者和销售者。服务商标，是指服务的提供者为了表明自己的服务并区别于他人同类服务而使用的商标。它无法像商品那样直接将商标附于商品上，而是通过广告、招牌等方式使用商标。

（四）集体商标和证明商标

集体商标，是指以团体、协会或其他组织名义注册，供该组织成员在商事活动中使用，以表明使用者在该组织中的成员资格的标志。例如：沙县小吃同业公会就申请了“沙县小吃”集体商标（见图 6－4）。

证明商标，是指为对某种商品或服务具有监督能力的组织所控制，而由该组织以外的单位或个人使用于其商品或服务，用以证明该商品或服务的原产地、原料、制造方法、质量以及其他特定品质的标志。如纯羊毛标志（见图 6－5）、绿色食品标志、真皮标志等。

图 6－4　“沙县小吃”集体商标

图 6－5　纯羊毛证明商标

三、商标注册制度

（一）取得商标专用权的途径

世界各国商标法对商标专用权的产生或确立，主要采用两种不同的制度，即注册原则和使用原则。注册原则，是指商标专用权通过注册登记取得，不论商标是否经申请人使用。只要在商标主管机关依法注册，申请人就取得商标专用权，并受法律保护。使用原则，是指商标经过使用便产生权利。商标权归首先使用人。未经使用的商标不得申请注册。包括我国在内的多数国家采用注册原则。

（二）商标注册的原则

1. 自愿注册原则

自愿注册原则，是指商标使用人可以自行选择是否将使用的商标申请注册。商标使用人如果认为不需要取得商标专用权，完全可以不申请注册，但未注册的商标不具有排他的权利。我国除对极少数商品实行强制注册以外，均实行自愿注册原则。目前，我国卷烟、雪茄烟和有包装的烟丝必须申请商标注册，未经核准注册的，不得生产、销售。

2. 申请在先原则

我国《商标法》第31条规定了申请在先原则，即两个或者两个以上的商标注册申请人，在同一种商品或类似商品上，以相同或者近似的商标申请注册的，初步审定并公告申请在先的商标；同一天申请的，初步审定并公告使用在先的商标，驳回其他人的申请，不予公告。我国《商标法实施条例》（2014修订版）第19条进一步规定：同日使用或者均未使用的，各申请人可以自收到商标局通知之日起30日内自行协商，并将书面协议报送商标局；不愿协商或协商不成的，商标局通知各申请人以抽签的方式确定一个申请人，驳回其他人的注册申请。商标局已经通知但申请人未参加抽签的，视为放弃申请，商标局应当书面通知未参加抽签的申请人。可见，我国商标注册以申请在先为原则、使用在先为补充。

3. 优先权原则

商标注册申请的优先权原则与专利申请的优先权原则基本相同。我国《商标法》第25条和第26条分别规定了已在国外申请的商标在中国申请的优先权和在国际展览会上首次使用的商标优先权的取得及程序。

商标注册申请人自其商标在外国第一次提出商标注册申请之日起6个月内，又在中国就相同商品以同一商标提出商标注册申请的，依照该外国同中国签订的协议或共同参加的国际条约，或者按照相互承认优先权的原则，可以享有优先权。

商标在中国政府主办的或者承认的国际展览会展出的商品上首次使用的，自该商品展出之日起6个月内，该商标的注册申请人可以享有优先权。

4. 一种商标一份申请原则

商标注册申请人在不同类别的商品上申请注册同一商标的，应当按商品分类表提出注册申请。我国于1988年11月1日起开始实行WIPO提供的《商标注册用商品和服务国际分类》。2019年1月1日，我国开始执行第十一版《商标注册用商品和服务国际分类》。

如果某一个申请人要将同一个商标使用在不同类别的商品上，如有一个商标既要使用于商品分类表第3类中的肥皂上，又要使用于第5类的消毒剂上，还要使用于第21类的清洁用具上，按《商标法》的规定，这是允许的。对于这种情况，就要按商品分类表分别提出注册申请。

（三）商标注册的条件

1. 申请人的条件

商标注册申请人可以是自然人、法人或其他组织。外国人或外国企业在中国申请商标注册的，应当按其所属国和中国签订的协议或共同参加的国际条约办理，或者按对等原则办理。外国人或外国企业在中国申请商标注册和办理其他商标事宜的，应当委托依法设立的商标代理机构办理。

2. 商标注册的积极条件

（1）商标的显著性。商标的显著性在于商标是否是新创的，是否具有个性。就我国商标的使用情况而言，可依商标的显著性将商标分为创新性商标、暗示性商标、描述性商标和借用性商标。

1）创新性商标，是指该商标为适用于某一商品而独创。它不但本身不对其标志的商品或服务作任何描述，不传递任何有关商品服务的信息，而且商品所使用的文字、图形也不代表其他任何事物。当它用于某一商品，就成为某一商品的特定标志。如"SONY""Kodak"等。

2）暗示性商标，间接地描述其所表彰的商品或服务，如用于饭店服务的"香格里拉"商标，就暗示了世外桃源的含义。

3）描述性商标，直接描述了商品的某一特性，传递着有关商品或服务的信息，如用于护手霜的"美加净"商标。

4）借用性商标，借用与商品或服务毫无关系的指代其他特定事物的词作为自己的商品或服务的商标，如"神舟"电脑。

（2）商标不得与他人的商标混同。混同，是指商标与他人的商标相同或近似。商标相同，是指使用在同一种商品或类似商品上的商标的文字、图形完全一样或者商标名称的读音完全相同。商标近似，是指使用在同一种商品或类似商品上的商标的文字、图形基本相同，虽然存在差别，但差别并不明显，足以使消费者误认、误购。

无论是商标相同或近似，都必须是在同一种商品或类似商品上的相同或近似。如果使用的商品并非同一种或类似商品，即使两个商标相同或近似，也并不影响其显著性和可识别性。

3. 商标注册的消极条件

我国《商标法》第 10 条一般性地规定了禁止作为商标使用的标志。归纳起来，主要有以下几种类型：

（1）维护我国国家尊严和尊重他国及国际组织的规定。

1）同中华人民共和国的国家名称、国旗、国徽、国歌、军旗、军徽、军歌、勋章等相同或者近似的，以及同中央国家机关的名称、标志、所在地特定地点的名称或标志性建筑物的名称及图形相同的。

2）同外国的国家名称、国旗、国徽、军旗等相同或者近似的，但经该国政府同意的除外。

3）同政府间国际组织的名称、旗帜、徽记等相同或者近似的，但经该组织同意或者不易误导公众的除外。

4）与表明实施控制、予以保证的官方标志、检验印记相同或近似的，但经授权的除外。

5）同“红十字”“红新月”的名称、标志相同或近似的。

(2) 禁止将具有不良社会影响的标志作为商标的规定。

1）带有民族歧视性的标志。

2）带有欺骗性，容易使公众对商品的质量或者产地产生误认的标志。

3）有害于社会主义道德风尚或者有其他不良影响的标志。

(3) 关于将地名作为商标的禁止规定。

县级以上行政区划的地名或公众知晓的外国地名，不得作为商标。但是，地名具有其他含义或者作为集体商标、证明商标组成部分的除外，已经注册的使用地名的商标继续有效。

(4) 禁止作为商标使用的商品形状。

我国《商标法》第 12 条规定：以三维标志申请注册商标的，仅由商品自身的性质产生的形状、为获得技术效果而需有的商品形状或者使商品具有实质性价值的形状，不得注册。

(5) 禁止使用复制、模仿或翻译他人的驰名商标。

我国《商标法》第 13 条规定：为相关公众所熟知的商标，持有人认为其权利受到侵害时，可以依照本法规定请求驰名商标保护。就相同或类似商品申请注册的商标是复制、模仿或翻译他人未在中国注册的驰名商标，容易导致混淆的，不予注册并禁止使用。

就不相同或不相类似商品申请注册的商标是复制、模仿或翻译他人已经在中国注册的驰名商标，误导公众，致使该驰名商标注册人的利益可能受到损害的，不予注册并禁止使用。

(6) 不得损害被代理人的商标权益。

我国《商标法》第 15 条规定：未经授权，代理人或者代表人以自己的名义将被代理人或被代表人的商标进行注册，被代理人或被代表人提出异议的，不予注册并禁止使用。就同一种商品或者类似商品申请注册的商标与他人在先使用的未注册商标相同或者近似，申请人与该他人具有前款规定以外的合同、业务往来关系或者其他关系而明知该他人商标存在，该他人提出异议的，不予注册。

(7) 禁止使用虚假地理标志。

我国《商标法》第16条规定：商标中有商品的地理标志，而该商品并非来源于该标志所标示的地区，误导公众的，不予注册并禁止使用，但是，已经善意取得注册的继续有效。

此外，我国《商标法》还规定了不得作为商标注册的几种标志：

1）仅有本商品的通用名称、图形、型号的。

2）仅直接表示商品的质量、主要原料、功能、用途、重量、数量及其他特点的。

3）其他缺乏显著特征的。但该标志经过使用取得显著特征并便于识别的，可以作为商标注册。

（四）商标注册的审查

商标局接到商标注册的申请后，依法进行审查，凡符合《商标法》有关规定的，由商标局初步审定，予以公告。如果不符合《商标法》有关规定或者同他人在同一种商品或类似商品上已经注册的或者初步审定的商标相同或近似的，由商标局驳回申请，不予公告。对初步审定的商标，自公告之日起3个月内，任何人均可以提出异议。公告期满无异议的，予以核准注册，发给商标注册证，并予公告。

对驳回申请、不予公告的商标，商标局应当书面通知商标注册申请人。商标注册申请人不服的，可以自收到通知之日起15日内向商标评审委员会申请复审，由商标评审委员会作出决定，并书面通知申请人。当事人对商标评审委员会的决定不服的，可以自收到通知之日起30日内向人民法院起诉。

（五）商标注册的异议与核准

对初步审定公告的商标提出异议的，商标局应当听取异议人和被异议人陈述事实和理由，经调查核实后，作出裁定。当事人不服的，可以自收到通知之日起15日内向商标评审委员会申请复审，由商标评审委员会作出裁定，并书面通知异议人和被异议人。

当事人对商标评审委员会的裁定不服的，可以自收到通知之日起30日内向人民法院起诉。人民法院应当通知商标复审程序的对方当事人作为第三人参加诉讼。

当事人在法定期限内对商标局作出的裁定不申请复审或者对商标评审委员会作出的裁定不向人民法院起诉的，裁定生效。经裁定异议不能成立的，予以核准注册，发给商标注册证，并予公告；经裁定异议成立的，不予核准注册。经裁定异议不能成立而核准注册的，商标注册申请人取得商标专用权的时间自初审公告3个月期满之日起计算。

（六）注册商标的期限和续展

1. 注册商标的期限

注册商标的期限又称注册商标的有效期，是指注册商标具有法律效力的期限。在我国，只有经过注册的商标才能获得商标权，才受法律保护。各国法律一般都对商标权的效力在时间上加以限制。各国对商标权有效期的规定从10年到20年不等。《商标法》第39条规定：注册商标的有效期为10年，自核准注册之日起计算。

2. 注册商标的续展

注册商标的续展，是指延长注册商标有效期的法律程序。《商标法》一方面规定了注册商标的有效期为10年；另一方面又规定注册商标有效期届满，商标注册人需要继续使用的，可以申请续展注册，经商标局核准后，继续享有商标权。每次续展注册的有效期为10年，由于可以无次数限制地续展下去，因此商标权成为一种相对的永久权。

商标注册人需要续展其商标的，应当在商标有效期满前12个月内按照规定办理续展手续。在此期间未提出续展注册申请的，在期限届满后6个月内还可以提出申请，这6个月的时间称为宽展期。宽展期内仍未提出申请，商标所有人便失去了延长其注册商标有效期的机会，其注册商标将被商标局注销。

（七）注册商标的无效宣告

注册商标的无效宣告，是由于商标注册人违反商标法关于商标使用的规定，或因已注册的商标违反禁用条款，或者采用不正当手段注册，或者因争议理由成立，导致商标主管部门终止其商标权而采取的强制行政手段。我国《商标法》第44条、第45条规定了注册商标宣告无效的不同情形。

第一，构成商标的标志是《商标法》禁止使用的标志，或者是《商标法》规定的不得注册的标志，构成立体商标的标志是禁止作为商标使用的商品形状，以欺骗手段或其他不正当手段取得商标注册的，由商标局宣告注册商标无效；其他单位或个人可以请求商标评审委员会宣告该注册商标无效。

第二，已经注册的商标，违反《商标法》第13条第2款和第3款、第15条、第16条第1款、第30条、第31条、第32条规定的，自商标注册之日起五年内，在先权利人或者利害关系人可以请求商标评审委员会宣告该注册商标无效。对恶意注册的，驰名商标所有人不受五年的时间限制。

依照规定宣告无效的注册商标，由商标局予以公告，该注册商标专用权视为自始即不存在。

（八）注册商标的撤销

未履行商标使用义务或者使用商标不符合法律规定，也是导致商标注册被撤销的原因之一。我国《商标法》第49条规定，使用注册商标，有下列行为之一的，由商标局责令限期改正或撤销其注册商标：1）自行改变注册商标的；2）自行改变注册商标的注册人名义、地址或其他注册事项的；3）注册商标成为其核定使用的商品的通用名称；4）没有正当理由连续3年不使用的。

对商标局撤销注册商标的决定，当事人不服的，可以自收到通知之日起15日内向商标评审委员会申请复审，由商标评审委员会作出决定，并书面通知申请人。当事人对商标评审委员会的决定不服的，可以自收到通知之日起30日内向人民法院起诉。

（九）注册商标的注销

注册商标的注销，是指因商标权主体消灭或商标权人自愿放弃商标权等原因，而由商标局采取的终止其商标权的一种形式。注销注册商标的情形有：1）商标注册人消灭，无继受人或无人办理注册商标专用权转移手续的，该商标权归于消灭；2）注册商标有效期届满，且已过宽展期，商标注册人未提出续展申请，或者续展申请未被核准的，该注册商标终止；3）商标注册人自愿放弃商标权，向商标局提出注销申请。

四、商标权

（一）商标权的概念

商标权，是指商标所有人依法对其商标所享有的占有、使用、收益和处分的权利。在这些权利中，对商标的排除他人的使用权即通常说的商标专用权是核心。商标注册申请人的主要目的往往也在于取得专用其商标的权利。由法律赋予商标注册人在指定商品上专有使用其注册商标的权利是商标权最主要的内容。

（二）商标权的内容

1. 注册商标所有人的权利

（1）专用权。我国《商标法》第 56 条规定：注册商标专用权，以核准注册的商标和核定使用的商品为限。这是注册商标专用权的效力范围。注册商标专用权的范围严格限定为以核准注册的商标使用在核定使用的商品上。即商标权人不得使用与其注册商标相近的标志，也不得在与核定商品类似的商品上使用其注册商标。商标权人若自行扩大其注册商标的使用范围，将招致注册商标被撤销的后果。当然，如果商标注册人欲在与核定商品相类似的其他商品上使用其注册商标或者需要改变注册商标标志的，应当按照商标法的规定，提出注册申请。

使用注册商标既是商标注册人的权利，也是其义务。我国《商标法》第 49 条明确规定：注册商标没有正当理由连续 3 年不使用的，由商标局责令限期改正或者撤销其注册商标。

（2）禁止权。商标一经核准注册，就受到法律保护。商标所有人有权禁止任何第三人未经其许可在注册商标核定使用的商品或类似商品上使用与其注册商标相同或类似的商标。如果未经许可擅自使用，商标权人有权制止，并可以通过工商行政管理部门或人民法院，求得法律保护。商标权人的这种禁止权的效力范围要大于专用权的效力范围。它不仅包括核准注册的商标、核定使用的商品，还扩张到与注册商标相近似的商标和与核定商品类似的商品。

（3）许可权。许可权，是指注册商标所有人许可他人使用其注册商标的权利。《商标法》第 43 条规定：商标注册人可以通过签订商标使用许可合同，许可他人使用其注册商标。许可人应当监督被许可人使用其注册商标的商品质量。被许可人应当保证使用该注册商标的商品质量。经许可使用他人注册商标的，必须在使用该注册商标的商品上标明被许可人的名称和商品产地。商标使用许可合同应当报商标局备案。由商标局公告，商标使用许可未经备案不得对抗善意第三人。

（4）转让权。转让权，是指注册商标所有人将其注册的商标转移给他人所有的权利。转让会导致商标权主体的变更，转让权是商标所有人对其商标权最重要的处分方式。转让注册商标的，转让人和受让人应当签订转让协议，并共同向商标局提出申请。受让人应当保证使用该注册商标的商品质量。转让注册商标的，商标注册人对其在同一种商品上注册的近似的商标，或者在类似商品上注册的相同或者近似的商标，应当一并转让。转让注册商标经核准后，予以公告。受让人自公告之日起享有商标专用权。

2. 注册商标所有人的义务

（1）不得擅自改变注册商标。商标一经核准注册，商标注册人在使用商标时就必须严格按照商标局核准的商标使用，不得擅自改变核准的商标。《商标法》第24条规定：注册商标需要改变其标志的，应当重新提出注册申请。自行改变注册商标的标志并将改变后的商标仍按注册商标使用，是被法律禁止的行为。

（2）不得自行改变注册商标的注册人名义、地址或其他注册事项。如果商标注册人的名义、地址发生变更而不及时到商标主管机关办理变更手续，就可能造成商标局与商标注册人的联系中断，有关文书无法送达。更为严重的是，这关系着商标权的有效性及商标注册人的实际利益。如商标注册人发现侵犯商标权的行为，以变更后的名义主张权利，则可能因不具有权利主体资格而无法得到保护。《商标法》第41条规定：注册商标需要变更注册人的名义、地址或者其他注册事项的，应当提出变更申请。

（3）不得自行转让注册商标。转让注册商标是商标权主体的改变。商标权不是一项自然产生的权利，而是由国家主管机关依法定程序核准授予的。因此，注册商标转让的双方当事人可以就注册商标的转让通过协商达成一致，并通过商标主管机关核准。

（4）必须使用注册商标。商标的使用，包括将商标用于商品、商品包装或容器以及商品交易文书上，或者将商标用于广告宣传、展览以及其他商业活动，或者用于识别商品来源的行为。《商标法实施条例》第66条第1款规定：有《商标法》第49条规定的注册商标无正当理由连续3年不使用情形的，任何单位或者个人可以向商标局申请撤销该注册商标，提交申请时应当说明有关情况。商标局受理后应当通知商标注册人，限其自收到通知之日起2个月内提交该商标在撤销申请提出前使用的证据材料或者说明不使用的正当理由；期满未提供使用的证据材料或者证据材料无效并没有正当理由的，由商标局撤销其注册商标。

（5）使用商标注册标记——从商标注册人的义务到权利的回归。在2001年修订《商标法》之前，《商标法》第7条规定：使用注册商标的，应当标明“注册商标”或注册标记。修订后的《商标法》第9条规定：商标注册人有权标明“注册商标”或注册标记。可见，《商标法》的修改将原来的商标注册人在使用注册商标时标明“注册商标”或注册标记由商标注册人的义务回归为商标注册人的权利。

图 6－6　商标注册标记的使用

商标注册标记用以标明被标记的商标已经注册。《商标法实施条例》第 63 条规定：使用注册商标，可以在商品、商品包装、说明书或其他附着物上标明“注册商标”或注册标记。注册标记包括㊟和Ⓡ。使用注册标记，应当标注在商标的右上角（见图 6－6）或者右下角。在实践中，商标注册人使用注册商标即使未标明“注册商标”或注册标记的，也不能成为侵权者免除侵权责任的理由。但在行政执法查处商标侵权案件时，可能会成为执法机关从轻或减轻侵权人责任的理由，因为侵权人往往会以不知该商标为注册商标来进行抗辩。

五、驰名商标及其保护

（一）驰名商标的概念

驰名商标，通常是指那些在市场中享有较高声誉并为相关公众所熟知的具有较强竞争力的商标。《巴黎公约》在 1925 年修订的海牙文本中首先在国际公约中作出了保护驰名商标的规定。TRIPS 协定也规定了对驰名商标的保护。

驰名商标依是否为注册商标，可分为注册的驰名商标和未注册的驰名商标。《巴黎公约》对驰名商标保护的重要特点之一就是驰名商标未经注册被他人在先注册的，驰名商标所有人在 5 年之内有权提出撤销该注册商标的请求，如果在先注册是恶意的，则不受 5 年的限制。可见，《巴黎公约》对驰名商标的保护并不以其是注册商标为前提条件。

我国是《巴黎公约》的缔约国，负有履行该公约的义务。2001 年修订《商标法》时，我国第一次将对驰名商标的保护纳入修订范围。2009 年 4 月 22 日，最高人民法院公布了《关于审理涉及驰名商标保护的民事纠纷案件应用法律若干问题的解释》，自 2009 年 5 月 1 日起施行，为我国处理有关的驰名商标的民事纠纷提供了更为详细的规定。

（二）驰名商标的认定

1. 驰名商标的认定标准

《商标法》第 14 条专门规定了认定驰名商标的条件：1）相关公众对该商标的知晓程度；2）该商标使用的持续时间；3）该商标的任何宣传工作的持续时间、程度和地理范围；4）该商标作为驰名商标受保护的记录；5）该商标驰名的其他因素。

国家工商行政管理总局于 2014 年 7 月修订的《驰名商标认定和保护规定》也作了相同的规定。

2. 驰名商标的认定方式

驰名商标的认定方式包括司法认定和行政认定。司法认定是指在侵犯商标权或者不正当竞争等商标民事、行政案件审理过程中，最高人民法院指定的人民法院根据案件具体情况，认为确有必要的，对所涉商标是否驰名做出认定。行政认定是指在商标注册审查、工商行政管理部门查处商标违法案件或商标争议处理过程中由国家知识产权局商标局或商标评审委员会对商标是否驰名进行认定。

我国《商标法实施条例》第3条规定：商标持有人依照《商标法》第13条的规定请求驰名商标保护的，应当提交其商标构成驰名商标的证据材料。商标局、商标评审委员会应当依照《商标法》第14条的规定，根据审查、处理案件的需要以及当事人提交的证据材料，对其商标驰名情况作出认定。

可见，商标所有人只有在商标注册、商标评审过程中发生争议时才能向商标局提出认定其所有的商标为驰名商标。而商标局和商标评审委员会要根据当事人的请求，在查明事实的基础上，依据《商标法》第14条的规定，认定其商标是否构成驰名商标。这些规定使商标主管机关主动并大批量地认定驰名商标失去了法律依据，一定程度上避免了大批量认定驰名商标退化为变相评比、商标主管机关参与市场竞争等弊端。

依据《商标法》及其实施条例所确立的驰名商标认定与保护的原则，最高人民法院于2002年10月12日通过的《关于审理商标民事纠纷案件适用法律若干问题的解释》第22条第1款规定：人民法院在审理商标纠纷案件中，根据当事人的请求和案件的具体情况，可以对涉及的注册商标是否驰名依法作出认定。该条第3款还规定：当事人对曾经被行政主管机关或者人民法院认定的驰名商标请求保护的，对方当事人对涉及的商标驰名不持异议，人民法院不再审查。提出异议的，人民法院依照《商标法》第14条的规定审查。这一司法解释不但确认了人民法院可依法对驰名商标进行认定，而且确立了人民法院对行政机关作出的驰名商标认定进行司法审查的地位，这也是符合国际惯例和有关保护驰名商标的国际公约的。

（三）驰名商标的保护

1. 对未注册的驰名商标予以保护

现在大多数国家对商标的保护均采用注册原则、先申请原则，未注册的商标无法得到法律的保护。但是对驰名商标的保护则不以注册为前提条件。对未注册的驰名商标可以按“使用原则”予以保护。《商标法》第13条第2款明确规定：就相同或类似商品申请注册的商标是复制、模仿或翻译他人未在中国注册的驰名商标，容易导致混淆的，不予注册并禁止使用。而已经注册的商标违反了这一规定，自商标注册之日起5年内，赋予驰名商标所有人或利害关系人撤销该注册商标的请求权；恶意注册的情况下，驰名商标所有人不受5年的时间限制。

2. 放宽驰名商标注册的显著性条件

由于驰名商标与某一商品已紧密联系在一起，并已获得较高的声誉且为相关公众所熟知，因此虽然其在设计上不具有显著性，但商标通过使用已完全具备表明商品出处的功能，足以弥补其设计上显著性不足的缺憾，具有较强的识别性，从而具备了获准注册的条件。美国、英国、德国、日本等国的商标法都规定放宽驰名商标获准注册的显著性条件。我国《商标法》第 11 条第 2 款规定：缺乏显著特征的标志经过使用取得显著特征并易于识别的，可以作为商标注册。

3. 扩大驰名商标的保护范围

一般注册商标的保护范围，限定在与注册商标所核定使用商品相同或类似的商品上使用的与注册商标相同或近似的商标。但是为了有效保护驰名商标，许多国家的商标法都规定对驰名商标的保护范围要大于一般注册商标的保护范围。不但在相同或类似的商品上禁止他人使用与驰名商标相同或近似的商标，而且在不同类别、性质亦不相类似的商品上也不允许使用与驰名商标相同或近似的商标。我国《商标法》第 13 条第 3 款规定：就不相同或者不相类似商品申请注册的商标是复制、模仿或者翻译他人已经在中国注册的驰名商标，误导公众，致使该驰名商标注册人的利益可能受到损害的，不予注册并禁止使用。

六、注册商标专用权的保护

（一）侵犯商标权的表现形式

《商标法》第 57 条规定的侵犯商标权的表现形式有以下几种：

1. 未经商标注册人的许可，在同一种商品上使用与其注册商标相同的商标的行为

根据法律，使用他人的注册商标，必须经商标注册人的许可，签订使用许可合同。因此，未经商标注册人许可而在同一种商品上使用与其注册商标相同的商标，无论是否出于故意，都构成对商标注册人的商标权的侵犯。

2. 未经商标注册人的许可，在同一种商品上使用与其注册商标近似的商标，或者在类似商品上使用与其注册商标相同或者近似的商标，容易导致混淆的行为

根据我国《商标法实施条例》第 76 条的规定，在同一种商品或者类似商品上将与他人注册商标相同或者近似的标志作为商品名称或者商品装潢使用，误导公众的，也属于侵犯注册商标专用权的行为。

3. 销售侵犯注册商标专用权的商品的行为

销售侵犯商标专用权的商品不以“明知”作为条件。但实践中确实存在销售并不知道或无法知道所销售的是侵犯商标专用权商品的情况，因此《商标法》第 60 条第 2 款规定：销售不知道是侵犯注册商标专用权的商品，能证明该商品是自己合法取得并说明提供者的，由工商行政管理部门责令停止销售。在这种情况下，销售者不需要承担赔偿责任。

4. 伪造、擅自制造他人注册商标标识或者销售伪造、擅自制造的注册商标的标识的行为

商标标识，是指附有文字、图形或组合等商标图样的物质实体，如商标纸、商标牌、商标织带、印有商标的包装等。最常见的有化妆品、药品、酒等的瓶贴；食品、卷烟的包装等。法律对制造商标标志有严格的规定。

国家工商行政管理总局于2004年8月19日发布了《商标印制管理办法》，规定印制商标的单位必须是依法登记从事商标印制业务的企业和个体工商户，严禁无照或超经营范围承揽商标印制业务。商标印制委托人委托商标印制单位印制商标的，应当出示营业执照副本或合法的营业证明或身份证明。商标印制委托人委托印制注册商标的，应当出示商标注册证或者由注册人所在地工商行政管理局签章的商标注册证复印件。商标印制单位只有严格核查证明后才能承揽业务。

伪造主要是指非注册商标所有人自己印制或委托他人印制注册商标标识的行为。销售无论是伪造的还是擅自制造的注册商标标识的行为，都构成对商标权的侵犯。

5. 未经商标注册人同意，更换其注册商标并将该更换商标的商品投入市场的行为

这种行为又称“反向假冒”，属于间接的侵犯注册商标专用权的行为，同时也侵犯了消费者的知情权，不仅使消费者对商品来源、生产者和提供者产生误认，还对注册商标有效地发挥其功能和商标注册人打造商品品牌造成障碍。

6. 故意为侵犯他人商标专用权行为提供便利条件，帮助他人实施侵犯商标专用权行为的行为

根据我国《商标法实施条例》第75条的规定，为侵犯他人商标专用权提供仓储、运输、邮寄、印制、隐匿、经营场所、网络商品交易平台等，属于“提供便利条件”的行为。

7. 给他人的注册商标专用权造成其他损害的行为

根据最高人民法院《关于审理商标民事纠纷案件适用法律若干问题的解释》第1条的规定，下列情况属于《商标法》第52条第5款（现行《商标法》第57款第7条）规定的给他人注册商标专用权造成其他损害的行为：1）将与他人注册商标相同或者相近似的文字作为企业的字号在相同或者类似商品上突出使用，容易使相关公众产生误认的；2）复制、模仿、翻译他人注册的驰名商标或其主要部分在不相同或者不相类似商品上作为商标使用，误导公众，致使该驰名商标注册人的利益可能受到损害的；3）将与他人注册商标相同或者相近似的文字注册为域名，并且通过该域名进行相关商品交易的电子商务，容易使相关公众产生误认的。

（二）商标侵权行为纠纷的解决

根据《商标法》第60条的规定，因侵犯注册商标专用权行为，引起纠纷的，由当事人协商解决；不愿协商或协商不成的，商标注册人或利害关系人可以向人民法院起诉，也可以请求工商行政管理部门处理。工商行政管理部门处理时，认定侵权行为成立的，责令立即停止侵权行为，没收、销毁侵权商品和主要用于制造侵权商品、伪造注册商标标识的工具，并可根据情节严重程度处以相应罚款。

（三）侵犯商标专用权的赔偿数额的确定

《商标法》第63条规定：侵犯商标专用权的赔偿数额，按照权利人因被侵权所受到的

实际损失确定；实际损失难以确定的，可以按照侵权人因侵权所获得的利益确定；权利人的损失或者侵权人获得的利益难以确定的，参照该商标许可使用费的倍数合理确定。对恶意侵犯商标专用权，情节严重的，可以在按照上述方法确定数额的一倍以上五倍以下确定赔偿数额。赔偿数额应当包括权利人为制止侵权行为所支付的合理开支。权利人因被侵权所受到的实际损失、侵权人因侵权所获得的利益、注册商标许可使用费难以确定的，由人民法院根据侵权行为的情节判决给予五百万元以下的赔偿。

对商标侵权纠纷进行处理的工商行政管理部门根据当事人的请求，可以就侵犯商标专用权的赔偿数额进行调解；调解不成的，当事人可以依照我国《民事诉讼法》向人民法院起诉。

第四节　知识产权海关保护

一、知识产权海关保护的概念

知识产权海关保护，是指海关依法禁止侵犯知识产权的货物进出口的措施。TRIPS 将其称为知识产权的边境措施。

根据我国 2018 年 3 月修订的《中华人民共和国知识产权海关保护条例》（简称《知识产权海关保护条例》）第 2 条的规定，我国海关保护的知识产权应当是与进出口货物有关并受中华人民共和国法律、行政法规保护的商标专用权、著作权和与著作权有关的权利、专利权。此外，根据《奥林匹克标志保护条例》和《世界博览会标志保护条例》的规定，我国海关也应当对奥林匹克标志专有权和世界博览会标志专有权实施保护。

二、我国知识产权海关保护的模式

（一）依申请保护

依申请保护，是指知识产权权利人发现侵权嫌疑货物即将进出口时，根据《知识产权海关保护条例》第 12 条至第 14 条的规定向海关提出采取保护措施的申请，由海关对侵权嫌疑货物实施扣留的措施。由于海关对依申请扣留的侵权嫌疑货物不进行调查，知识产权权利人需要就有关侵权纠纷向人民法院起诉，因此依申请保护又称海关对知识产权的“被动保护”模式。

（二）依职权保护

依职权保护，是指海关在监管过程中发现进出口货物有侵犯在海关总署备案的知识产权的嫌疑时，根据《知识产权海关保护条例》第 16 条的规定，主动中止货物的通关程序并通知有关知识产权权利人，并根据知识产权权利人的申请对侵权嫌疑货物实施扣留的措施。由于海关依职权扣留侵权嫌疑货物属于主动采取制止侵权货物进出口，并且海关有权对货物的侵权状况进行调查和对有关当事人进行处罚，因此依职权保护又称海关对知识产权的“主动保护”模式。从全国海关的执法实际来看，90％以上的案件都是海关主动采取措施发现的。

知识产权权利人向海关申请采取依职权保护措施前，应当按照《知识产权海关保护条例》第7条的规定，将其知识产权及其他有关情况向海关总署进行备案。知识产权海关保护备案自海关总署准予备案之日起生效，有效期为10年。知识产权有效的，知识产权权利人可以在备案有效期届满前6个月内，向海关总署申请续展备案，每次续展备案的有效期为10年。

三、我国知识产权海关保护的程序

（一）依申请保护的主要程序

知识产权依申请保护的主要程序如图6－7所示。

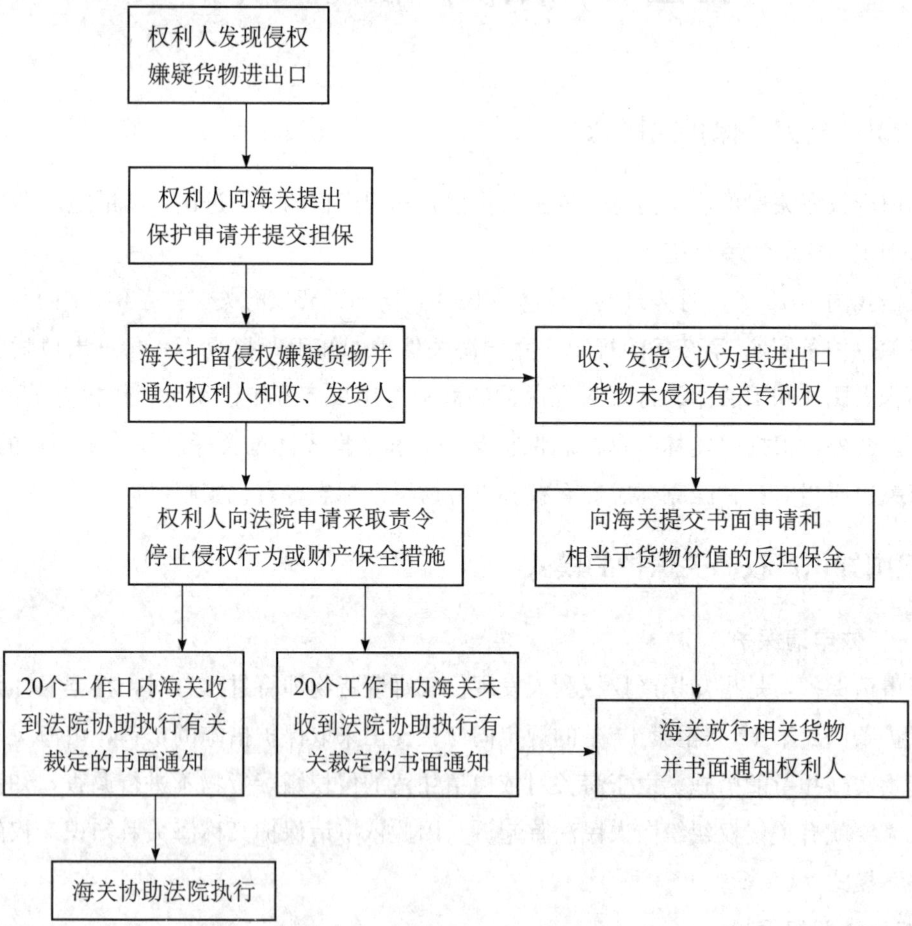

图6－7　知识产权依申请保护流程图

资料来源：中国国际贸易学会商务专业培训考试办公室编：《外贸业务理论与实务》，464～466页，北京，中国商务出版社，2012。

1. 权利人申请

知识产权权利人发现侵权嫌疑货物即将进出口的，可以向货物进出境地海关提出扣留侵权嫌疑货物的申请。

知识产权权利人请求海关扣留侵权嫌疑货物的，应当提交申请书及相关证明文件，并提供证明侵权事实明显存在的证据。申请书应当包括下列主要内容：1）知识产权权利人的名称或姓名、注册地或国籍等；2）知识产权的名称、内容及其相关信息；3）侵权嫌疑货物收货人和发货人的名称；4）侵权嫌疑货物名称、规格等；5）侵权嫌疑货物可能进出境的口岸、时间、运输工具等。侵权嫌疑货物涉嫌侵犯备案知识产权的，申请书还应当包括海关备案号。

知识产权权利人请求海关扣留侵权嫌疑货物的，应当向海关提供不超过货物等值的担保金，用于赔偿可能因申请不当给收、发货人造成的损失，以及支付货物由海关扣留后的仓储、保管和处置等费用；知识产权权利人直接向仓储商支付仓储、保管费用的，从担保金中扣除。

2. 海关扣留侵权嫌疑货物

海关在收到权利人提出的申请后，审查相关内容。海关认为权利人提交的申请不符合规定或者未按照规定提供担保的，海关将驳回相关申请。权利人的申请符合要求并按规定提供担保的，海关应当扣留侵权嫌疑货物，书面通知知识产权权利人，并将海关扣留凭单送达收、发货人。

经海关同意，知识产权权利人和收、发货人可以查看有关货物。收、发货人认为其货物未侵犯知识产权权利人的知识产权的，应当向海关提出书面说明并附相关证据。

3. 权利人向法院申请责令停止侵权行为或财产保全的措施

由于采用依申请保护模式时，海关不进行实质性调查，因此权利人在向海关提出采取保护措施的申请后，可以依照《商标法》《著作权法》或《专利法》的规定，在起诉前就被扣留的侵权嫌疑货物向人民法院申请采取责令停止侵权行为或财产保全的措施。海关自扣留侵权嫌疑货物之日起 20 个工作日内，收到人民法院协助扣押有关货物书面通知的，应当予以协助；未收到人民法院协助扣押通知或知识产权权利人要求海关放行有关货物的，海关应当放行货物。

4. 涉嫌侵犯专利权货物的反担保放行

由于在实务中专利认定较为困难，涉嫌侵犯专利权货物的收、发货人认为其进出口货物未侵犯专利权的，可以在向海关提供与货物等值的反担保金后，请求海关放行其货物。知识产权权利人未能在合理期限内向人民法院起诉的，海关应当退还反担保金。

（二）依职权保护的主要程序

知识产权依职权保护的主要程序如图 6-8 所示。

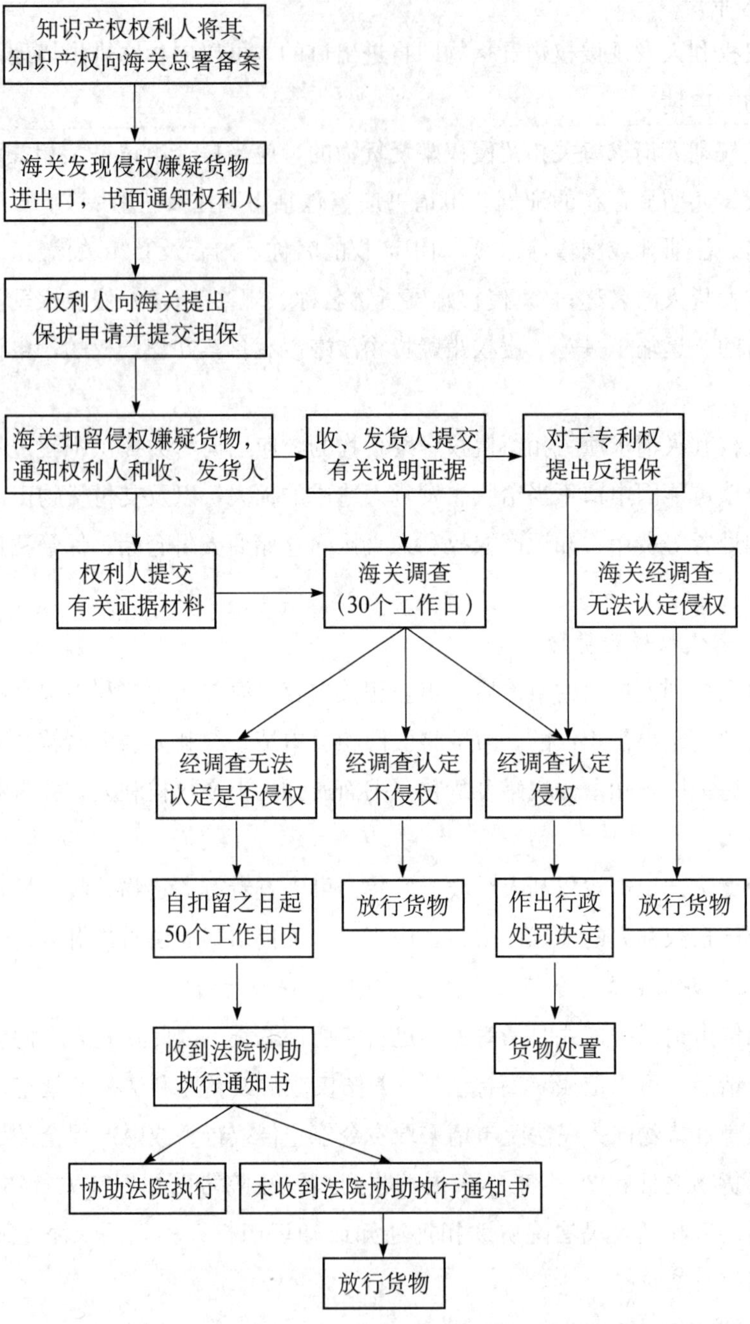

图6-8 知识产权依职权保护流程图

资料来源：中国国际贸易学会商务专业培训考试办公室编：《外贸业务理论与实务》，464～466页，北京，中国商务出版社，2012。

1．海关发现侵权嫌疑货物

依职权保护的起点是海关发现侵权嫌疑货物。海关在发现涉嫌侵权货物后会及时核对海关总署的知识产权备案库，对权利的特征、内容、相关的图片、许可使用情况等进行逐一核对。在此阶段，海关有权要求收、发货人补充申报进出口货物的知识产权状况。收、发货人未按照规定申报货物知识产权状况、提交相关证明文件或者海关有理由认为货物涉嫌侵犯在海关总署备案的知识产权的，海关应当中止放行货物并书面通知知识产权权利人。

2. 知识产权权利人提出扣留侵权嫌疑货物的申请

知识产权权利人自通知送达之日起 3 个工作日内认为有关货物侵犯其在海关备案的知识产权并要求海关予以扣留的，应当向海关提出扣留侵权嫌疑货物的书面申请并按照以下规定提供担保：1）货物价值不足 2 万元的，提供相当于货物价值的担保；2）货物价值为 2 万～20 万元的，提供相当于货物价值 50％的担保，但担保金额不得少于 2 万元；3）货物价值超过 20 万元的，提供 10 万元的担保。

在海关备案的商标专用权的知识产权权利人，经海关总署核准可以向海关总署提交银行或非银行金融机构出具的保函，为其向海关申请商标专用权海关保护措施提供总担保。总担保的担保金额应当相当于知识产权权利人上一年度向海关申请扣留侵权嫌疑货物后发生的仓储、保管和处置等费用之和；知识产权权利人上一年度未向海关申请扣留侵权嫌疑货物或者仓储、保管和处置等费用不足 20 万元的，总担保的担保金额为 20 万元。

3. 海关扣留侵权嫌疑货物

知识产权权利人按照规定提出申请并提供担保的，海关应当扣留侵权嫌疑货物并书面通知知识产权权利人；知识产权权利人未提出申请或者未提供担保的，海关应当放行货物。海关扣留侵权嫌疑货物的，应当将扣留侵权嫌疑货物的扣留凭单送达收、发货人。

4. 海关对货物的侵权状况等进行调查认定

海关发现进出口货物有侵犯已备案知识产权嫌疑并通知知识产权权利人后，知识产权权利人请求海关扣留侵权嫌疑货物的，海关应当自扣留之日起 30 个工作日内对被扣留的侵权嫌疑货物是否侵犯知识产权进行调查、认定；不能认定的，应当立即书面通知知识产权权利人。

5. 海关没收侵权货物或者协助人民法院对货物进行司法扣押

自扣留侵权嫌疑货物之日起 50 个工作日内收到人民法院协助扣押有关货物书面通知的，海关应当予以协助；未收到通知并且经调查无法认定被扣留的侵权嫌疑货物侵犯知识产权的，海关应当放行货物。被扣留的侵权嫌疑货物，经海关调查后认定侵犯知识产权的，由海关予以没收。海关没收侵犯知识产权货物后，应当将侵犯知识产权货物的有关情况书面通知知识产权权利人。

6. 对没收的侵权货物进行处置

被没收的侵犯知识产权货物可以用于社会公益事业的，海关应当转交给有关公益机构用于社会公益事业；知识产权权利人有收购意愿的，海关可以有偿转让给知识产权权利人。被没收的侵犯知识产权货物无法用于社会公益事业且知识产权权利人无收购意愿的，海关可以在消除侵权特征后依法拍卖。但对进口假冒商标货物，除特殊情况外，不能仅清除货物上的商标标识即允许其进入商业渠道；侵权特征无法消除的，海关应当予以销毁。

案例透视

案例1：诺基亚商标遭遇搭便车　无锡一公司赔偿12万元

“NOKIA EGYPT”是诺基亚公司的产品吗？其实，这只是一些公司为了搭驰名商标“便车”而玩的把戏。对“李鬼”傍名牌的行为，诺基亚在申请海关扣留货物的同时，将生产商、出口商无锡金悦科技有限公司告上法庭。上海市浦东新区人民法院对本案作出一审判决，被告被判立即停止对诺基亚公司享有的“NOKIA”注册商标专用权的侵害，并赔偿诺基亚公司经济损失12万元。

2010年6月，诺基亚公司意外收到一份由上海海关发送的《确认知识产权侵权状况通知书》。这是一批由无锡金悦科技有限公司生产并申报出口的货物，内容为2 250套液晶电视壳及组件，申报价值4.6万余美元。上海洋山海关在查验中发现，这批液晶电视壳的前壳下端中间部位以印刷方式标有“NOKIA EGYPT”标志。由于认为这些商品涉嫌侵犯诺基亚公司的知识产权，海关立即向诺基亚公司发出了通知书。诺基亚公司检验后发现，这批出口货物均为假冒产品，于是向海关提交了《扣留侵权嫌疑货物申请书》，并于2010年11月向上海市浦东新区人民法院提起诉讼。

法院审理后认为，注册商标专用权受法律保护。未经商标注册人许可，在同一商品或类似商品上使用与其注册商标相同或近似的商标，构成对注册商标专用权的侵犯。本案中，被告在生产并申报出口埃及的液晶电视壳上使用“NOKIA EGYPT”标志，从视觉效果上看，其中“NOKIA”占商标整体面积的比例大于75%，显然突出使用的是“NOKIA”而非“EGYPT”，极易造成公众混淆，属于近似商标，侵犯了原告的注册商标专用权，应当承担侵权责任。

据此，法院判决被告立即停止对原告享有的“NOKIA”注册商标专用权的侵害，并赔偿原告经济损失12万元。判决当日，法院作出民事制裁决定，收缴被告的侵权商品，即2 250套液晶电视壳和1套丝印模具，予以销毁。

案例2：黄埔、天津、杭州、宁波、广州海关联合查办进口假冒商标汽车润滑油专案

2016年5月，海关总署通过与公安部合作，从一起通过国内某电商平台销售假冒汽车润滑油的案件中，敏锐地发现了相关侵权线索。由于案件发生在进口环节，涉案货物通过跨境电子商务平台销售且危及国内消费者的生命财产安全，海关总署高度重视，与公安部商定对案件进行联合督办，并召集黄埔、天津、杭州、宁波、广州等海关组成专案组，部署开展打击进口假冒润滑油专项行动。行动中，5个海关严密监控来自重点国家的进口润滑油数据，积极开展风险防控，先后采取保护措施20次，查获并向公安机关通报案件6宗，查扣假冒汽车润滑油80余吨，货值950余万元。黄埔、天津海关发挥传统海运口岸

海关在风险查控方面的优势，对海量进口电子数据进行分析过滤，从中捕捉疑点，研究假货报关规律，不断缩小布控范围，在确保合法贸易正常通关的前提下，对进口假冒润滑油实施精准打击。行动期间，黄埔海关分别在黄埔新港、东莞沙田口岸查获3批进口假冒汽车润滑油共计31.7吨；天津海关分别在天津新港和东疆口岸查获3批进口假冒润滑油共计38.1吨。专项行动所查扣的润滑油均系假冒“壳牌”“美孚”“嘉实多”等知名品牌商品。黄埔、天津海关继续深挖扩线，及时固定证据，并向公安机关通报海关新掌握的案件线索，扩大了战果，推动广西防城港市和天津市两地公安机关加入了打击进口假冒润滑油专案，取得了积极成效。公安机关在海关的支持和配合下，捣毁境内仓储窝点5个，抓捕犯罪嫌疑人11人，查扣假冒润滑油11万桶。

本案为海关在海运进口渠道密集查发的侵权系列案件，且查扣的假冒商品数量之多、货值之巨尚属首次。此案再次证明侵权假冒是全球性问题，假冒侵权商品的生产和消费市场也是全球性的，中国作为全球经济一体化的一员，同样遭受着来自境外侵权假冒商品的危害。同时，本案为海关与电商平台开展深入合作提供了范本。针对跨境电子商务“全流程在线交易”的发展趋势和特点，执法机关需要电商平台提供更紧密的协作，不断强化电商平台的主体责任，推动电商平台提高对网上侵权假冒线索的敏锐度和挖掘能力，推进海关与电商平台共治，强化海关线上线下一体化监管。海关总署以此案为契机，委托杭州海关签署《杭州海关-阿里巴巴集团知识产权保护合作备忘录》，双方探索建立跨境电子商务领域的长效合作机制。

综合练习

一、不定项选择题

1. 下列关于发明创造新颖性的说法正确的是（　　）。

A. 在规定的核心学术期刊上发表的有关发明创造，在发表后3个月内申请专利的，不丧失新颖性

B. 在中国政府主办或承认的国际展览会上首次展出的发明创造，自展出之日起12个月内申请专利的，可认为不丧失新颖性

C. 在规定的学术会议或技术会议上首次发表的发明创造，在发表后6个月内申请专利的，不丧失新颖性

D. 他人未经申请人同意而泄露发明创造内容的，申请人于任何时间内申请专利可认为不丧失新颖性

2. 甲公司于2015年3月15日开始使用“航云”商标，乙公司于同年4月15日开始使用相同的商标。甲、乙公司均于2017年5月10日向商标局寄出注册“航云”商标的申

请文件，但甲的申请文件于 5 月 14 日寄到，乙的申请文件于 5 月 12 日寄到。下列说法正确的是（　　）。

A. 商标局应当公告甲公司的申请，虽然甲、乙公司同时申请，但甲公司使用在先

B. 应当公告乙公司的申请，因商标局首先收到乙公司的申请文件

C. 商标局同时公告甲、乙公司的申请

D. 由商标局自由裁定

3. 2007 年 3 月 10 日，甲公司就其生产的儿童摇铃玩具注册了“乐贝”商标，期满时没有续展。乙公司于 2017 年 5 月开始生产并销售“乐贝”牌儿童摇铃玩具。下列说法正确的是（　　）。

A. 甲公司对其商标的续展申请，应当在商标有效期届满后 6 个月内提出

B. 乙公司可以在 2017 年 9 月 10 日后在儿童摇铃玩具上使用“乐贝”商标

C. 乙公司对“乐贝”商标的使用为非法使用

D. 由于甲公司是否会提出商标续展申请还未确定，在商标续展期内甲公司不享有商标专用权

4. 下列标志可以授予商标权的有（　　）。

A. “坚固”牌门锁　　B. “颗颗脆”牌瓜子

C. “永远”牌电动车　　D. “阿西娜”牌时尚女装

5. 知识产权经营的主要方式有（　　）。

A. 知识产权许可　　B. 知识产权转让

C. 知识产权质押　　D. 知识产权投资

6. （　　）注册的目的不是为了使用。

A. 集体商标　　B. 证明商标

C. 联合商标　　D. 防御商标

二、案例分析题

中国的甲公司生产产品 A，需从市场上购买关键部件 B 作为产品 A 的配件。乙公司已经取得关键部件 B 的中国发明专利权，并许可丙公司生产关键部件 B，但未许可丁公司生产关键部件 B。请问：

（1）甲公司从市场上购买丙公司生产的关键部件 B，作为配件生产产品 A，是否需要经过乙公司的许可？为什么？

（2）如果甲公司确实不知道丁公司生产的关键部件 B 是未经乙公司许可的侵权产品，而从市场上购买了丁公司生产的关键部件 B，作为配件生产并销售了产品 A，是否构成对乙公司专利权的侵害？是否应承担对乙公司损害的赔偿责任？为什么？

第七章

产品责任法

学习目标

【知识目标】

- 掌握产品、缺陷、责任主体、权利请求者等重要术语的含义
- 熟悉美国产品责任的归责原则、抗辩事由、损害赔偿和诉讼管辖等规定
- 了解欧盟《产品责任指令》的主要内容
- 了解《产品责任法律适用公约》的主要内容
- 熟悉我国产品责任立法现状和发展趋势

【能力目标】

- 能运用产品责任构成理论和归责原则分析国际产品责任争议
- 能分析美国、欧盟的产品责任法对国际贸易的影响
- 能根据我国《产品质量法》等相关法律法规分析产品责任法律关系

重点难点

【重点】

- 产品责任法中的几个重要术语
- 产品责任的归责原则

【难点】

- 产品责任的赔偿范围
- 产品责任的管辖权和法律适用

导入案例

吃果冻噎死男童案　美法院裁定台湾一公司赔偿17亿新台币

中新网2003年7月14日电　美国旧金山高等法院当地时间12日裁定，台湾盛香珍食品公司必须对一名因吃盛香珍生产的果冻噎死的男童的死负责，并判盛香珍应赔偿原告高达5 000万美元（17.2亿新台币）。这是2003年5月以来第二起盛香珍果冻产品被控噎死幼童在美国法院遭判处巨额赔偿金的案子。

台湾媒体发自美国的报道称，根据法院的资料，家住波士顿的华裔两岁男童杰佛瑞，在吃盛香珍椰果果冻的时候，被卡在喉咙里的果冻噎住而后昏迷，成为植物人。杰佛瑞的父母在医师认定无法救治的情况下，于9天后拔除呼吸器。杰佛瑞于2天后死亡。同年10月，美国食品药物管理局便禁止这种食品在美国境内贩售。杰佛瑞的家属在2002年2月于旧金山附近的盛香珍经销商所在地，向圣马提欧郡高等法院提出控告。

据了解，本案也是两个月以来，盛香珍在美国的第二起巨额赔偿官司败诉案。2003年5月，加州圣塔克拉拉法院，也就一名菲律宾女童米雪儿因吃盛香珍果冻而噎死判处盛香珍公司赔偿受害者家属1 670万美元（约合5.4亿新台币）。

这两项诉讼的原告都以盛香珍生产非安全性产品却没有明白标示警告为主要论点。在米雪儿案的诉讼中，盛香珍公司的律师提出的主要抗辩理由是原告没有明确证实米雪儿是因吃盛香珍产品而噎死，但没有获得法官采纳，目前该案仍在上诉中。

讨论：本案被告台湾盛香珍食品公司在美国曾因3起果冻噎死儿童案败诉，先后共赔偿11 670万美元。主要原因在于企业对出口美国市场的产品责任风险了解有限，在生产时没有在出口产品上进行注意提示，被起诉后没有在有效期内进行有力抗辩，在审判中忽视了美国社会的民意支持。盛香珍公司遭此重创险些倒闭，出口企业应从中吸取哪些教训？

目前，产品责任风险日益成为影响我国企业出口的重要因素。国内不少中小型企业虽然多是进行来料加工、贴牌生产，但仍要承担出口后可能产生的产品责任风险。进行风险转移是规避企业出口风险的重要途径。通过购买出口信用保险，企业可以要求经销商提供产品保险证明，或者自己购买产品责任保险，将风险转移给保险公司。我国产品责任保险的发展现状如何？

第一节　产品责任法概述

一、产品责任的概念和性质

（一）产品责任的概念

产品责任，是指产品的生产者或销售者因其产品存在缺陷，从而给消费者或使用者造成财产损害或人身伤害而需承担的赔偿责任。[1]产品责任是侵权行为在商业领域中最基本的表现形式之一。

（二）产品责任的性质

产品责任源于货物的买卖，产品责任与合同违约责任有一定的关联。但从严格的法律意义上说，产品责任是独立于货物买卖法的一种侵权责任。当侵权责任与违约责任发生竞合时，受害方具有选择权。我国《民法典》第 186 条规定：因当事人一方的违约行为，损害对方人身权益、财产权益的，受损害方有权选择请求其承担违约责任或者侵权责任。

二、产品责任法的概念和性质

（一）产品责任法的概念

产品责任法是调整产品生产者或销售者同消费者或使用者之间因产品缺陷而形成的侵权赔偿关系的法律规范的总称。

产品责任法最先以判例的形式出现在工业发展较早的英美国家，第二次世界大战后在欧美国家尤其是在美国得到很大发展。随着国际贸易的日益频繁，各国产品越来越多地涌入国际市场，进行广泛的流通，各国之间关于产品责任的纠纷随之增加。对产品责任进行国家调整，越来越受到国际社会的重视，许多有关的国际条约相继问世。

（二）产品责任法的性质

产品责任法与货物买卖法既有联系，又有区别。其联系是，货物买卖法中有关卖方对货物品质担保责任的规定，与产品责任法的某些要求具有共同之处。其区别是，就法律性质而言，货物买卖法属于私法性质，其大多数规定是任意与灵活的，只有少数规定具有强制性。当事人可以通过合同约定的方式加以更改、补充或排除。

严格意义上的产品责任法属侵权法，因此亦属私法的范畴；宽泛意义上的产品责任法还包括国家制定的有关产品生产者或销售者在产品安全义务、产品质量或安全标准等方面

[1] 这是《布莱克法律词典》对“产品责任”作出的解释。

的法律法规。这些法律法规属公法的范畴，涉及国家对产品安全的行政管理关系。在产品责任法中，很多规定属强行法，如生产者对缺陷产品所承担的法定义务不能通过生产者与消费者之间的合同约定加以排除。可见，产品责任法兼具公法与私法的双重属性。

三、产品责任法中的几个重要术语

（一）产品

美国《第三次侵权法重述》（以下简称《重述三》）第19条规定：1）产品是经过商业性销售以供使用或消费的有形动产。其他种类如不动产和电，当它们的销售及使用与有形动产的销售及使用足够类似而适用《重述三》所述规则是适当的，也是产品。2）服务，即使是商业性提供的，也不是产品。3）人体血液及人体组织器官，即使是商业性提供的，也不受《重述三》所述规则的约束。

我国2018年修正的《中华人民共和国产品质量法》第2条规定：本法所称的产品是指经过加工、制作，用于销售的产品。虽然建筑工程不适用本法的规定，但是建筑工程使用的建筑材料、建筑构配件和设备，属于前款规定的产品范围，适用本法的规定。

1977年10月生效的《产品责任法律适用公约》对产品的定义较宽泛，认为“产品”的范围包括一切可供使用或消费的天然产品和工业产品，而不论是加工的还是未加工的，也无论是动产还是不动产。

（二）缺陷

“缺陷”是产品责任中的核心概念。如果产品没有缺陷，就不会产生相应的产品责任。尽管各国对“缺陷”含义的表述有所不同，但一般都认为缺陷是指产品不能提供人们有权合理期待的安全或存在不合理的危险。例如：根据英国1987年《消费者保护法》与德国《产品责任法》的规定，如果产品不具有人们有权期待的安全性，该产品即存在缺陷。

美国《第二次侵权法重述》（以下简称《重述二》）把产品的缺陷定义为“不合理的危险”。早期美国各州法院多采用“消费者期望标准”来界定产品是否含有不合理的危险。由于消费者期望标准在司法实践中难以准确把握，《重述三》采用了“风险-效用比较标准”作为判断的主要标准。如果产品的实际效用明显高于产品存在的危险，且该危险无法通过合理的方式以合理的成本予以降低或消除的话，那么产品依然是安全的，是没有缺陷的。美国的产品责任法把产品缺陷分成三种情况：

1. 产品的制造缺陷

产品的制造缺陷，是指产品存在与该产品的设计意图相背离的物理状况，从而使产品含有不合理的危险。例如：一听罐装方便粥里夹杂着一小片塑料，导致消费者在食用时受伤，而塑料片的混入并非生产者的意图。产品的制造缺陷往往是由生产者在产品的生产或管理中的疏忽所致，但也不能排除生产者已经尽到了合理的注意义务，产品依旧存在制造缺陷。产品的制造缺陷一般只涉及整批产品中的个别产品。

2. 产品的设计缺陷

产品的设计缺陷，是指产品虽然符合产品的设计意图，但该设计本身含有不合理的危险。例如：消费者购买了一台豆浆机，使用情况一向良好。可有一天燃煮中的豆浆机突然倾倒，滚烫的豆浆将站在桌边的女童严重烫伤。如果该款豆浆机能在上盖与下盖之间加上一个固定连环扣，那么即使豆浆机翻倒，豆浆也不至于全部溅洒出来。此时，可以说该产品在设计上确实存在缺陷。

3. 产品的警示缺陷

产品的警示缺陷，是指产品存在可以合理预见的危险，但产品的生产者或销售者没有提供必要和充分的产品使用说明或警示以减少或避免产品存在的危险。例如：生产商未对一种装在玻璃安瓿里的化学药剂的使用安全作出充分的警示，导致使用者在使用该产品时因将安瓿掉在水池里引起爆炸而身亡。产品的警示缺陷与产品的设计缺陷类似，会影响整批产品的安全性。

（三）责任主体——生产者和销售者

产品责任的承担者包括两类：其一是产品的生产者，包括从产品出售给消费者或使用者之前，设计、生产、组装、加工产品或产品零部件的自然人或组织；其二是销售者，即从事产品销售业务的自然人或组织，包括产品的批发、分销和零售业者。

（四）权利请求者——缺陷产品的受害者

在产品责任案件中，凡是其人身或财产因产品缺陷遭受损害的受害者都有权向产品的生产者或销售者提出产品责任的权利请求。这些受害者可能是缺陷产品的购买者、合理预见缺陷的产品的实际使用者或可以合理预见的旁观者。

第二节　美国的产品责任法

美国是近现代工业化发展最为快速的国家，其产品责任法更被誉为“世界上最先进的和最精致的消费者保护制度”。美国的产品责任法主要是判例法，且以州法为主，而不是联邦统一立法。为了统一各州的产品责任法，美国商务部于 1979 年公布了《统一产品责任示范法》以供各州采纳适用，但至今美国各州立法仍不统一。

相反，对美国各州立法和私法判例影响较大的则是美国法学会编纂的《法律重述》。1965 年，美国法学会颁布了《重述二》。其中关于产品责任的核心条款是第 402A 条款。该条款彻底否定了产品责任诉讼中的契约原则，同时确定了产品责任的归责原则是严格责任。《重述二》确立的严格责任原则很快在美国各州流行，并被绝大多数州采纳，成为产品责任归责理论的主导。

1997 年 5 月，美国法学会颁布了《重述三》。《重述三》包括 4 章共 21 条，对《重述二》第402A条款所确立的严格责任原则作了重大的修改，限制了严格责任适用的范围，并力图对与产品责任相关的主要问题作出清晰的阐述。

一、产品责任的归责原则

（一）疏忽责任原则

疏忽责任，是指产品的生产者或销售者因其在产品生产或销售过程中存有疏忽导致产品存在缺陷，而应对消费者或使用者所遭受的损失承担的产品责任。

当原告以疏忽为理由向法院起诉要求被告赔偿其损失时，必须提出证据证明：1）被告没有尽到“合理的注意”，即被告有疏忽之处；2）被告的疏忽直接造成了原告的损失。

美国早期的产品责任理论受到英国判例的影响，要求产品责任诉讼的当事人必须有合同关系。最具代表性的是1842年英国最高法院受理的温特博特姆诉莱特案。

案例透视

英国温特博特姆诉莱特案

原告温特博特姆是一名受雇的马车夫，雇主与被告莱特订有一份契约，约定由莱特提供一辆安全的马车供雇主用于运送邮件。被告按照约定将马车交给雇主，雇主让原告驾驶马车运送邮件。但是，原告在驾驶时，马车的一个轮子突然坍塌，造成原告受伤。为此，原告对莱特提起损害赔偿之诉，而被告则以原告不是合同的当事人为由拒绝赔偿。

法院认为，动产的债务不具有侵权行为的损害赔偿请求权。而合同责任仅发生在合同的当事人之间。对于非合同的当事人，商品的制造者无注意义务。据此，法院判决原告败诉，由此确立了“无契约无责任”的原则。

“无契约无责任”原则下，如果受到缺陷产品损害的消费者或使用者不能证明其与产品的生产者或销售者之间有合同关系，那么即使消费者能够证明后者对产品缺陷存有疏忽，其权利请求依然不能得到支持。这对消费者权益的保护显然是不利的。合同关系理论在美国的影响持续了七十多年，虽然其间在产品责任的个别领域突破了合同关系限制，但直到1916年麦克弗森诉别克汽车公司一案，才真正突破了合同关系理论，确立了疏忽责任原则。

案例透视

美国麦克弗森诉别克汽车公司案

别克汽车公司将生产的汽车卖给零售商，零售商又将其中一辆汽车出售给原告麦克弗森。当原告驾车行驶时，因车轮破裂，致使汽车在行进中突然翻倒，原告被抛出车外而受伤。经查，轮胎存在缺陷。如果出厂前进行合理检查的话，该缺陷很容易被发现。为此，原告起诉被告别克汽车公司。被告辩称原告受伤是由于汽车轮胎爆炸所造成的，而汽车的轮胎并非被告制造，而是由另一家公司提供的，因此被告不应当承担损害赔偿责任。

卡多佐法官认为，根据证据显示，该汽车中第一个车轮是用存在缺陷的木材做成的，其轮辐已经成为碎片。如果被告在制造该汽车时检查车轮的话，就能发现其存在瑕疵，该瑕疵轮胎足以危害使用者的人身安全，因此其属危险商品。由于被告在可以预见买方通常会不经检验就使用该产品的情况下疏于检查，因此其应对该商品承担注意的义务。如果未尽到合理的注意义务，那么无论买方与制造商是否有合同关系，均要承担赔偿责任。纽约州上诉法院依此维持了别克汽车公司应向麦克弗森承担赔偿责任的判决。

该案确立了产品生产者的疏忽责任，排除了合同关系的要求，将产品责任正式导入侵权责任领域，给那些非合同买受人的受害者提供了法律救济途径，并扩大了合同受害人的诉讼理由，为消费者的产品责任诉讼铺好了道路。本案判决也反映了美国一种立法价值取向，即从契约自由的前提下对生产者和销售者的保护开始转向了对处于社会弱势地位的消费者的保护。

（二）担保责任原则

担保责任，是指产品的生产者和销售者违反了对产品的品质担保义务而承担的责任。担保责任源于合同法，销售者有义务保证出售产品的品质。担保包括明示担保和默示担保。明示担保基于当事人的意思表示而产生，主要是产品的制造者和销售者对产品的品质、用途、性能等作出保证性的声明或陈述，常见于合同、广告、产品说明、标签之中。默示担保主要是指销售者担保产品具有商销性，即产品符合产品的一般使用用途。默示担保的实质是销售者对产品所承担的法定义务，保证产品具有起码的品质和效用。为保护消费者的利益，早在19世纪后期，美国许多州的法院通过对销售者施加默示担保的义务来改变“买主当心”的规则。

由于这种产品责任源于合同关系，消费者基于担保责任原则提起诉讼时，原告无须证明被告确有疏忽导致产品有缺陷。但是，原告必须证明：1）产品存在缺陷；2）原告的损失确由产品缺陷所致；3）被告违反了对产品明示或默示的担保。从一定意义上说，担保责任相当于一种严格责任。然而，由于担保责任归属于合同责任，担保责任的认定也受制于合同法中的各种抗辩，如原被告之间应当具有直接的合同关系、明示的弃权条款等要求。因此，美国法院在司法实践中又逐步突破了这些抗辩限制。1932年的巴克斯特诉福特汽车公司案就是其中具有代表性的案例。该案突破了担保责任的合同抗辩限制，将担保责任延伸至侵权责任领域。

案例透视

美国巴克斯特诉福特汽车公司案

原告巴克斯特在汽车零售商处购买了一辆被告福特汽车公司生产的福特牌汽车。在该汽车的使用手册上，被告宣称汽车的挡风玻璃是防碎玻璃。但是，原告有一天在驾驶汽车时，一颗小石子击中挡风玻璃，玻璃的碎片伤及原告的眼睛。为此，原告以违反担保为由起诉福特公司。被告福特公司以与原告之间没有直接的合同关系作为抗辩。

法院认为，尽管原、被告之间没有合同关系，但原告有理由信赖被告所作的担保。同时，被告能够预见对其产品的明示担保范围涉及购买者和使用者，即受众对象并非只是具有合同关系的买方，因此合同关系不能成为该案诉讼的障碍。

（三）严格责任原则

严格责任又称无过错责任，是指对产品存在的缺陷，即使产品的生产者或销售者不存在任何过错，也应当对缺陷产品所造成的损失承担赔偿责任。严格责任以侵权行为之诉为特征，不要求原、被告之间存在直接的合同关系，原告也无须证明被告存在疏忽。因此，严格责任原则对保护消费者是最为有利的。1944 年，美国加利福尼亚州最高法院审理的艾丝卡拉诉可口可乐瓶装公司一案最早提出严格责任的思想。

案例透视

艾丝卡拉诉可口可乐瓶装公司案

原告艾丝卡拉是一名餐馆女服务员。当她将可口可乐放进冰箱时，其中的一瓶发生了爆炸，致使原告严重受伤。本案中，原告没有提出被告过失的证据。被告可口可乐瓶装公司则提供了有关可口可乐瓶子的制造、检验以及装气的适当性证明。

初审法院运用事实自证原则认定被告有过失并负赔偿责任。被告不服，提起上诉。大法官吉布森发表了判决意见：可乐瓶经被告运送到餐厅后，并没有因遭受其他外力而损坏。因此，该可乐瓶在离开被告控制时是存在某种缺陷的，因为当其被小心安置和运载时，坚固完好的碳酸饮料的汽水瓶是不会爆炸的。并且，被告对于可乐瓶的装料和检查处于绝对的控制地位。因此，原告根据事实自证原则推断被告具有过失所需的条件得到了满足。故上诉法院维持原判。事实自证原则虽然还是在过错责任的范畴内，但其以过错推定的方式，减轻了消费者的举证责任，使产品责任向严格责任的方向发展。

1963 年，格林曼诉尤巴电机公司案标志着严格责任的正式确立。

案例透视

格林曼诉尤巴电机公司案

1955 年，原告格林曼的妻子购买了一件组合电动工具（既能当锯、钻，又能当木料车床）作为圣诞礼物送给原告。1957 年，原告买来能使该工具作为车床用的必要附件。原告按照制造商宣传册的说明正常使用了几次。在之后的一次使用中，机器中突然飞出一块木屑击中他的前额，使他受了重伤。10 个多月后，原告以违反担保和过失为由起诉了零售商和制造商，要求赔偿。

初审法院判决驳回原告对零售商的诉讼请求，支持了原告对制造商的诉讼请求，并判决制造商应向原告支付损害赔偿金 65 000 美元。原告和制造商不服，提起上诉。

特雷诺法官发表了判决意见：原告提供了实质性证据证明其受到的伤害是由产品本身的设计和构造缺陷造成的。原告的专家证人证明，由于没有使用适当的一组螺丝来使该工具各部件紧固在一起，以致正常的振动引起车床的尾座偏离木头，并导致木屑飞出车床。他们也证明，有许多其他更有效的办法能使该工具的各个部分紧固在一起，这样就可以防止事故的发生。陪审团因此合理地得出了两个结论：第一，制造商在组装该工具的过程中存在过失；第二，制造商的宣传小册子是不真实的，这个小册子构成制造商的明示担保，原告的伤害是被告违反担保所造成的。

根据本案的情形，要求制造商承担严格责任，原告就无须证明民事法典中关于明示担保存在的规定。严格责任的目的是确保因缺陷产品所致损害的费用应由将这些产品推向市场的制造商承担，而非由无力保护自己的受害人承担。受害的消费者无须再依靠复杂的买卖法寻求救济。在本案中，确立被告责任的证据已经足够了，因为原告证明了他是在按照该工具的用途使用时，由于产品的制造或设计的某种缺陷而受伤的。这种使该工具处于不安全的缺陷是原告无法预料到的。故上诉法院维持原判。

该案中，法院判决原告胜诉，依据的不是担保责任，而是侵权法中的严格责任。特雷诺法官在判决中指出："当一个制造商将一件产品投放到市场中时，如果明知它将不经检查而使用，而此项产品被证明含有致人受到伤害的缺陷，那么该制造商在侵权方面负有严格责任。"此即产品责任法中著名的"格林曼规则"。该规则标志着严格责任在产品责任领域被正式确立下来。

该判决表明，法院的侧重点从生产者的行为转移到产品的性能上。只要产品存在缺陷并造成人身或财产损害，该产品的生产者就应承担责任，不管生产者是否存在过失，也不管生产者是否提供了担保。这既避免了在过失责任下的举证困难，也消除了担保责任下的种种限制。该案确立的严格责任原则和特雷诺法官的意见，对美国《重述二》第 402A 条款有着深远影响。

严格责任理论在其后朝着两个方向发展：一方面，严格责任朝着更有利于保护消费者的方向发展，比如市场份额原则的提出；另一方面，美国又开始考虑对严格责任的适用作出适当的限制，从而更为公平地分配生产者和消费者之间对产品危险的风险分担。如《重述三》对产品的制造缺陷采用的是严格责任，但对产品的设计缺陷和警示缺陷，消费者原则上需要通过证明产品存在更合理的替代设计或警示以减少或消除现存的危险，方可证明产品确有缺陷，进而方可要求生产者或销售者承担责任。

在严格责任下，原告的举证责任仅限于：1）产品确实存在缺陷或不合理的危险；2）正是该产品的缺陷给使用者或消费者造成了损害；3）产品存在的缺陷是在生产者或销售者把该产品投入市场时就有的。只要原告能证明以上三点，被告就要承担赔偿责任。

严格责任理论对消费者提起产品责任诉讼非常有利，但这并不意味着疏忽责任理论和担保责任理论的消失。相反，在美国产品责任诉讼中，还是有相当数量的案件中的消费者选择以疏忽责任或担保责任作为诉讼的责任基础。但毫无疑问的是，大多数案件的消费者选择的是严格责任。

（四）市场份额原则

市场份额原则，是指当原告不能明确举证其损害是由谁的缺陷产品所致时，就以各个被告人的市场份额作为判决的依据。美国加利福尼亚州最高法院在1980年对辛德尔诉阿伯特实验室一案作出的判决中率先确立了市场份额原则。

案例透视

辛德尔诉阿伯特实验室案

原告辛德尔的母亲在怀孕期间为防止流产服用过一种人工合成的雌激素——己烯雌酚(DES)，导致原告成年后患有癌症。由于从原告辛德尔的母亲服用DES到原告发病，其间经历了大约20年，再加上美国历史上曾经有接近300家制药企业生产过DES药品，而且其中相当一部分企业在原告起诉时已经因破产等原因退出了市场，原告无法举证其母亲向哪家公司购买过该药，只好把在全美占有市场份额最大的5家DES生产企业起诉到法院，其中便包含阿伯特实验室。

加利福尼亚州最高法院认为，本案仅依靠法律技术和法律推理是无法解决案件中存在的因果关系证明这个问题的。DES生产企业在市场中占有的份额与其造成损害的可能性之间存在直接的联系。由此，被告造成原告损害的可能性就应依照其所占有的市场份额来确定。基于以上考虑，加利福尼亚州最高法院判决这5家DES生产企业按照其在市场中占有的相应份额来承担各自的责任。此外，当某一被告因破产等原因而无力承担赔偿责任时，为了使原告的损害获得充分的赔偿，其他被告应当对原告承担连带赔偿责任。

该案确立的市场份额原则对传统侵权法因果关系规则作出了修正，也使DES案件的受害者获得了法律救济。之后，美国其他州的法院以此判例为依据为DES受害者提供救济，使得市场份额规则不但得到更广泛的适用，而且在适用中日臻完善。

二、产品责任的抗辩事由

产品责任的抗辩，是指产品责任人主张减轻或免除责任的理由。在美国的司法实践中，一般由各州的法院根据具体的案件事实、产品的缺陷以及原告的权利主张等因素确定具体适用的抗辩事由。常见的抗辩事由包括：

（一）不可预见性

不可预见性，是指产品含有不可预见的危险。在20世纪80年代中期以前，由于《重述二》第402A条款所确立的严格责任原则，法院一般不认可将不可预见的危险作为产品责任的抗辩。但随着《重述三》的颁布，不可预见的危险成为一项非常重要的抗辩，特别是针对产品的设计缺陷和警示缺陷。

（二）明显的危险

明显的危险又称众所周知的危险。《重述三》规定：总体上说，对于可预见的对产品使用者而言是显而易见的或大多数人所知道的危险或避险措施，产品销售者不应因未警示或指示而承担责任。但需要注意的是，风险的显而易见性并不必然排除生产者提供更安全设计的义务，因为即使危险是显而易见的，即使警告足够充分，消费者也还是可能因产品设计的不安全性而不可避免地被卷入危险之中。

（三）产品的误用和改装

产品的误用和改装，是产品责任法中的一个重要抗辩。法院一般认为生产者应对可以合理预见的使用、误用或改装采取预防措施。但对于不可预见的误用和改装，生产者没有义务采取预防措施，由此引发的损害往往是消费者自身的严重过失所致。《重述三》指出：产品出售者并未被要求针对每一种可以想见的使用及滥用其产品的方式进行预见并采取预防措施。增加产品的设计和销售成本以避免由不合理的使用方式所引起的后果并非法律所要求的。

（四）产品固有的危险

产品固有的危险，是指产品含有天生的危险，无法以设计或警示的方式避免。比如一把菜刀，消除该产品的固有危险可能会从根本上改变产品的性质和功能。产品固有的危险能否作为一项成功的抗辩，与产品缺陷的判断标准有密切联系。依产品缺陷的风险-效用比较标准，该项抗辩能够成立的情形往往是产品的实际效用明显高于产品的固有危险。

（五）自担风险

自担风险，是指原告明知产品有缺陷或存在危险，而仍自愿且不合理地将自己置于这种危险或风险境地。《重述二》指出：原告如自担风险则不能主张赔偿的权利。但随着对严格责任态度的改变，自担风险被比较过错代替。《重述三》第17条规定：因产品缺陷所致的损害，如果同时亦源于原告没有尽到适当的注意义务，那么将减少原告的赔偿请求。目前，美国大多数州在产品责任诉讼中采用比较过错原则来确定责任的分担。

三、损害赔偿

按照美国法院的判例，在产品责任诉讼中，原告可以提出的损害赔偿的请求范围相当广泛，判决的赔偿金额往往相当高，动辄几十万美元，个别案件甚至高达上百亿美元。具体来说，原告可以提出的损害赔偿主要包括：

（一）对人身伤害的赔偿

对人身伤害的赔偿一般包括：1）合理的医疗费用；2）因人身伤害导致的间接经济损失，如收入的减少和挣钱能力的减弱；3）肉体痛苦和精神伤害；4）受害人死亡后，其近亲属因此而遭受的损失，如扶养费和精神损害等。其中第3）项赔偿在全部赔偿金额中往往占很大的比重，这也是美国产品责任赔偿中的一个特点。

（二）对财产损失的赔偿

该项赔偿的对象是缺陷产品以外的财产损失，不包括缺陷产品本身的损失。其范围包括替换受损财产或修复受损财产所支出的合理费用。

（三）惩罚性的赔偿

惩罚性的赔偿，是指侵权行为人实施侵权行为时全然置公共政策于不顾，存在恶意或重大过失，因而法院在判令支付补偿性赔偿金的基础上，再要求侵权行为人向受害者支付额外的赔偿金。惩罚性赔偿是对侵权行为人的惩罚和威慑，其赔偿金额一般都很高，旨在达到抑制该类侵权行为的目的。

惩罚性赔偿是美国产品责任法的一项重要制度，在美国产品责任案件中得到广泛应用。法院在具体判决中一般需考虑以下因素：1）销售者的不当行为导致损害的可能性；2）销售者对上述可能性的认知程度；3）销售者因不当行为所能获得的非法利益；4）销售者的不当行为的持续时间和隐瞒程度；5）销售者发现不当行为后所采取的态度以及不当行为是否已经终止；6）销售者的经济状况；7）对销售者已经施加的或可能施加的其他惩罚措施的总体效果；8）原告所遭受的损害是否源于原告本身对产品安全的轻率和漠视。

四、管辖权和法律适用

在国际贸易中，本国产品输出国外或外国产品输入本国，因产品的缺陷致使他国或本国消费者或用户遭到人身和财产损害的，消费者可对进口商、经销商和零售商起诉，也可向产品输出国的制造商起诉，要求损害赔偿。当然，本国产品出口到其他国家时因产品缺陷致使外国消费者或用户遭受损害的，外国消费者同样可以要求出口商和制造商承担产品责任。由于各国产品责任法的差异，往往涉及复杂的管辖权和法律适用问题。

（一）诉讼管辖

当美国消费者或用户在美国法院对国外的出口商或生产者提起产品责任诉讼时，美国法院有一种扩大管辖权的倾向。美国各州都制定了一些法律用以确定美国法院对不居住在美国（或本州）的被告是否享有对人的管辖权的标准，这种法律称为长臂法（Long-Arm Statute）。1945年，在联邦最高法院审理的国际鞋业公司诉华盛顿州法院一案中，法院放弃了“领土主权原则”的传统，确立了长臂管辖的“最低联系标准”。1955年，伊利诺伊州首开先河，制定了延伸司法管辖权的法令，即长臂管辖权（Long-Arm Jurisdiction）法令。

最低联系标准，通常是指被告经常直接或通过代理人在该州境内从事商业活动，或者因其行为或不行为在该州境内造成了损害。只要符合这个标准，法院就可以取得对该被告的管辖权，法院就有权受理此案，有权依照法定程序传唤国外的被告出庭，并有权依法作出有效判决。

在大多数情况下，美国法院认为，只要国外的被告与法院所在的州有某种联系，法院就有对被告的管辖权；一旦法院据此作出判决，美国原告就可以通过适当的程序向被告所在国的法院要求承认和执行这一判决。

（二）法律适用

法院在确定了管辖权之后，随之而来的是法律适用的问题。在涉外产品责任诉讼中，按照美国的冲突法规则通常是适用损害发生地的法律来确定当事人的责任，即产品在哪个地方对消费者或用户造成了损害，就适用哪个地方的法律来确定产品生产者或销售者的责任。但这项原则受到了一些批评，特别在涉及汽车事故的产品责任案件中，由于汽车经常跨越州境甚至国境行驶，如完全按照出事地点的法律来确定汽车的生产者或销售者的产品责任，有时可能对原告不利。

因此，美国现在的多数州法院倾向于由原告在数个与案件有联系的连接因素中选择对自己最为有利的法律。这些连接因素有：加害地、受害地、产品购买地、原告或被告住所地或营业地、法院地等。

第三节　关于产品责任的国际立法

随着国际贸易的深入发展，国际上涉及不同国家当事人的产品责任纠纷案件逐渐增多，各国越来越重视产品责任的国际调整问题。但是，由于各国在经济发展水平和法律制度方面的巨大差异，目前在产品责任实体法方面，除了欧盟的区域性立法外，尚未产生统一的国际公约。

一、欧盟《产品责任指令》

欧盟是目前世界上最具代表性的区域性国际组织。为了协调各成员国有关产品责任的法律，欧共体（欧盟前身）理事会于 1985 年 7 月 25 日通过了《产品责任指令》，该指令的全称为《使各成员国产品责任法律相互接近的理事会指令》（Council Directive 85/374/EEC on the Approximations of the Laws，Regulations and Administrative Provisions of the Member States Concerning Liability for Defective Product，英文缩略为 Directive 85/374/EEC，简称《指令 1985》）。根据该指令第 19 条的规定，各成员国有义务在指令颁布后的 3 年内将指令的内容转化为国内法。

《指令1985》实施后，为了进一步提高产品责任的保护水准，应对部分领域的产品安全危机，欧盟议会和理事会于1999年5月10日通过了《修订指令85/374/EEC的指令1999/34/EC》（简称《指令1999》）。《指令1999》共4条，围绕对《指令1985》第2条的修订扩大了产品责任的适用范围。

（一）产品

根据《指令1985》第2条的规定，"产品"是指除初级农产品和狩猎产品以外的所有动产产品，即使其已被组合在另一动产或不动产之内。电力也包括在"产品"之内。初级农产品包括种植业、畜牧业、渔业产品，但不包括经过加工的此类产品。到了20世纪90年代，随着疯牛病危机的发生，农产品安全成为欧盟各成员国关注的突出问题。为了让消费者重新建立起对农产品安全的信赖，进一步统一各成员国的法律规定，《指令1999》第1条明确规定：产品包括所有的动产，而没有任何例外的规定。这也意味着把初级农产品和狩猎物纳入"产品"的范围，并且不允许各成员国对此提出保留或排除适用。

（二）缺陷

根据《指令1985》第6条的规定，如果一个产品不能提供人们有权期待的安全性，产品即为有缺陷。在界定产品是否有缺陷的问题上，《指令1985》指出应将产品的使用说明、可以合理预见的产品使用状况和产品投入流通的时间等相关因素考虑在内。

（三）责任主体

根据《指令1985》第3条的规定，产品责任的承担者是指产品的生产者。生产者具体又包括：1）成品生产者；2）原料生产者或零部件生产者；3）任何通过在产品上标明其姓名、商标或其他可辨识的特征，表明其为生产者的人；4）在不减损产品生产者责任的情况下，任何将产品输入欧共体市场用于销售、租用、出租或任何形态之商业销售者，都将被认为是本指令意义上的生产者，并将承担与生产者相同之责任；5）如果生产者不能被确认，则产品的供应商将被视为生产者，除非在合理时间内其能够向消费者告知生产者或向其提供产品的供应商的身份。此规定同样适用于上述第4）项情况下的进口产品。

（四）归责原则

《指令1985》规定产品责任的归责原则为严格责任，即无过错责任。受害者提出赔偿请求，只需证明产品存在缺陷、缺陷产品所造成的损害以及两者之间的因果关系，而无须证明生产者是否存在过错。

（五）责任的免除或减轻

根据《指令1985》第7条的规定，如果生产者能够证明存在下列情况，则不承担责任：1）生产者尚未将产品投入流通；2）根据情况表明造成损害的缺陷可能是在产品投入流通时并不存在或者是在投入流通后形成的；3）产品并非用于销售或者以经济为目的的任何形式之分销，也并非由生产者在商业经营过程中制造或分销；4）产品的缺陷是由于执行政府的强制性法规所致；5）以产品投入流通时的科学或技术水平无法发现缺陷的存在等。《指令 1985》同时指出：如果损害的造成亦可归因于受害人自身的过错，则生产者的责任可以相应地减轻甚至免除。

（六）损害赔偿

根据《指令 1985》第 9 条的规定，损害包括人身伤害和财产损害。对于人身伤害，特别提到本指令不影响各成员国关于受害者可以提出精神损害赔偿要求的规定。对于财产损害，该指令规定不包括缺陷产品本身，并对缺陷产品以外的其他财产的损害规定了赔偿的门槛，以避免过多的产品责任诉讼。

（七）诉讼时效

《指令 1985》第 10 条规定：原告提起赔偿请求的诉讼时效为 3 年，从原告知道或应当知道损害、缺陷和被告的身份之日起计算。但是如果自缺陷产品投入流通后 10 年内，受害者没有提起诉讼请求，那么受害者将不再享有此权利。

二、欧盟《通用产品安全指令》

2001 年 12 月 3 日，欧盟颁布了修订后的《通用产品安全指令》（Directive 2001/95/EC of the European Parliament and of the Council on General Product Safety，GPSD，简称《指令 2001》），并要求各成员国从 2004 年 1 月 15 日开始全面实施。

该指令是欧盟制定技术法规和标准的指导性文件，共 7 章 24 条，对无专门法规规定的产品安全要求作出了基本规定，以保护消费者的健康和安全，保障欧盟内部统一市场的正常运作。该指令也补充了专门产品法规未涵盖的内容，如有关主管当局的权利和义务。

《指令 2001》的内容主要包括指令的适用范围、生产者和销售者的产品安全义务和各成员国执行产品安全措施的相关义务和职权。该指令的实施不仅提高了欧盟各成员国的产品安全水准，同时对非欧盟国家进入欧盟市场的产品提出了更高的安全要求。

（一）《指令 2001》的适用范围

《指令 2001》的适用范围包括对产品、安全产品、生产者和销售者的界定。

1. 产品

根据《指令 2001》第 2 条（a）项的规定，产品是指任何产品，包括通过商业活动意图提供给消费者使用，或者并非商业意图提供给消费者，但在可以合理预见的情况下使消费者获取使用的产品，不论消费者获取产品是否支付对价，也不论产品是否是新的、使用过的或修理过的。

2. 安全产品

根据《指令 2001》第 2 条（b）项的规定，安全产品是指产品在正常使用或者可以合理预见的使用情况下，不构成任何危险或者只构成最低程度的危险。最低程度的危险，是指该危险是与产品的使用共存的，并且是可以被接受的，同时与对公众安全与健康的高标准保护的要求一致。而不符合安全产品定义的产品，即可称为“危险产品”。

在认定产品是否安全的问题上，《指令2001》认为需特别考虑下列说明：1）产品的性质，包括产品的成分、包装、产品的安装和维护说明等；2）在可以合理预见的情况下，产品与其他产品混合使用所产生的效果；3）与产品相关的指示和信息，如产品的描述、标签、警告、使用和处置的说明等；4）因使用产品而处于危险状态的消费者的类别，特别是老人和儿童。但《指令2001》也指出：不能以有更安全产品的存在作为认定产品存在危险的理由。

3. 生产者

《指令2001》所指的生产者包括：1）在欧盟内设立的产品制造商；任何通过在产品上加贴名称、商标或其他显著性标记，表明其为产品制造商的人；修理产品的人。2）如果产品制造商并非在欧盟内设立，那么其代表机构作为生产者；如果其在欧盟内没有设立代表机构，那么进口商作为生产者。3）在产品流通环节中的其他执业者，只要他们的行为可能会影响到产品的安全性能。可见，《指令2001》所涵盖的生产者的范围很广泛，除了产品的实际生产者和名义上的生产者，还包括影响产品安全性能的任何经营者，如产品的修理者和运输者等。

4. 销售者

《指令2001》中的销售者是指在产品流通环节对产品安全性能不构成影响的任何执业者。因此如果一个传统意义上的销售者的销售行为改变了产品的安全性能，如改变产品的使用说明等，那么将被视为《指令2001》中的生产者。

（二）生产者和销售者的产品安全义务

生产者和销售者的基本义务是确保只将安全产品投入市场。同时，《指令2001》第5条又分别规定了生产者和销售者的其他义务。

1. 生产者的义务

生产者的义务包括：1）提供信息的义务。生产者应向消费者提供相关信息，以便让消费者在合理的时间内对产品固有的危险作出评价并采取相关的预防措施。2）对产品安全实施监督的义务。首先，生产者要建立一个畅通的信息渠道，以便让生产者能够被告知产品可能引发危险。其次，生产者应根据产品的性质和危险采取适当的措施避免危险的发生，包括从市场撤回产品，或者对消费者作出充分而有效的警告，或者召回产品。撤回和召回的主要区别是，撤回所涉及的危险产品已经进入市场，但还未被消费者获取；召回所涉及的危险产品已经到了消费者手中，它是生产者防范危险的最终手段。《指令2001》同时强调：单纯的警告并不能免除生产者依该指令所应承担的其他义务。

2. 销售者的义务

《指令2001》规定的销售者的安全义务主要是一种辅助义务。销售者应当尽合理的注意义务以确保产品安全，特别是不销售其已经知道或应当知道的不符合安全要求的产品，并积极参与对市场产品的安全监控，传递产品危险的相关信息等。

此外，《指令 2001》要求生产者和销售者应该与各成员国的主管机构就产品安全互通信息、积极合作，从而确保欧盟市场产品的安全，防止危险产品的进入，并通过各种措施迅速而有效地将危险产品清除出欧盟市场。

三、《产品责任法律适用公约》

由海牙国际私法会议[1]于 1973 年 10 月 2 日通过的《产品责任法律适用公约》（Convention on the Law Applicable to Products Liability，简称《海牙公约》）在解决产品责任冲突法方面发挥了重大的作用。该公约自 1977 年 10 月 1 日正式生效。目前，克罗地亚、芬兰、法国、卢森堡、黑山共和国、荷兰、挪威、塞尔维亚、斯洛文尼亚、西班牙等国家批准了该公约。《海牙公约》是目前国际上唯一的产品责任方面的冲突法公约，其宗旨是在国际范围内解决产品责任的法律适用问题。

该公约的前言指出：公约意图对产品责任的国际诉讼建立普遍的准据法适用规则。值得注意的是，该公约的实施涉及法律的选择，并不意图对产品责任的实体法规则施加任何的影响。

（一）《海牙公约》的适用范围

《海牙公约》的适用范围规定在第 1 条至第 3 条。根据《海牙公约》第 1 条的规定，该公约适用于产品责任准据法的确定。产品责任的范畴是指产品生产者或其他人对产品所造成的损害，包括因对产品的错误描述以及对产品质量、性质或使用方法缺乏充分的警示而导致损害产生的责任。但是如果产品的所有权或使用权是由责任人直接转让给受害者的，那么他们之间的责任不适用该公约。

可见，《海牙公约》不适用于具有合同关系的生产者和消费者之间产生的产品责任。该公约对具有合同关系的产品责任的适用排除，主要在于避免与现有的规范合同关系的冲突法规则之间的冲突，从而有利于该公约的接受和推广。

《海牙公约》第 2 条对“产品”和“损害”作出了定义。为尽量扩大该公约的适用范围，其界定的产品的范围非常广泛，包括天然产品和工业产品，制成品和非制成品，以及动产和不动产。《海牙公约》所指的损害包括人身损害和财产损害以及相应的经济损失。除非与其他损害相关联，产品本身的损害以及因此而造成的经济损失不应包括在内。

《海牙公约》第 3 条界定的产品“责任主体”的范围包括：1）成品或零部件的生产商；2）天然产品的生产者；3）产品的供应者；4）产品修理者、保管者以及在产品制造和销售的商业流通环节中的其他人。此外，上述主体的代理人或雇员的责任也适用该公约。

（二）准据法的确定

《海牙公约》第 4 条至第 8 条对产品责任纠纷的法律适用问题作出了规定。《海牙公

[1] 海牙国际私法会议（Hague Conference on Private International Law，HCCH）成立于 1893 年，是一个致力于推动国际私法统一化的全球政府间国际组织，截至 2017 年 10 月 22 日共有包括中国在内的 83 个正式成员。

约》的突出特点是由两个以上的连接点来确定适用的准据法，单独的连接点不具有决定性的作用，以此保证所适用的准据法与案件有较为密切的联系。这些基本规则包括：

1. 以损害地所在国的国内法为准据法

根据《海牙公约》第4条的规定，以损害地所在国的国内法为准据法时，必须满足下列条件之一：1）该国又是直接受害人的经常居住地所在国；2）该国又是被控责任人的主要营业地所在国；3）该国又是直接受害人的产品获取地所在国。

2. 以直接受害人的经常居住地所在国的国内法为准据法

根据《海牙公约》第5条的规定，以直接受害人经常居住地所在国的国内法为准据法时，必须满足下列条件之一：1）该国又是被控责任人的主要营业地所在国；2）该国又是直接受害人的产品获取地所在国。

上述两项规则有先后顺序，《海牙公约》首先考虑的准据法是损害地法，但该公约亦赋予受害人一定的选择权。

3. 以被控责任人主要营业地所在国的国内法为准据法

根据《海牙公约》第6条的规定，在上述两项规则都不适用的情况下，准据法为被控责任人主要营业地所在国的国内法，除非请求人根据损害地所在国的国内法提出请求。该项规定尽管可能不会给受害方带来诉讼上的便利（因为损害发生地也许并非受害人的经常居住地），但至少不会给受害方带来诉讼上的不便，或者说毕竟给了受害方一个选择的权利。

4. 排除适用规则

根据《海牙公约》第7条的规定，即便在按照该公约第4条至第6条的规定本应适用损害地所在国法或受害人经常居住地所在国法的情况下，如果被控责任人能够证明其不可能合理地预见产品会经由商业渠道进入上述国家，那么上述国家的国内法将不适用。本条规定给了责任人一个有条件地排除适用损害地法或受害人经常居住地法的机会，如果排除适用能够成立的话，那么将适用责任人主要营业地所在国的国内法。

（三）准据法的适用范围

《海牙公约》第8条列举了准据法的适用范围，即准据法能解决的问题，具体包括：

（1）责任的条件和范围。

（2）免除责任、限制责任和划分责任的依据。

（3）可予以赔偿的损害种类。

（4）赔偿的形式和范围。

（5）损害赔偿的权利可否转让或继承的问题。

（6）可依自己的权利要求损害赔偿的人。例如：死亡受害人的家属的求偿权问题。

（7）委托人对其代理人的行为或雇主对其雇员的行为承担责任的问题。

（8）举证责任。

(9) 关于时效的规定，以及关于时效起算、中断和中止的规定。

(四) 其他规定

《海牙公约》规定：根据其所确定的准据法必须得到适用，只有当这种适用明显地与该国的公共政策或公共秩序相抵触或不一致时，才可以拒绝适用。关于准据法，只要依据《海牙公约》所提供的规则是确定的，即使所确定的是非缔约国的法律，也是该公约所允许的。

关于《海牙公约》的适用顺序，第 15 条有明确的规定：对于缔约国参加的或可能参加的其他专门的公约中有关产品责任的规定，本公约不应优先适用。如果某国既是欧盟《产品责任指令》的缔约国，又是《海牙公约》的缔约国，则在产品责任的确定上，前者优先于后者适用。

第四节 中国的产品责任法

一、中国产品责任法概述

我国最早的完整意义上的有关产品责任方面的法律是 1986 年的《民法通则》，该法第 122 条借鉴了美国和欧盟的相关制度，确定了产品制造者和销售者的严格责任制度，即"因产品质量不合格造成他人财产、人身损害的，产品制造者、销售者应当依法承担民事责任。运输者、仓储者对此负有责任的，产品制造者、销售者有权要求赔偿损失"。但是，该法对产品责任的规定过于简单，导致了法律实施的困难。

1993 年 2 月 22 日，第七届全国人大常委会第 30 次会议制定通过了《中华人民共和国产品质量法》(简称《产品质量法》)，并于同年 9 月 1 日施行。该法是我国第一部专门规范产品质量责任的法律，也是规定产品质量监督和产品责任的基本法律规范。1993 年 10 月 31 日通过的《中华人民共和国消费者权益保护法》(简称《消费者权益保护法》) 则明确规定了经营者向消费者承担的各项产品质量的责任和义务，并规定了经营者因产品缺陷造成消费者人身和财产损害而负有的产品责任，该法在 2009 年和 2013 年先后进行了两次修正。

2000 年 7 月 8 日，第九届全国人大常委会第 16 次会议通过了《关于修改〈中华人民共和国产品质量法〉的决定》，该决定除了强化产品质量的行政管理和行政责任，还适当扩大了产品责任中关于人身伤害赔偿责任的范围。该法在 2009 年和 2018 年又进行了第二次和第三次修正。

2007 年 8 月 27 日，国家质检总局第 98 号令《食品召回管理规定》发布实施，正式开始了我国的不安全食品召回制度。除此以外，同日发布的还有《儿童玩具产品召回管理规定》《出境水生动物检验检疫监督管理办法》《进出口商品数量重量检验鉴定管理办法》。

国家质检总局规定：从2007年9月1日起，经出入境检验检疫机构检验检疫合格的出口食品运输包装上将加施检验检疫标志，应当加施而未加施检验检疫标志的食品一律不准出口。这一加强出口食品监管的新举措，便于对问题产品进行追溯和召回。为便利贸易的需要，检验检疫机构允许企业事先申领标志，在生产加工过程中加施。

2009年6月1日，《中华人民共和国食品安全法》（简称《食品安全法》）正式实施。该法进一步加大了我国对食品安全的监管和对消费者权益保护的力度。为落实《食品安全法》的有关规定，国家质检总局决定自2010年1月1日起，凡进口国家（地区）没有要求的，各出入境检验检疫机构不再对出口食品加施检验检疫标志。《食品安全法》在2015年和2018年先后进行了两次修正。因此，我国目前的产品责任立法以《产品质量法》作为主要的法律渊源，同时包括《消费者权益保护法》《食品安全法》等相关法律规范。

案例透视

铅严重超标——螺旋藻品牌召回事件

“蓝帽”是由国家相关主管部门审批认证的保健食品标志。获批的保健食品企业，在对外销售的产品外包装标注“国食健字”字样，为天蓝色，呈帽形，俗称“蓝帽”。市场上销售的“蓝帽”螺旋藻是否铅超标？记者决定送检。在北京、天津、河北三地药店、超市、商场的保健食品专柜，记者购买了8大品牌的螺旋藻“蓝帽”产品。

由国家认证认可监督管理委员会认定的多家权威检测机构的检测结果均显示，在8个送检样品中，有6个样品的铅含量严重超标。其中：“尤维斯”超标20%，“绿A”和“清华紫光（金奥力）”均超标80%，“汤臣倍健”超标100%，“圣奥利安”超标200%，“康特力斯”超标820%。

国家食品药品监督管理总局相关负责人表示，已责令相关部门召回问题产品，将依法严厉查处涉事企业。

召回是指产品的生产者、销售者依照法定程序，对其生产或销售的缺陷产品以换货、退货、更换零配件等方式，及时消除或减少缺陷产品危害的行为。在《中华人民共和国侵权责任法》制定之前，我国尚未建立全面的产品召回制度。

2002年7月，国家质检总局宣布：对于该年第二季度国家对产品质量的监督抽查中存在严重质量问题的家庭用品，如插头、插座产品，从当月起予以强制收回。同年11月26日，国家质检总局再次发布公告召回美国惠氏奶粉。然而，这只是行政部门以公告形式规定的特定产品的召回个案，不具有普遍约束力和可借鉴性。

2004年3月12日，国家质检总局、发改委、商务部、海关总署等部门联合发布了《缺陷汽车产品召回管理规定》，但该规定属于部门规章，是仅就“汽车产品”作出召回的规定。此后，相关行政部门先后发布了食品、药品、儿童玩具等的召回管理规定。2009年2月28日通过的《中华人民共和国食品安全法》第一次以法律的形式规定了缺陷食品的召回制度。

2010 年 7 月 1 日正式实施的《中华人民共和国侵权责任法》第 46 条确立了全面的产品售后警示和召回制度。该条规定：产品投入流通后发现存在缺陷的，生产者、销售者应当及时采取警示、召回等补救措施。未及时采取补救措施或者补救措施不力造成损害的，应当承担侵权责任。

二、《产品质量法》的主要内容

（一）对“缺陷”的界定

《产品质量法》第 46 条规定：本法所称的缺陷，是指产品存在危及人身、他人财产安全的不合理的危险；产品有保障人体健康及人身、财产安全的国家标准或行业标准的，指不符合标准。可见，我国产品责任法中生产者和销售者需要承担产品责任的缺陷局限于产品本身违反国家标准或行业标准并造成损害，相对来说，该规定过于狭窄。

（二）产品责任归责原则

（1）生产者承担产品责任适用严格责任原则。《产品质量法》第 41 条规定：因产品存在缺陷造成人身、缺陷产品以外的其他财产损害的，生产者应承担损害赔偿责任。

（2）销售者承担产品责任适用过错责任原则。《产品质量法》第 42 条第 1 款规定：由于销售者的过错使产品存在缺陷，造成人身、他人财产损害的，销售者应当承担赔偿责任。该条第 2 款又规定：销售者不能指明缺陷产品的供货者的，销售者应当承担赔偿责任。实践中，要证明销售者具有过错有时十分困难，因而对销售者实际适用的是推定过错责任，即销售者应当证明自己在进货、仓储、销售的各个环节中都已履行了谨慎之责，否则就推定其具有过错，须对售出的产品承担责任。同时，即使销售者证明了自己没有过错，但不能指明产品的生产者或供货者，也仍须承担产品责任。

此外，《产品质量法》第 43 条规定了生产者与销售者的连带责任：因产品存在缺陷造成人身、他人财产损害的，受害人可以向产品的生产者要求赔偿，也可以向产品的销售者要求赔偿。属于产品的生产者的责任，产品的销售者赔偿的，产品的销售者有权向产品的生产者追偿；属于产品的销售者的责任，产品的生产者赔偿的，产品的生产者有权向产品的销售者追偿。

（三）损害赔偿的范围

根据《产品质量法》第 44 条的规定，侵害人因产品存在缺陷造成受害人人身伤害或财产损失的，承担的赔偿范围应包括：

（1）造成人身伤害的，应赔偿医疗费、治疗期间的护理费、因误工减少的收入等费用。

（2）造成残疾的，还应支付残疾者生活自助具费、生活补助费、残疾赔偿金以及由其扶养的人所必需的生活费等费用。

（3）造成死亡的，应当支付丧葬费、死亡赔偿金以及由死者生前扶养的人所必需的生活费等费用。

（4）造成受害人财产损失的，侵害人应当恢复原状或者折价赔偿。受害人因此遭受其他重大损失的，侵害人应当赔偿损失。

2001 年 3 月 10 日施行的最高人民法院《关于确定民事侵权精神损害赔偿责任若干问题的解释》第一次明确了人身权受到侵犯时应当给予精神损害赔偿。因此，在产品责任事故中，受害人可以依法请求精神损害赔偿。《民法典》侵权责任编第 1183 条从法律层面明确规定：侵害自然人人身权益造成严重精神损害的，被侵权人有权请求精神损害赔偿。因故意或者重大过失侵害自然人具有人身意义的特定物造成严重精神损害的，被侵权人有权请求精神损害赔偿。

需要明确的是，在损害赔偿的范围上，《产品质量法》采用的是补偿原则，没有设定惩罚性赔偿。

（四）产品责任的抗辩

《产品质量法》第 41 条第 2 款规定，生产者能够证明下列情形之一的，不承担赔偿责任：1）未将产品投入流通的；2）产品投入流通时，引起损害的缺陷尚不存在的；3）将产品投入流通时的科学技术水平尚不能发现缺陷的存在的。

（五）诉讼时效

《产品质量法》第 45 条规定：因产品存在缺陷造成损害要求赔偿的诉讼时效为 2 年，自当事人知道或者应当知道其权益受到损害时起计算。

因产品存在缺陷造成损害要求赔偿的请求权，在造成损害的缺陷产品交付最初消费者后满 10 年丧失，但是，尚未超过明示的安全使用期的除外。

综合练习

一、单项选择题

1. 最早产生产品责任判例的国家是（　　）。

A. 德国　　B. 美国　　C. 日本　　D. 英国

2. 根据我国的法律规定，生产者的产品责任采用（　　）。

A. 过错责任原则　　B. 严格责任原则

C. 过失责任原则　　D. 连带责任原则

3. 某厂开发了一种新型节能炉具，先后制造出 10 件样品，后来有 6 件样品丢失。后某户居民的燃气罐发生爆炸，查明原因是使用了某厂丢失的 6 件样品炉具中的 1 件，而该炉具存在重大缺陷。该户居民要求该厂赔偿损失，该厂不同意赔偿。根据我国法律，下列理由中最能支持该厂立场的是（　　）。

A. 该炉具尚未投入流通

B. 该户居民如何得到炉具的事实不清

C. 该户居民偷盗样品，由此造成的损失应由其自负

D. 该户居民应向提供给其炉具的人索赔

二、多项选择题

1. 下列属于美国产品责任法的损害赔偿范围的有（　　）。

A. 财产损害赔偿　　B. 精神损害赔偿

C. 人身损害赔偿　　D. 惩罚性损害赔偿

2. 在《产品责任法律适用公约》中，可以成为准据法的有（　　）所在国法律。

A. 损害发生地　　B. 直接受害人的经常居住地

C. 直接受害人的产品获取地　　D. 被控责任人的主要营业地

3.《产品责任法律适用公约》中的“产品”包括（　　）。

A. 天然产品　　B. 工业产品　　C. 动产　　D. 不动产

4. 产品责任的法律构成有（　　）。

A. 产品存在缺陷

B. 给产品的消费者或使用者造成人身或财产损害

C. 产品缺陷与损害之间的因果关系

D. 消费者没有过错

三、案例分析题

2011 年 3 月 15 日，央视披露了河南济源双汇公司使用瘦肉精猪肉的事实，问题猪肉从河南出厂到抵达南京屠宰场的过程中，一路凭借买来的“通行证”畅通无阻。研究表明，食用含有瘦肉精的肉会对人体产生危害，长期食用更有可能诱发恶性肿瘤。早在 2002 年，国家就明令禁止在饲料和动物饮用水中添加瘦肉精。2008 年，最高人民检察院、公安部规定对使用瘦肉精养殖生猪，以及宰杀此类生猪、销售此类猪肉的，将以生产、销售有毒、有害食品罪追究刑事责任。

从三聚氰胺、瘦肉精、地沟油、苏丹红到洗虾粉、塑化剂、亚硝酸盐血燕，食品“安全门”事件层出不穷。频发的产品责任事故使人们意识到引入“惩罚性赔偿”机制来破解食品安全问题的紧迫性。从作为我国“惩罚性赔偿”雏形的《消费者权益保护法》到《食品安全法》，再到全面确立了惩罚性赔偿制度的《侵权责任法》，再到《民法典》，我国侵权责任领域引入惩罚性赔偿机制经历了一个逐步发展的过程。请查找《消费者权益保护法》《食品安全法》《民法典》中有关“惩罚性赔偿”的规定并回答以下问题：

（1）我国引入“惩罚性赔偿”制度能否达到威慑制售假冒伪劣产品者，遏制恶意侵权甚至犯罪行为，保护消费者合法权益，维护社会主义市场经济秩序的目的？为什么？

（2）在确定惩罚性赔偿数额时应考虑哪些主要因素？

第八章

国际商事争议的解决

学习目标

【知识目标】

- 熟悉国际商事争议的主要解决方式
- 掌握国际商事仲裁的概念、特征和仲裁协议的法律效力
- 了解世界上主要的国际商事仲裁机构及其仲裁规则
- 熟悉国际商事仲裁的基本程序
- 了解国际民事诉讼管辖权的确定
- 熟悉我国涉外民商事法律的适用

【能力目标】

- 能通过协商和调解的方式解决国际商事争议
- 能遵循国际商事仲裁和民事诉讼的基本程序

重点难点

【重点】

- 仲裁与诉讼的区别与联系
- 仲裁的基本程序

【难点】

- 仲裁协议的有效要件
- 国际民事诉讼管辖权的确定
- 我国涉外民商事法律的适用

导入案例 “达娃之争”大事记

1996	达能与娃哈哈联姻，金加投资有限公司（由达能亚洲与香港百富勤在新加坡成立）与杭州娃哈哈集团有限公司、浙江娃哈哈实业股份有限公司三方共同出资，组建五家合资公司，生产以“娃哈哈”为商标的包括纯净水、八宝粥等在内的产品，持股比例分别为51%、39%和10%。
1998	香港百富勤将在金加投资有限公司中的股权出售给达能，达能成为金加公司唯一的股东，从而跃升娃哈哈合资公司51%的控股地位。
1999	娃哈哈中方决策班子商量决定，由职工集资持股成立的公司出面，建立一批与达能没有合资关系的公司。
2007.4	娃哈哈与达能纠纷公开化。达能公司被曝欲以40亿元的低价并购娃哈哈非合资公司51%的股权。
2007.5.9	达能向瑞典斯德哥尔摩商会仲裁院提出8项仲裁申请。6月7日，宗庆后辞去娃哈哈合资公司董事长职务。双方拉开了国内外法律诉讼战。
2007.12	在各方协调下，双方中止了法律程序进行和谈。达能要求以约200亿元的价格将其在合资公司的股权出售给娃哈哈，被娃哈哈拒绝。
2009.1	瑞典斯德哥尔摩商会仲裁院对达娃一案开庭审理。
2009.9.30	双方在北京签署和解协议，终止合资关系。

[新闻报道一]

2007年6月13日，杭州娃哈哈集团有限公司（即娃哈哈集团）在杭州市仲裁委员会针对杭州娃哈哈食品有限公司（即达能与娃哈哈的合资公司）提起仲裁，要求终止《商标转让协议》。娃哈哈集团提起仲裁的主要依据是国家商标局在2007年6月7日给浙江省工商行政管理局的《关于娃哈哈商标转让申请审核情况的复函》，据此声称商标转让申请早已被国家商标局“驳回”。

自2007年4月，达能与娃哈哈就商标所有权和非合资公司股份转让问题的矛盾公开化以来，双方在国内外分别提起了一系列的仲裁和诉讼请求。但就目前境内外的诉讼情况而言，娃哈哈集团暂时占据优势。此前，达能诉国家商标局不同意娃哈哈商标转让的官司，因为两项诉讼请求均不成立，达能已经主动撤回。11月，娃哈哈集团状告达能在合资公司桂林娃哈哈食品有限公司委派的法籍董事嘉柯霖存在竞业禁止纠纷一案，也以娃哈哈集团的胜诉告终。达能在法国和意大利以共同参与娃哈哈同业竞争为名状告娃哈哈的两家设备供应商的官司，也分别被判达能败诉和驳回。

2007年12月，杭州市仲裁委员会作出裁决，确认自1999年12月6日起，娃哈哈集团与合资公司于1996年2月29日签订的《商标转让协议》已经终止；并驳回合资公司要求娃哈哈集团立即履行《商标转让协议》，办理“娃哈哈”商标转让申请的仲裁反请求。据了解，杭州仲裁庭作出此裁决的关键，是认定合资公司要求杭州娃哈哈集团继续履行商标转让的合同义务已经超过了诉讼时效的期限。对仲裁结果，娃哈哈集团表示“欢迎”和“欣慰”，而达能集团则明确表示“震惊”。

［新闻报道二］

在达能与娃哈哈集团签署和解协议当天，即2009年9月30日，达能曾翘首以盼的斯德哥尔摩仲裁结果终于出来，达能胜诉。但直到双方和解30多天后，这份裁决才被外界获知。

这份姗姗来迟的裁决，让达能和娃哈哈之间是非曲直的争执再起波澜。

裁决结果已没有实际影响

2009年9月30日，达能和娃哈哈同时宣布和平分手，结束长达12年的跨国“联姻”。

同年，对于这份自己曾经翘首以盼的胜诉结果，达能在11月5日发布的声明中却避而不谈。该声明显示，达能谨确认，9月30日，斯德哥尔摩商会仲裁院仲裁庭就达能-娃哈哈纠纷作出了裁决。

达能同时表示，这一裁决并不会影响达能与娃哈哈双方达成的友好和解方案。“在9月30日双方签署和解协议后，斯德哥尔摩仲裁的程序已暂停；待和解协议执行完毕后，双方将终止与双方之间纠纷有关的所有法律程序。”

据知情人士透露，达能在签署和解协议后，已经向相关法院提起撤销对娃哈哈集团及宗庆后本人的起诉，相关法院最近也已同意撤诉。

至于为何仲裁结果在出来30多天之后才公之于众，知情人士表示，达能和娃哈哈当时已经不想继续争执下去，而且双方和解中有保密条款。

事实认定不同造成裁定结果不同

据媒体报道，2009年9月30日斯德哥尔摩商会仲裁院作出的裁决，共有8项，其中有几项认定对娃哈哈集团一方有利，但是在违约和责任方面作出了有利于达能的裁决。

2007年5月，达能在斯德哥尔摩商会仲裁院向娃哈哈集团及宗庆后提起了8项仲裁申请：其中7项申请，是针对合资公司中方股东违反合资协议的非竞争性条款，以及违反条款引起的侵权行为；另外1项则是针对宗庆后本人违反非竞争条款和保密条款。

根据仲裁庭裁定，达能并没有提供充分证据证明娃哈哈合资公司作为中方股东的几家公司违反了非竞争性条款。

但是据媒体报道，仲裁庭认为宗庆后本人违反了非竞争性条款，并确认了其不当行为造成的损害。同时，裁决认为，娃哈哈集团违反不与娃哈哈保健食品有限公司竞争的承诺以及违反向合资公司转让娃哈哈商标的义务。

因此，仲裁庭裁定，宗庆后应立即停止对合资公司所拥有的娃哈哈商标的使用，同时裁定娃哈哈集团应完成对杭州娃哈哈食品有限公司的娃哈哈商标转让。

在斯德哥尔摩商会仲裁院仲裁结果曝光之前，很多业内人士对在该仲裁中娃哈哈胜诉的可能性还持乐观态度，表示“仲裁适用的仍然是中国的法律，而且所仲裁的事实和理由跟国内的仲裁都是一样的”。

此前2007年6月14日，娃哈哈集团向杭州市仲裁委员会提出仲裁申请，要求确认其与娃哈哈合资公司于 1996 年 2 月 29 日签署的《商标转让协议》终止。娃哈哈集团在这一仲裁上获得胜利。此后，杭州市中级人民法院驳回达能提起的要求撤销杭州仲裁委员会终止《商标转让协议》的申请。

“斯德哥尔摩商会仲裁院与国内法院对事实的认定不同，可能造成两者裁定的结果不一样。”上述知情人士如是说。

无力的胜诉

这是达能与娃哈哈多年诉讼拉锯战中少见的胜利，然而可能也是最无力的胜诉。

如果斯德哥尔摩商会仲裁院仲裁结果在 9 月 30 日之前出来，会影响和解进程吗？

“那达能出售 51%的股权所要求的价格肯定不一样了。”上述知情人士告诉本报记者。

2009 年 9 月 30 日和解后，达能以 3 亿欧元出售其在合资公司中的 51%的股权给中方合资伙伴，这与此前达能向娃哈哈集团开出的 16.2 亿欧元的转让价相差甚远。

据悉，斯德哥尔摩商会仲裁院仲裁需要经历两个阶段：第一阶段给予明确的仲裁结果，第二阶段要对赔偿金额进行裁定。

从达能 2007 年 5 月向瑞典斯德哥尔摩商会仲裁院提出仲裁申请，到 2009 年 9 月 30 日仲裁结果下来，达能经历了两年多的漫长等待过程。

达能 9 月 30 日选择和解，之后对仲裁胜诉结果一直保持缄默，恐怕也是决定不再继续等待，而是选择前进。

讨论：从法律角度看，这是一场旷日持久、艰苦卓绝的战役。达能与娃哈哈之间的纠纷属于何种性质的争议？双方采用了哪些争议解决方式？这些方式各有何特点？

第一节　争议解决方式概述

国际商事争议解决的主要方式有协商、调解、仲裁和诉讼。其中，除了仲裁和诉讼之外的其他方式又称 ADR（Alternative Disputes Resolution）方式，即具有自愿性和非正式性的替代性争议解决方式。

一、协商

协商，是指国际商事活动的当事人在发生争议后，以双方的自愿为基础，针对所发生的争议进行口头或书面的磋商或谈判，自行达成和解协议，友好解决纠纷的方式。协商是当事人在争议发生后最优先选择采用的争议解决方式。

由于协商方式无须第三人介入，而且程序简单灵活，因此大多数当事人同意在争议发生之初先行协商解决，很少有当事人在发生争议后不与对方当事人协商而直接提起仲裁或诉讼的。达成和解协议后，各方可以根据互谅互让的原则继续合作。因此，协商可以节约当事人的时间、人力和物力。然而，协商解决的结果往往取决于各方讨价还价的能力及其所处的谈判地位，达成的和解协议可能对处于弱势一方的利益的保护不够。

二、调解

（一）调解的概念

调解，是指在当事人之外的中立第三方的主持下，由第三方以中间人的身份在分清是非和责任的基础上，根据法律和合同规定，参考国际惯例，从中帮助和促使争议各方在互谅互让的基础上达成公平的和解协议，解决各方争议。

（二）调解的种类

1. 民间调解

民间调解，是指仲裁机构、法院或国家指定负责调解的机构以外的第三方主持进行的调解。民间调解人可以是个人，也可以是某一民间机构。民间调解人通常由争议当事人临时选任。经民间调解人主持所达成的调解协议构成一项新的合同或对合同的修改补充，对争议双方具有约束力，各方应严格履行，否则视为违约。

2. 专门机构调解

专门机构调解，是指由设在商会或仲裁委员会内部的专门调解机构主持的调解。商会或仲裁委员会通常将调解程序和仲裁程序分开，分别适用调解规则和仲裁规则。调解由专门的调解委员会主持，仲裁由仲裁庭主持。调解不成需仲裁时，原调解人不得担任同一争议案件的仲裁员。

3. 仲裁机构调解

仲裁机构调解，是指由仲裁机构主持进行的调解，即将调解纳入仲裁程序，由仲裁机构在开始仲裁前或仲裁中征得当事人同意进行的调解。《中华人民共和国仲裁法》（简称《仲裁法》）第 51 条规定：仲裁庭在作出裁决前，可以先行调解。当事人自愿调解的，仲裁庭应当调解。调解不成的，应当及时作出裁决。调解达成协议的，仲裁庭应当制作调解书或者根据协议的结果制作裁决书。调解书与裁决书具有同等法律效力。第 52 条规定：调解书应当写明仲裁请求和当事人协议的结果。调解书由仲裁员签名，加盖仲裁委员会印章，送达双方当事人。调解书经双方当事人签收后，即发生法律效力。在调解书签收前当事人反悔的，仲裁庭应当及时作出裁决。

4. 法院调解

法院调解又称司法调解，是指由法院主持进行的调解。我国《民事诉讼法》第 9 条规定：人民法院审理民事案件，应当根据自愿和合法的原则进行调解；调解不成的，应当及时判决。《民事诉讼法》第八章还对调解作了详细规定。调解达成协议，人民法院应当制作调解书。调解书应当写明诉讼请求、案件的事实和调解结果，由审判人员、书记员署名，加盖人民法院印章，送达双方当事人。调解书经双方当事人签收后，即具有法律效力。一方拒绝履行调解书的，对方当事人可以向人民法院申请执行。如调解未达成协议或者调解书送达前一方反悔的，人民法院应当及时判决。

第二节　国际商事仲裁

一、仲裁和国际商事仲裁

（一）仲裁

仲裁（Arbitration），又称公断，是指双方当事人通过协议将他们之间的争议提交给第三者，并由该第三者对争议的是非曲直进行评断，并作出裁决的一种解决争议的方法。

1. 仲裁与调解的区别

（1）当事人行为的任意性不同。在调解的方式下，当事人的调解意愿具有一定程度的任意性，调解中任何一方均可中途退出或者中止调解，调解机构不能强迫其继续接受调解；在仲裁方式下，除非双方当事人达成和解协议或者申请人撤回仲裁申请，即便被申请人无正当理由不到庭或者未经仲裁庭许可中途退庭，仲裁庭仍可以进行缺席审理并作出裁决。

（2）调解员与仲裁员所起的作用不同。调解员在调解中主要起推动和促进当事人达成和解的作用。调解员只能对当事人说服劝导，无权自己作出处理决定；仲裁员在仲裁中独立地审理案件，依法作出公正的裁决，裁决书无须征得双方当事人的同意。

2. 仲裁与诉讼的区别

(1) 受理案件的依据不同。法院诉讼是强制管辖，而仲裁是协议管辖。法院诉讼不要求一方当事人事先得到另一方当事人的同意或者双方达成诉讼协议，只要一方当事人向有管辖权的法院起诉，法院就可依法受理所争议的案件，另一方也应当应诉。法院对案件的审判权来源于主权国家的权力，是由法律直接规定的，是其本身固有的；而仲裁机构必须依据当事人之间达成的仲裁协议和一方当事人的申请受理案件。仲裁机构对争议的裁判权来自双方当事人的自愿和授权，而不是本身所固有的。

(2) 审理案件的组成人员不同。在法院诉讼的当事人不能选定审判员，法院会依法指定法官或组成合议庭审理案件；而仲裁的双方当事人有权各自选定或者各自委托仲裁委员会主任指定一名仲裁员，再共同选定或共同委托仲裁委员会主任指定一名首席仲裁员组成仲裁庭审理案件。

(3) 审理案件的方式不同。法院审理民事案件，除涉及国家秘密、个人隐私或法律另有规定以外，应当公开进行；而仲裁一般不公开进行，案情不公开，裁决也不公开，开庭时没有旁听，仲裁庭和仲裁机构的秘书处在案件审理中不接受任何人采访，从而可以有效地保护当事人的商业秘密和商业信誉。

(4) 审理结果不同。我国法院实行两审终审制，当事人对法院判决或裁定不服的，可以在判决书送达之日起 15 日内或裁决书送达之日起 10 日内向上一级人民法院提起上诉；而仲裁裁决一般是“一裁终局”，当事人不能上诉。一方当事人不履行仲裁裁决的，另一方可以向法院申请强制执行。虽然仲裁裁决可能会被仲裁委员会所在地法院裁定撤销或被有管辖权的法院裁定不予执行，但法院裁定撤销或不予执行的理由是非常有限的，在涉外仲裁中通常仅限于程序问题。

(5) 判决和裁决在境外的执行程序不同。法院作出的判决要在境外执行时，需根据作出判决的所在地国与申请执行的所在地国之间所签订的司法协助条约或互惠原则来处理；而仲裁机构作出的仲裁裁决要在境外执行时，只要作出裁决的所在地国与申请执行的所在地国均为 1958 年联合国《承认及执行外国仲裁裁决公约》(《纽约公约》) 的成员，当事人就可以向执行地国的主管法院提出承认及执行的申请，不是该公约成员的，则需根据司法协助条约或互惠原则来处理。

(二) 国际商事仲裁

国际商事仲裁，是指在国际经济贸易活动中，当事人按照协议的方式自愿将他们之间商事方面的权利和义务争议，提交给他们选定的仲裁机构或仲裁人审议，并由其作出对争议各方皆有约束力的裁决的活动。

对“国际”一词，1985 年联合国《国际商事仲裁示范法》第 1 条第 3 款规定，仲裁如有下列情况即为国际仲裁：

（1）仲裁协议各方在缔结协议时，他们的营业地点位于不同的国家。

（2）下列地点之一位于当事各方营业地点所在国以外：1）仲裁协议中约定或根据仲裁协议确定的仲裁地点；2）履行商事关系的大部分义务的任何地点，或与争议标的具有最密切联系的地点。

（3）当事各方明确约定的仲裁协议标的与一个以上的国家有联系。

关于"商事"的含义，我国给予了一种比较广义的解释。1986年12月2日，我国加入1958年在纽约通过的《纽约公约》时作了商事保留声明。根据声明，我国仅对按照我国法律属于契约性和非契约性商事法律关系所引起的争议适用该公约。契约性和非契约性商事法律关系，具体指的是由于合同、侵权或者根据有关法律规定而产生的经济上的权利义务关系，如货物买卖，财产租赁，工程承包，加工承揽，技术转让，合资经营，合作经营，勘探开发自然资源，保险，信贷，劳务，代理，咨询服务，海上、民用航空、铁路、公路的客货运输以及产品责任、环境污染、海上事故和所有权争议等，但不包括外国投资者与东道国政府之间的争端。

二、仲裁机构及其规则

（一）国际常设仲裁机构及其规则

1. 国际商会仲裁院

国际商会（the International Chamber of Commerce，ICC）于1919年成立，是国际性民间经贸组织，旨在为全球商业服务，在经济和法律领域里，以有效的行动促进国际贸易和投资的发展，总部设在法国巴黎，目前有91个国家（地区）设立了国际商会国家委员会，拥有来自130多个国家（地区）的600多万家会员，如中国建设银行（CCB）、中国远洋运输有限公司（COSCO）、可口可乐公司（Coca Cola）和花旗集团（Citigroup）等。这些会员多是各国和地区从事国际经贸活动的中坚企业和组织。

1994年11月8日，国际商会在巴黎举行的第168次理事会会议上通过决议，接纳中国加入国际商会并成立国际商会中国国家委员会（the Affiliate of International Chamber of Commerce in China，ICC CHINA）（其标志见图8-1）。1995年1月1日，由中国国际贸易促进委员会牵头组建的ICC CHINA正式宣告成立。ICC CHINA是国际商会在中国的机构，代表中国最具活力的国际性企业。

ICC 中国 国际商会中国国家委员会 The Affiliate of International Chamber of Commerce in China

图8-1 国际商会中国国家委员会的标志（官方网站：http：//www.icc-china.org/）

国际商会仲裁院（the ICC International Court of Arbitration）成立于1923年，是国际商会下设的一个国际性常设调解与仲裁机构，是当今世界上提供国际经济贸易仲裁服务较多并具有广泛影响力的国际仲裁机构（其标志见图 8－2）。国际商会仲裁院是国际性民间组织，具有很大的独立性，其总部和秘书局同样设在巴黎。国际商会仲裁院委员来自 120 多个国家和地区，他们都具有法律背景和国际商事争议解决的专业经验。

图 8－2　国际商会仲裁院的标志（官方网站：http：//www.iccwbo.org/court/arbitration/）

国际商会仲裁院自成立以来已处理了 25 000 多件争议案件。该仲裁院对根据仲裁协议提请仲裁的当事人不作限制，不要求其具有国际商会会员资格。国际商会仲裁院成员由国际商会理事会任命，任期 3 年，包括主席 1 人、副主席 15 人、秘书长 1 人、技术顾问以及其他成员若干。仲裁院本身不解决争议，其主要职责是组织、监督仲裁程序按照 2017 年修订的《仲裁规则》和 2014 年生效的《调解规则》进行，以解决国际性商事争议，至于具体的仲裁则由独立的仲裁员进行。

2. 解决投资争端国际中心

解决投资争端国际中心（the International Center for the Settlement of Investment Disputes，ICSID）成立于 1966 年 10 月 14 日，是根据 1966 年 10 月 14 日生效的《关于解决国家与其他国家国民之间投资争端公约》（《1965 年华盛顿公约》）而设立的，总部设在华盛顿特区（其标志见图 8－3）。该中心的任务在于增加投资者进行国家间投资的信心，并通过仲裁和调解的方式解决外国投资者与东道国政府之间的投资争端。

图 8－3　解决投资争端国际中心的标志（官方网站：http：//icsid.worldbank.org/）

该中心是世界银行下设的独立机构，由行政理事会和秘书处组成。行政理事会是最高权力机构，由各成员国派一名代表组成，所有代表享有平等的投票权，世界银行行长为理事会当然主席，但没有投票权。行政理事会的主要职责是选举产生秘书处秘书长和副秘书长；审议批准该中心的各项规章制度，通过该中心的年度收支预算和年度工作报告。秘书处则主要负责该中心的事务工作，秘书长是该中心的法定代表和主要官员。

该中心只受理《1965 年华盛顿公约》缔约国和另一缔约国国民之间直接因投资而产生并经双方书面同意提交给该中心的法律争端。中国于 1990 年 2 月签署、1990 年 7 月被批准加入该公约。

3. 瑞典斯德哥尔摩商会仲裁院

斯德哥尔摩商会仲裁院（the Arbitration Institute of the Stockholm Chamber of Commerce，SCC）成立于 1917 年，是一个为争议解决提供管理服务的机构（其标志见图 8－4）。虽然附设于斯德哥尔摩商会，但其在行使纠纷管理职能时独立于商会，其宗旨在于促进工商、航运事业的发展。仲裁院本身并不裁决争议，其职能是根据仲裁院规则和当事人约定的其他程序和规则管理国内、国际争议，并提供与仲裁和调解有关的信息。目前，该仲裁院受理的案件中约有50%属于国际商事争议。

图8-4 斯德哥尔摩商会仲裁院的标志（官方网站：http：//www.sccinstitute.com/）

由于瑞典仲裁历史悠久，体制完善，具有一套完整的仲裁规则和一批精通国际商事仲裁理论与实践的专家，加之其在政治上的中立地位，因此斯德哥尔摩商会仲裁院成为受理国际经贸争端的一个重要场所，具有较高的声誉。该仲裁院在国际上也被视为解决东西方经贸争议问题较理想的机构。

根据2017年1月1日开始生效的《斯德哥尔摩商会仲裁院仲裁规则（修订本）》，该仲裁院设理事会和秘书处。理事会由斯德哥尔摩商会理事会指定，由主席、副主席和理事组成，任期3年，其中主席1人，副主席不超过3人，理事不超过12人。理事会成员包括瑞典公民和非瑞典公民。秘书长领导秘书处工作，履行仲裁院规则所赋予的职责，也可以受理事会的委托作出各项决定。

目前，该仲裁院可以受理世界上任何国家当事人所提交的商事争议。仲裁庭在进行仲裁时，既可以适用仲裁院规则，也可以适用当事人选定的其他仲裁规则。

4. 美国仲裁协会

美国仲裁协会（American Arbitration Association，AAA）成立于1926年，是美国最主要的国际性常设仲裁机构，总部设在纽约，在全美各地设有分支机构（其标志见图8-5）。美国仲裁协会是一个独立的、非营利性的民间组织。国际争议解决中心（ICDR）是美国仲裁协会的国际业务部，专门负责管理美国仲裁协会的所有国际案件。ICDR的执业经验、国际专业能力和多语种职员组成了争议解决程序中不可分割的一部分。ICDR与世界上多个仲裁机构签订了合作协议，便于国际案件的管理。该协会目前适用2014年6月1日修订生效的《国际争议解决程序》（包括调解和仲裁规则）。

图8-5 美国仲裁协会的标志（官方网站：http：//www.adr.org/）

5. 伦敦国际仲裁院

伦敦国际仲裁院（London Court of International Arbitration，LCIA）成立于1892年

11 月 23 日，原名为伦敦仲裁会（the City of London Chamber of Arbitration），1981 年开始采用现名，是国际上成立最早的常设仲裁机构（其标志见图 8-6）。

图 8-6　伦敦国际仲裁院的标志（官方网站：http：//www. lcia. org/）

伦敦国际仲裁院可以受理当事人依据仲裁协议提交的国际争议。现行的仲裁规则是 2014 年 10 月 1 日开始生效的《伦敦国际仲裁院仲裁规则》（修订本）。

6. 香港国际仲裁中心

香港国际仲裁中心（Hong Kong International Arbitration Centre，HKIAC）成立于 1985 年，其目的是协助有纠纷的当事人通过仲裁或其他方式解决争议（其标志见图 8-7）。它由香港主要的商业及专业人士组成，是亚洲解决争议的中心。香港国际仲裁中心受到香港商界和香港政府的慷慨资助但完全独立，并在财政上自给自足。

图 8-7　香港国际仲裁中心的标志（官方网站：http：//www. hkiac. org/）

香港国际仲裁中心是一个非营利性的有限担保公司。该中心在一个由不同国籍、拥有各种广泛经验与技术的商业及专业人士组成的委员会领导下工作。该中心的秘书长是其首席行政人员和登记主管，该中心的行政工作皆由管理委员会通过秘书长进行。

在香港，当事人有选择仲裁模式的充分自由，既可以选择由香港国际仲裁中心管理的机构仲裁，也可以选择香港国际仲裁中心不参与管理，而由仲裁庭主导的临时仲裁。2008 年，香港国际仲裁中心推出《香港国际仲裁中心机构仲裁规则》，并于同年 9 月 1 日起生效。该规则对本地仲裁和国际仲裁都适用，现行版本为《2018 香港国际仲裁中心机构仲裁规则》。

（二）中国的涉外仲裁机构及其规则

1. 中国国际经济贸易仲裁委员会

中国国际经济贸易仲裁委员会（China International Economic and Trade Arbitration Commission，CIETAC，简称贸仲）成立于 1956 年 4 月，是世界上主要的常设商事仲裁机构之一，与世界上主要仲裁机构保持着友好合作关系（其标志见图 8-8）。该仲裁委员会附设于中国国际贸易促进委员会，当时的名称为对外贸易仲裁委员会，1980 年改名为对外经济贸易仲裁委员会，又于 1988 年改为现名。2000 年，中国国际经济贸易仲裁委员会同时启用“中国国际商会仲裁院”的名称。

该仲裁委员会的总会设在北京，并在深圳、上海、天津、重庆、杭州、武汉、福州、

图 8－8　中国国际经济贸易仲裁委员会的标志（官方网站：http：//cn. cietac. org/）

西安、南京、成都、济南分别设有华南分会、上海分会、天津国际经济金融仲裁中心（天津分会）、西南分会、浙江分会、湖北分会、福建分会、丝绸之路仲裁中心、江苏仲裁中心、四川分会和山东分会，同时在香港特别行政区设立香港仲裁中心，在加拿大温哥华设立北美仲裁中心，在奥地利维也纳设立欧洲仲裁中心。根据仲裁业务发展的需要，以及就近为当事人提供仲裁咨询和程序便利的需要，该仲裁委员会还先后设立了 29 个地方和行业办事处。

为满足当事人的行业仲裁需要，该仲裁委员会在国内首先推出独具特色的行业争议解决服务，为不同行业的当事人提供适合其行业需要的仲裁法律服务，如粮食行业争议、商业行业争议、工程建设争议、金融争议以及羊毛争议解决服务等。此外，该仲裁委员会还为当事人提供域名争议解决服务，积极探索电子商务的网上争议的解决。

针对快速解决电子商务纠纷及其他经济贸易争议的需要，该仲裁委员会于 2009 年 5 月 1 日推出《网上仲裁规则》。该规则在“普通程序”之外根据案件争议金额大小分别规定了“简易程序”和“快速程序”，以真正适应在网上快速解决经济纠纷的需要。

2. 中国海事仲裁委员会

中国海事仲裁委员会（China Maritime Arbitration Commission，CMAC）成立于 1959 年 1 月 22 日，是附设于中国国际贸易促进委员会的另一个仲裁机构，是专门受理国内外海事争议的常设仲裁机构，负责解决产生于远洋、沿海和与海相通的水域的运输、生产和航行过程中的国内与涉外海事争议（其标志见图 8－9）。

图 8－9　中国海事仲裁委员会的标志（官方网站：http：//www. cmac-sh. org/）

该仲裁委员会总会设在北京，在上海、天津、重庆、广东、香港、福建、浙江设有分会；在国内主要港口城市——大连、天津、青岛、宁波、广州、舟山设有办事处。为满足行业仲裁和多元化服务的需要，该仲裁委员会下设航空争议仲裁中心、航空争议调解中心、计量争议仲裁中心、物流争议解决中心、渔业争议解决中心、海事调解中心等业务中心。分会可以受理和管理仲裁案件，并与北京总会适用统一的仲裁规则和仲裁员名册。

该仲裁委员会设立仲裁员名册。仲裁员由仲裁委员会从对航海、保险、法律等方面具有专门知识和实际经验的中外人士中聘任。根据《中国海事仲裁委员会仲裁规则》（2018 年修订），该仲裁委员会主要受理下列争议案件：

（1）海事、海商争议案件；

（2）航空、铁路、公路等相关争议案件；

（3）贸易、投资、金融、保险、建筑等其他商事争议案件；

（4）当事人协议由仲裁委员仲裁的其他争议案件。包括：1）国际或涉外争议案件；2）涉及香港特别行政区、澳门特别行政区及台湾地区的争议案件；3）国内争议案件。

三、仲裁协议

（一）仲裁协议的概念

仲裁协议，是指各方当事人自愿将他们之间业已发生的或将来可能发生的争议提交仲裁解决的书面协议，包括合同中订立的仲裁条款和以其他书面形式在纠纷发生前或者纠纷发生后达成的请求仲裁的协议。根据 2015 年 1 月 1 日起施行的《中国国际经济贸易仲裁委员会仲裁规则》（简称《仲裁规则》），在仲裁申请书和仲裁答辩书的交换中，一方当事人声称有仲裁协议而另一方当事人不作否认表示的，视为存在书面仲裁协议。

值得注意的是，仲裁协议具有独立性，合同的变更、解除、终止或无效，不影响仲裁协议的效力。仲裁庭有权确认合同的效力。

（二）仲裁协议的有效要件

1. 形式要件

在国际商事实践中，各国立法和国际公约都要求仲裁协议采用书面形式，书面形式的协议包括以合同书、信件、电报、电传、传真、电子数据交换和电子邮件等形式达成的请求仲裁的协议。1958 年联合国《纽约公约》规定仲裁协议应当采用书面形式，并将符合此项规定作为一国的仲裁裁决在缔约国得以承认和执行的主要条件之一。

2. 实质要件

（1）当事人具有订立仲裁协议的民事行为能力。各国仲裁立法及国际公约对仲裁协议当事人的民事行为能力都有严格规定。当事人中有一方或多方在订立仲裁协议时无相应的民事行为能力，仲裁协议即为无效。《纽约公约》规定：如能证明签订仲裁协议的当事人根据对他们适用的法律，当时是处于某种无行为能力的情况下，则可以拒绝承认和执行该裁决。我国《仲裁法》第 17 条第 2 款也规定：无民事行为能力人或限制民事行为能力人订立的仲裁协议无效。

（2）当事人订立仲裁协议的意思表示是真实的。仲裁制度本身就是建立在当事人自愿的基础上的，仲裁协议的签订必须是各方当事人在平等协商基础上作出的真实意思表示。我国《仲裁法》第 17 条第 3 款规定：一方采取胁迫手段，迫使对方订立仲裁协议的，该仲裁协议无效。

（3）争议事项的可仲裁性。仲裁协议中规定提交仲裁的事项必须是依据该国法律可以仲裁的事项。我国《仲裁法》第 3 条规定，下列纠纷不能仲裁：婚姻、收养、监护、扶养、继承纠纷，依法应当由行政机关处理的行政争议。《纽约公约》规定：被请求承认和执行仲裁裁决的国家的管辖当局如果查明争执的事项，依照这个国家的法律，不可以用仲裁方式解决，或者承认或执行该项裁决将和这个国家的公共秩序相抵触，则可以拒绝承认和执行。

（三）仲裁协议的作用

1. 赋予仲裁机构及仲裁庭对争议案件的管辖权

有效的仲裁协议是仲裁机构或仲裁庭受理争议的依据。只有存在有效的仲裁协议，并且属于仲裁协议规定的仲裁事项，仲裁庭才有权进行审理并作出裁决。我国《仲裁法》第 21 条就把“有仲裁协议”作为当事人申请仲裁的条件之一。

2. 排除法院的管辖权

双方当事人都应受仲裁协议的约束，发生争议时应以仲裁方式解决，而不是向法院起诉。我国《仲裁法》第 5 条规定：当事人达成仲裁协议，一方向人民法院起诉的，人民法院不予受理，但仲裁协议无效的除外。当然，假如当事人协商一致解除仲裁协议或者放弃仲裁权利，法院可行使管辖权。我国《仲裁法》第 26 条规定：当事人达成仲裁协议，一方向人民法院起诉未声明有仲裁协议，人民法院受理后，另一方在首次开庭前提交仲裁协议的，人民法院应当驳回起诉，但仲裁协议无效的除外；另一方在首次开庭前未对人民法院受理该案提出异议的，视为放弃仲裁协议，人民法院应当继续审理。此外，仲裁裁决被人民法院裁定不予执行的，当事人既可以根据双方达成的书面仲裁协议重新申请仲裁，也可以向人民法院起诉。

3. 奠定仲裁裁决得以承认和执行的基础

当事人在仲裁协议中一般都会规定双方承认仲裁裁决的效力，并会主动履行仲裁裁决。如果一方当事人不履行仲裁裁决，另一方当事人可以依据仲裁协议和仲裁裁决书向法院申请强制执行。《纽约公约》第 4 条规定：为了使裁决能在另一缔约国获得承认和执行，申请人应当在申请时提供经正式认证的裁决正本或经正式证明的副本以及仲裁协议正本或经正式证明的副本。

（四）仲裁协议的内容

各国仲裁立法和主要常设仲裁机构的仲裁规则都在原则上承认当事人可以自由商定仲裁协议的内容，但同时也在不同程度上加以限制。如仲裁协议的内容不得违反一国的社会公共秩序，不得与一国的强制性立法相抵触。仲裁协议一般包括以下内容：

1. 仲裁事项

仲裁事项，是指当事人提交仲裁的争议范围，即双方当事人将何种争议提交给仲裁机构仲裁。国际商事仲裁的“商事”范畴前文已作了介绍。我国《仲裁法》第 2 条规定：平等主体的公民、法人和其他组织之间发生的合同纠纷和其他财产权益纠纷，可以仲裁。第3条又以排除法的方式规定了不能仲裁的事项。

2. 仲裁机构

在国际商事仲裁中有两种做法：一种是提交常设仲裁机构仲裁，另一种是由组成的临时仲裁庭仲裁。常设仲裁机构往往有固定的组织机构和完善的组织章程，有确定的仲裁规则作为仲裁的程序依据。如果约定临时仲裁庭仲裁，则应订明如何指定仲裁员和组庭人数、适用何种仲裁规则以及仲裁费用的分担等。由于仲裁机构仲裁比临时仲裁更为方便、确定，因此国际商事仲裁一般都选择仲裁机构仲裁。我国《仲裁法》第18条规定：仲裁协议对仲裁事项或者仲裁委员会没有约定或者约定不明确的，当事人可以补充协议；达不成补充协议的，仲裁协议无效。

3. 仲裁规则

仲裁规则是仲裁审理的程序规则。订立仲裁协议，应当明确适用的仲裁规则。大多数仲裁立法或仲裁机构的仲裁规则中都规定：当事人既可以采用提交仲裁的仲裁机构的既定规则，也可以采用其他仲裁机构的规则，甚至可以自行约定仲裁规则，但不得违反强制性立法的规定。《仲裁规则》第4条第2款和第3款规定：当事人约定将争议提交仲裁委员会仲裁的，视为同意按照本规则进行仲裁。当事人约定将争议提交仲裁委员会仲裁但对本规则有关内容进行变更或约定适用其他仲裁规则的，从其约定，但其约定无法实施或与仲裁程序适用法强制性规定相抵触者除外。

4. 仲裁地点

当事人如选择常设仲裁机构仲裁，在没有其他约定的情况下，通常以该仲裁机构所在地为仲裁地点。同时，仲裁机构并不禁止当事人选择其机构所在地以外的地点作为仲裁地。在商定仲裁地点时，当事人各方一般都力争在本国进行仲裁。如果争取不到在本国仲裁，可约定在对方国家或第三国仲裁。

在国际商事仲裁中，仲裁地是一个重要的连接点。首先，在确定仲裁协议效力时，当事人没有约定适用的法律但约定了仲裁地的，适用仲裁地法律。其次，当事人没有约定仲裁所适用的程序法时，一般适用仲裁地国家的法律。再次，在当事人没有就争议解决所适用的实体法作出选择的情况下，仲裁庭一般会按照仲裁地国家国际私法冲突规范确定的应适用的实体法，或者直接适用仲裁地国家的实体法。最后，仲裁地决定了裁决作出的国家，若该裁决需要在其他国家执行，便产生了外国仲裁裁决的承认和执行问题。

5. 仲裁裁决的效力

仲裁制度最重要的特征就是一裁终局。原则上，仲裁裁决一经作出即具有终局性，对当事人产生约束力。除依照法定程序撤销或者不予执行外，对于仲裁裁决不能提出异议。

我国《仲裁法》第9条规定：仲裁实行一裁终局的制度。裁决作出后，当事人就同一纠纷再申请仲裁或者向人民法院起诉的，仲裁委员会或者人民法院不予受理。

拓展阅读

中国国际经济贸易仲裁委员会推荐的仲裁条款

凡因本合同引起的或与本合同有关的任何争议，均应提交中国国际经济贸易仲裁委员会，按照申请仲裁时该会现行有效的仲裁规则进行仲裁。仲裁裁决是终局的，对双方均有约束力。

Any dispute arising from or in connection with this contract shall be submitted to the China International Economic and Trade Arbitration Commission for arbitration which shall be conducted in accordance with the Commission's arbitration rules in effect at the time of applying for arbitration. The arbitral award is final and binding upon both parties.

四、国际商事仲裁程序

（一）仲裁的申请和受理

1. 仲裁的申请

（1）申请仲裁的一般条件。我国《仲裁法》第21条规定，当事人申请仲裁应当符合下列条件：1）有仲裁协议；2）有具体的仲裁请求和事实、理由；3）属于仲裁委员会的受理范围。

（2）申请仲裁的具体要求。根据《仲裁规则》第12条的规定，当事人申请仲裁时：

1）应提交由申请人或申请人授权的代理人签名和/或盖章的仲裁申请书。仲裁申请书应写明：a. 申请人和被申请人的名称和住所，包括邮政编码、电话、电传、传真、电子邮箱或其他电子通信方式；b. 申请仲裁所依据的仲裁协议；c. 案情和争议要点；d. 申请人的仲裁请求；e. 仲裁请求所依据的事实和理由。

2）在提交仲裁申请书时，附具申请人请求所依据的证据材料以及其他证明文件。根据“谁主张，谁举证”的原则，申请人必须提供支持其仲裁请求的证据材料。证据文件一般只需要复印件，但应在开庭时带上原件以备当庭质证。如果需要申请财产保全和/或证据保全，还需提交财产保全申请书和/或证据保全申请书原件2份，增加提交一份仲裁申请书，并书面指示仲裁委员会向哪一具体法院转送，并提供该法院的地址、邮政编码和电话等。

3）按照仲裁委员会制定的仲裁费用表的规定预缴仲裁费（见表8-1）。原则上，仲裁费将由败诉方承担；如果因庭外和解或仲裁庭调解和解而撤销案件，则根据具体情况退回一定的仲裁费预付金。

表 8-1　　仲裁费用表

争议金额	仲裁费用
1 000 000 元及以下	争议金额的 4%，最低不少于 10 000 元
1 000 001 元至 2 000 000 元	40 000 元＋争议金额 1 000 000 元以上部分的 3.5%
2 000 001 元至 5 000 000 元	75 000 元＋争议金额 2 000 000 元以上部分的 2.5%
5 000 001 元至 10 000 000 元	150 000 元＋争议金额 5 000 000 元以上部分的 1.5%
10 000 001 元至 50 000 000 元	225 000 元＋争议金额 10 000 000 元以上部分的 1%
50 000 001 元至 100 000 000 元	625 000 元＋争议金额 50 000 000 元以上部分的 0.5%
100 000 001 元至 500 000 000 元	875 000 元＋争议金额 100 000 000 元以上部分的 0.48%
500 000 001 元至 1 000 000 000 元	2 795 000 元＋争议金额 500 000 000 元以上部分的 0.47%
1 000 000 001 元至 2 000 000 000 元	5 145 000 元＋争议金额 1 000 000 000 元以上部分的 0.46%
2 000 000 001 元及以上	9 745 000 元＋争议金额 2 000 000 000 元以上部分的 0.45%，最高不超过 15 000 000 元

说明：本费用表适用于《仲裁规则》第 3 条第 2 款第 1 项和第 2 项所规定的仲裁案件，该规则自 2015 年 1 月 1 日起施行。

申请仲裁时，每案另收立案费 10 000 元，其中包括仲裁申请的审查、立案、输入及使用计算机程序和归档等费用。

仲裁委员会除按照本仲裁费用表收取仲裁费外，可以按照仲裁规则的有关规定收取其他额外的、合理的实际开支。

2. 仲裁的受理

我国《仲裁法》规定：仲裁委员会收到仲裁申请书之日起 5 日内，认为符合受理条件的，应当受理，并通知当事人；认为不符合受理条件的，应当书面通知当事人不予受理，并说明理由。仲裁委员会受理仲裁申请后，应当在仲裁规则规定的期限内将仲裁规则和仲裁员名册送达申请人，并将仲裁申请书副本和仲裁规则、仲裁员名册送达被申请人。

3. 答辩

答辩是指被申请人为维护自己的利益，针对申请人在仲裁申请书中所列的事实、理由和请求所作的答复及辩驳。被申请人收到仲裁申请书副本后，应当在仲裁规则规定的期限内（CIETAC 规定为 45 天内）向仲裁委员会提交答辩书。仲裁委员会收到答辩书后，应当在仲裁规则规定的期限内将答辩书副本送达申请人。被申请人未提交答辩书的，不影响仲裁程序的进行。

4. 反请求

被申请人可以承认或反驳仲裁请求，有权提出反请求。反请求是指在已经开始的仲裁程序中，被申请人向仲裁机构提出的旨在抵消或削弱申请人的仲裁请求或者要求对方承担义务的独立仲裁请求。被申请人提出反请求时，应在其反请求书中写明具体的反请求及其所依据的事实和理由，并附有关的证明文件；同时应当按照仲裁委员会制定的仲裁费用表在规定的时间内预缴仲裁费。

仲裁委员会认为被申请人提出反请求的手续已完备的，应将反请求书及其附件发送给申请人。申请人应在接到反请求书及其附件后 30 天内对被申请人的反请求提交答辩。申请人对被申请人的反请求未提出书面答辩的，不影响仲裁程序的进行。

5. 变更仲裁请求或反请求

根据《仲裁规则》第 17 条的规定，申请人可以对其仲裁请求进行变更，被申请人也可以申请对其反请求进行变更，但是仲裁庭认为其提出变更的时间过迟而影响仲裁程序正常进行的，可以拒绝其变更请求。

6. 仲裁代理

当事人、法定代理人可以委托律师和其他代理人进行仲裁活动。委托律师和其他代理人进行仲裁活动的，应当向仲裁委员会提交授权委托书。我国《仲裁规则》规定：中国公民和外国公民均可以接受委托，担任仲裁代理人。

7. 财产保全和证据保全

一方当事人因另一方当事人的行为或其他原因，可能使裁决不能执行或难以执行的，可以申请财产保全。当事人申请财产保全的，仲裁委员会应当将当事人的申请转交被申请财产保全的当事人住所地或其财产所在地有管辖权的法院作出裁定。申请有错误的，申请人应当赔偿被申请人因财产保全所遭受的损失。

在证据可能灭失或以后难以取得的情况下，当事人可以申请证据保全。当事人申请证据保全的，仲裁委员会应当将当事人的申请转交证据所在地有管辖权的法院作出裁定。

（二）仲裁庭的组成

仲裁机构受理案件后，并不直接仲裁案件，而是组成仲裁庭审理。仲裁庭是对交付仲裁的争议事项进行审理并作出裁决的组织。在仲裁中，当事人最重要的权利之一就是有权指定仲裁员。

1. 仲裁员的任职资格

我国《仲裁法》第13条规定：仲裁委员会应当从公道正派的人员中聘任仲裁员。仲裁员应当符合下列条件之一：1）通过国家统一法律职业资格考试取得法律职业资格，从事仲裁工作满8年的；2）从事律师工作满8年的；3）曾任法官满8年的；4）从事法律研究、教学工作并具有高级职称的；5）具有法律知识、从事经济贸易等专业工作并具有高级职称或具有同等专业水平的。

2. 仲裁员的选定或指定

仲裁庭可以由3名仲裁员或1名仲裁员组成。由3名仲裁员组成的，设首席仲裁员。当事人约定由3名仲裁员组成仲裁庭的，应当各自选定或者各自委托仲裁委员会主任指定1名仲裁员，第3名仲裁员由当事人共同选定或者共同委托仲裁委员会主任指定。第3名仲裁员为仲裁庭的首席仲裁员。

当事人约定由1名仲裁员成立仲裁庭的，应当由当事人共同选定或者共同委托仲裁委员会主任指定仲裁员。当事人没有在仲裁规则规定的期限内约定仲裁庭的组成方式或选定仲裁员的，由仲裁委员会主任指定。

3. 披露

根据《仲裁规则》第31条的规定，被选定或者被指定的仲裁员应签署声明书，披露可能引起对其公正性和独立性产生合理怀疑的任何事实或情况。在仲裁程序中出现应当披露情形的，仲裁员应立即书面披露。仲裁员的声明书和/或披露的信息应提交仲裁委员会仲裁院并转交各方当事人。

4. 仲裁员的回避

仲裁员有下列情形之一的，必须回避，当事人也有权提出回避申请：1）是本案当事人或当事人、代理人的近亲属；2）与本案有利害关系；3）与本案当事人、代理人有其他关系，可能影响公正仲裁的；4）私自会见当事人、代理人，或者接受当事人、代理人的请客送礼的。仲裁员是否回避，由仲裁委员会主任决定；仲裁委员会主任担任仲裁员时，由仲裁委员会集体决定。

（三）仲裁的审理

1. 审理方式

仲裁庭审理案件有两种方式：一种是开庭审理；另一种是书面审理，即仲裁庭根据仲裁申请书、答辩书以及其他材料作出裁决。原则上，仲裁应当开庭进行，除非当事人协议不开庭。

2. 开庭通知

仲裁委员会应当在仲裁规则规定的期限内（CIETAC 规定为开庭前 20 天）将开庭日期通知双方当事人。当事人有正当理由的，可以在仲裁规则规定的期限内（CIETAC 规定收到开庭通知后 5 天内）提出书面延期申请。是否延期，由仲裁庭决定。

3. 当事人缺席

申请人经书面通知，无正当理由不到庭或者未经仲裁庭许可中途退庭的，可以视为撤回仲裁申请。被申请人经书面通知，无正当理由不到庭或者未经仲裁庭许可中途退庭的，可以缺席裁决。

4. 举证和辩论

当事人应当对自己的主张提供证据。仲裁庭认为有必要收集的证据，可以自行收集。仲裁庭对专门性问题认为需要鉴定的，既可以交由当事人约定的鉴定部门鉴定，也可以由仲裁庭指定的鉴定部门鉴定。根据当事人的请求或仲裁庭的要求，鉴定部门应当派鉴定人参加开庭。当事人经仲裁庭许可，可以向鉴定人提问。证据应当在开庭时出示，当事人可以质证。

当事人在仲裁过程中有权进行辩论。辩论终结时，首席仲裁员或独任仲裁员应当征询当事人的最后意见。

5. 和解

当事人申请仲裁后，可以自行和解。达成和解协议的，既可以请求仲裁庭根据和解协议作出裁决书，也可以撤回仲裁申请。当事人达成和解协议，撤回仲裁申请后反悔的，可以根据仲裁协议申请仲裁。

6. 调解

仲裁庭在作出裁决前，可以先行调解。当事人自愿调解的，仲裁庭应当调解。调解不成的，应当及时作出裁决。调解达成协议的，仲裁庭应当制作调解书或者根据协议的结果制作裁决书。调解书与裁决书具有同等法律效力。

调解书经双方当事人签收后，即发生法律效力。在调解书签收前当事人反悔的，仲裁庭应当及时作出裁决。

7. 裁决

仲裁裁决，是指仲裁庭根据认定的事实，按照适用法律和合同规定，参考国际惯例并遵循公平合理原则，对当事人就争议提出的请求事项独立公正地进行评判，并作出予以支持、驳回或部分支持、部分驳回的书面决定。

（1）作出裁决的期限。我国《仲裁规则》第48条规定：仲裁庭应当在组庭之日起6个月内作出裁决书。经仲裁庭请求，仲裁委员会主任认为确有正当理由和必要的，可以延长该期限。

（2）裁决的作出。裁决应当按照全体仲裁员或多数仲裁员的意见作出，少数仲裁员的不同意见可以附在裁决书后，但该书面意见不构成裁决书的组成部分。仲裁庭不能形成多数意见时，裁决应当按照首席仲裁员的意见作出。

裁决书应当写明仲裁请求、争议事实、裁决理由、裁决结果、仲裁费用的负担和裁决日期。当事人协议不愿写明争议事实和裁决理由的，以及按照双方当事人和解协议的内容作出裁决书的，可以不写明争议事实和裁决理由。裁决书由仲裁员签名，加盖仲裁委员会印章。对裁决持不同意见的仲裁员，可以签名，也可以不签名。

（3）中间裁决。如果仲裁庭认为有必要或当事人提出请求经仲裁庭同意时，仲裁庭可以在作出最终仲裁裁决之前的任何时候，就案件的任何问题作出中间裁决或部分裁决。

中间裁决是仲裁庭在某一审理阶段就某个具体问题作出的暂时性裁决。中间裁决一般不对当事人的责任或实体权利作出结论。中间裁决虽然不是终局的，任何一方当事人不履行中间裁决，不影响仲裁程序的继续进行，也不影响仲裁庭作出最终裁决，但它毕竟包括了仲裁庭要求当事人作为或不作为的决定，当事人也应遵照执行。如果一方当事人拒不执行中间裁决，那么由于该当事人的缘故造成不利后果的，通常由该当事人承担。

中间裁决比较普遍地应用于下列情况：1）要求当事人合作和采取措施，保存或出售容易腐烂、变质、贬值的货物，防止损失的进一步扩大；2）要求当事人合作和采取措施，为仲裁庭亲自监督或委派专家监督下的设备调试和试生产提供保障条件，调试的结果往往成为判断设备品质好坏的重要依据等。

（4）部分裁决。部分裁决，是指仲裁庭在最终裁决前，就案件已经审理清楚的某一个或某几个实体问题作出的裁决。部分裁决构成最终裁决的一部分，具有终局性。

部分裁决比较普遍地应用于下列情况：1）双方当事人争论的有关合同是否成立、是否有效的问题；2）确定适用法律和损害赔偿的原则问题；3）在比较复杂和耗时较长的仲裁案件中，违约一方向另一方先行支付赔偿金额；4）一方当事人承认了另一方提出的某项申请或反请求索赔要求，需要以部分裁决予以确认。

（5）裁决书的更正和补充裁决。对裁决书中的文字、计算错误或者仲裁庭已经裁决但在裁决书中遗漏的事项，仲裁庭应当补正。当事人自收到裁决书之日起30日内，可以请求仲裁庭作出更正。该书面更正和补充裁决构成裁决书的一部分。

（6）裁决的生效。仲裁裁决是终局的。裁决书自作出之日起发生法律效力。但作为例外，当法律规定的特定情况出现时，也允许当事人向法院申请，对仲裁裁决进行司法审查，以求法院撤销裁决。

（7）裁决的履行。当事人应当依照裁决书写明的期限履行仲裁裁决；裁决书未写明履行期限的，应当立即履行。

具体的仲裁流程如图 8－10 所示。

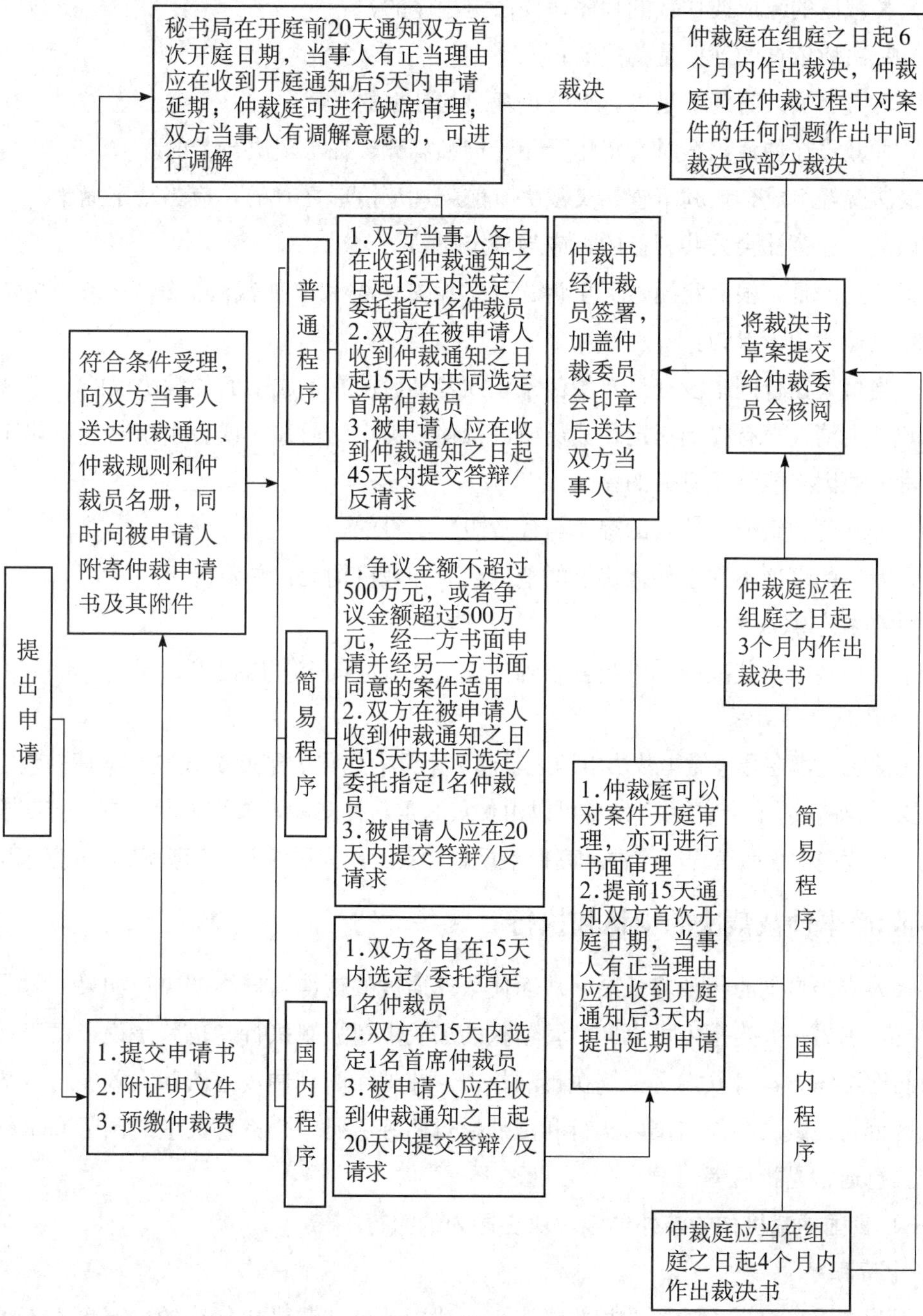

图 8－10　仲裁流程图

（四）仲裁裁决的撤销

1. 撤销裁决的情形

当事人提出证据证明裁决有下列情形之一的，可以向仲裁委员会所在地的中级人民法院申请撤销裁决：

（1）没有仲裁协议的；

（2）裁决的事项不属于仲裁协议的范围或者仲裁委员会无权仲裁的；

（3）仲裁庭的组成或仲裁的程序违反法定程序的；

（4）裁决所依据的证据是伪造的；

（5）对方当事人隐瞒了足以影响公正裁决的证据的；

（6）仲裁员在仲裁该案时有索贿受贿、徇私舞弊、枉法裁决行为的。

人民法院经组成合议庭审查核实裁决有前款规定情形之一的，应当裁定撤销。人民法院认定该裁决违背社会公共利益的，应当裁定撤销。

值得注意的是，根据我国《民事诉讼法》第237条和《仲裁法》第70条的规定，涉外仲裁裁决撤销的情形为：

（1）当事人在合同中没有订有仲裁条款或者事后没有达成书面仲裁协议的；

（2）被申请人没有得到指定仲裁员或进行仲裁程序的通知，或者由于其他不属于被申请人负责的原因未能陈述意见的；

（3）仲裁庭的组成或仲裁的程序与仲裁规则不符的；

（4）裁决的事项不属于仲裁协议的范围或者仲裁机构无权仲裁的。

2. 申请撤销裁决的期限

当事人申请撤销裁决的，应当自收到裁决书之日起6个月内提出。

3. 撤销裁决的后果

人民法院应当在受理撤销裁决申请之日起2个月内作出撤销裁决或驳回申请的裁定。人民法院受理撤销裁决的申请后，认为可以由仲裁庭重新仲裁的，通知仲裁庭在一定期限内重新仲裁，并裁定中止撤销程序。仲裁庭拒绝重新仲裁的，人民法院应当裁定恢复撤销程序。

五、国际商事仲裁裁决的承认和执行

当事人应当自动履行仲裁裁决，从而使争议通过仲裁得到最终解决。如果一方当事人不予履行，则另一方当事人可以向有管辖权的法院申请强制执行。也就是说，由于仲裁机构是民间性组织，本身并没有强制执行的权力。在国际商事仲裁立法和实践中，一般将仲裁裁决区分为在裁决中作出国内执行和国外执行两种情况。严格意义上的国际商事仲裁的承认与执行通常是指后者。

（一）我国仲裁机构的涉外仲裁裁决在国内的执行

1. 申请程序

根据我国《民事诉讼法》的相关规定，经我国涉外仲裁机构裁决的，当事人不得向人民法院起诉。一方当事人不履行仲裁裁决的，对方当事人可以向被申请人住所地或财产所在地的中级人民法院申请执行。

2. 不予执行的情形

对我国涉外仲裁机构作出的裁决，被申请人提出证据证明仲裁裁决有下列情形之一的，经人民法院组成合议庭审查、核实后，可裁定为不予执行：1）当事人在合同中没有订有仲裁条款或者事后没有达成书面仲裁协议的；2）被申请人没有得到指定仲裁员或进行仲裁程序的通知，或者由于其他不属于被申请人负责的原因未能陈述意见的；3）仲裁庭的组成或者仲裁的程序与仲裁规则不符的；4）裁决的事项不属于仲裁协议的范围或者仲裁机构无权仲裁的。

人民法院认定执行该裁决违背社会公共利益的，应裁定不予执行。仲裁裁决被人民法院裁定不予执行的，当事人既可以根据双方达成的书面仲裁协议重新申请仲裁，也可以向人民法院起诉。

一方当事人申请执行裁决，另一方当事人申请撤销裁决的，人民法院应当裁定中止执行。人民法院裁定撤销裁决的，应当裁定终结执行。撤销裁决的申请被裁定驳回的，人民法院应当裁定恢复执行。

3. 最高人民法院关于内地与香港特别行政区相互执行仲裁裁决的安排

根据 1997 年 7 月 1 日起施行的《中华人民共和国香港特别行政区基本法》，我国在对香港恢复行使主权时，按照“一国两制”的方针，香港特别行政区实行高度自治，享有行政管理权、立法权、独立的司法权和终审权。为促进香港地区和内地之间经济和民事交流，建立跨越由于独立的司法权而使香港与内地之间形成“司法屏障”的桥梁，构筑“一国两制”之下两地仲裁裁决相互承认和执行的新机制，最高人民法院于 1999 年 6 月 18 日通过《关于内地与香港特别行政区相互执行仲裁裁决的安排》。该文件在内地以最高人民法院司法解释的形式予以公布，自 2000 年 2 月 1 日起施行。

4. 最高人民法院关于内地与澳门特别行政区相互认可和执行仲裁裁决的安排

根据 1999 年 12 月 20 日起施行的《中华人民共和国澳门特别行政区基本法》，我国在对澳门恢复行使主权时，按照“一国两制”的方针，澳门特别行政区实行高度自治，享有行政管理权、立法权、独立的司法权和终审权。为构建澳门地区和内地仲裁裁决相互承认和执行的机制，最高人民法院与澳门特别行政区经协商，达成《关于内地与澳门特别行政区相互认可和执行仲裁裁决的安排》，于 2007 年 10 月 30 日签署，并自 2008 年 1 月 1 日起实施。

（二）国外仲裁机构的裁决在我国的承认和执行

1. 承认和执行的途径

国外仲裁机构的裁决需要我国法院承认和执行的，应当由当事人直接向被执行人住所地或其财产所在地的中级人民法院申请。目前，我国对国外仲裁裁决的承认和执行，主要设置了以下几种途径：1）依照 1958 年联合国《纽约公约》承认和执行；2）依照中国缔结或参加的其他国际条约承认和执行；3）按照互惠原则办理。

2.1958年联合国《纽约公约》

《纽约公约》于1958年6月10日订于纽约，1959年6月7日生效，是目前国际上关于承认和执行外国仲裁裁决的一个最全面、最有影响力的国际公约。截至2020年2月，《纽约公约》共有包括中国、英国、美国、加拿大、法国、德国、印度、意大利、日本和澳大利亚等在内的162个缔约国。

《纽约公约》共16条，规定了本公约的适用范围、执行原则、申请执行的条件以及拒绝承认和执行的理由等。

(1) 公约的适用范围。《纽约公约》第1条规定：由于自然人或法人间的争执而引起的仲裁裁决，在一个国家的领土内作成，而在另一个国家请求承认和执行时，适用本公约。在一个国家请求承认和执行而这个国家不认为是本国裁决的仲裁裁决时，也适用本公约。

(2) 执行原则。在符合本公约规定的条件下，每一个缔约国应该承认仲裁裁决有约束力，并且依照裁决需其承认和执行的地方程序规则予以执行。对承认和执行本公约所适用的仲裁裁决，不应该规定比对承认和执行本国的仲裁裁决实质上较烦的条件或较高的费用，即应当实施国民待遇原则。

(3) 申请执行的条件。申请承认和执行裁决的当事人应该在申请的时候提供：经正式认证的裁决正本或经正式证明的副本，经正式认证的裁决协议正本或经正式证明的副本。如果上述裁决或协议不是用裁决需其承认和执行的国家的正式语言作成，申请承认和执行裁决的当事人应该提出这些文件的此种译文。译文应该由官方的或宣过誓的译员、外交或领事代理人证明。

(4) 拒绝承认和执行的理由。《纽约公约》第5条列举了6种拒绝承认和执行仲裁裁决的情形，包括：1) 仲裁协议无效；2) 违反正当的仲裁程序规则；3) 仲裁庭超越仲裁权限或范围；4) 仲裁庭组成不当，即仲裁庭的组成或仲裁程序同当事人间的协议不符，或者当事人间没有这种协议时，同进行仲裁的国家的法律不符；5) 裁决对当事人还没有约束力，或者裁决已经被撤销或停止执行；6) 争执的事项，依照这个国家的法律，不可以用仲裁方式解决，或者承认和执行该项裁决将和这个国家的公共秩序相抵触。

(5) 我国加入《纽约公约》时的两项保留。我国于1987年1月22日递交加入书。该公约已于1987年4月22日对我国生效。我国在加入该公约时作了互惠保留和商事保留声明。互惠保留，是指我国适用本公约仅限于承认和执行在另一缔约国领土内所作成的仲裁裁决；商事保留，是指我国只对根据本国法律属于商事的法律关系，不论是不是合同关系，所引起的争执适用本公约。

（三）我国仲裁机构的涉外仲裁裁决在外国的承认和执行

根据我国《仲裁法》的规定，一方当事人申请执行涉外仲裁机构作出的发生法律效力的仲裁裁决，如果被执行人或其财产不在中国境内，应当由当事人直接向有管辖权的外国法院申请承认和执行。在实践中，我国的涉外仲裁裁决主要通过《纽约公约》在我国境外得以执行。

第三节　国际民事诉讼

一、国际民事诉讼管辖权

（一）国际民事诉讼管辖权的概念

国际民事诉讼管辖权是一国法院根据本国缔结或参加的国际条约和国内立法对特定涉外民事案件行使审判权的资格。国际民事管辖权是一种司法管辖权，既是一国法院得以审理有关涉外民事案件的前提条件，又是其作出的判决得以在外国得到承认和执行的必要基础。

（二）各国确定国际民事诉讼管辖权的原则

1. 属地管辖原则

属地管辖原则又称地域管辖原则，是指一国对其本国领土范围内一切人、物和法律行为都具有司法管辖权，但享有司法豁免权者除外。具体而言，属地管辖的确认从以下方面进行：1）被告的住所、居所或营业地在本国领土范围内；2）诉讼标的物所在地或被告财产所在地在本国领土范围内；3）国际经济合同订立地、履行地、侵权行为地在本国领土范围内。只要有其中一地在本国领土范围内，本国法院即拥有司法管辖权。德国最早采用属地管辖原则，目前已为大多数国家所采用。

2. 属人管辖原则

属人管辖原则，是指根据当事人的国籍来确定法院管辖权，只要争议当事人一方具有某国国籍，该国法院就可行使司法管辖权。法国最早采用属人管辖原则。各国一般将属人管辖原则作为属地管辖原则的补充。

3. 协议管辖原则

协议管辖原则，是指依照当事人在法律允许的范围内通过协商达成的选择管辖法院的协议，来确定管辖法院的原则。

4. 专属管辖原则

专属管辖原则，是指一国主张其法院对某些案件具有独占的管辖权，任何其他国家的法院对这类案件都无权管辖。通常情况下，本国境内的不动产纠纷、继承纠纷、租赁纠纷和破产纠纷都列入专属管辖范围。

（三）我国涉外民事诉讼管辖权的规定

我国《民事诉讼法》第 4 编第 24 章专章规定了涉外民事诉讼的管辖权问题。我国在涉外民事诉讼管辖权的确定上，采用了属地管辖原则，同时规定了协议管辖原则和专属管辖原则。

1. 属地管辖

因合同纠纷或其他财产权益纠纷，对在中国领域内没有住所的被告提起的诉讼，如果合同在中国领域内签订或履行，或者诉讼标的物在中国领域内，或者被告在中国领域内有可供扣押的财产，或者被告在中国领域内设有代表机构，可以由合同签订地、合同履行地、诉讼标的物所在地、可供扣押财产所在地、侵权行为地或代表机构住所地人民法院管辖。

2. 协议管辖

合同或其他财产权益纠纷的当事人可以书面协议选择被告住所地、合同履行地、合同签订地、原告住所地、标的物所在地等与争议有实际联系的地点的人民法院管辖，但不得违反我国《民事诉讼法》对级别管辖和专属管辖的规定。

协议管辖应当符合四个条件：1）当事人协议管辖的案件，只限于第一审民事经济纠纷中合同案件和其他财产权益纠纷案件；2）当事人协议选择管辖法院的范围，限于被告住所地、合同履行地、合同签订地、原告住所地、标的物所在地人民法院和其他有实际联系的地点的人民法院；3）必须以书面合同的形式选择管辖；4）协议管辖不得违反民事诉讼法关于级别管辖和专属管辖的规定。

3. 专属管辖

因在中国履行中外合资经营企业合同，中外合作经营企业合同，中外合作勘探、开发自然资源合同发生纠纷提起的诉讼，由中国人民法院管辖。

二、我国涉外民商事法律的适用

《中华人民共和国涉外民事关系法律适用法》自2011年4月1日起施行。该法吸收了我国多年来行之有效的规定和做法，同时体现了国际上的通行做法和新的发展成果，充分体现了当事人意思自治原则、最密切联系原则及公共秩序保留等基本原则，进一步完善了我国涉外民事关系法律适用制度。该法的主要内容如表8-2所示。

表8-2　　我国《涉外民事关系法律适用法》的主要内容

一般规定	立法主旨
第2条第1款　涉外民事关系适用的法律，依照本法确定。其他法律对涉外民事关系法律适用另有特别规定的，依照其规定。	在商事领域应优先适用《票据法》《海商法》《民用航空法》等特别法规定
第3条　当事人依照法律规定可以明示选择涉外民事关系适用的法律。	当事人意思自治原则
第2条第2款　本法和其他法律对涉外民事关系法律适用没有规定的，适用与该涉外民事关系有最密切联系的法律。 第6条　涉外民事关系适用外国法律，该国不同区域实施不同法律的，适用与该涉外民事关系有最密切联系区域的法律。	最密切联系原则

续前表

一般规定	立法主旨
第 4 条 中华人民共和国法律对涉外民事关系有强制性规定的，直接适用该强制性规定。	规避中国法律强制性规定的行为无效
第 5 条 外国法律的适用将损害中华人民共和国社会公共利益的，适用中华人民共和国法律。	公共秩序保留
冲突规范	
范围（要解决的法律问题）	系属（应适用的法律）
自然人的民事行为能力	适用经常居所地法律，但自然人从事民事活动，依照经常居所地法律为无民事行为能力，依照行为地法律为有民事行为能力的，适用行为地法律，但涉及婚姻家庭、继承的除外。
法人及其分支机构的民事权利能力、民事行为能力、组织机构、股东权利义务等事项	适用登记地法律，但法人的主营业地与登记地不一致的，可以适用主营业地法律。法人的经常居所地，为其主营业地。
代理	适用代理行为地法律，但被代理人与代理人的民事关系，适用代理关系发生地法律。当事人可以协议选择委托代理适用的法律。
仲裁协议	当事人可以协议选择适用的法律。当事人没有选择的，适用仲裁机构所在地法律或仲裁地法律。
不动产物权	适用不动产所在地法律。
动产物权	当事人可以协议选择适用的法律。当事人没有选择的，适用法律事实发生时动产所在地法律。运输中动产物权发生变更的，适用运输目的地法律。
合同	当事人可以协议选择适用的法律。当事人没有选择的，适用履行义务最能体现该合同特征的一方当事人经常居所地法律或者其他与该合同有最密切联系的法律。 最高人民法院《关于审理涉外民事或商事合同纠纷案件法律适用若干问题的规定》： 第 4 条 当事人在一审法庭辩论终结前通过协商一致，选择或者变更选择合同争议应适用的法律的，人民法院应予准许。 当事人未选择合同争议应适用的法律，但均援引同一国家或者地区的法律且未提出法律适用异议的，应当视为当事人已经就合同争议应适用的法律作出选择。 第 5 条 当事人未选择合同争议应适用的法律的，适用与合同有最密切联系的国家或地区的法律。 人民法院根据最密切联系原则确定合同争议应适用的法律时，应根据合同的特殊性质，以及某一方当事人履行的义务最能体现合同的本质特性等因素，确定与合同有最密切联系的国家或地区的法律作为合同的准据法。 (1) 买卖合同，适用合同订立时卖方住所地法；如果合同是在买方住所地谈判并订立的，或者合同明确规定卖方须在买方住所地履行交货义务，适用买方住所地法。 (2) 来料加工、来件装配以及其他各种加工承揽合同，适用加工承揽人住所地法。 (3) 成套设备供应合同，适用设备安装地法。 (4) 不动产买卖、租赁或抵押合同，适用不动产所在地法。 (5) 动产租赁合同，适用出租人住所地法。 (6) 动产质押合同，适用质权人住所地法。 (7) 借款合同，适用贷款人住所地法。 (8) 保险合同，适用保险人住所地法。 (9) 融资租赁合同，适用承租人住所地法。 (10) 建设工程合同，适用建设工程所在地法。 (11) 仓储、保管合同，适用仓储、保管人住所地法。

续前表

冲突规范	
合同	(12) 保证合同，适用保证人住所地法。 (13) 委托合同，适用受托人住所地法。 (14) 债券的发行、销售和转让合同，分别适用债券发行地法、债券销售地法和债券转让地法。 (15) 拍卖合同，适用拍卖举行地法。 (16) 行纪合同，适用行纪人住所地法。 (17) 居间合同，适用居间人住所地法。 如果上述合同明显与另一国家或地区有更密切联系的，适用该另一国家或地区的法律。
产品责任	适用被侵权人经常居所地法律，但被侵权人选择适用侵权人主营业地法律、损害发生地法律的，或者侵权人在被侵权人经常居所地没有从事相关经营活动的，适用侵权人主营业地法律或损害发生地法律。
知识产权的归属和内容	适用被请求保护地法律。
知识产权的转让和许可使用	当事人可以协议选择适用的法律。当事人没有选择的，适用本法对合同的有关规定。
知识产权的侵权责任	适用被请求保护地法律，但当事人也可以在侵权行为发生后协议选择适用法院地法律。

案例透视

中国通达公司与甲国科斯公司货物买卖合同争议案

中国通达公司向甲国科斯公司出售一批成套设备，该设备将安装在乙国。合同约定有关的纠纷将由被告一方法院管辖但未约定合同的准据法。后双方因履约发生争议，科斯公司在中国法院起诉通达公司。

当事人未选择合同争议应适用的法律的，适用与合同有最密切联系的国家或地区的法律。本案中，双方当事人签订的是成套设备供应合同，应适用设备安装地法。因此，本案应适用乙国法律来解决纠纷。

需要注意的是，对涉外商事合同，基本原则是允许当事人自己选择合同的准据法，但该选择是有限制的。根据我国《民法典》第467条及最高人民法院《关于审理涉外民事或商事合同纠纷案件法律适用若干问题的规定》第8条的规定，在我国境内履行的下列合同，适用我国的法律。包括：1）中外合资经营企业合同；2）中外合作经营企业合同；3）中外合作勘探、开发自然资源合同；4）外国自然人、法人或其他组织承包经营在我国领域内设立的中外合资经营企业、中外合作经营企业的合同；5）外国自然人、法人或其他组织购买我国领域内的非外商投资企业股东的股权的合同；6）外国自然人、法人或其他组织认购我国领域内的非外商投资有限责任公司或股份有限公司增资的合同；7）外国自然人、法人或其他组织购买我国领域内的非外商投资企业资产的合同；8）中华人民共和国法律、行政法规规定应适用我国法律的其他合同。

三、外国法院判决的承认和执行

（一）外国法院判决的承认和执行的概念

外国法院判决的承认和执行，是指承认外国法院的判决在本国境内具有与本国法院判决同等的法律效力，并在承认的基础上根据一方当事人的请求或作出判决法院的请求，按照本国法和本国缔结或参加的国际条约所规定的条件和程序，在本国境内强制执行外国判决。

（二）我国关于承认和执行外国法院判决的一般规定

我国《民事诉讼法》第281条规定：外国法院作出的发生法律效力的判决、裁定，需要中国人民法院承认和执行的，可以由当事人直接向中国有管辖权的中级人民法院申请承认和执行，也可以由外国法院依照该国与中国缔结或参加的国际条约的规定，或者按照互惠原则，请求人民法院承认和执行。

我国《民事诉讼法》第282条规定：人民法院对申请或请求承认和执行的外国法院作出的发生法律效力的判决、裁定，依照中国缔结或参加的国际条约，或者按照互惠原则进行审查后，认为不违反中国法律的基本原则或国家主权、安全、社会公共利益的，裁定承认其效力，需要执行的，发出执行令，依照本法的有关规定执行。违反中国法律的基本原则或国家主权、安全、社会公共利益的，不予承认和执行。

因此，我国人民法院承认和执行外国法院判决的条件包括：1）须有当事人提出申请或者外国法院提出请求；2）申请承认和执行的当事人所在国或请求法院所在国必须与我国有缔结或共同参加的条约关系，或者存在互惠关系；3）要求承认和执行的外国法院判决必须是已经发生法律效力的判决；4）申请承认和执行的外国法院判决不得违反我国法律的基本原则或者损害我国主权、安全和社会公共利益。

综合练习

一、单项选择题

1. A医学研究所与B投资公司签订了一份联合开发磁疗设备的合同，后因B投资公司出资不到位，导致该磁疗设备的研究工作暂停，使A医学研究所的先期投入无法产生预期的效益。A医学研究所根据合同中的仲裁条款向某仲裁委员会申请仲裁，该仲裁委员会对争议作出仲裁裁决后，下列（　　）表述是正确的。

A. 如果当事人不服，可以向人民法院起诉

B. 如果当事人不服，可以向人民法院上诉

C. 如果当事人不服，可以重新申请仲裁

D. 该裁决立即产生法律效力

2. 按照我国《仲裁法》的规定，在仲裁活动中，有权作出财产保全措施的机构是（　　）。

A. 人民法院　　B. 仲裁机构

C. 仲裁庭　　D. 仲裁委员会秘书处

3. “因不动产纠纷提起的诉讼，由不动产所在地人民法院管辖”属于（　　）。

A. 属地管辖　　B. 属人管辖　　C. 专属管辖　　D. 协议管辖

二、多项选择题

1. 仲裁裁决的效力主要是指（　　）。

A. 裁决是否有一定的规则　　B. 裁决是否具有终局性

C. 裁决对双方当事人有无约束力　　D. 能否向法院提起上诉

2. 采取仲裁的方式解决国际商事纠纷的特点有（　　）。

A. 仲裁必须严格按照法律的规定进行裁决

B. 未经双方当事人同意，任何一方不能将争议提交仲裁

C. 仲裁审理争议大多秘密进行

D. 仲裁一般比司法诉讼更为迅速

3. 澳门甲公司与内地乙公司的合同争议由内地一仲裁机构审理，甲公司最终胜诉。乙公司在广东、上海和澳门均有财产。基于这些事实，下列（　　）是正确的。

A. 甲公司可分别向广东和上海有管辖权的法院申请执行

B. 只有国务院港澳办提供的名单内的仲裁机构作出的裁决才能被澳门法院认可与执行

C. 甲公司分别向内地和澳门法院申请执行的，内地法院应先行执行清偿

D. 两地法院执行财产总额不得超过依裁决和法律规定所确定的数额

三、案例分析题

A公司与B公司签订了一份买卖合同，并在该合同中达成仲裁条款。在合同履行中，双方经协商变更了履约期限，但A公司在延长的履行期内仍未能履行合同，并因此给B公司造成经济损失。B公司提出解除合同，并将纠纷提交仲裁委员会，要求A公司赔偿损失。A公司辩称：合同经过了变更，并已解除，因此仲裁协议也已经解除，不具有效力。请问：

(1) 当事人对仲裁协议的效力有异议时，应当如何解决？

(2) A公司的主张是否有法律依据？为什么？

(3) A公司与B公司之间的经济纠纷应当由什么机构受理？如何解决？

第九章

世界贸易组织多边贸易体制

学习目标

【知识目标】

- 了解世界贸易组织的产生、宗旨和职能
- 了解世界贸易组织的成员资格、组织机构和法律框架
- 熟悉世界贸易组织的基本原则和例外
- 熟悉世界贸易组织争端解决机制的主要机构和一般程序

【能力目标】

- 能分析国际贸易领域中体现的世界贸易组织基本原则
- 能分析世界贸易组织争端解决机制在国际贸易中的作用

重点难点

【重点】

- 世界贸易组织的基本原则和例外
- 世界贸易组织争端解决机制的主要机构和一般程序

【难点】

- 世界贸易组织的法律框架
- 世界贸易组织的基本原则和例外

导入案例　美欧日就中国稀土等出口限制措施诉诸 WTO

新华网日内瓦2012年3月13日电　美国、欧盟和日本13日就中国稀土等原材料出口限制措施诉诸世界贸易组织（WTO）争端解决机制。

美欧日三方称，中国针对稀土、钨、钼的出口限制措施违反WTO规则以及中国加入WTO议定书，具体包括出口配额、出口许可证和出口限价措施。

根据WTO争端解决机制的相关规则，争端各方需在60天内进行磋商，争取消除分歧。如磋商失败，提出要求一方可要求在WTO争端解决机制下成立专家组予以调查。

此前，中国外交部发言人刘为民表示：稀土是一种稀有的不可再生资源，开发稀土会对环境造成影响，基于保护环境和资源的考虑，为实现可持续发展，中国政府对稀土的开采、生产和出口的各个环节均实施了管理措施，而不仅仅在出口环节，相关措施符合WTO规则。

中国工业和信息化部部长苗圩于3月13日早些时候在接受新华社记者专访时则表示，中方一旦因稀土出口等问题被起诉，将会主动应诉，说明情况。

苗圩强调：中国的稀土出口政策并不是针对某一个国外用户，更不是想通过这种办法进行贸易保护，而是出于保护资源、保护环境，实现资源可持续利用和发展的目的。

资料显示，目前在全球已探明的1亿吨稀土储量中，中国约占36%。但长期以来，中国却供应着全球90%以上的稀土市场。因行业竞争等因素，中国稀土行业一度低迷，价格普降。与此同时，拥有丰富稀土资源的美国等西方国家，并不开采自己的稀土，而是大量进口来自中国的稀土。

2012年4月25—26日：美欧日与中国进行协商。

2012年5月：日本联合美国和欧盟，向WTO争端解决委员会提出专家组仲裁申请。

2012年6月：设立WTO争端解决专家组。

2012年6月27日：基于商议结果，美欧日希望WTO争端解决委员会仲裁“中国违规限制出口”。

2013年2月和6月：举行专家组听证会和口头辩论会。

2014年3月26日：WTO公布专家组报告，裁定中方涉案产品的出口管理措施违规。

2014年8月7日：WTO公布上诉机构报告，维持专家组关于中方涉案产品的出口关税、出口配额措施不符合有关WTO规则和中方加入WTO承诺的裁决。

讨论：美欧日就中国稀土等出口限制措施诉诸WTO的依据是什么？作为被诉方的中国应如何应对？

第一节　世界贸易组织概述

一、关贸总协定与世界贸易组织

关贸总协定，全称关税与贸易总协定（General Agreement on Tariff and Trade，GATT），在世界贸易组织（WTO）正式运行之前，是协调和规范缔约方之间关税与贸易政策方面相互权利和义务的政府间临时性多边协定。该协定缔结于1947年，原始缔约方包括中国、美国、英国、南非、澳大利亚、新西兰和巴西等23个国家。

GATT于1948年1月1日正式生效，但其只是一项“临时适用协定”，而非严格意义上的国际经济组织。该协定自签订以来，先后举行了八轮多边贸易谈判。前五轮谈判集中于关税减让问题。第六、第七轮谈判除关税减让问题外，还涉及减少非关税壁垒等问题。GATT第八轮多边贸易谈判（即“乌拉圭回合”）从1986年9月开始到1994年4月15日最终协议的签署，历时8年。乌拉圭回合谈判结束前，104个缔约方政府代表通过并签署《马拉喀什建立世界贸易组织协定》（简称《WTO协定》），它与其他附件协议和部长宣言及决定共同构成了《乌拉圭回合多边贸易谈判结果最后文件》。这是一个“一揽子文件”，即要么全部接受，要么全部拒绝。该文件涉及关税、非关税措施、自然资源产品、原产地规则、反倾销、补贴和反补贴、技术性贸易壁垒等主要议题。《WTO协定》经各国立法机关批准后，于1995年1月1日生效。同日，WTO正式成立，总部设在日内瓦。它是一个独立于联合国的永久性国际贸易组织，具有法人地位。在与GATT并存一年后，1996年1月1日起完全担当起全球经济与贸易组织管理者的角色。

二、世界贸易组织的宗旨和职能

（一）世界贸易组织的宗旨

《WTO协定》序言中指出：各成员认识到在处理它们在贸易和经济领域的关系时，应以提高生活水平、保证充分就业、保证实际收入和有效需求的大幅、稳定增长以及扩大货物和服务的生产及贸易为目的，同时应依照可持续发展的目标，考虑到对世界资源的最佳利用，寻求既保护和维护环境，又以同它们各自在不同经济发展水平的需要和关注一致的方式，加强为此采取的措施。

序言同时指出：为实现上述目标，各成员需要作出积极努力，以保证发展中国家，特别是其中的最不发达国家，在国际贸易增长中获得与其经济发展需要相当的份额；期望通过达成互惠互利安排，实质性削减关税和其他贸易壁垒，消除国际贸易关系中的歧视待遇，从而为实现这些目标作出贡献。因此，决定建立一个完整的、更可行的和持久的多边贸易体制，以包含GATT、以往贸易自由化努力的结果以及乌拉圭回合多边贸易谈判的全部结果，决心维护多边贸易体制的基本原则，并促进该体制目标的实现。

（二）世界贸易组织的职能

1. 实施协议

WTO的首要职能是促进《WTO协定》和多边贸易协定的实施、管理和运用，促进其目标的实现，并对诸边贸易协定提供实施、管理和运用的体制。

2. 组织谈判

WTO应为各成员处理与《WTO协定》及各附件有关的多边贸易关系提供谈判场所。

3. 争端解决

WTO应管理实施《WTO协定》附件2所列的《关于争端解决规则与程序的谅解》(Understanding on Rules and Procedures Governing the Settlement of Disputes，DSU)，为国际贸易争端的解决提供组织上的支持。

4. 贸易政策审议

WTO应根据《WTO协定》附件3规定的《贸易政策审议机制》（Trade Policy Review Mechanism，TPRM)，进行成员的贸易政策审议。

5. 开展国际合作

WTO应酌情与国际货币基金组织和国际复兴开发银行及其附属机构进行合作，以实现全球经济决策更大的一致性。

三、世界贸易组织的成员资格

WTO的成员分为创始成员和纳入成员。

在《WTO协定》生效时，GATT 1947缔约方和欧共体，凡接受《WTO协定》，将关税减让表和承诺表附在GATT 1994之后，并将具体承诺减让表附在《服务贸易总协定》(GATS）之后者，均可成为WTO的创始成员。

纳入成员，是指《WTO协定》生效后，一个国家或一个在贸易政策实施方面拥有完全自主权的单独关税区与WTO谈判加入条件而成为WTO成员。WTO对任何申请加入的国家无限期开放。

截至2018年2月，WTO拥有164个成员。中国是WTO的创始成员之一。1950年3月，占据中国席位的台湾当局宣布退出GATT。1986年7月，中国正式向GATT提出申请，要求恢复中国在GATT的合法席位。经过长期艰苦曲折的谈判，2001年12月11日，中国以主权国家资格加入WTO。2002年1月1日，“台湾、澎湖、金门、马祖单独关税区”（简称“中国台北”）随后也成为WTO成员，连同于1995年1月1日分别以单独关税区资格成为WTO创始成员的香港和澳门，在WTO体制中出现了“一国四席”的局面。

四、世界贸易组织的组织机构

世界贸易组织的组织机构具体如图 9－1 所示。

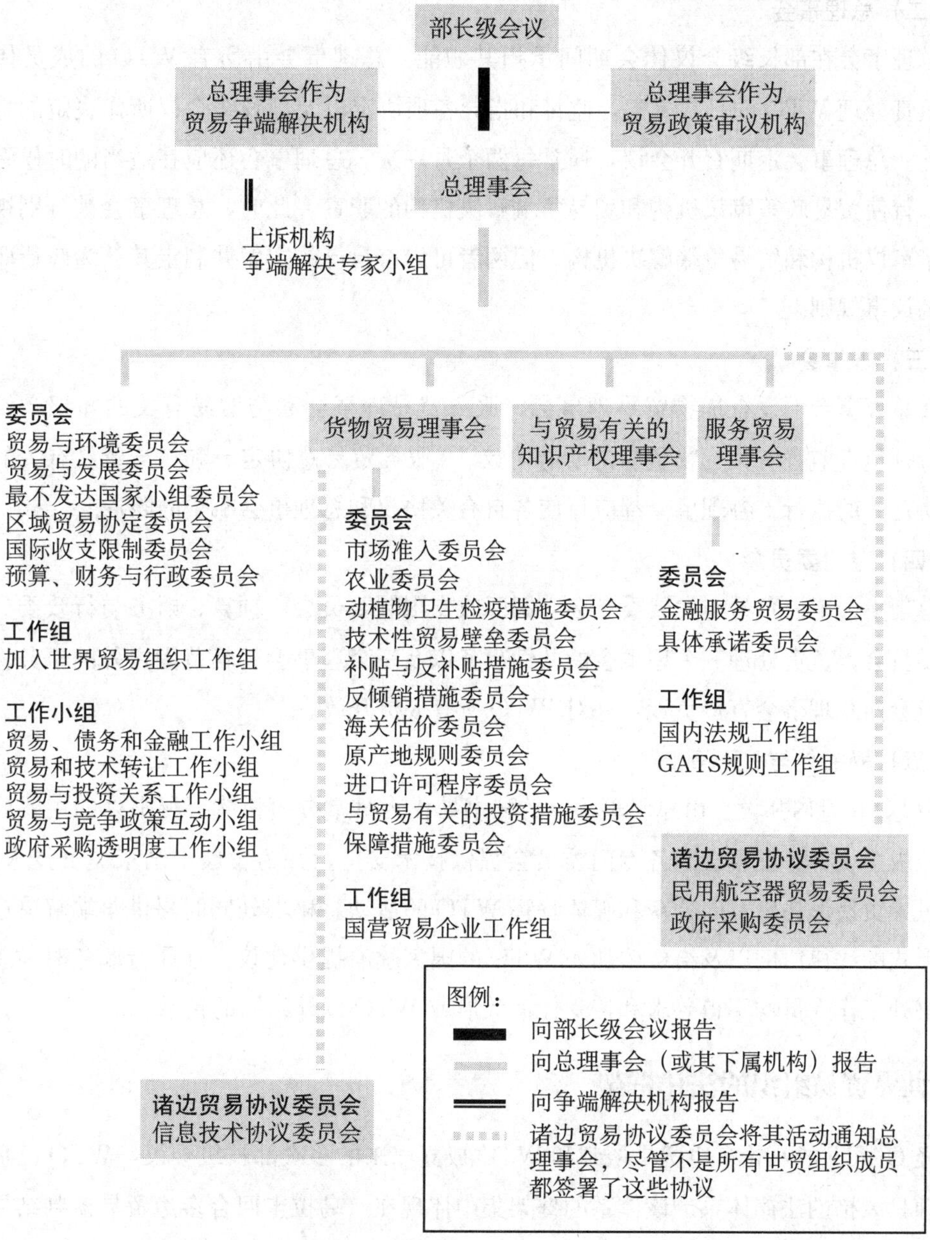

图 9－1　世界贸易组织机构图

（一）部长级会议

部长级会议是 WTO 的最高权力决策机构，由全体成员方代表组成，至少每两年举行一次会议，负责履行 WTO 的职能并为此采取必要的行动。部长级会议的主要职能有：任命总干事并确定其权力、职责、服务条件和任期以及秘书处工作人员的职责和服务条件，对 WTO 的各项协定作出修改和权威性解释，在特定情况下豁免某个成员对《WTO 协定》和多边贸易协议所承担的义务，决定加入 WTO 的国家和地区。

（二）总理事会

总理事会在部长级会议休会期间承担其职能。总理事会由所有 WTO 的成员代表组成，负责处理 WTO 的日常事务，监督和指导各项协定以及部长级会议所作决定的贯彻执行情况。总理事会定期召开会议，通常每两个月一次。总理事会还应在适当的时候召开会议，以行使贸易政策审议机构和贸易争端解决机构的职责。此时，总理事会被分别视为贸易政策审议机构和贸易争端解决机构，但两者可以有自己的主席并制定其认为履行职责所必需的议事规则。

（三）理事会

在总理事会下设有货物贸易理事会、服务贸易理事会和与贸易有关的知识产权理事会，分别负责监督有关货物贸易的所有协议、《服务贸易总协定》和《与贸易有关的知识产权协定》的执行。各理事会都应行使各自有关协议和总理事会赋予的职责。

（四）专门委员会

总理事会下设贸易与发展委员会，国际收支限制委员会，预算、财务与行政委员会等专门委员会，负责处理三个理事会的共性事务以及三个理事会管辖范围之外的事务。各专门委员会向总理事会直接负责，并对 WTO 所有成员开放。

（五）秘书处与总干事

WTO 在日内瓦设立由总干事领导的秘书处作为日常办事机构。秘书处的主要职责是给部长级会议、各理事会和各专门委员会提供技术支持，并为发展中国家提供技术援助，分析世界贸易形势以及向公众和媒体解释 WTO 的活动。秘书处同时提供争端解决过程中某种形式的法律协助以及给希望加入 WTO 的国家政府提供建议。在履行职务时，总干事和秘书处工作人员均不得寻求和接受任何政府或 WTO 以外组织的指示。

五、世界贸易组织的法律框架

经 GATT 的八轮多边贸易谈判和 WTO 成立以来的多次部长级会议，WTO 已形成了一套独具风格的法律体系。该体系的框架集中体现在《乌拉圭回合多边贸易谈判结果最后文件》的一系列协议中。该最后文件的中心部分是《WTO 协定》及其 4 个附件。附件 1 是有关货物贸易的法律规则、《服务贸易总协定》（GATS）和《与贸易有关的知识产权协定》（TRIPS），附件 2 是《关于争端解决规则与程序的谅解》（DSU），附件 3 是《贸易政策审议机制》（TPRM）。上述 3 个附件作为多边协定，所有成员方必须接受。附件 4 是诸边贸易协议，仅对签署方有约束力。

（一）有关世界贸易组织本身的法律规则

《WTO 协定》是 WTO 的基本法，规定了该组织的功能、结构、成员资格、决策程序和要求，其核心在于确立了 WTO 作为国际经济组织的法律地位。该协定由序言和 16 条基本案文组成，序言规定 WTO 的宗旨，案文本身并不涉及成员的实体性权利和义务。各成员的权利和义务主要体现在各项具体协定中。

（二）有关货物贸易的法律规则（附件 1A）

1. GATT 1994

GATT 1994 是 1994 年 WTO 将要取代 GATT 前，对原来 1947 年 GATT 的文件进行的修订，是现在规范货物贸易的主要法律文件，是货物贸易领域的实体法。

2. 六个非关税壁垒协议

具体包括：《技术性贸易壁垒协议》《海关估价协议》《装运前检验协议》《原产地规则协议》《进口许可证程序协议》和《实施动植物卫生检疫措施协议》。

3. 三个特定产品贸易的多边具体协议

长期以来，某些发达国家严重违背贸易自由化原则，公开对农产品、纺织品和服装实行数量限制。为逐步取消这两种特定产品的数量限制，货物贸易中专门制定了《农产品协议》和《纺织品与服装协议》（2005 年 1 月 1 日失效）。《信息技术产品协议》是 WTO 成立后，在一些发达国家的推动下制定的，目的是实现信息技术产品在世界范围内最大限度的自由化。

4. 三个有关保护国内产业的协议

当大量进口产品对本国同类产业造成实质性损害或损害威胁时，WTO 允许成员进行合法的适度的进口，以保护本国竞争力弱小的产业。这方面的三个法律文件是《反倾销协议》《补贴与反补贴协议》和《保障措施协定》。

（三）《服务贸易总协定》（附件 1B）

《服务贸易总协定》作为乌拉圭回合谈判的新议题之一的成果，是确立 WTO 关于服务贸易基本制度的框架性协定。该协定包含两大部分：一是成员的普遍义务，二是各成员的服务具体承诺表。在成员的普遍义务方面，规定了范围和定义、一般义务和纪律、具体承诺、逐步自由化、机构条款和最后条款。此外，《服务贸易总协定》还包括《关于本协定项下提供服务的自然人流动的附件》《关于空运服务的附件》《关于金融服务的附件》《关于海运服务谈判的附件》和《关于电信服务的附件》等附件。

（四）《与贸易有关的知识产权协定》（附件 1C）

《与贸易有关的知识产权协定》可视为第一个将贸易与知识产权结合起来的世界性多边条约，其目的是加强对知识产权充分且有效的保护，确保实施知识产权的措施及程序不对合理贸易构成障碍。该协定保护的范围包括版权及相关权利、商标、地域标识、工业品外观设计、专利、集成电路布图设计、未公开的信息（包括商业秘密）等，规定了最低保护要求。该协定规定了总则和基本原则，关于知识产权的效力、范围和使用标准，知识产权的实施，知识产权的取得和维持及当事人之间的相关程序，争端的防止和解决，过渡性安排和机构安排等，是国际知识产权保护的最新发展。

（五）《关于争端解决规则与程序的谅解》（附件2）

《关于争端解决规则与程序的谅解》确立了WTO关于争端解决的基本制度，其宗旨是为争端寻求积极的解决办法，保障多边贸易体系的可靠性和可预见性。主要内容包括：争端解决机制的适用范围、管理机构、争端解决程序、严格的争端解决时限和“反向一致”的决策原则等。WTO根据《关于争端解决规则与程序的谅解》设立了争端解决机构（DSB）。

（六）《贸易政策审议机制》（附件3）

《贸易政策审议机制》的目的是通过对各成员的全部贸易政策和做法及其对多边贸易体制运行的影响进行定期的集体审议和评估，促进所有成员更好地遵守多边贸易协议和适用的诸边贸易协议项下的规则、纪律和承诺，并通过深入了解各成员的贸易政策和实践，实现其更大的透明度而使多边贸易体制更加平稳地运作。WTO建立了贸易政策审议机构（TPRB），负责贸易政策审议机制的运作，对各成员的贸易政策进行定期审议。该机制对成员方贸易政策审议的周期取决于它们在世界贸易中的份额。贸易额列世界前4名的国家每两年审议一次。

（七）诸边贸易协议（附件4）

《政府采购协议》《民用航空器贸易协议》《国际奶制品协议》和《国际牛肉协议》是WTO的诸边贸易协议，成员方可自愿参加，签署协议的成员方受其约束，未签署的成员方不受其约束。其中，《国际奶制品协议》和《国际牛肉协议》已于1997年12月31日终止。

另外，从广义上讲，WTO的法律框架除了《WTO协定》和4个附件外，还包括部长级会议的若干决议和宣言，它们大多是对上述协定和附件的补充。

第二节　世界贸易组织的基本原则和例外

WTO的基本原则全面继承了GATT的基本原则，并将其从货物贸易扩大到适用于国际服务贸易、与贸易有关的投资措施及与贸易有关的知识产权等多边贸易管理体制的新领域。更新后的GATT 1994与《服务贸易总协定》和《与贸易有关的知识产权协定》并列，WTO将三者并入一个单一的组织，形成一套单一的规则，并使用单一的争端解决机制。

一、非歧视原则

（一）最惠国待遇原则

1. 最惠国待遇原则的含义

最惠国待遇原则（Principle of Most-favoured-nation Treatment）是整个WTO体制的核心和基本原则。它要求成员方现在和将来给予任何第三方以优惠和豁免，并立即且无条件地给予其他成员方以相同产品。在国际贸易中一般体现为签订了经贸条约的一方如果在贸易、通商、航运、关税等方面，给予了另一方减让、特权、优惠和豁免时，其他缔约方也可要求相同的待遇。享有最惠国待遇的成员为受惠方，授予最惠国待遇的成员为给惠方，作为优惠标准的第三方为最惠方。

2. 最惠国待遇原则的特点

（1）自动性。当一成员方给予任何第三方的优惠大于其他成员方已享有的优惠时，其他成员方就立即无条件地自动享有了这种优惠。例如：A国和B国均为WTO成员，当A国把从WTO成员C国或非WTO成员D国进口的汽车关税从15%降至10%时，这个10%的税率就自动适用于从B国以及其他WTO成员进口的汽车。

（2）普遍性。虽然被称为“最惠国”似乎意味着比较，意味着某种特殊待遇，但WTO下的最惠国待遇是要求给予所有成员的，在目前（截至2018年2月）WTO的成员已经达到164个的情况下，它实际意味着平等和非歧视。

（3）相互性。WTO的任何一成员既是给惠方，又是受惠方，既享有最惠国待遇的权利，也承担给予对方最惠国待遇的义务。

3. 最惠国待遇原则的适用范围

最惠国待遇适用于以下方面：1）所有与进出口商品有关的关税及费用；2）与进出口商品有关的国际收支转账所征收的关税及费用；3）征收上述两项的关税及费用的方法；4）进出口贸易的规则制度及手续方法；5）国内税或其他国内费用的征收；6）产品的国内销售、兜售、购买、运输、分配或使用的全部法令、条例和规定。

GATT 1994的最惠国待遇是指将各种待遇直接给予原产于或运往各成员的同类产品。凡属于原产于成员境内的产品，即使经非成员转口出口到另一成员境内，仍然享受最惠国待遇。相反，原产于非成员境内的产品，即使经过某一成员转口出口到另一成员境内，也不享受最惠国待遇。也就是说，GATT的最惠国待遇仅适用于相同产品，而排除了对外国商人（自然人）、法人等机构和实体给予各种权利和优惠的情况。判断是否“原产于”特定成员是享受最惠国待遇的关键。对于某种产品的原产地，国际上通常采用加工标准和增值标准。通常情况下，在关税税率表中列为同项者就可视为“相同产品”。

4. 最惠国待遇原则的例外

（1）一般例外。GATT第20条规定了10项一般性例外，包括为维护公共道德所必需的措施；为保障人民、动植物的生命或健康所必需的措施；有关输出和输入黄金或白银的措施；与国内限制生产或消费的措施相配合，为有效保护可能用竭的天然资源的有关措施等。

（2）国家安全例外。GATT第21条规定：对关系国家安全资料的公布、根据联合国宪章为维持国际和平与安全而采取的行动等，均视为例外。

（3）关税同盟和自由贸易区例外。GATT第24条规定：最惠国待遇原则不适用于任何缔约一方为便利边境贸易对毗邻国家给予某种利益；对于关税同盟和自由贸易区缔约方之间相互给予的优惠，其他缔约方不能自动获得。

（4）国际收支平衡例外。GATT第15条规定：成员方为了保障其对外金融地位和国际收支平衡而采取的措施，可以作为例外。

（二）国民待遇原则

1. 国民待遇原则的含义

国民待遇原则（Principle of National Treatment），是指一国在经济活动和民事权利与义务等方面给予在其境内的外国公民和企业与其国内公民和企业同等待遇。国民待遇原则是最惠国待遇原则的重要补充。最惠国待遇原则可保证WTO成员对所有其他成员的产品一视同仁，而国民待遇原则可保证WTO成员对本国产品和其他成员的产品一视同仁。

在实现所有WTO成员平等待遇的基础上，WTO成员的商品或服务进入另一成员领土后，也应该享受与该国的商品或服务相同的待遇，这正是WTO非歧视原则的重要体现。例如：关税减让谈判使A国对某种商品的进口关税从15%降至10%，但A国随即对该种进口商品征收5%的国内税，而对本国的相同产品不征税，其结果等于使关税回到减让前的水平，进口商品仍然受到歧视待遇。

2. 货物贸易中的国民待遇原则

（1）不对进口产品征收超出对本国同类产品所征收的国内税或其他费用，如对进口产品征收消费税，而对本国同类产品却不征税；虽然对进口产品和本国同类产品都征收消费税，对进口产品适用的税率却高于对本国同类产品适用的税率；对购买本国同类产品提供退税或免税，而对购买同类外国产品者则无此待遇。

（2）在产品的国内销售、购买、运输、分销或使用方面给予国民待遇。如进口产品进入本国市场时必须通过某种检验或测试，而对本国同类产品却无此规定；销售进口产品必须使用特定的批发或零售渠道，或特定的运输或仓储方式，而对本国同类产品却无此限制。

（3）禁止产品混合使用要求。生产某一产品时，一成员方不能强制要求使用一定数量或比例的国内生产的原材料或半成品，例如：要求国内生产人造黄油的厂家使用一定比例的国产天然黄油。

3. 国民待遇原则的例外

国民待遇原则与最惠国待遇原则一样，也受GATT第20条规定的一般例外和第21条规定的国家安全例外的约束。另外，政府采购行为和政府对国内生产者的补贴不适用国民待遇原则。

二、贸易自由化原则

贸易自由化原则（Principle of Market Access），是指通过多边贸易谈判，实质性削减关税和减少其他贸易壁垒，扩大成员方之间的货物和服务贸易。具体体现在要求成员关税减让和禁止数量限制。

（一）关税减让

WTO实行关税保护原则和关税减让原则。关税保护原则规定各成员只能通过关税对国内工业进行保护，而不能采用其他非关税壁垒的方法，目的是使保护程度一目了然，易于比较。WTO在允许采用关税保护国内工业的同时，还要求各成员之间通过关税减让谈判逐步降低关税，作出互惠平等的让步，达成关税减让表协议。关税减让表达成的固定税率体现在GATT的第2条中，任何缔约方无权单方面改变，至少在一定时期内不能改变，从而使国际贸易具有稳定和可预测的法律环境。

（二）一般性取消数量限制

数量限制是国家对允许进出口的商品数量采取的限制措施。它主要通过配额制度和许可证制度来实施。一般性取消数量限制原则的含义是，为了逐步促进贸易的自由化，在一般情况下不允许国家对其进出口的商品数量进行限制。由于数量限制是隐蔽的、随机的，因此在可行的各种保护措施中，WTO更倾向于关税减让，而普遍禁止数量限制。一般性取消数量限制也有例外：GATT第11条第2款规定了取消数量限制的三种例外情况；GATT第12条规定了保障国际收支平衡的例外；第19条规定则允许将数量限制作为保护措施，保护国内生产者免受进口竞争产生的严重损害或严重损害威胁。

案例透视

1997年美国诉印度进口数量限制违反WTO原则案

1996年7月，印度向WTO发出通知，称出于国际收支平衡及其他原因，将对2 700余种产品实行数量限制。美国认为印度的做法违反了其在GATT下承担的义务，于1997年提出与印度磋商，随后并请求成立了专家组。专家组为了证实印度的国际收支平衡状况，向国际货币基金组织征求意见。国际货币基金组织指出，“1997年11月18日，印度的外汇储备是充足的”，“当时印度外汇储备不存在严重衰退的威胁”。但印度方认为，专家组不应将评价成员国收支状况的责任交给国际货币基金组织。

取消数量限制是WTO的基本原则之一，如同其他原则一样，该原则也有许多例外，其中包括为解决国际收支平衡问题而实行数量限制。但援引这一例外的成员必须用充分的证据证明确实存在国际收支问题。本案中的印度没能完成这一举证责任，专家组在充分考虑国际货币基金组织的客观判断并综合分析后，确认专家组成立之日，印度的货币储备不存在严重下降或严重下降的威胁，因此无权以国际收支平衡为理由实行数量限制措施。上诉庭维持了专家组的意见。

三、透明度原则

透明度原则（Principle of Transparency），是指各成员国的贸易法律、规章与措施应该具有透明度，即对于新制定的或修改的贸易政策应立即向 WTO 有关机构和各成员通报，使其可以了解、熟悉并适应这些新的政策。

GATT 第 10 条规定：缔约方有效实施的关于对产品的分类或估价，关于税捐和其他费用的征收率，关于对进出口货物及其支付转账的规定、限制和禁止，以及关于影响进出口货物的销售、分配、运输、保险、仓储、检验、展览、加工、混合或使用的法令、条例与一般援引的司法判决及行政决定，都应迅速公布，以便使各国政府及贸易商熟悉它们。一缔约方政府或政府机构与另一缔约方政府或政府机构之间的缔结影响国际贸易政策的现行规定的，必须公布。

透明度原则的适用也有例外，公布后可能妨碍法令的贯彻执行、违反公共利益或损害某一企业的正当商业利益的秘密资料可以不公布。

四、促进公平竞争原则

促进公平竞争原则（Principle of Promoting Fair Competition）要求 WTO 成员维护商品、服务或服务提供者在本国市场的公平竞争，避免采取扭曲市场竞争的措施。在货物贸易中，不公平竞争的做法主要是指倾销和补贴。为此，GATT 1994 包含了禁止倾销和限制出口补贴的规定，即允许进口国在关税之外征收反倾销税和反补贴税，但该措施必须在实体上和程序上都符合 WTO 的规定。

WTO 的基本原则是维护公平贸易，反对不公平的倾销、补贴等扭曲的贸易形式，但这一原则的适用也有例外，如保障措施的实施。保障措施的前提是出口国在正常情况下进行公平竞争，但进口国在某种产品进口激增而损害国内产业时，也可以采取紧急限制进口的措施。

第三节　世界贸易组织的争端解决机制

一、WTO 争端解决的主要机构

（一）争端解决机构

WTO 争端解决机制（DSM）是在原 GATT 争端解决机制的基础上建立起来的。其法律依据包括 GATT 1947 第 22 条、第 23 条和《关于争端解决规则与程序的谅解》(DSU)。根据 DSU 的规定，专门设立了争端解决机构（DSB)，负责争端解决事宜。

DSB 事实上由总理事会担任，与总理事会成员相同，但职责不同。其具体职责包括：成立专家组并通过其报告，设立常设上诉机构并通过其报告，监督裁决和建议的履行，根据有关协议授权成员方中止各项减让和其他义务。

DSB 一般每月召开一次会议，也可以应成员请求召开特别会议。在作出决定时，DSB 采用反向一致的议事规则。根据 DSU 第 16 条第 4 款的规定，除非全体成员国“一致反对”专家组报告的通过，否则，该报告便对当事国生效。实际效果就是提交 DSB 的报告将自动通过，从而排除了某些成员以自身之力阻止专家组报告通过的可能性，加强了专家组报告的执行力。

（二）专家组

专家组是解决争端实体问题的最主要机构。它是在磋商未果时，在申诉方的请求下由争端解决机构成立的，争端解决完毕，专家组的使命也即终止。

1. 专家组的成立

专家组通常由 3 名成员组成，特殊情况下由 5 人组成。成员具体包括：曾在专家组任职的成员，曾担任 GATT 1947 缔约方的代表，WTO 管辖协议的专门理事会或委员会的代表，曾在国际贸易法律或政策等方面讲授过课程或发表过论著的人士，以及曾担任过某一 WTO 成员高级贸易政策官员的人士。所有专家应具有独立性、各种不同的背景和丰富的经验。专家组成员应以个人身份而不是作为政府代表或任何组织的代表履行职能，不接受任何政府或组织的指示。WTO 秘书处应当向争端各方建议专家组成员的提名，除非有非常令人信服的理由，争端各方应当接受秘书处的提名。

2. 专家组的职能

专家组的职能包括：审查由争端当事方提交 DSB 的有关事项的文件，进行必要的调查；对由争端当事方列举的任何有关协议中的各项规定加以审议并提出建议；对争端作出决定后，将以书面形式向 DSB 报告其调查的结果，说明事实真相、引用的有关条款及作出决定的基本理由。

（三）上诉机构

DSB 下设常设上诉机构，处理争端当事方对专家组决定不服而提出的上诉请求。该机构由 7 人组成，任期 4 年，可连任一次。这 7 名成员一般是在法律、国际贸易和有关协议内容方面卓有专长和公认权威的人士，并且不能隶属于任何政府机构。在审理具体案件时，由上诉机构中的 3 人组成上诉庭负责。上诉机构的裁决仅限于专家组报告中涉及的法律问题以及该专家组所作的法律解释。上诉机构可以作出维持、修改或推翻专家组法律认定或结论的决定。

二、WTO争端解决的一般程序

（一）磋商

WTO体制下争端解决的第一步是强制性的自行磋商。如果一成员认为其协议下的权利受到另一成员的侵害，应当向该成员提出磋商的书面请求。收到请求的一方应自收到请求的10日内，对该请求作出答复，并在收到请求后30日内开始进行磋商。磋商应秘密进行，磋商的内容不应妨碍任何一方成员在下一步诉讼程序中享有的权利。有利害关系的第三方，经参与磋商的当事方同意可加入磋商。若当事方不同意，则第三方可另行要求单独磋商。磋商请求应提交DSB及有关理事会和委员会，并应说明提出磋商的理由、有关事实和法律依据。

争端当事方可以在任何时候要求进行斡旋、调解和调停。斡旋、调解和调停是争端当事方自愿而非强制选择的程序。斡旋是指第三方促成争端当事方开始谈判或重开谈判的行为，在整个过程中，进行斡旋的一方可提出建议或转达争端一方的建议，但不直接参加谈判。调解是指争端当事方将争端提交一个由若干人组成的委员会，该委员会通过查明事实，提出解决争端的建议，促成当事方达成和解。调停是指第三方以调停者的身份支持或参加谈判，提出谈判的基本方案，调和、折中争端当事方的分歧，促使争端当事方达成协议。

斡旋、调解和调停程序可由争端任何一方在任何时候提出，可在任何时候开始，也可在任何时候终止。一旦该程序终止，申诉方即可提出成立专家组的请求。即使进入专家组程序，若争端各方同意，也可进行斡旋、调解和调停程序，WTO总干事可以其职务上的资格进行斡旋、调解和调停来协助各成员解决争端。

（二）专家组程序

如果收到请求的成员方在收到请求后10日内未作出答复，或者在收到请求后30日内未开始进行磋商程序，或者在收到请求后60日内未就争端解决达成一致意见，则申诉方可直接请求设立专家组。DSB一般在45天内根据申诉方的书面请求设立专家组。

1. 基本工作进度

（1）在专家组第一次实质性会议前，争端各方应将案情事实及论据提交专家组。

（2）在专家组第一次实质性会议上，申诉方陈诉案情，被申诉方提出其辩护理由。声明对争端有利害关系的第三方也可陈述其观点。专家组成员可以提出问题，要求澄清。实质性会议通常又称“开庭”或“听证会”。

（3）专家组第二次实质性会议上，申诉方与被申诉方进行正式辩论。专家组成员可以提出问题，要求澄清。对申诉方根据不同规则提出的数个不同的申诉请求，专家组可以根据有效解决争端的必要性，对其中的某个申诉请求不进行审查。

（4）如果一方提出科学或技术问题，专家组可以任命一个专家评审组，由其就科学或技术问题出具咨询报告书。

(5) 专家组将其报告中的有关事实和论据的部分提交给争端各方，给他们两周时间提出意见。

(6) 专家组向各方提供一份中期报告，其中包括他们调查的结果和作出的结论。争端各方可在1周内决定是否要求复审。如果要求复审，复审的时间不得超过两周。在这段时间内，专家组可以与各方举行补充会议。如果向当事方发布了中期报告后，当事方在规定时间内未要求复审，则中期报告即视为最终报告。

(7) 专家组向各方提交最终报告，并且在3周后，散发给所有WTO成员。如果专家组认定有关措施不符合WTO协议规定的相应条件，专家组将建议有关成员改变此措施以使其符合该协议。

2. 专家组报告的通过

按照一般规则，专家组应在6个月内提交最后报告，若遇紧急情况，如涉及易腐货物，时限将缩短至3个月。当专家组在正常时限内未结束其工作时，应将延迟的原因书面通知DSB，并应提出其提交报告的预计时间。无论如何，每一案件的审理时限不得超过9个月。

专家组报告提交DSB后，除非当事方决定上诉或DSB一致决定不通过报告，DSB应在60天内通过该报告。

（三）上诉程序

上诉程序是争端解决程序的终审程序，只有在当事方以书面形式提出时才能启动。按照一般规则，上诉机构应在上诉方正式就某一事项提出上诉之日起60日内作出决定，最长不得超过90天。如果上诉机构的报告在提交全体成员后30日内，DSB没有一致否决，则该报告通过，争议各方必须无条件接受。

（四）执行程序

1. 自愿履行

在通过专家组报告或上诉机构报告后30日内，应召开争端解决机构会议。有关方必须在会议上将其执行DSB通过的建议和裁决的计划正式通知DSB。当事方应立即执行建议和裁决。如果不宜立即执行，应当确定一个合理期限，但该期限不得超过报告通过后的15个月。

2. 提供补偿

如果负有执行建议和裁决义务的当事方未能在规定期限内完成执行义务，则应在一定期限内与对方谈判并达成有关补偿协议。补偿是双方自愿安排的临时性措施。补偿的方式一般不直接提供金钱，而是在这些措施所影响的领域之外的方面，给其他成员更多的贸易机会，如在对申诉方有特殊利益的领域进行关税减让等。

3. 授权报复

如果败诉的争端方未实施建议和裁决，也未能在执行建议和裁决的合理期限过后20日内就补偿达成协议，则申诉方可以向DSB请求授权，暂停对另一方的减让和其他义务。原则上，暂停的减让应在案件所涉及的协议及其部门进行，这被称为平行报复（Parallel Retaliation）。但如果平行报复不可行或没有效果，则可要求在同一协议的不同部门进行。如果仍无效果或不可行，或者如果情况十分严重，则暂停减让可以跨越另一个协议，这被称为交叉报复（Cross Retaliation）。

暂停的减让应与所造成的损害程度相当。当事方对此若有异议，或者认为中止减让未能正确执行，有权提交仲裁。仲裁一般由原专家组或总干事指定的仲裁员进行。仲裁员裁定事项仅仅包括减让范围是否与利益损害范围相当，中止减让或其义务是否遵循DSB原则和程序。

授权报复只是一种临时安排且不具有追溯性。如果争端方取消其违法措施，或争端各方达成令人满意的解决方法，则报复措施应当终止。DSB授权报复后，仍应继续监督已通过的建议和裁决的执行。

三、WTO争端解决机制的特点

（一）时间限制更严

相对于GATT规则只规定各程序环节在“合理期限内”完成，以致有些案件拖延了3年甚至5年仍未结案，DSU规定了严格时限（见表9-1）。在规定的时间限制下，经过WTO争端解决机制的程序，成员方争端应当在1年半的时间内解决。

表9-1　WTO争端解决程序基本时限

序号	争端解决程序阶段	时限
1	磋商、调解等	60日
2	专家组的设立和专家的选任	45日
3	向当事方提交专家组最终报告	6个月
4	向WTO成员散发专家组最终报告	3周
5	DSB通过专家组报告（如未上诉）	60日
小计	1年（如未上诉）	
6	上诉机构作出报告	60～90日
7	DSB通过上诉机构报告	30日
合计	1年3个月（如上诉）	

（二）执法力度更强

“反向一致”的表决规则，使专家组报告的通过几乎变为自动；加强对专家组报告实施的监督，并对报告的实施规定了明确的期限。根据DSU第21条的规定，DSB有审查专家组报告实施的义务。该条款要求DSB在报告合理实施6个月内，将报告的实施情况列入DSB会议议程，并在后续会议中持续审查，直到有关问题解决为止。

(三) 法律程序更完善

WTO增设了上诉程序，建立常设上诉机构并规定任何一方均有上诉权。协商、斡旋与调解被称为争端解决的政治方法，而专家组审议和上诉则被称为争端解决的法律方法，因此从GATT到WTO的争端解决机制的演化过程是不断"法院化"的进程。

综合练习

一、单项选择题

1. 关于《WTO协定》对关税的规定，下列说法错误的是哪项？（　　）

A.《WTO协定》对关税的原则是约束关税，并不断削减

B. 各成员对其进口产品作出的关税减让，构成了该成员的关税减让表

C. 关税减让表中公布的税率是受到约束的，但不一定是可适用税率的最高限

D. 各成员可实际适用比约束关税低的关税

2. 根据WTO《关于争端解决规则与程序的谅解》协议的规定，当WTO成员方之间发生贸易纠纷时，可采取规定的解决方式，下列关于WTO争端解决机制的表述中，哪项是正确的？（　　）

A. 磋商是申请设立专家组的前提条件

B. 提起申诉必须以申诉方法律或经济利益受到损害为前提

C. 对申诉方根据不同规则提起的数个申诉请求，专家组必须逐一审查

D. 上诉机构既审查专家组报告涉及的法律问题，又审理事实问题

3. 下列关于WTO对成员贸易政策评审的效力的表述，哪项是正确的？（　　）

A. 政策评审的结果对成员具有约束力，成员必须依此作出改进，否则会受到处罚

B. 政策评审的结果对成员具有约束力，成员不改进将会受到指控

C. 评审中发现成员有与WTO协议不符的贸易政策，该成员将直接被WTO处罚

D. 评审结果和提出的建议对被评审的成员没有约束力，但被评审的成员如果不作出改进，则很可能被其他成员利用争端解决程序提出指控

二、多项选择题

1. 下列关于WTO机构设置的表述，正确的是哪几项？（　　）

A. WTO部长级会议有权决定豁免某个成员在特定情况下的义务

B. 总理事会是WTO常设权力机构，在部长级会议休会期间处理WTO日常事务

C. 贸易政策审议机构负责分析成员的贸易政策，向总理事会报告工作

D. 总干事由部长级会议任命，任期四年，是WTO的行政首长

2. 关于WTO争端解决机制的上诉审查程序，下列说法正确的是哪几项？（　　）

A. 在专家组报告发布后的60天内，任何争端方均可向上诉机构提起上诉

B. 上诉审理的范围是专家组报告中涉及的事实问题和法律问题

C. 上诉机构可以推翻、修改或撤销专家组的调查结果和结论

D. 上诉机构的裁决为最后裁决，当事方应接受，除非争端解决机构一致反对

3. 中国于2001年加入WTO，加入WTO后，中国承担哪些义务？（　　）

A. 逐步开放服务贸易领域

B. 扩大对知识产权的保护范围

C. 增加贸易政策的透明度

D. 降低进口关税

4. 根据WTO《服务贸易总协定》的规定，下列各项中属于其适用范围的是哪几项？（　　）

A. 美国某快餐店在北京设立分店

B. 中国游客出国旅游

C. 中国A公司与日本B公司关于机器设备的进出口

D. 中国某设计师在意大利进行建筑设计

第十章

中国对外贸易管理制度

学习目标

【知识目标】

- 熟悉我国规范和管理进出口贸易的主要法律制度
- 熟悉《中华人民共和国对外贸易法》的基本原则和制度
- 熟悉反倾销、反补贴和保障措施的适用条件和基本程序

【能力目标】

- 能查找和运用我国《海关法》和《进出口货物原产地条例》等具体规定
- 能根据我国对外贸易立法分析国家进出口贸易规范和管理的相关措施
- 能根据 WTO 及我国关于反倾销、反补贴和保障措施的规定防范贸易风险

重点难点

【重点】

- 关税制度和原产地规则
- 我国《对外贸易法》的基本原则和制度
- 我国反倾销立法和实践

【难点】

- 关税的种类和原产地的确定
- WTO 反倾销、反补贴和保障措施制度

导入案例

关于对原产于印度的进口邻氯对硝基苯胺反倾销调查最终裁定的公告

商务部公告2018年第19号

根据《中华人民共和国反倾销条例》（以下称《反倾销条例》）的规定，2017年2月13日，商务部（以下称调查机关）发布2017年第4号公告，决定对原产于印度的进口邻氯对硝基苯胺（以下称被调查产品）进行反倾销立案调查。

调查机关对被调查产品是否存在倾销和倾销幅度、被调查产品是否对国内邻氯对硝基苯胺产业造成损害和损害程度以及倾销与损害之间的因果关系进行了调查。根据调查结果和《反倾销条例》第24条的规定，2017年10月20日，调查机关发布2017年第56号公告，初步认定原产于印度的进口邻氯对硝基苯胺存在倾销，中国邻氯对硝基苯胺产业受到了实质损害，并且倾销与实质损害之间存在因果关系。

初步裁定后，调查机关对倾销和倾销幅度、损害和损害程度以及倾销与损害之间的因果关系进行了继续调查。现本案调查结束，根据《反倾销条例》第25条的规定，调查机关作出最终裁定。现就有关事项公告如下：

一、最终裁定

调查机关最终裁定，在本案调查期内，原产于印度的进口邻氯对硝基苯胺存在倾销，国内邻氯对硝基苯胺产业受到实质损害，而且倾销与实质损害之间存在因果关系。

二、征收反倾销税

根据《反倾销条例》第38条的规定，商务部向国务院关税税则委员会提出征收反倾销税的建议，国务院关税税则委员会根据商务部的建议作出决定，自2018年2月13日起，对原产于印度的进口邻氯对硝基苯胺征收反倾销税。

被调查产品的具体描述如下：

调查范围：原产于印度的进口邻氯对硝基苯胺。

被调查产品名称：邻氯对硝基苯胺。

英文名称：Ortho Chloro Para Nitro Aniline。

分子结构：

$C_6H_5ClN_2O_2$

化学结构式：

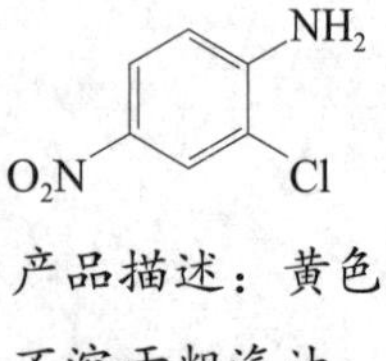

产品描述：黄色结晶粉末，在常温常压下稳定，溶于乙醇、乙醚及苯，微溶于水和强酸，不溶于粗汽油。

主要用途：用作合成分散染料、有机颜料和缓蚀剂的中间体，或用作生产防治血吸虫病的特效药氯硝柳胺，也用作医药中间体。

该产品归在《中华人民共和国进出口税则》：29214200。该税则号项下的其他产品不在本次申请调查范围之内。

对各公司征收的反倾销税率如下：

1. 阿迪工业有限公司：Aarti Industries Limited　　31.4%

2. 其他印度公司：All Others　　49.9%

三、征收反倾销税的方法

自2018年2月13日起，进口经营者在进口原产于印度的邻氯对硝基苯胺时，应向中华人民共和国海关缴纳相应的反倾销税。反倾销税以海关审定的完税价格从价计征，计算公式为：反倾销税额=海关完税价格×反倾销税税率。进口环节增值税以海关审定的完税价格加上关税和反倾销税作为计税价格从价计征。

四、反倾销税的追溯征收

对自2017年10月20日起至2018年2月12日有关进口经营者依初裁公告向中华人民共和国海关所提供的保证金，按终裁所确定的征收反倾销税的商品范围和反倾销税税率计征并转为反倾销税，并按相应的增值税税率计征进口环节增值税。在此期间有关进口经营者所提供的保证金超出反倾销税的部分，以及由此多征的进口环节增值税部分，海关予以退还，少征部分则不再征收。

对临时反倾销措施实施之日前进口的原产于印度的进口邻氯对硝基苯胺不追溯征收反倾销税。

五、征收反倾销税的期限

对原产于印度的进口邻氯对硝基苯胺征收反倾销税的实施期限自2018年2月13日起5年。

六、新出口商复审

对于印度在调查期内未向中华人民共和国出口被调查产品的新出口经营者，符合条件的，可依据《反倾销条例》第47条的规定，向调查机关书面申请新出口商复审。

七、期中复审

在征收反倾销税期间，有关利害关系方可以根据《反倾销条例》第49条的规定，向调查机关书面申请期中复审。

八、行政复议和行政诉讼

对本案终裁决定及征收反倾销税的决定不服的，根据《反倾销条例》第53条的规定，既可以依法申请行政复议，也可以依法向人民法院提起诉讼。

本公告自2018年2月13日起执行。

中华人民共和国商务部

2018年2月12日

讨论：我国反倾销的法律依据是什么？反倾销税的征收需要遵循哪些程序？

第一节　中国对外贸易管理制度概述

一、中国对外贸易管理制度框架

中国对外贸易管理制度是指我国通过制定法律、法规，对货物进出口、技术进出口和国际服务贸易进行管理和控制的制度。1994年7月1日生效的《中华人民共和国对外贸易法》（简称《对外贸易法》）是我国第一部全面系统的外贸法律，规定了我国对外贸易的基本制度和基本原则，是我国管理对外贸易的基本法。

加入WTO之后，我国的贸易法律和政策就必须考虑我国入世的承诺。2004年，我国从法律的主体、适用范围和法律规范等方面对《对外贸易法》进行了重大调整。修订后的《对外贸易法》自2004年7月1日起实施，共11章70条，是一部结构比较合理、内容相对完善的法律。2016年11月，该法进行了修正，于2016年11月7日开始实施。同时，国务院还修订了《中华人民共和国货物进出口管理条例》（简称《货物进出口管理条例》）、《中华人民共和国反倾销条例》（简称《反倾销条例》）、《中华人民共和国反补贴条例》（简称《反补贴条例》）和《中华人民共和国保障措施条例》（简称《保障措施条例》）等。地方性法规和地方性规章修订、废止的有数十万件。自此，《对外贸易法》《货物进出口管理条例》《技术进出口管理条例》《反倾销条例》《反补贴条例》和《保障措施条例》等法律规范共同构成我国对外贸易管理法律制度体系。

二、我国《对外贸易法》概述

（一）《对外贸易法》的适用范围

我国《对外贸易法》适用于对外贸易以及与对外贸易有关的知识产权保护，调整货物进出口管理关系、技术进出口管理关系以及国际服务贸易管理关系。也就是说，《对外贸易法》不适用于处于平等地位的对外贸易经营者之间合同关系的调整。

需要注意的是，我国《对外贸易法》不适用于单独关税区。单独关税区又称单独关境、独立关税区、单独关税领土等，是指一个国家中的某一部分在贸易上保持单独税率或特别贸易规范的领土。基于单独关税区的特性，如同样适用《对外贸易法》将使单独关税区丧失其优势，不利于单独关税区对外贸易的发展。此外，我国香港特别行政区和澳门特别行政区在WTO成立后已经以“单独关税区”的名义成为WTO成员，因此《对外贸易法》不适用于香港和澳门。同样，台湾作为单独关税区也不适用《对外贸易法》。在中国内地对港澳贸易方面，内地于2003年6月和2003年10月分别与香港和澳门签署了《内地与香港关于建立更紧密经贸关系的安排》（简称《CEPA香港》）和《内地与澳门关于建立更紧密经贸关系的安排》（简称《CEPA 澳门》），以逐步减少或取消双方之间货物贸易的关税和非关税壁垒，逐步实现服务贸易自由化并促进贸易投资便利化。

（二）对外贸易经营权

1. 从外贸经营许可制到备案登记制

根据我国入世的承诺，必须在加入 WTO 后的 3 年内（即 2004 年 12 月 11 日前）取消对外贸易经营许可制度。为此，我国《对外贸易法》第 9 条规定：从事货物进出口或技术进出口的对外贸易经营者，应当向商务部或其委托的机构办理备案登记。但是，法律、行政法规和商务部规定不需要备案登记的除外。2004 年 6 月，商务部发布了《对外贸易经营者备案登记办法》，实行全国联网和属地化管理。对外贸易经营者在本地区备案登记机关办理备案登记。

备案登记与审批不同，只是一种程序性登记，即按规定填写对外贸易经营者备案登记表并提交有关登记材料后，登记机构就应当在规定的时限内予以登记。备案登记也是政府有效监管的手段，对外贸易经营者未按照规定办理备案登记的，海关不予办理进出口货物的报关验放手续。

2. 个人的对外贸易经营权

我国《对外贸易法》第 8 条规定：对外贸易经营者，是指依法办理工商登记或其他执业手续，依照本法和其他有关法律、行政法规的规定从事对外贸易经营活动的法人、其他组织或个人，从而将对外贸易经营者范围扩大到个人。需要注意的是，自然人从事对外贸易经营必须依法办理工商登记或其他执业手续，并非任何一个公民都可以不履行任何手续就从事对外贸易经营活动。

拓展阅读

我国关于进出口经营资格的相关规定

商务部于 2003 年 7 月 30 日发布《关于调整进出口经营资格标准和核准程序的通知》，对进出口经营资格的标准进行了调整。通知规定：内资企业的进出口经营资格分为外贸流通经营资格和生产企业自营进出口资格两种（边贸企业的现行政策不变）。其经营范围分别为：1）外贸流通经营资格：经营各类商品和技术的进出口，但国家限定公司经营或禁止进出口的商品和技术除外。2）生产企业自营进出口资格：经营本企业自产产品的出口业务和本企业所需的机械设备、零配件、原辅材料的进口业务，但国家限定公司经营或禁止进出口的商品及技术除外。

外贸流通经营资格实行核准制，生产企业自营进出口资格实行登记制。申请外贸流通经营资格的条件为：1）经工商行政管理登记注册并领取《企业法人营业执照》；2）注册资本（金）不低于 100 万元（注册在中西部地区的内资企业不低于 50 万元）；3）已办理税务登记，依法纳税；4）法定代表人在 3 年内未曾担任过被撤销进出口经营资格的企业的法定代表人或负责人。

生产企业申请自营进出口资格的条件：1）经工商行政管理部门登记注册并领取企业法人营业执照或营业执照；2）注册资本（金）不低于50万元；3）已办理税务登记，依法纳税；4）法定代表人或负责人在3年内未曾担任过被撤销进出口经营资格的企业的法定代表人或负责人。

3. 外贸代理制

由于对外贸易经营仍然需要通过一系列法定的准入程序，包括到工商部门登记，到外贸主管部门进行资格备案，到海关、税务、银行和外汇管理部门办理相关手续等，专业外贸代理进出口仍然具有优势。《对外贸易法》第12条规定：对外贸易经营者可以接受他人的委托，在经营范围内代为办理对外贸易业务。

4. 国营贸易

国营贸易是指国家授予对外贸易经营者在特定贸易领域内从事贸易的专营权或特许权。《对外贸易法》第11条规定：国家可以对部分货物的进出口实行国营贸易管理。实行国营贸易管理货物的进出口业务只能由经授权的企业经营，但是，国家允许部分数量的国营贸易管理货物的进出口业务由非授权企业经营的除外。违反规定，擅自进出口实行国营贸易管理的货物的，海关不予放行。

根据《中华人民共和国加入议定书》附件2A1，我国保留了对粮食、棉花、植物油、食糖、原油、成品油、化肥和烟草这8大类关系国计民生的大宗商品的进口实行国营贸易管理的权利。实行国营贸易的货物，必须是根据我国在加入议定书中具体承诺范围内的货物。各类对外贸易经营者都有可能成为国营贸易企业。

（三）与对外贸易有关的知识产权

2004年修订的《对外贸易法》根据WTO规则，并借鉴发达国家立法，增加了“与对外贸易有关的知识产权保护”一章，重在通过外贸政策或外贸措施保护知识产权。

1. 保护与贸易有关的知识产权

我国依照有关知识产权的法律、行政法规，保护与对外贸易有关的知识产权。进口货物侵犯知识产权，并危害对外贸易秩序的，商务部可以采取在一定期限内禁止侵权人生产、销售的有关货物进口等措施。

2. 防止知识产权的滥用

知识产权权利人有阻止被许可人对许可合同中的知识产权的有效性提出质疑、进行强制性一揽子许可、在许可合同中规定排他性返授条件等行为之一，并危害对外贸易公平竞争秩序的，商务部可以采取必要的措施消除危害。

3. 对等原则

其他国家或者地区在知识产权保护方面未给予中国的法人、其他组织或个人国民待遇，或者不能对来源于中国的货物、技术或服务提供充分而有效的知识产权保护的，商务部可以依照本法和其他有关法律、行政法规的规定，并根据中国缔结或参加的国际条约、协定，对该国家或该地区的贸易采取必要的措施。

（四）对外贸易秩序

对外贸易秩序是指对外贸易经营者在对外贸易活动中的公平与自由竞争的秩序。我国《对外贸易法》在维护对外贸易秩序方面作了如下规定：

1. 禁止限制竞争行为

在对外贸易经营活动中，不得违反有关反垄断的法律、行政法规的规定实施垄断行为。在对外贸易经营活动中实施垄断行为，危害市场公平竞争的，依照有关反垄断的法律、行政法规的规定处理。有前款违法行为，并危害对外贸易秩序的，国务院对外贸易主管部门可以采取必要的措施以消除危害。

2. 禁止不正当竞争行为

在对外贸易经营活动中，不得实施以不正当的低价销售商品、串通投标、发布虚假广告、进行商业贿赂等不正当竞争行为。在对外贸易经营活动中实施不正当竞争行为的，依照有关反不正当竞争的法律、行政法规的规定处理。有上述违法行为，并危害对外贸易秩序的，商务部可以采取禁止该经营者的有关货物、技术进出口等措施以消除危害。

3. 外贸经营禁止性行为

在对外贸易活动中，不得有下列行为：1）伪造、变造进出口货物原产地标记，伪造、变造或买卖进出口货物原产地证书、进出口许可证、进出口配额证明或其他进出口证明文件；2）骗取出口退税；3）走私；4）逃避法律、行政法规规定的认证、检验、检疫；5）违反法律、行政法规规定的其他行为。此外，对外贸易经营者在对外贸易经营活动中，应当遵守国家有关外汇管理的规定。

（五）对外贸易调查

为应对针对我国入世承诺而滥用救济措施的行为，最大限度地保护国内产业利益，2004年修订的《对外贸易法》增加了“对外贸易调查”一章，规定商务部可以自行或者会同国务院其他有关部门，依照法律、行政法规的规定对下列事项进行调查：1）货物进出口、技术进出口、国际服务贸易对国内产业及其竞争力的影响；2）有关国家或地区的贸易壁垒；3）为确定是否应当依法采取反倾销、反补贴或保障措施等对外贸易救济措施，需要调查的事项；4）规避对外贸易救济措施的行为；5）对外贸易中有关国家安全利益的事项；6）其他国家针对中国的歧视性措施，侵犯知识产权、滥用知识产权或者有关限制竞争行为和不正当竞争行为的事项；7）其他影响对外贸易秩序，需要调查的事项。

启动对外贸易调查，由商务部发布公告。调查可以采取书面问卷、召开听证会、实地调查、委托调查等方式进行。商务部根据调查结果，提出调查报告或者作出处理裁定，并发布公告。

第二节　中国对外贸易管理的具体制度

一、关税制度

（一）关税的含义与基本特征

关税（Customs Duties or Tariff）是由海关代表国家按照国家制定的关税政策和公布实施的税法及进出口税则，对进出境货物和物品征收的一种流转税。关税的纳税义务人在我国是指进口货物的收货人、出口货物的发货人和进境物品的所有人。与其他税收一样，关税具有强制性、无偿性和固定性的形式特征，但关税又有其自身特点：

1. 关税的课税范围以关境为界

在关税的定义中，进出境的“境”特指关境而不是国境。关境是指主权国家关税法令实施的领域。我国现行的关境是指适用《中华人民共和国海关法》（简称《海关法》）的大陆行政管辖区域，不包括香港、澳门和台湾三个单独关税区。

2. 关税的征收主体是代表国家的海关

我国《海关法》第 2 条规定：中华人民共和国海关是国家的进出境监督管理机关。海关依照本法和其他有关法律、行政法规，监管进出境的运输工具、货物、行李物品、邮递物品和其他物品，征收关税和其他税费，查缉走私，并编制海关统计和办理其他海关业务。

3. 关税法规相对独立、自成体系

《海关法》是我国关税制度及征收管理的基本法。国务院成立关税税则委员会，负责制定或修订的《进出口关税条例》和《海关进出口税则》是关税制度的基本行政法规。海关总署负责制定《海关进出口货物征税管理办法》和《海关审定进出口货物完税价格办法》等具体的实施办法和条例。上述规范形成相对独立的法规体系，专门解决以进出口商品和物品为课税对象的关税立法执法问题。

（二）关税税率

我国关税按照商品的流向分为进口关税和出口关税。目前，我国对出口鳗鱼苗、部分有色金属矿砂及其精矿、生锑、黄磷（白磷）和其他磷、氟钽酸钾、山羊板皮、部分铁合金、铜和铝原料及其制品、褐煤、石油原油等 202 项商品征收出口关税或实行出口暂定税率。

1. 进口关税税率

（1）最惠国税率。最惠国税率适用原产于与我国共同适用最惠国待遇条款的 WTO 成员的进口货物，或者原产于与我国签订含有相互给予最惠国待遇条款的双边贸易协定的国家或地区的进口货物以及原产于我国境内的进口货物。其税率通常比普通关税税率低，但高于特惠关税税率。可见，最惠国税率只是一种非歧视性的关税待遇。

(2) 协定税率。协定税率适用于原产于与我国签订含有关税优惠条款的区域性贸易协定的国家或地区的进口货物。享受最惠国待遇的国家中非该协定的缔约方，不能要求根据最惠国待遇享受协定缔约方享受的待遇。目前，我国参加的相互给予优惠税率待遇的协定主要有《亚太贸易协定》《中国-东盟全面经济合作框架协议》《中国-巴基斯坦关于自由贸易协定早期收获计划的协议》《中国-韩国自由贸易协定》《中国-冰岛自由贸易协定》《中国-瑞士自由贸易协定》《中国-哥斯达黎加自由贸易协定》《中国-秘鲁自由贸易协定》《中国-澳大利亚自由贸易协定》《中国-新西兰自由贸易协定》《中国-智利自由贸易协定》以及内地分别与香港和澳门的更紧密的经贸安排（CEPA）等。

(3) 特惠税率。特惠税率适用于原产于与我国签订含有特殊关税优惠条款的贸易协定的国家或地区的进口货物。特惠税率是给予来自特定国家（地区）的进口货物的排他性的优惠关税，其他国家不得根据最惠国待遇条款要求享受这种优惠税率。特惠税率一般低于最惠国税率和协定税率。特惠税率有相互给予和单方给予两种形式。根据我国与有关国家或地区签署的贸易或关税优惠协定，对老挝、缅甸和柬埔寨 3 国，苏丹等非洲 30 国，也门等 7 国，共 40 个联合国认定的最不发达国家的部分税目商品实施特惠税率。

(4) 普通税率。普通税率适用于原产于适用最惠国税率、协定税率和特惠税率国家或地区以外的国家或地区的进口货物以及原产地不明的进口货物。

(5) 关税配额税率。关税配额是指进口国对进口商品在一定时期内总的数额或金额不加限制，而是规定一个数量界限，对在规定的数量界限以内的进口商品给予减免关税的优惠，超过数量界限部分则征收高额关税或予以罚款，这个数量界限即为关税配额。目前，我国对小麦、玉米、稻谷和大米、糖、羊毛、毛条、棉花和化肥 8 类 47 个税目的商品实行关税配额管理。《进出口关税条例》规定：实行关税配额管理的进口货物，关税配额内的，适用关税配额税率。

(6) 暂定税率。暂定税率是一种临时税率，一般针对当时的特殊情况采用，有效期较短。反倾销税税率、反补贴税税率以及报复性关税均属于暂定税率。《进出口关税条例》规定：适用最惠国税率的进口货物有暂定税率的，应当适用暂定税率；适用协定税率、特惠税率的进口货物有暂定税率的，应当从低适用税率；适用普通税率的进口货物，不适用暂定税率。

2. 出口关税税率

国家对出口关税只设置一栏出口税率，但可以对出口货物在一定期限内实行暂定税率。适用出口税率的出口货物有暂定税率的，应当适用暂定税率。

(三) 关税的征收方法

我国关税采用的征税方法主要以从价税为主，辅之以从量税、复合税、选择税和滑准税等。2018年版《海关进出口税则》的税目总数为8 549个。

1. 从价税

从价税以海关审定的完税价格为计税依据，以应征税额占货物价格或价值的百分比为税率，价格越高，税额越高。进口货物的完税价格是海关以从价方式征收关税的基础。《海关法》第55条规定：进出口货物的完税价格，由海关以该货物的成交价格为基础审查确定。成交价格不能确定时，完税价格由海关依法估定。进口货物的完税价格包括货物的货价、货物运抵中国境内输入地点起卸前的运输及其相关费用、保险费；出口货物的完税价格包括货物的货价、货物运至中国境内输出地点装载前的运输及其相关费用、保险费，但是其中包含的出口关税税额，应当予以扣除。

【例】某公司出口生丝一批，离岸价格为550万元。出口关税税率为100%。纳税人计算关税时，如果以550万元作为完税价格计算纳税税额：

应纳税额＝550×100%＝550（万元）

则该计算方式是错误的。出口货物应以海关审定的离岸价格扣除出口关税后作为完税价格。故：

完税价格＝550/（1＋100%）＝275（万元）

应纳税额＝275×100%＝275（万元）

2. 从量税

从量税以货物的计量单位（重量、数量、体积、长度等）作为计征标准。其税率是按规定的计量单位确定的单位税额，称为定额税率。定额税率乘以应税货物总量等于应纳关税总额。从量税的优点是无须审定货物的价格、品质和规格，只需核对货物的名称、计量单位及其数额即可。其税基稳定、手续简便，同时对外国出口商廉价倾销商品具有较强的抑制作用。其缺点是对同一税目的商品，在规格、质量或价格相差较大的情况下，按同一定额税率计征税额不够合理。目前，我国海关对冻鸡产品、麦芽酿造的啤酒、石油原油（包括从沥青矿物提取的原油）、胶卷等进口货物征收从量税。

3. 复合税

复合税对同一税目的货物同时采用从价税和从量税两种标准计征。海关实际征收时，或以从价税为主，加征从量税；或以从量税为主，加征从价税。计征手续较为烦琐，但在物价波动时，可以减少对财政收入的影响。目前，我国海关对磁带录像机、磁带放像机、非特种用途的电视摄像机、非特种用途的数字照相机和非特种用途的摄录一体机等进口货物征收复合税。

4. 选择税

选择税是指在海关税则中对同一税目的商品规定有从价标准和从量标准征收税款两种税率，在征税时可由海关选择其中一种计征。一般是选择税额较高的一种。选择的基本原则是：在物价上涨时，适用从价税；在物价下跌时，适用从量税。

5. 滑准税

滑准税是指对同一税目的商品按其价格的高低，设定不同的税率，进口货物按其价格水平适用不同的税率。滑准税征收的一般原则是：进口货物的价格越高，其进口关税税率越低；进口货物的价格越低，其进口关税税率越高。其特点在于它能够稳定物价，保护国内产业的有序发展。自 2013 年 1 月 1 日起，我国对配额外进口的一定数量的棉花实施滑准税。

（四）保税制度

保税制度是指经海关批准的境内企业，为加工出口产品而进口的原材料、辅料、零部件、元器件、包装物料或因转口而暂时入境的货物，在海关监管下于境内指定的场所储存、加工、装配，并暂缓缴纳各种进口税费的一种海关监管业务制度。保税制度下进口的货物可以免缴关税，称为完全保税；也可以部分缴纳关税或缓缴关税，称为有条件保税。保税仓库属于完全保税，而保税工厂则为有条件保税。

《海关法》第 32 条至第 34 条对保税制度作了明确规定，与海关总署发布的《海关对保税仓库及所存货物的管理规定》（2017 年修订版）和《保税区海关监管办法》（2011 年修订版）等规范共同构成我国现行保税制度的基本框架。

1. 保税仓库

根据《海关对保税仓库及所存货物的管理规定》，保税仓库是指经海关批准设立的专门存放保税货物及其他未办结海关手续货物的仓库。保税仓库按照使用对象的不同分为公用型保税仓库和自用型保税仓库。保税仓库中专门用来存储具有特定用途或特殊种类商品的称为专用型保税仓库。下列货物，经海关批准可以存入保税仓库：1）加工贸易进口货物；2）转口货物；3）供应国际航行船舶和航空器的油料、物料和维修用零部件；4）供维修外国产品所进口寄售的零配件；5）外商暂存货物；6）未办结海关手续的一般贸易货物；7）经海关批准的其他未办结海关手续的货物。

保税仓储货物入库时，收发货人或其代理人凭有关单证向海关办理货物报关入库手续，海关对报关入库货物的品种、数量、金额进行审核，并对入库货物进行核注登记。保税仓储货物可以进行包装、分级分类、加刷唛码、分拆、拼装等简单加工，不得进行实质性加工。保税仓储货物未经海关批准，不得擅自出售、转让、抵押、质押、留置、移作他用或者进行其他处置。

保税仓储货物的存储期限为 1 年。确有正当理由的，经海关同意可予以延期，除特殊情况外，延期不得超过 1 年。

保税仓储货物出库运往境内其他地方的，收发货人或其代理人应当填写进口报关单，并随附出库单据等相关单证向海关申报，保税仓库向海关办理出库手续并凭海关签印放行的报关单发运货物。

2. 保税区

保税区是指在一国关境内通过设置封闭式的隔离设施作为与非保税区的分界线，用于对保税货物进行加工、生产或存储外销产品的特定区域。保税区具有进出口加工、国际贸易、仓储物流和国际商品展示等功能，享有“免证、免税、保税”政策，实行“境内关外”运作方式，即进入我国境内保税区的货物视同在关境外，只要不报关出区，就不用缴纳关税。但是，从保税区内经批准进入非保税区的货物，应和一般进口货物一样办理进口报关手续，而由非保税区进入保税区的货物，视同出口，应和出口货物一样办理出口报关手续。

为最大限度利用国外资金和技术发展外向型经济以带动区域经济的发展，我国先后设立了上海外高桥保税区（1990）、天津港保税区（1991）、福田和沙头角保税区（1991）、广州保税区（1992）、大连保税区（1992）、张家港保税区（1992）、海口保税区（1992）、洋山保税港区（2005）、苏州工业园综合保税区（2006）、海南洋浦保税港区（2007）、宁波梅山保税港区、天津滨海新区综合保税区、广西钦州保税区、北京天竺综合保税区、青岛前湾保税港区、广州南沙保税港区、深圳前海湾保税港区、重庆两路寸滩保税港区、张家港保税港区和海口综合保税区。后10个保税（港）区均于2008年获国务院批复。2010年7月，国务院批复同意设立广州白云机场综合保税区。

二、进出口配额和许可证制度

我国《货物进出口管理条例》规定：进出口经营者进出口需要取得配额的货物时，应凭进出口配额管理部门发放的配额证明，向商务部及其授权部门申领进出口配额许可证，并凭进出口许可证向海关办理报关验放手续。因此，配额管理制度是和许可证管理制度结合在一起的，但并不是所有需要领取进出口许可证的货物都需要申请进出口配额。

（一）进口配额措施

1. 一般配额管理

国家规定有数量限制的限制进口货物，实行配额管理；其他限制进口货物，实行许可证管理。商务部在每年7月31日前公布下一年度的进口配额总量。配额申请人应当在每年8月1日至8月31日向进口配额管理部门提出下一年度进口配额的申请。入世之后，我国一直逐步减少进口配额商品。1994年实行进口许可证管理的货物有53种，而2018年实行进口许可证管理的只有化工设备、金属冶炼设备、工程机械、起重运输设备、造纸设备、电力设备、电气设备、食品加工及包装设备、农业机械、印刷机械、纺织机械、船舶、硒鼓和消耗臭氧层物质13种货物。值得注意的是，我国于2005年1月1日起取消了35种机电产品的进口配额管理措施，同时取消了汽车进口配额管理，并将对汽车进口实行自动进口许可管理。

2. 关税配额管理

实行关税配额管理的进口货物目录由商务部公布。属于关税配额内进口的货物，按照配额内税率缴纳关税；属于关税配额外进口的货物，按照配额外税率缴纳关税。进口配额管理部门应当在每年 9 月 15 日至 10 月 14 日公布下一年度的关税配额总量。配额申请人应当在每年 10 月 15 日至 10 月 30 日向进口配额管理部门提出关税配额的申请。进口经营者凭进口配额管理部门发放的关税配额证明，向海关办理关税配额内货物的报关验放手续。

（二）出口配额措施

国家规定有数量限制的限制出口货物，实行配额管理；其他限制出口货物，实行许可证管理。对实行配额管理的限制出口货物，商务部应当在每年 10 月 31 日前公布下一年度的出口配额总量。配额申请人应当在每年 11 月 1 日至 11 月 15 日向出口配额管理部门提出下一年度的出口配额的申请。配额可以通过直接分配的方式分配，也可以通过招标等方式分配。出口经营者凭出口配额管理部门发放的配额证明，向海关办理报关验放手续。目前，我国对部分农产品、白银、磷矿石、镁砂、滑石、甘草及甘草制品、蔺草及其制品等货物实行出口配额管理措施。出口配额的有效期为当年 12 月 31 日前（含 12 月 31 日），另有规定者除外，经营者应当在配额有效期内向发证机构申领出口许可证。

（三）进出口许可证措施

根据商务部于 2004 年发布的《货物进口许可证管理办法》和 2018 年修订的《货物出口许可证管理办法》的规定，我国对进出口货物实行自动进出口许可证管理以及非自动进出口许可证管理。在非自动进出口许可证管理方面，除实行一般许可证管理外，还对部分货物实行配额许可证管理。我国对进出口商品实行分级发证制度。进口许可证的有效期为一年，当年有效。特殊情况需跨年度使用时，有效期最长不得超过次年的 3 月 31 日。出口许可证的有效期最长不得超过 6 个月，且有效期截止时间不得超过当年的 12 月 31 日。

根据商务部与海关总署于 2004 年联合发布的《货物自动进口许可管理办法》的规定，我国对属于自由进口的部分货物实行自动进口许可证管理。在进口商提出申请后，有关机构即自动签发许可证。因此，自动进口许可管理是为了对部分货物的进口实行有效监测，并不属于限制进口的措施。2018 年实行自动许可管理的货物包括：牛肉、猪肉、羊肉、肉鸡、鲜奶、奶粉、木薯、大麦、高粱、大豆、油菜籽、植物油、食糖、玉米酒糟、豆粕、烟草、二醋酸纤维丝束、铜精矿、煤、铁矿石、铝土矿、原油、成品油、氧化铝、化肥、钢材、烟草机械、移动通信产品、卫星广播、电视设备及关键部件、汽车产品、飞机、船舶、游戏机、汽轮机、发动机、医疗设备、工程机械、食品机械、造纸机械、纺织机械等 49 种商品。

三、进出口货物检验制度

出入境检验检疫制度是指出入境检验检疫机构和其他指定的机构，依照法律、法规或外贸合同的规定，对进出口商品进行检验，对进出境动植物以及国境卫生进行检疫，并出具检验检疫证书的制度。我国《进出口商品检验法》及其实施条例、《进出境动植物检疫法》及其实施条例、《食品安全法》及其实施条例是我国进出口货物检验的主要法律依据。

（一）法定检验检疫制度

法定检验检疫是指对国家指定范围内的商品实施的强制性检验检疫。根据《进出口商品检验法》，列入目录的进出口商品，由商检机构实施检验。列入目录的进口商品未经检验的，不准销售、使用；列入目录的出口商品未经检验合格的，不准出口。

1. 法定检验检疫的范围

2000年2月1日起，《出入境检验检疫机构实施检验检疫的进出境商品目录》（简称《法检目录》）开始实施。国家质量监督检验检疫总局和海关总署对《法检目录》进行周期性调整并予以公告。列入检验检疫《法检目录》的进出境商品，必须经出入境检验检疫机构实施检验检疫，进出口经营者持出入境检验检疫机构签发的入境货物通关单或出境货物通关单向海关办理进出口手续。

2. 免予法定检验检疫的范围

根据国家质量监督检验检疫总局发布的《进出口商品免验办法》（2002年10月1日起施行）的规定，列入《法检目录》的进出口商品，其中符合国家规定的免予检验条件的，由收货人、发货人或其生产企业提出申请，经国家质量监督检验检疫总局审核批准，可以免予检验。

申请进出口商品免验应当符合以下条件：1）申请免验的进出口商品质量应当长期稳定，在国际市场上有良好的质量信誉，无属于生产企业责任而引起的质量异议、索赔和退货，检验检疫机构检验合格率连续3年达到百分之百；2）申请人申请免验的商品应当有自己的品牌，在相关国家或地区同行业中，产品档次、产品质量处于领先地位；3）申请免验的进出口商品，其生产企业的质量管理体系应当符合ISO 9000质量管理体系标准或与申请免验商品特点相应的管理体系标准要求，并获得权威认证机构认证；4）为满足工作需要和保证产品质量，申请免验的进出口商品的生产企业应当具有一定的检测能力；5）申请免验的进出口商品的生产企业应当符合《进出口商品免验审查条件》的要求。

对下列进出口商品不予受理免验申请：1）食品、动植物及其产品；2）危险品及危险品包装；3）品质波动大或散装运输的商品；4）需出具检验检疫证书或者依据检验检疫证书所列重量、数量、品质等计价结汇的商品。

3. 法定检验检疫的项目

检验检疫机构对进出口商品实施法定检验时，主要检验列入目录的进出口商品是否符合国家技术规范的强制性要求。该合格评定程序包括：抽样、检验和检查，评估、验证和合格保证，注册、认可和批准以及各项的组合。

（二）检验检疫证书

检验检疫证书是指出入境检验检疫机构出具的证明货物的品质、数量、重量、包装、安全与卫生等状况的文件。我国出入境检验检疫证书（“CIQ”证书）于2000年1月1日起正式启用。对进出口商品签发的检验证书主要有：品质检验证书、重量检验证书、数量检验证书、兽医检验证书、卫生检验证书、消毒检验证书、产地检验证书、价值检验证书和残损证书等。检验证书具有以下作用：1）是证明卖方所交货物的品质、数量、包装以及卫生条件等方面是否符合合同规定的依据；2）是法检商品在海关验关放行的依据；3）是买卖双方议付货款的重要凭证；4）是索赔和理赔的有效凭证。

2009年修订的《出入境检验检疫签证管理办法》对受理报检和审单、计费和收费、拟制证稿和缮制证单、通关和放行等作出具体规定。该办法规定检验检疫证单的有效期不得超过检验检疫有效期。入境货物通关单的有效期为60天。一般报检的出境货物换证凭单（含电子转单方式）和出境货物通关单的有效期为：一般货物60天；植物和植物产品21天，北方冬季可适当延长至35天；鲜活类货物14天。超过检验检疫证单有效期的，不予更改、补充或重发。

四、原产地规则

（一）原产地规则及其分类

WTO《原产地规则协议》中指出：原产地规则是指任何成员为确定货物原产地而实施普遍适用的法律、行政法规及行政决定。2005年1月1日，国务院发布的《进出口货物原产地条例》正式施行。该条例共27条，对立法宗旨、适用范围、原产地确定原则、原产地证书签发和核查以及法律责任作了明确规定。其中，“货物原产地”是指依照该条例确定的捕捉、捕捞、搜集、收获、采掘、加工或者生产某一货物的国家（地区）。根据使用目的，原产地规则可以分为非优惠原产地规则和优惠原产地规则。

1. 非优惠原产地规则

非优惠原产地规则是一国根据实施其海关税则和其他贸易措施的需要，由本国立法自主制定的，因此也称自主原产地规则。它适用于实施最惠国待遇、反倾销和反补贴、保障措施、原产地标记管理、国别数量限制、关税配额等非优惠性贸易措施以及进行政府采购、贸易统计等活动对进出口货物原产地的确定。这种原则必须普遍地、无差别地适用于所有原产地为最惠国的进口货物。我国《进出口货物原产地条例》属于非优惠原产地规则，不适用于实施优惠性贸易措施对进出口货物原产地的确定。

2. 优惠原产地规则

优惠原产地规则是为了实施国别优惠政策而制定的，优惠范围以原产地受惠国的进口产品为限。它是出于对某些优惠措施制定的需要，根据受惠国情况和限定优惠范围的需要，制定的一些特殊的原产地认定标准，由于这些标准是通过给惠国和受惠国之间以双边或多边协定的形式制定的，因此也被称为协定原产地规则。目前，我国已经签署16个自由贸易协定，涉及24个国家或地区，分别是中国-东盟、中国-新加坡、中国-巴基斯坦、中国-新西兰、中国-澳大利亚、中国-冰岛、中国-智利、中国-瑞士、中国-秘鲁、中国-哥斯达黎加、中国-韩国、中国-格鲁吉亚、中国-马尔代夫自贸协定，中国内地与中国香港、中国澳门的更紧密经贸关系安排，以及中国大陆与中国台湾的海峡两岸经济合作框架协议。此外，中国还加入了《亚太贸易协定》这一优惠贸易安排。正在谈判的自贸区有11个，分别是《区域全面经济伙伴关系协定》（RCEP）、中国-海合会、中日韩、中国-斯里兰卡、中国-以色列、中国-挪威、中国-巴基斯坦自贸协定第二阶段谈判、中国-新加坡自贸协定升级谈判、中国-新西兰自贸协定升级谈判、中国-毛里求斯以及中国-摩尔多瓦自贸区。同时，中国正在进行中国-哥伦比亚、中国-斐济、中国-尼泊尔、中国-巴新、中国-加拿大、中国-孟加拉国、中国-蒙古、中国-巴拿马、中国-巴勒斯坦自贸区对研究以及中国-秘鲁自贸协定升级联合研究和中国-瑞士自贸协定联合研究。因此，我国根据已经签署的自贸协定，制定了特殊的原产地标准。

（二）我国的非优惠原产地标准

1. 完全获得标准

完全在一个国家（地区）获得的货物，以该国（地区）为原产地。“完全在一个国家（地区）获得的货物”是指：1）在该国（地区）出生并饲养的活的动物；2）在该国（地区）野外捕捉、捕捞、搜集的动物；3）从该国（地区）的活的动物获得的未经加工的物品；4）在该国（地区）收获的植物和植物产品；5）在该国（地区）采掘的矿物；6）在该国（地区）获得的除本条第1）项至第5）项范围之外的其他天然生成的物品；7）在该国（地区）生产过程中产生的只能弃置或回收用作材料的废碎料；8）在该国（地区）收集的不能修复或修理的物品，或者从该物品中回收的零件或材料；9）由合法悬挂该国旗帜的船舶从其领海以外海域获得的海洋捕捞物和其他物品；10）在合法悬挂该国旗帜的加工船上加工本条第9）项所列物品而获得的产品；11）从该国领海以外享有专有开采权的海床或海床底土获得的物品；12）在该国（地区）完全从本条第1）项至第11）项所列物品中生产的产品。

在确定货物是否在一个国家（地区）完全获得时，不考虑下列微小加工或处理：1）为运输、贮存期间保存货物而做的加工或处理；2）为货物便于装卸而做的加工或处理；3）为货物销售而做的包装等加工或处理。

2. 实质性改变标准

两个以上国家（地区）参与生产的货物，以最后完成实质性改变的国家（地区）为原产地。实质性改变的确定标准，以税则归类改变为基本标准；税则归类改变不能反映实质性改变的，以从价百分比、制造或加工工序等为补充标准。

(1) 税则归类改变，是指在某一国家（地区）对非该国（地区）原产材料进行制造、加工后，所得货物在我国《海关进出口税则》中某一级的税目归类发生了变化。

(2) 从价百分比，是指在某一国家（地区）对非该国（地区）原产材料进行制造、加工后的增值部分，超过所得货物价值一定的百分比。根据2005年1月1日起施行的《关于非优惠原产地规则中实质性改变标准的规定》，从价百分比标准是指在某一国家（地区）对非该国（地区）原产材料进行制造、加工后的增值部分超过了所得货物价值的30%。用公式表示如下：

$$\frac{\text{工厂交货价}-\text{非该国（地区）原产材料价值}}{\text{工厂交货价}}\times 100\%\geqslant 30\%$$

在上述公式中，工厂交货价是指支付给制造厂生产的成品的价格。非该国（地区）原产材料价值是指直接用于制造或装配最终产品而进口的原料、零部件的价值（含原产地不明的原料、零配件），以其进口“成本、保险费加运费”价格（CIF）计算。

(3) 制造或加工工序，是指在某一国家（地区）进行的赋予制造、加工后所得货物基本特征的主要工序。

【例】中国台湾地区生产的纱线，运到日本织成棉布，并进行冲洗、熨烫、漂白、印花，上述棉织物又被运到越南制成睡衣，后再经中国香港更换包装转销中国内地。根据原产地标准中的实质性改变标准，棉布被制成睡衣应视为深加工，发生了实质性改变。因此，越南应当是该批睡衣的原产地。

（三）出口货物原产地证书和普惠制原产地证书

出口货物原产地证书是出口国（地区）根据原产地规则和有关要求签发的，明确指出该证中所列货物原产于某一特定国家（地区）的书面文件。出口货物发货人可以向各地出入境检验检疫机构、中国贸促会及其地方分会，申请领取出口货物原产地证书。

普惠制原产地证书是依据给惠国要求而出具的能证明出口货物原产自受惠国的证明文件，并能使货物在给惠国享受普遍优惠关税待遇。我国普惠制原产地证书的签证工作由国家质检总局负责统一管理，由设在各地的进出口商品检验机构负责签发。普惠制原产地证书采用联合国贸发会议规定的统一格式《普惠制原产地证明书（FORM A)》。FORM A产地证书是受惠国的产品出口到给惠国时享受减、免关税优惠待遇的法律凭证。FORM A产地证书不同于一般产地证书（C/O)，一般产地证书是享受最惠国待遇的有效证件，FORM A产地证书是享受普惠制减、免税待遇的有效证件。

第三节　贸易救济制度

贸易救济是指当外国进口对一国国内产业造成负面影响时，该国政府所采取的减轻乃至消除该类负面影响的措施，它是WTO所允许和规范的。在WTO框架内，贸易救济主要包括三种形式：反倾销、反补贴和保障措施。

一、反倾销法

（一）WTO反倾销规则

1. WTO反倾销的历史

GATT 1947第6条是关于倾销与反倾销的核心条款，主要针对以下四个方面的问题作了规定：

（1）规定了某些倾销应该受到谴责。该条第1款规定：各缔约国认为，用倾销的手段将一国产品以低于正常价值的办法挤入另一国贸易内，如果因此对某一缔约国领土内已建立的某项工业造成重大损害或产生重大损害威胁，或者对某一国内工业的新建产生严重阻碍，这种倾销应该受到谴责。

（2）第1款规定同时揭示出GATT认为应受谴责的倾销的三条标准：一是倾销存在，二是损害存在，三是倾销与损害之间存在因果关系。

（3）授权缔约国以征收反倾销税的方式抵消或防止倾销。

（4）列举了不应征收反倾销税的事项。

经多轮谈判，《关于实施〈1994年关贸总协定〉第六条的协定》，通称《反倾销协议》，于1995年1月1日正式生效。因此，GATT 1947第6条、《反倾销协议》和其他协定中的相关内容构成了WTO反倾销法律框架。

2. WTO反倾销的实质性要件

（1）倾销。《反倾销协议》第2条规定：如果一项产品从一国出口到另一国，该产品的出口价格在正常贸易过程中，低于出口国旨在用于本国消费的同类产品的可比价格，即低于其正常价值进入另一国的商业，该行为即被认为是倾销。倾销和倾销幅度的公式如下：

倾销＝出口价格＜正常价值

倾销幅度＝（正常价值－出口价格）/出口价格×100％

出口价格的确定：1）出售给进口商的实际价格；2）进口产品首次转售给独立买方的价格；3）进口国当局认定的合理价格。三种方式依次采用。

正常价值的确定：1）出口国国内销售价格；2）向第三国出口的价格；3）结构价格/推定价格（被指控倾销的产品的生产成本加上合理的管理费用、销售和一般费用以及利润)；4) 替代国价格。四种方式依次采用。

(2) 损害。1) 实质性损害是指进口国国内已经建立起来的产业实际受到了重大的、严重的损害。如进口国国内产品市场份额大幅下降，导致进口国国内产品价格被迫下降或不能实现本应实现的提高；对进口国国内产业的现金流量、库存、就业、工资、增长率和筹措资金或投资能力等发生了实际的负面影响等。2) 实质性损害威胁是指进口国产业虽尚未受到倾销产品的实际损害，但如果不采取措施阻止进口产品继续倾销，那么进口国产业的损害将是可以预见和迫在眉睫的。如出口国在进口国建立了一系列推销网点，市场份额急剧增长。3) 实质性妨碍是指倾销产品虽未对进口国的国内产业造成实质性损害或实质性损害威胁，但严重阻碍了进口国生产该同类产品的一个新产业的建立。

(3) 因果关系。国内产业的损害只有是倾销直接引起的，才可以导致对倾销行为采取合法措施。

3. WTO 反倾销的程序性要件

(1) 发起。反倾销调查可以由两种途径启动：国内主管当局主动发起或者国内生产厂商申请发起。

(2) 调查和公告。进口国当局接到申请后，应审查申请书所提供的证据准确性和充分性，以确定是否有足够的证据发起反倾销调查。当局在接受反倾销调查的申请之日起到发起反倾销调查前，应通知出口国政府。当有充分证据提起反倾销调查时，当局应予以公告。

(3) 初裁和临时措施。

1) 初裁。一旦调查开始，当局应将国内产业的生产商提出的申请全文提供给已知的出口商和出口成员方当局，并应在受到要求时，向其他有关的有利害关系的当事人提供。在适当调查的基础上，有关当局可以作出关于倾销和损害的肯定或否定的初步裁决。

2) 价格承诺。反倾销调查开始后并在当局作出倾销和损害的初步肯定的裁决之后，如果收到出口商令人满意的修改其产品价格或停止向该地区以倾销价格出口其产品的自愿承诺后，主管当局认为倾销的损害结果将可以消除的，则可中止或终止调查，但如果主管当局认为接受其价格承诺是不现实的，则可以拒绝其价格承诺。价格承诺也可以由有关当局建议，由出口商决定是否接受，但如果出口商不接受该建议，则有关当局不应在审理案件时带有偏见。

3) 临时措施。在调查过程中，如果有关当局已经作出存在倾销和损害的最初裁决，并且确定采取临时措施对防止调查期间发生损害是必须的，可采取临时措施。临时措施有两种：一是征收临时反倾销税，时间一般不超过 4 个月，特殊情况下可以延长，但不得超过 9 个月；二是提供担保，即出口商支付现金或保证金，其数额相当于临时预计的反倾销税。临时措施应当从反倾销调查开始之日起 60 天后采用。临时措施应在尽可能短的时间内采用，一般不超过 4 个月。

（4）终裁。反倾销调查的结局就是依据倾销是否存在，是否构成对国内产业的影响作出最终裁决并公告，如作出肯定的裁决，将根据倾销的幅度和影响征收反倾销税，公布对各涉讼出口商、生产商出口产品应征收的反倾销税额或税率。反倾销税的征收目的是抵消倾销所造成的损害，而不是对倾销进行惩罚。反倾销税额不应超过业已确定的倾销幅度。

对某项进口产品裁定适用反倾销税后，在符合其他一定条件的情况下，可以对以往进口的该产品追征反倾销税，这就是反倾销税的追溯效力。原则上，反倾销税一直有效，直到能抵消倾销造成的损害，但一般情况下反倾销税的征收应自征收之日起不超过5年。这种规定一项反倾销措施定期终止的条款，称为“日落条款”。欧盟最早在其反倾销法中引入“日落条款”，WTO承袭了欧盟的法律实践。

（5）行政复审。行政复审是指行政机关对自己作出的有关反倾销措施决定进行再次审查的一种制度。《WTO协定》规定的行政复审主要包括：1）新出口商复审。新出口商是指在调查期间没有产品出口，征收反倾销税后准备或已经出口的企业。2）期中复审。3）期终复审又称日落复审，是指反倾销措施决定执行5年期满时，当局对反倾销措施是否应如期终止进行的复审。行政复审一般应在12个月内结束。

（6）司法审查。《反倾销协议》规定：各当事人根据本协议有关条款规定，对最终裁定和复审决定的行政行为可以特别要求司法、仲裁或行政的法庭通过诉讼程序迅速进行审查。

（二）我国的反倾销制度

我国《对外贸易法》、2004年修订的《反倾销条例》和《关于审理反倾销行政案件应用法律若干问题的规定》是我国有关反倾销的主要立法。

1. 倾销与损害

《反倾销条例》第3条规定：倾销是指在正常贸易过程中进口产品以低于其正常价值的出口价格进入中国市场。《反倾销条例》还详细规定了对进口产品的正常价值和出口价格的确定方法。

《反倾销条例》第7条规定：损害是指倾销对已经建立的国内产业造成实质损害或者产生实质损害威胁，或者对建立国内产业造成实质阻碍。在确定倾销对国内产业造成的损害时，应当审查下列事项：1）倾销进口产品的数量，包括倾销进口产品的绝对数量或者相对于国内同类产品生产或消费的数量是否大量增加，或者倾销进口产品大量增加的可能性；2）倾销进口产品的价格，包括倾销进口产品的价格削减或者对国内同类产品的价格产生大幅抑制、压低等影响；3）倾销进口产品对国内产业的相关经济因素和指标的影响；4）倾销进口产品的出口国（地区）和原产国（地区）的生产能力、出口能力，被调查产品的库存情况；5）造成国内产业损害的其他因素。

《反倾销条例》还对确定损害的“国内产业”和“同类产品”的概念进行了明确。国内产业，是指中国国内同类产品的全部生产者，或者其总产量占国内同类产品全部总产量的主要部分的生产者；但是，国内生产者与出口经营者或进口经营者有关联的，或者其本身为倾销进口产品的进口经营者的，可以排除在国内产业之外。同类产品是指与倾销进口产品相同的产品；没有相同产品的，以与倾销进口产品的特性最相似的产品为同类产品。

2. 反倾销的程序

（1）发起。对倾销和损害的调查和确定，都由商务部负责，但涉及农产品的反倾销国内产业损害调查，由商务部会同农业部进行。

国内产业或代表国内产业的自然人、法人和有关组织，可以向商务部提出反倾销调查的书面申请。在表示支持申请或者反对申请的国内产业中，支持者的产量占支持者和反对者的总产量的50%以上的，应当认定申请是由国内产业或代表国内产业提出，可以启动反倾销调查。但是，表示支持申请的国内生产者的产量不足国内同类产品总产量的25%的，不得启动反倾销调查。在特殊情形下，商务部没有收到反倾销调查的书面申请，但有充分证据认为存在倾销和损害以及二者之间有因果关系的，可以决定立案调查。

（2）审查和立案。商务部应当自收到申请人提交的申请书及有关证据之日起 60 天内，对申请是否由国内产业或代表国内产业提出、申请书内容及所附具的证据等进行审查，并决定立案调查或者不立案调查。在决定立案调查前，应当通知有关出口国（地区）政府。

（3）调查。商务部可以采用问卷、抽样、听证会、现场核查等方式向利害关系方了解情况，进行调查。商务部认为有必要时，可以派出工作人员赴有关国家（地区）进行调查，但是，有关国家（地区）提出异议的除外。

（4）初裁和终裁。商务部根据调查结果，就倾销、损害和二者之间的因果关系是否成立作出初裁决定，并予以公告。初裁决定确定倾销、损害以及二者之间的因果关系成立的，商务部应当对倾销及倾销幅度、损害及损害程度继续进行调查，并根据调查结果作出终裁决定，予以公告。在作出终裁决定前，应当由商务部将终裁决定所依据的基本事实通知所有已知的利害关系方。

反倾销调查应当自立案调查决定公告之日起 12 个月内结束；特殊情况下可以延长，但延长期不得超过 6 个月。

（5）反倾销措施。1）临时反倾销措施。初裁决定确定倾销成立，并由此对国内产业造成损害的，可以征收临时反倾销税或者要求提供保证金、保函或其他形式的担保。临时反倾销措施实施的期限，自临时反倾销措施决定公告规定实施之日起，不超过 4 个月；在特殊情形下，可以延长至 9 个月。自反倾销立案调查决定公告之日起 60 天内，不得采取临时反倾销措施。2）价格承诺。商务部认为出口经营者作出的价格承诺能够接受并符合公共利益的，可以决定中止或者终止反倾销调查，不采取临时反倾销措施或者征收反倾销税。商务部不接受价格承诺的，应当向有关出口经营者说明理由。3）反倾销税。终裁决定确定倾销成立，并由此对国内产业造成损害的，可以征收反倾销税。征收反倾销税，由商务部提出建议，国务院关税税则委员会根据商务部的建议作出决定，由商务部予以公告。海关自公告规定实施之日起执行。反倾销税的纳税人为倾销进口产品的进口经营者。

（6）反倾销税和价格承诺的期限与复审。反倾销税的征收期限和价格承诺的履行期限不超过 5 年，但是，经复审确定终止征收反倾销税有可能导致倾销和损害的继续或者再度发生的，反倾销税的征收期限可以适当延长。根据复审结果，由商务部提出保留、修改或取消反倾销税的建议，国务院关税税则委员会根据商务部的建议作出决定，由商务部予以公告。复审期限自决定复审开始之日起，不超过 12 个月。在复审期间，复审程序不妨碍反倾销措施的实施。

【例】2018 年 2 月 18 日，秘鲁国家竞争和知识产权保护局倾销、补贴和非关税贸易壁垒委员会在官方日报发布 017-2018/CDB-INDECOPI 号决议，对原产自中国的拉链及其配件（涉案产品税号为 96071100、96071900 和 96072000）作出反倾销调查终裁，决定采取最终措施，为期 5 年（具体征税方法略）。此外，决定追溯征收 2017 年 6 月 1 日至 8 月 16 日的反倾销税。

二、反补贴法

（一）WTO 反补贴规则

1. WTO 反补贴的实质性要件

根据 WTO《补贴与反补贴措施协议》，一国要征收反补贴税，必须符合三个条件：存在补贴，对国内工业的损害，补贴与损害之间存在因果关系。

（1）补贴的定义。补贴是指一成员方政府或任何公共机构（地方政府或国有企业等）向某些企业提供的财政资助（政府直接转移资金如赠与、贷款和资产投入，潜在的资金或债务转移如贷款担保，政府放弃或不征收应征税收如税收减免等）以及对价格或收入的支持，以直接或间接增加从其领土出口某种产品或减少向其领土进口某种产品，或者对其他成员方的利益造成损害或损害威胁的政府性措施。

（2）补贴的专项性。WTO《补贴与反补贴措施协议》调整的是专门针对某一企业或工业、企业集团或工业集团的补贴，即专向性补贴。在《补贴与反补贴措施协议》内，有四种专向性：1）企业专向，即政府只对某一特定企业或企业集团进行补贴；2）工业专向，即政府只对某一特定工业或某些特定工业进行补贴；3）地区专向，即政府只对其领域内特定地区的生产者进行补贴；4）出口专向，即政府只对出口产品或使用国内生产的产品进行补贴。

（3）补贴的分类。1）禁止性补贴（“红灯补贴”）。有两类补贴是被 WTO 明确禁止的：一类是法律或事实上将出口业绩作为授予补贴的条件或条件之一的，即出口补贴；另一类是将使用国产而非进口原料作为授予补贴的条件或条件之一的，即当地成分补贴。

2）可诉补贴（“黄灯补贴”）。可诉补贴是指成员方可以在一定范围内实施，但如果在实施过程中对其他成员方的经济贸易利益造成不利影响，则受到不利影响的成员方可以提出反对意见，要求磋商和向争端解决机构提起申诉的补贴。大部分补贴都可归入这一类。3）不可诉补贴（“绿灯补贴”）。不可诉补贴是指任何成员方可以实施，而其他成员方不能反对或申诉以及因此采取反补贴措施的补贴。一类是不属于专项性的补贴，另一类是政府对科研、落后地区以及环境等方面的补贴。

2. WTO反补贴的程序性要件

（1）发起和调查。反补贴调查通常由代表国内产业的申请人提出，在特殊情况下，也可由成员方当局自行决定发起调查。当补贴额不足从价金额的1%或补贴进口产品数量和损害属于可忽略不计的，应立即终止调查。反补贴调查应在发起后1年内结束，最长不超过18个月。

（2）反补贴措施。反补贴措施包括临时措施、自愿承诺和反补贴税。临时措施包括征收临时反补贴税或者采取担保的形式。临时措施不得早于发起调查之日起60日实施，实施期限不得超过4个月。

（3）行政复审。进口成员方主管当局在有正当理由时，可自行复审。利害关系方在被征收最终反补贴税的一段合理时间后，有权请求主管当局进行复审。

（4）司法审查。《补贴与反补贴措施协议》要求成员的国内法中应设有司法、仲裁或行政庭，对于行政当局行为有关的最终裁定、复审决定和接受的承诺等提起审查。

（二）我国的反补贴制度

我国《对外贸易法》、2004年修订的《反补贴条例》和《关于审理反补贴行政案件应用法律若干问题的规定》是我国有关反补贴的主要立法。

1. 补贴与损害

《反补贴条例》第3条规定：补贴是指出口国（地区）政府或其任何公共机构提供的并为接受者带来利益的财政资助以及任何形式的收入或价格支持。依照本条例进行调查、采取反补贴措施的补贴，必须具有专向性。

《反补贴条例》第7条规定：损害是指补贴对已经建立的国内产业造成实质损害或者产生实质损害威胁，或者对建立国内产业造成实质阻碍。在确定补贴对国内产业造成的损害时，应当审查下列事项：1）补贴可能对贸易造成的影响；2）补贴进口产品的数量，包括补贴进口产品的绝对数量或者相对于国内同类产品生产或消费的数量是否大量增加，或者补贴进口产品大量增加的可能性；3）补贴进口产品的价格，包括补贴进口产品的价格削减或者对国内同类产品的价格产生大幅抑制、压低等影响；4）补贴进口产品对国内产业的相关经济因素和指标的影响；5）补贴进口产品出口国（地区）、原产国（地区）的生产能力、出口能力，被调查产品的库存情况；6）造成国内产业损害的其他因素。

2. 反补贴的程序

（1）发起。对补贴和损害的调查和确定由商务部负责。国内产业或代表国内产业的自然人、法人和有关组织，可以向商务部提出反补贴调查的书面申请。在表示支持申请或者反对申请的国内产业中，支持者的产量占支持者和反对者的总产量的50%以上的，应当认定申请是由国内产业或代表国内产业提出，可以启动反补贴调查。但是，表示支持申请的国内生产者的产量不足国内同类产品总产量的25%的，不得启动反补贴调查。在特殊情形下，商务部没有收到反补贴调查的书面申请，但有充分证据认为存在补贴和损害以及二者之间有因果关系的，可以决定立案调查。

（2）审查和立案。商务部应当自收到申请人提交的申请书及有关证据之日起60天内，对申请是否由国内产业或代表国内产业提出、申请书内容及所附具的证据等进行审查，并决定立案调查或者不立案调查。在决定立案调查前，应当就有关补贴事项向产品可能被调查的国家（地区）政府发出进行磋商的邀请。

（3）调查。商务部可以采用问卷、抽样、听证会、现场核查等方式向利害关系方了解情况，进行调查。商务部认为必要时，可以派出工作人员赴有关国家（地区）进行调查，但有关国家（地区）提出异议的除外。

（4）初裁和终裁。商务部根据调查结果，就补贴、损害和二者之间的因果关系是否成立作出初裁决定，并予以公告。初裁决定确定补贴、损害以及二者之间的因果关系成立的，商务部应当对补贴及补贴金额、损害及损害程度继续进行调查，并根据调查结果作出终裁决定，予以公告。

反补贴调查，应当自立案调查决定公告之日起12个月内结束；特殊情况下可以延长，但延长期不得超过6个月。

（5）反补贴措施。1）临时反补贴措施。初裁决定确定补贴成立，并由此对国内产业造成损害的，可以采取临时反补贴措施。临时反补贴措施采取以保证金或保函作为担保的征收临时反补贴税的形式。临时反补贴措施实施的期限，自临时反补贴措施决定公告规定实施之日起，不超过4个月。自反补贴立案调查决定公告之日起60天内，不得采取临时反补贴措施。2）承诺。商务部认为承诺能够接受并符合公共利益的，可以决定中止或终止反补贴调查，不采取临时反补贴措施或者征收反补贴税。中止或终止反补贴调查的决定由商务部予以公告。商务部不接受承诺的，应当向有关出口经营者说明理由。3）反补贴税。在为完成磋商的努力没有取得效果的情况下，终裁决定确定补贴成立，并由此对国内产业造成损害的，可以征收反补贴税。征收反补贴税，由商务部提出建议，国务院关税税则委员会根据商务部的建议作出决定，由商务部予以公告。海关自公告规定实施之日起执行。反补贴税的纳税人为补贴进口产品的进口经营者。

（6）反补贴税和承诺的期限与复审。反补贴税的征收期限和承诺的履行期限不超过5年，但经复审确定终止征收反补贴税有可能导致补贴和损害的继续或再度发生的，反补贴税的征收期限可以适当延长。根据复审结果，由商务部提出保留、修改或取消反补贴税的建议，国务院关税税则委员会根据商务部的建议作出决定，由商务部予以公告；或者由商务部作出保留、修改或取消承诺的决定并予以公告。复审期限自决定复审开始之日起，不超过 12 个月。在复审期间，复审程序不妨碍反补贴措施的实施。

【例】2018 年 1 月 17 日，美国商务部公布对华聚酯短纤（Fine Denier Polyester Staple Fiber）反补贴调查终裁结果，根据不利事实推定分别裁定两家强制应诉企业补贴幅度为 38%和 47.57%，裁定其他中国企业补贴幅度为 42.79%。据美方统计，2016 年中对美出口涉案产品 7 940 万美元。该涉案产品主要归于美国海关税则号 5503.20.0025 项下。

三、保障措施制度

（一）WTO 保障措施规则

保障措施是指国际贸易协定的成员方在履行协定时受到不可预见的严重损害或严重损害威胁时，可以免除其承诺的义务或背离协定所规定的行为规则。保障措施的法理基础是国际法中的情势变更原则。WTO 现行保障措施制度包括 GATT 1994 第 19 条和《保障措施协定》。《保障措施协定》和 GATT 1994 都是《WTO 协定》的一部分，规定的所有义务是相互补充的，各成员方应同时遵守各项义务。

保障措施实质上是对承担关税减让和禁止数量限制的义务的一种例外。它不同于反倾销和反补贴，因为后两者针对的是不公平的贸易行为，而保障措施针对的是其他成员方正常的贸易行为。因此，实施该措施的条件要严格得多。

1. WTO 实施保障措施的实质性要件

（1）有关产品的进口大量增长。进口增长是指数量增长，而非进口价值或金额的增长。这种增长包括绝对增长和相对增长。绝对增长是指产品的进口数量在某一段时间内的绝对增加，如去年进口 10 000 件，今年进口 20 000 件。相对增长是指某一段时期内产品的进口数量相对于进口方内部生产而言在增加，如去年进口 1 000 件，今年还是进口 1 000 件，但去年同期国内产品的销量为 5 000 件，今年国内产品的销量却降至 2 000 件。

（2）进口的增加是因为意外情况和承担 WTO 义务造成的。如成员方承担的关税减让义务使某一产品输入该成员方领土的数量大大增加。

（3）对进口国国内产业造成严重损害或严重损害威胁。《保障措施协定》规定的“国内产业”是指生产同类或直接竞争产品的国内产业，而《反倾销协议》和《反补贴协议》界定的“国内产业”则是指生产同类产品的国内产业。显然，前者的范围要广。

（4）有客观证据表明，进口增加与国内产业的损害或损害威胁有因果关系。

2. WTO实施保障措施的程序性要件

（1）调查和通知。WTO规定成员进行调查时必须按照事先已经确定的程序进行，而且必须符合GATT 1994第10条关于透明度的要求。调查机构应当向所有利害关系方作出适当的公告，给进口商、出口商和利害关系方提供陈述意见和抗辩的适当机会。实施保障措施的成员还有义务将相关问题立即通知保障措施委员会。

（2）磋商。采取或延长保障措施的成员应当给有利害关系的成员提供寻求实现磋商的充分机会。《保障措施协定》鼓励成员通过磋商达成谅解。保障措施的磋商不仅可以在发起前进行，还可以在实施过程中进行。

（3）实施保障措施。《保障措施协定》没有对可采用的保障措施的形式作具体规定。从各国实践看，保障措施的形式主要有修改减让、提高关税、实行数量限制等。

《保障措施协定》第2条规定：保障措施必须以非歧视的方式实施，即保障措施只针对进口产品，而不论其来源。WTO成员应只在阻止或救济严重损害和有利于国内工业调整的必要限度内适用保障措施。在2001年发起的阿根廷与智利桃制品保障措施争端案中，阿根廷对智利桃制品征收每千克0.5美元的特定关税，折算成从价税，几乎是在原税率基础上再加征了70%。智利政府认为，如此高的关税等同于禁止进口，是不合理的，应该被禁止。而且从阿根廷对智利桃制品实施保障措施后，阿根廷就没有登记任何一票来自智利的桃制品。

在紧急情况下，如果延迟会造成难以弥补的损失，则成员可不经磋商即采取临时保障措施。临时保障措施的实施期限不得超过200天，并且该期限计入保障措施总期限。临时保障措施只能采取增加关税的形式。

成员实施保障措施的期限一般不应超过4年。特殊情况下可以延长，但总期限不应超过8年。

案例透视

越南对进口化肥产品采取临时保障措施税

2017年8月4日，越南工贸部竞争管理局颁布第3044/QD-BCT号决定，对进口化肥产品采取临时保障措施，征收1 855 790越南盾/吨（约合84.3美元/吨）的临时保障措施税，自决定颁布15日后（即2017年8月19日）正式生效，执行时限不得超过200天，在2018年3月6日之后或越工贸部颁布终裁决定后，临时保障措施将自动终止。在越工贸部认为临时保障措施不具有必要性或正式保障措施税低于临时保障措施税的情况下，越方将退回已缴纳的差额部分的税款。

此前，越南工贸部竞争管理局于2017年3月31日接收申请方企业关于要求对进口化肥产品发起保障措施调查的材料。5月12日，越工贸部颁布1682A/QD-CSPT号决定，对越南自各国及地区进口的DAP和MAP化肥产品发起保障措施调查，在调查范围内的产品的 HS 编码包括 3105.10.20、3105.10.90、3105.20.00、3105.30.00、3105.40.00、3105.51.00、3105.59.00、3105.90.00。

根据越南工贸部竞争管理局公布的数据，2016 年，越南进口化肥产品 109.2 万吨，进口金额 4.1 亿美元，同比分别下降 11.6%和 26.34%。自中国进口的化肥产品的数量占比 83.6%。同期越南国内化肥产量同比下降 46.97%。

(4) 补偿与报复。《保障措施协定》第 8 条规定：实施保障措施的成员与其他有利害关系的成员可就贸易补偿问题进行谈判。如果 30 日内不能达成双方满意的补偿方案，则利益受影响的出口成员在货物贸易理事会收到其关于报复的书面通知 30 日后，且在保障措施实施 90 日内，可以对实施保障措施的成员采取对等的报复措施，条件是货物贸易理事会不反对实施这种报复措施。

《保障措施协定》还规定了对发展中成员的优待。对于来自发展中成员的产品，只要其产品的进口份额在进口成员中不超过 3%，所有不超过 3%的发展中成员的份额总计不超过总进口的 9%，就不应对该发展中成员实施保障措施。

(二) 我国的保障措施制度

我国《对外贸易法》和 2004 年修订的《保障措施条例》是我国有关保障措施的主要立法。

1. 实施保障措施的实质性要件

《保障措施条例》第 2 条规定：进口产品数量增加，并对生产同类产品或直接竞争产品的国内产业造成严重损害或严重损害威胁的，依照本条例的规定进行调查，采取保障措施。

2. 实施保障措施的程序性要件

(1) 调查。与国内产业有关的自然人、法人或其他组织，可以向商务部提出采取保障措施的书面申请。商务部没有收到采取保障措施的书面申请，但有充分证据认为国内产业因进口产品数量增加而受到损害的，可以决定立案调查。立案调查的决定，由商务部予以公告。商务部应当将立案调查的决定及时通知 WTO 保障措施委员会。进口产品数量增加、损害的调查结果及其理由的说明，由商务部予以公布。商务部应当将调查结果及有关情况及时通知保障措施委员会。商务部根据调查结果，可以作出初裁决定，也可以直接作出终裁决定，并予以公告。

(2) 保障措施。保障措施应当针对正在进口的产品实施，不区分产品来源国（地区）。具体包括：1) 临时保障措施。有明确证据表明进口产品数量增加，在不采取临时保障措施将对国内产业造成难以补救的损害的紧急情况下，可以作出初裁决定，并采取提高关税的临时保障措施。其实施期限，自临时保障措施决定公告规定实施之日起，不超过 200 天。2) 保障措施。终裁决定确定进口产品数量增加，并由此对国内产业造成损害的，可以采取提高关税、数量限制的保障措施。采取数量限制措施的，限制后的进口量不得低于最近 3 个有代表性年度的平均进口量。但是，有正当理由表明为防止或补救严重损害而有必要采取不同水平的数量限制措施的除外。终裁决定确定不采取保障措施的，已征收的临时关税应当予以退还。

（3）保障措施的期限与复审。保障措施的实施期限不超过 4 年。特殊情况下实施期限可以适当延长，但总期限最长不超过 8 年。保障措施实施期限超过 3 年的，商务部应当在实施期间内对该项措施进行中期复审。保障措施属于提高关税的，商务部应当根据复审结果，提出保留、取消或加快放宽提高关税措施的建议，国务院关税税则委员会根据商务部的建议作出决定，由商务部予以公告；保障措施属于数量限制或其他形式的，商务部应当根据复审结果，作出保留、取消或加快放宽数量限制措施的决定并予以公告。

反倾销、反补贴与保障措施的比较如表 10－1 所示。

表 10－1　　反倾销、反补贴与保障措施比较表

<table>
<tr><th colspan="2"></th><th>反倾销</th><th>反补贴</th><th>保障措施</th></tr>
<tr><td colspan="2">法理基础</td><td>保护正当竞争</td><td>保护正当竞争</td><td>情势变迁</td></tr>
<tr><td colspan="2">实质性要件</td><td>严重损害
或严重损害威胁</td><td>严重损害
或严重损害威胁</td><td>进口大量增加</td></tr>
<tr><td rowspan="3">程序性要件</td><td>实施范围</td><td>针对特定出口产品</td><td>针对特定出口产品</td><td>所有其他成员</td></tr>
<tr><td>实施期限</td><td>5 年</td><td>5 年</td><td>4 年，最长不超过 8 年</td></tr>
<tr><td>其他成员的补偿或报复</td><td>不存在</td><td>不存在</td><td>有权</td></tr>
</table>

资料来源：郭瑜：《国际贸易法》，100 页，北京，北京大学出版社，2006。

综合练习

一、单项选择题

1. 根据我国《对外贸易法》的规定，下列表述中不正确的是（　　）。

A. 该法不适用于香港、澳门地区

B. 对外贸易经营者是指依法从事对外贸易经营活动的法人和其他组织

C. 取消了对货物和技术进出口经营权的审批，只要求对外贸易经营者进行备案登记

D. 该法适用于货物进出口、技术进出口、国际服务贸易以及与贸易有关的知识产权保护

2. 根据我国《对外贸易法》的规定，下列有关对外贸易经营者的说法，错误的是（　　）。

A. 对外贸易经营者是指依法办理工商登记或其他执业手续，依照本法和其他有关法律、行政法规的规定从事对外贸易经营活动的法人。其他组织、个人可以委托具

有资格的法人企业代为办理对外贸易业务

B. 对外贸易经营者应当向国务院对外贸易主管部门或其委托的机构办理备案登记

C. 未按照规定办理登记的，海关不予办理进出口货物的报关验放手续

D. 对外贸易经营者可以接受他人的委托，在经营范围内代为办理对外贸易业务

3. 原产于与中国签订含有关税优惠条款的区域性贸易协定的国家或地区的进口货物，适用下列哪种税率？（　　）

A. 最惠国税率　　B. 特惠税率

C. 协定税率　　D. 普通税率

4. 下列有关保障措施的说法中，正确的是（　　）。

A. 国内产业受到损害必然是进口产品数量增加引起的，进口产品数量增加是指进口产品数量的绝对增加或与国内产品相比的相对增加

B. 保障措施可以采取提高关税、数量限制等形式，而临时保障措施可以采取提高关税、提供保证金、保函或其他形式的担保

C. 保障措施应针对正在进口的产品实施，并区分产品的来源国

D. 保障措施实施期限超过 1 年的，应当在实施期间内按固定时间间隔逐步放宽；保障措施实施期限超过 4 年的，商务部应当在实施期限内对该项措施进行中期复审

二、多项选择题

1. 根据我国《对外贸易法》，下列属于对外贸易促进措施的有哪几项？（　　）

A. 进出口信贷　　B. 出口信用保险　　C. 出口退税　　D. 出口补贴

2. 根据我国《对外贸易法》和《反倾销条例》，下列有关反倾销的表述正确的有哪几项？（　　）

A. 倾销是指在正常贸易过程中进口产品以低于正常价值的价格进入中国

B. 倾销对国内产业的“损害”是指倾销对已经建立的国内产业造成的实质损害或者产生实质损害威胁，或者对建立国内产业造成实质阻碍，这与保障措施的规定一样

C. 反倾销调查的发起方式有两种：一种是国内产业或代表国内产业的自然人、法人或其他组织申请发起，另一种是商务部自主决定立案调查

D. 自反倾销调查决定公告之日起 60 天内，不得采取临时反倾销措施

3. 根据我国《反倾销条例》，在反倾销案件调查中，下列应当终止反倾销调查并由商务部予以公告的情形是（　　）。

A. 申请人撤销申请的

B. 倾销幅度低于 3%的

C. 倾销进口产品实际或潜在的进口量或者损失可以忽略不计的

D. 没有足够的证据证明存在倾销、损害或者两者之间有因果关系的

4. 根据我国《反补贴条例》，下列有关反补贴的表述正确的有哪几项？（　　）

A. 根据《反补贴条例》，反补贴措施所针对的补贴是出口国普遍补贴

B. 损害是指补贴对已经建立的国内产业造成实质损害或实质损害威胁，或者对建立国内产业造成实质阻碍。对损害的调查和确定，由商务部负责；涉及农产品的，由商务部会同农业部负责

C. 反补贴案件与外国（地区）政府有重要关系，必须尊重其主权，因而在决定立案调查前，应当就有关补贴事项向产品可能被调查的国家（地区）政府发出磋商的要求，这一点与反倾销案件不同

D. 如果补贴金额为微量补贴，反补贴调查应当终止。微量补贴是指补贴金额不足产品价值1%的补贴，但来自发展中国家（地区）的微量补贴是指补贴金额不足产品价值的2%

参考文献

[1] 王传丽．国际贸易法［M］．第五版．北京：法律出版社，2012.

[2] 韦经建，王彦志．国际经济法案例教程［M］．第二版．北京：科学出版社，2011.

[3] 张学森．国际商法［M］．第三版．上海：上海财经大学出版社，2015.

[4] 聂红梅，史亚洲．国际商法实用教程［M］．北京：北京大学出版社、中国农业大学出版社，2010.

[5] 林一飞．国际贸易法律与诉讼仲裁实务［M］．北京：对外经济贸易大学出版社，2010.

[6] 沈四宝，刘刚仿，沈健．国际商法［M］．第二版．北京：对外经济贸易大学出版社，2017.

[7] 刘春田．知识产权法［M］．第五版．北京：中国人民大学出版社，2014.

[8] 张敏，张鹏飞．彻底搞懂提单［M］．北京：中国海关出版社，2016.

[9] 孙金彦．彻底搞懂关税［M］．北京：中国海关出版社，2017.

[10] 辛文琦．国际商法原理与案例教程［M］．北京：对外经济贸易大学出版社，2009.

[11] 朱敏霞．新编国际商法——案例与实务［M］．南京：南京大学出版社，2008.

[12] 王利明．民法［M］．北京：中国人民大学出版社，2018.

[13] 杨国明，李志春．国际商务法律法规［M］．北京：清华大学出版社，2008.

[14] 李俊．美国产品责任法案例选评［M］．北京：对外经济贸易大学出版社，2007.

[15] 童宏祥，孙婧．国际货运代理基础［M］．上海：上海财经大学出版社，2007.

[16] 郭瑜．国际贸易法［M］．北京：北京大学出版社，2006.

[17] 王军，戴萍．美国合同法案例选评［M］．第二版．北京：对外经济贸易大学出版社，2006.

[18] 史学瀛，乔达．国际商法［M］．北京：清华大学出版社，2015.

[19] 司玉琢．海商法［M］．北京：法律出版社，2012.

图书在版编目（CIP）数据

国际贸易法律法规/刘一展主编．—2版．—北京：中国人民大学出版社，2018.5
21世纪高职高专国际贸易专业核心课程系列教材
ISBN 978-7-300-25746-4

Ⅰ．①国…　Ⅱ．①刘…　Ⅲ．①贸易法-高等职业教育-教材　Ⅳ．①D996.1

中国版本图书馆CIP数据核字（2018）第081563号

高等职业教育“十三五”规划精品系列教材
21世纪高职高专国际贸易专业核心课程系列教材
国际贸易法律法规（第2版）
主　编　刘一展
副主编　杨子江　严　佳
Guoji Maoyi Falü Fagui

出版发行	中国人民大学出版社		
社　　址	北京中关村大街31号	**邮政编码**	100080
电　　话	010－62511242（总编室）		010－62511770（质管部）
	010－82501766（邮购部）		010－62514148（门市部）
	010－62515195（发行公司）		010－62515275（盗版举报）
网　　址	http://www.crup.com.cn		
经　　销	新华书店		
印　　刷	北京鑫丰华彩印有限公司	**版　　次**	2013年11月第1版
规　　格	185 mm×260 mm　16开本		2018年5月第2版
印　　张	18插页1	**印　　次**	2020年8月第2次印刷
字　　数	363 000	**定　　价**	39.80元

信息反馈表

尊敬的老师:

您好！为了更好地为您的教学、科研服务，我们希望通过这张反馈表来获取您更多的建议和意见，以进一步完善我们的工作。

请您填好下表后以电子邮件、信件或传真的形式反馈给我们，十分感谢！

一、您使用的我社教材情况

您使用的我社教材名称			
您所讲授的课程		学生人数	
您希望获得哪些相关教学资源			
您对本书有哪些建议			

二、您目前使用的教材及计划编写的教材

	书名	作者	出版社
您目前使用的教材			
	书名	预计交稿时间	本校开课学生数量
您计划编写的教材			

三、请留下您的联系方式，以便我们为您赠送样书（限1本）

您的通信地址			
您的姓名		联系电话	
电子邮箱（必填）			

我们的联系方式:

地　址：苏州工业园区仁爱路158号中国人民大学苏州校区修远楼

电　话：0512-68839320　　传　真：0512-68839316

网　址：www.crup.com.cn　　邮　编：215123